峨眉山志校注

本書爲樂山師範學院『峨眉山史志文獻叢編整理』及『釋印光《峨眉山志》校注』兩個項目的最終成果

釋印光 編

王斌、艾茂莉 校注

西南交通大學出版社
·成都·

圖書在版編目（CIP）數據

峨眉山志校注／釋印光編；王斌，艾茂莉校注. -- 成都：西南交通大學出版社，2024.1
ISBN 978-7-5643-9526-1

Ⅰ.①峨… Ⅱ.①釋…②王…③艾… Ⅲ.①峨嵋山－地方志－清代 Ⅳ.①K928.3

中國國家版本館 CIP 數據核字（2023）第 201741 號

Emei Shan Zhi Jiaozhu
峨眉山志校注

釋印光　編
王斌　艾茂莉　校注

責任編輯	李　欣
封面設計	原謀書裝
出版發行	西南交通大學出版社 （四川省成都市金牛區二環路北一段 111 號 西南交通大學創新大廈 21 樓）
發行部電話	028-87600564　028-87600533
郵政編碼	610031
網　　址	http://www.xnjdcbs.com
印　　刷	成都蜀通印務有限責任公司
成品尺寸	170 mm×230 mm
印　　張	23.75
字　　數	414 千
版　　次	2024 年 1 月第 1 版
印　　次	2024 年 1 月第 1 次
書　　號	ISBN 978-7-5643-9526-1
定　　價	98.00 元

圖書如有印裝質量問題　本社負責退換
版權所有　盜版必究　舉報電話：028-87600562

前　言

一、"四大名山"演化梗概

這部由印光法師於民國二十三年（一九三四）主持重編的《峨眉山志》，是佛教四大名山志的第二種。

五臺山、峨眉山、普陀山、九華山合稱四大名山，但這種說法形成的時間及其排列的依據，就是一個比較複雜的問題了。前修時彥對此問題的研究成果頗多。比較重要的有干樹德先生的《"中國佛教四大名山"之説由何而來》[一]，他從佛教在四山的發展、四山因佛教而聞名、"四大名山"説的形成及不同的依據四個方面，比較全面地回答了這個疑問。其後則有景天星博士的《漢傳佛教四大菩薩及其應化道場演變考述》[二]，該文從四大菩薩信仰的角度切入，經過分析認爲：因大乘經典流行而興起的文殊菩薩信仰在唐代占主導地位，受清涼澄觀同時朝禮五臺與峨眉以及李通玄等推崇《華嚴經》的影響，文殊與普賢逐漸並稱，後來加入觀音菩薩而合稱三大士，再由菩薩信仰與名山相結合並由三而四的最終形成佛教四大名山。此文以豐富的資料，理清了四大菩薩信仰的中國化與世俗化進程。系統研究四大名山佛教文化的成果，則有李桂紅的博士論文《四大名山佛教文化及其現代意義》[三]。依照這三篇頗具代表性的論文，我們可以梳理出四大名山逐漸形成和演化的途徑。

唐代的李通玄等人宣揚華嚴宗，推崇"三聖圓融"之説，將文殊與普賢列爲毗盧遮那佛的二脇侍，形成"華嚴三聖"。於是，以文殊菩薩爲首、普賢菩薩爲輔的信仰格局在唐代逐漸穩定了下來。

到了北宋太宗時期，由於北伐失敗，五臺山文殊道場落入遼人之手，

[一] 載《文史知識》一九九八年第二期，第七六至八一頁。
[二] 載《世界宗教研究》二〇一九年第四期，第六〇至七〇頁。
[三] 四川大學博士學位論文，二〇〇三年。

這才著力經營西蜀峨眉山的普賢道場[一]。

南宋觀音菩薩道場的加入，使普陀山成爲繼五臺、峨眉之後的第三大名山。《延祐四明志》卷一六"昌國州"條記載了寧宗嘉定七年賜"圓通寶殿"四大字、"大士橋"三字，次年則"與五臺之文殊、峨眉之普賢爲天下三大道場"[二]。這是一條很重要的資料，承續龍晦先生在《峨眉山與普賢崇拜》一文中以政治力量推動爲出發點的考察思路，可以比較合理地解釋爲何在南宋普陀山觀世音菩薩道場能與五臺山文殊菩薩、峨眉山普賢菩薩道場並稱。我們認爲，這裏既有政治的原因，也有民間信仰的原因。南宋偏安一隅，北方的五臺山不能朝禮，西蜀峨眉山又道遠難至，推出一個離臨安較近又能與文殊、普賢比肩的道場，就比較迫切了，這是主要的原因。唐代的李通玄等在教義上的闡發，只是一個次要的原因。弱小的南宋政權，與北方強悍的女真、蒙古等政權長期處於戰爭狀態，人民流離失所，痛苦不堪，找不到任何出路，只能寄希望於大慈大悲的觀世音菩薩，以求平安幸福。這與僧人因求道修行而尊禮文殊、普賢的目的不同，俗人只求自身安穩，觀音菩薩大慈大悲、救苦救難，完美地契合了世人的需求。可以説，政治因素、民間信仰再加上普陀山地理上靠近臨安，順理成章地讓觀音道場加入了三大名山之中。

明末清初，九華山地藏菩薩道場的加入，從此形成了四大名山的格局。景天星博士的論文已經非常明晰地考察出了諸多文獻證據，兹不贅言。

但隨之而來就產生了一個新問題：四大名山的次序如何排列？根據什麼來排列？綜合干樹德先生的文章以及景天星博士挖掘的史料，我們可以看到至少三種排列結果。

（一）按照信仰發展順序排列。根據前面我們分析的情況，這個排列是很合理的。五臺山因爲文殊菩薩爲漢傳佛教菩薩信仰的首位，理所當然排第一。北宋就被政府大力扶持的普賢道場峨眉山排第二，南宋末年

[一] 可參龍晦《峨眉山與普賢崇拜》，載《龍晦文集》，成都：巴蜀書社，二〇〇九年，第二〇六至二一五頁；韓坤《芻論北宋太宗朝峨眉山普賢道場的確立》，載《中華文化論壇》二〇一六年第一期，第一二〇至一二五頁。

[二]〔元〕袁桷：《延祐四明志》，文淵閣《四庫全書》第四九一册，臺北：商務印書館，一九八六年，第五九五頁。

加入的觀音道場普陀山排第三,最晚加入的地藏道場九華山排第四。從佛教教義的邏輯來説,這個順序也是非常合理的。文殊菩薩表智,普賢菩薩表行,觀音菩薩表悲,地藏菩薩表願;以智導行,因悲生願。因爲這兩大邏輯,我們今天普通人羅列四大名山時,也基本上都是五臺、峨眉、普陀、九華的次序。

(二)按照受衆多寡順序排列。這個邏輯讓觀音菩薩道場直接上升到了第一的地位。前文談到,文殊與普賢主要指導的是僧人的修行,與普通民衆的需求離得比較遠;而觀音菩薩大慈大悲救苦救難,迎合了百姓的信仰需求。李利安爲《彌勒信仰研究》所作之《序》中指出:"四大菩薩信仰中,觀音可能占到了一半以上的信徒,其次是地藏,所占份額不如觀音,但也極其可觀。而文殊和普賢的信衆就少之又少了。"[一]但是,按照這個邏輯來排列,觀音道場雖然升爲第一位,文殊與普賢道場也只是順勢後移而已,九華山地藏道場仍排第四。

(三)按照四大結聚順序排列。所謂"四大結聚",也就是構成世界的地、水、火、風。地藏菩薩居幽冥地府,代表地;普陀山四面環海,代表水;峨眉山"四山尖鋭如焰,山中多回禄之苦"[二],"四大名山擅火秀"[三],代表火;五臺山四季清凉,代表風。以此爲據,也就形成了九華、普陀、峨眉、五臺的排列次序。只是這個排序不如前面兩種有影響力。

印光法師在民國十九年至二十六年(一九三〇至一九三七)先後主持刊印四大名山志時,四大名山的順序就是按信仰受衆多寡而排列的。

二、《峨眉山志》編修淺説

印光法師早在光緒十二、十三年間(一八八六、一八八七),就有編修山志的打算了[四]。但真正付諸行動,是在民國十九年編修完成《普陀山志》之後。此事乃因民國十一年定海知事陶鏞倡修,但所請編撰者王雅三爲儒生,不懂佛教,印光責無旁貸,遂重修之。《普陀山志》刊出後,

---

[一] 王雪梅:《彌勒信仰研究》,上海:上海古籍出版社,二〇一六年,第七頁。
[二] 〔明〕袁子讓《游大峨山記》,載蔣超本《峨眉山志》卷九,第五十八葉右。
[三] 〔明〕王元翰:《王諫議全集·詩集補遺》之《光相寺臺觀雲晷光歌》,《四庫未收書輯刊》第五輯第二五册,北京:北京出版社,一九九八年,第一〇〇頁。
[四] 陳劍鍠:《四大名山志的修撰過程及其宗教意義》,載《普門學報》第十五期,高雄:普門學報社,二〇〇三年,第一〇九至一四五頁。

印光弟子李圓净勸道："普陀、五臺、峨眉、九華，爲中國四大名山。師既將《普陀志》修妥印行，《五臺》《峨眉》《九華》三山志，亦不得置之不理。"[一]於是，印光請弟子許止净、贛州壽量寺住持德森法師與陳無我居士等編修《峨眉山志》。

現存峨眉山的史志較重要的是胡世安的《譯峨籟》與蔣超的《峨眉山志》。蔣超於康熙十一年（一六七二）在峨眉山伏虎寺旁結蘿峰庵，因《譯峨籟》之舊及寺僧所藏諸詩文、碑銘等，而重編了十八卷本《峨眉山志》。此本並未刊行，而是允許求書者自帶楮墨到伏虎寺抄印。真正刊刻的《峨眉山志》，是康熙二十八年（一六八九）由曹熙衡、宋肄樟等人在原稿基礎上加以重訂的本子。隨著康熙四十一年（一七〇二）御賜峨眉山諸多題字與法物，《峨眉山志》被補版、增訂，成爲必然。而地方官員與文士名流在游山之後，又以己作攀附名山，遂致康熙四十一年之後的《峨眉山志》印本情況繁雜，以致今日欲於天壤間覓蔣氏原本，殆不可得。藏有此書之人以私心增補，各自爲營，並沒有匯成一個新的版本系統。再加上原版年久損毀，光緒十九年（一八九三）伏虎寺僧果重遂據舊本補刻，可惜這個本子並不是完整的十八卷本，只有十二卷。雖然這個本子不完整，錯訛也多，但離印光等人重編山志時間近，其書易得，文字易辨，所以成爲了印光本《峨眉山志》的主要取材來源。蔣超本《峨眉山志》從性質來說，更似地方專門志，有宗教色彩，但並不專門突出某一種。而印光等將《峨眉山志》納入四大名山志之中，爲了突出佛教色彩，他們做了不少工作，將原本屬於地方志類型的山志變成了佛教史志。大致說來，做了如下改動。

（一）汰除與道教相關的內容。蔣超從完整而全面的角度，梳理了峨眉山的歷史，所以並不排除與道教相關的內容。印光因爲要契合佛教四大名山志的特色，則删除了與道教相關的內容。

（二）補入了大量的佛經原文。峨眉山從仙山到佛國的演變，是一個複雜的過程。爲什麼會成爲普賢道場？不少人都希望能找到其依據。印光從普賢菩薩的名號、修證、德相、法要四大方面出發，給普通人詳細

[一] 詳《峨眉山志》卷首《重修〈峨眉山志〉流通序》。

介紹了普賢菩薩的相關知識，更引《華嚴經》《楞嚴經》等諸多佛教經典原文，闡釋普賢菩薩的勝迹。一刪一補，印光本《峨眉山志》的佛教特色就完美體現了出來。

（三）全面吸收了《峨山圖說》。在印光編此書之前，譚鍾嶽編制了《峨山圖志》。此書圖文並茂，繪製了登覽峨眉山的具體路徑，對沿途景點也有詳細介紹。一九三六年，華西大學費爾朴教授（Dryden Linsley Phelps）將其譯爲英文，廣爲流傳，影響深遠。印光充分認識到了該書的價值，在編《峨眉山志》時，全面吸收了其介紹文字，這就較蔣超本僅於"寺觀"中簡單介紹寺院歷史更有深度和資料價值。

（四）重新制定合理的編排體例。蔣超本儘管在篇幅上占有優勢，也分門別類進行了編排，但在卷帙最多的藝文一門，顯得較爲雜亂，缺乏明顯的主題依據。印光本面對同樣的材料，却根據明確的主題，進行了創造性的重編，這種編排體例，爲後來者編修佛寺志提供了參考。比如同樣是高僧事迹，蔣超往往據前代僧傳、燈錄、語錄摘取簡短的介紹文字，而印光則將長篇的塔銘也隸於高僧之下，這是非常合理的，也避免了藝文這一門類過於臃腫的情況。又如同樣是游記，有的偏重于游山路綫，有的則偏重于游山時見到的奇特景物與勝迹感應，印光也將它們分隸於不同門類之下，這都是別具匠心的安排。

除了這四大優勢與特點之外，印光法師在佛教界的重要地位，爲此本《峨眉山志》的刊印與流傳提供了大力支援。四大名山志的廣泛印行，以及後來對此書的大量影印，爲宣傳峨眉山做出了巨大的貢獻。

當然，儘管印光重修《峨眉山志》功勞甚巨，誠如前引陳劍鍠先生在《四大名山志的修撰過程及其宗教意義》所說："他認爲志山（尤其是對佛教勝地的此四大名山）而不志佛乃顛倒行事，這對佛教志乘的修撰而言，是優多劣少的。但是，這樣處理志書是否可令非教内人士所接受？仍應廣徵諸方意見，最重要者乃須合乎史實，考證詳實，這點應該是學界及教界所共尊之準則吧！"子開師在《釋印光校勘佛教古籍之批判——〈善慧大士錄〉校讀記之一》中也對其做了批評，可見學界自有公論[一]。

[一] 載賈益民、李焯芬主編：《第一屆饒宗頤與華學國際學術研討會論文集》，濟南：濟魯書社，二〇一六年，第三一三至三二四頁。

對於印光等人的重修工作來說，比較極端的操作是爲了突出佛教特色，將不少涉及道教的内容進行了删改，乃至篡改詩歌原文，出現文不對題等弊端，這是毋庸諱言的。我們此次整理該書，考慮到印光法師的影響力，以及如果全部回改會有矯枉過正之嫌，故以出校爲主。

三、《峨眉山志》整理瑣言

首先，本書的性質較爲特殊，它有非常清晰的文獻來源，即蔣超《峨眉山志》、佛經元典、譚鍾嶽《峨山圖志》，印光等將三者進行了删改與重編。故而此次整理該書的首要任務，就是文字對勘。本書通過全面而細緻的文字校勘，考察印光等人在文字删改方面的具體情況並探索背後的動因。

其次，本書作爲一部雜抄彙編著作，文獻來源複雜，不少内容尤其是碑記、塔銘、詩賦等，典雅古奧，頗爲難懂；原書儘管有基本的句讀，但多有不可爲據者。因此，我們從文本注釋的角度對全書施加新式標點，對涉及的佛教典故、高僧事迹、峨眉掌故、名賢生平等進行詳細注解，以便於讀者和研究者利用該書。

我們認爲這次的整理工作，基本上體現出了如下四個方面的價值。

（一）史學價值。印光本《峨眉山志》由於晚出，且流通廣泛，所以在諸多峨眉山史志文獻中影響最大。此次對該書進行高品質的整理與校注，糾正因襲蔣超的錯誤、篡改原文的弊端，給學術界提供一個研究峨眉山歷史的精審文本，是本書的最大價值。

（二）文學價值。藝文，一直就是史志著作的重要組成部分。《峨眉山志》收錄了大量的碑文、塔銘、題詠、游記，從不同作者的角度展現了峨眉山風景秀美、歷史悠久、人文底蘊豐厚的特點。我們此次對這些作品進行全方位的注解，包括作者簡介、游峨背景、詩文典故等，極便於一般讀者欣賞這些作品。

（三）宗教學價值。這是印光本《峨眉山志》本身所具備的獨特價值，它脱胎於蔣超《峨眉山志》，又根據諸多佛經對普賢菩薩進行了全方位的介紹，從而成爲瞭解普賢道場峨眉山的必備參考資料。

（四）文獻學價值。印光本《峨眉山志》幾乎照搬了譚鍾嶽的《峨山

圖志》，我們整理《峨眉山志》，其實也就順帶整理了《峨山圖志》的文本，這對於研究和利用該書，具有文獻參考價值。

四、致　謝

二〇一七年十二月，一直以來致力於大藏經研究的龍達瑞先生，贈其所攝美國加州克萊蒙特大學東亞圖書館藏本蔣超《峨眉山志》照片，勉以"成就名山事業"。彼時我的國家社科項目《蜀中廣記》整理與研究剛好完工，一時也不知下一步研究什麼，既然身在樂山師範學院，研究峨眉山文獻，似乎也是靠山吃山與近水樓臺兼得之義，又承蒙忘年老友之鼓勵，饋此萬里之外的特殊印本，不知省掉我多少奔波之苦！便慨然以校注《峨眉山志》爲己任。先於二〇一九年完成蔣超《峨眉山志》之校注文稿，考慮到印光本《峨眉山志》對蔣超之書的大量承襲，順帶校注本書，也在情理之中，遂又於次年完成本書書稿。當時滿心期待，以爲真能靠山吃山，憑《峨眉山志》系列之整理工作，申請到相關項目的支持，實現二本高校青年教師的學術抱負；却不料無論項目級别之高低與類型，皆連年碰壁。書稿置於硬盤中，近三年矣。西南交通大學出版社分社長黄慶斌兄，與我成功合作整理出版了"巴蜀掌故五種校注"。今欲梅開二度，再以"峨眉山史志三種校注"申報項目，無奈又鎩羽而回。山靈其罪我貪得無厭乎？

幸有我的工作單位樂山師範學院，一直以來重視科研，重視服務地方，重視地方文獻與文化的整理與研究，資助了該系列古籍整理著作的出版。我們這些年一直沉浸於巴蜀地方文獻的整理工作中，以基層黨員的身份，堅定不移地踐行習近平總書記提出的文化復興大業。縱是長年勞累而兩鬢斑白、腰肌勞損、近視日甚，仍以能爲光榮而偉大的事業略盡綿力而感到無比自豪！此前因該書出版計劃未定，遂致前言一直空缺。如今我也步入了不惑之年，終於等到付梓之緣，不禁感慨萬端！或有筆下妄言之處，尚祈讀者海涵。至於印光大師之赫赫聲名與煌煌法績，豈需我再贅叙？讀者覽崇恩法師於《印光大師與近代净土宗的復興》中所撰大師簡介足矣。

本文草成之後，敬呈著名語言學家、居士李恕豪先生審閲，承蒙李老師提出寶貴意見；龍達瑞先生多年來一直給予資料方面的大力支持，

在此衷心感謝兩位先生！我院前輩王開志老師，欣聞此書即將付梓，揮賜題簽，令我感激不盡！責任編輯李欣女士也爲此書的編校工作付出了辛勤的勞動，謹致謝忱！筆者才疏學淺，書中定有未爲盡善之處，尚祈讀者諒之。

桃杏軒主人

癸卯二月戊辰，識於樂山

凡 例

一、以民國二十三年排印本爲底本，以上海圖書館藏蔣超編、宋肄樟等訂補《峨眉山志》爲第一參校本，省稱蔣本；以光緒重刻十二卷蔣超本爲第二參校本，省稱光緒本。間亦參校其他比較特殊的蔣超《峨眉山志》印本，隨文説明，不用簡稱。

二、底本大量内容因襲蔣本而略有改動，故與蔣本重複之篇目，前面加"※"以作標志，方便讀者對照。

三、底本沿襲光緒本之舊誤以及因疏忽造成的訛、脱、衍、倒等文字錯誤，據蔣本及他書校改；底本對來源文獻所作之有意改動，除明顯有誤者做校改外，餘皆出校説明而不回改，儘量維持底本原貌，庶免矯枉過正之誚。

四、底本之異體字、俗字等徑改爲通行繁體字。常見形近訛字，如"己、已、巳""伏、伕"之互混，則徑改爲正確文字，不出校勘記。原書有基本句讀，惜不能全據，今重加新式標點，對原書句讀之誤不作説明。

五、避諱字首次出現時出注校改，餘則徑改。若需據其他資料證明爲避諱改字者，則仍出校。

六、原書收録詩文時，對作者之時代或注或否，今對需要説明者出注，正文不作改動；詩文篇名有誤者，則據别集或其他總集改正，出校説明；藝文志中詩題後偶有題注，若太長不便排版，則另起一行作正文處理，出校説明。

七、采用先校後注、校注合一之模式。校勘時主要參考蔣本，部分詩文之校勘亦參考相關别集或總集、選集，儘量選擇時代較早、質量較好者進行參校。注釋以考察作者信息、詩文作年、所用典故爲主，同時考辨舊聞之誤、補正故説之缺。

目 録

峨眉山志卷首 …………………………………………… 1
  重修《峨眉山志》流通序 …………………………… 1
  ※《峨眉山志》舊序一 ……………………………… 6
  ※《峨眉山志》舊序二 ……………………………… 8
  ※《峨眉山志》舊序三 ……………………………… 10
  ※修山志説 …………………………………………… 12
  ※補遺峨眉山志記 …………………………………… 13
  ※峨眉山舊志凡例 …………………………………… 14
  新訂凡例四則 ………………………………………… 16
  原書總目 ……………………………………………… 17
  普賢菩薩像 …………………………………………… 18
  《大方廣佛華嚴經‧普賢菩薩行願品》節要 ……… 19

峨眉山志卷一 …………………………………………… 20
  第一、星野圖説 ……………………………………… 20
    《峨眉山志圖説》序 ……………………………… 21
    峨眉山圖記 ………………………………………… 23
    一、峨眉山總圖説 ………………………………… 25
    二、峨眉縣至回龍寺圖説 ………………………… 25
    三、回龍寺至峨神廟圖説 ………………………… 25
    四、峨神廟至什方院圖説 ………………………… 26
    五、什方院至壁山廟圖説 ………………………… 26
    六、壁山廟至菩提庵圖説 ………………………… 26

七、菩提庵至興聖寺圖説……26
八、興聖寺至聖積寺圖説……26
九、聖積寺至文昌廟圖説……27
十、文昌廟至保寧寺圖説……27
十一、保寧寺至子龍廟圖説……28
十二、子龍廟至報國寺圖説……28
十三、報國寺至善覺寺圖説……28
十四、善覺寺至伏虎寺圖説……28
十五、伏虎寺至雷音寺圖説……29
十六、雷音寺至華嚴寺圖説……29
十七、華嚴寺至純陽殿圖説……30
十八、純陽殿至會燈寺圖説……30
十九、會燈寺至大峨寺圖説……30
二十、大峨寺至中峰寺圖説……32
二十一、中峰寺至觀音寺圖説……32
二十二、觀音寺至龍昇岡圖説……32
二十三、龍昇岡至廣福寺圖説……33
二十四、廣福寺至清音閣圖説……33
二十五、清音閣至金龍寺圖説……33
二十六、金龍寺至萬年寺圖説……34
二十七、萬年寺至觀心庵圖説……34
二十八、觀心庵至息心所圖説……35
二十九、息心所至長老坪圖説……35
三十、長老坪至初殿圖説……36
三十一、初殿至華嚴頂圖説……36
三十二、華嚴頂至蓮華石圖説……36
三十三、蓮華石至洗象池圖説……37
三十四、洗象池至大乘寺圖説……37
三十五、大乘寺至白雲寺圖説……37

三十六、白雲寺至雷洞坪圖説⋯⋯⋯⋯⋯⋯⋯⋯⋯⋯⋯⋯⋯⋯⋯38
　　三十七、雷洞坪至接引殿圖説⋯⋯⋯⋯⋯⋯⋯⋯⋯⋯⋯⋯⋯⋯⋯38
　　三十八、接引殿至太子坪圖説⋯⋯⋯⋯⋯⋯⋯⋯⋯⋯⋯⋯⋯⋯⋯38
　　三十九、太子坪至天門寺圖説⋯⋯⋯⋯⋯⋯⋯⋯⋯⋯⋯⋯⋯⋯⋯39
　　四十、天門寺至七天橋圖説⋯⋯⋯⋯⋯⋯⋯⋯⋯⋯⋯⋯⋯⋯⋯⋯39
　　四十一、七天橋至金殿圖説⋯⋯⋯⋯⋯⋯⋯⋯⋯⋯⋯⋯⋯⋯⋯⋯40
　　四十二、蓮華石至遇仙寺圖説⋯⋯⋯⋯⋯⋯⋯⋯⋯⋯⋯⋯⋯⋯⋯41
　　四十三、遇仙寺至仙峰寺圖説⋯⋯⋯⋯⋯⋯⋯⋯⋯⋯⋯⋯⋯⋯⋯42
　　四十四、仙峰寺至洪椿坪圖説⋯⋯⋯⋯⋯⋯⋯⋯⋯⋯⋯⋯⋯⋯⋯42
　　四十五、洪椿坪至大坪圖説⋯⋯⋯⋯⋯⋯⋯⋯⋯⋯⋯⋯⋯⋯⋯⋯43
　　四十六、大坪至會佛寺圖説⋯⋯⋯⋯⋯⋯⋯⋯⋯⋯⋯⋯⋯⋯⋯⋯43
　　四十七、會佛寺至牛心寺圖説⋯⋯⋯⋯⋯⋯⋯⋯⋯⋯⋯⋯⋯⋯⋯43
　　四十八、牛心寺至黑水寺圖説⋯⋯⋯⋯⋯⋯⋯⋯⋯⋯⋯⋯⋯⋯⋯44
　　四十九、黑水寺至石船子圖説⋯⋯⋯⋯⋯⋯⋯⋯⋯⋯⋯⋯⋯⋯⋯45
　　五十、石船子至龍門洞圖説⋯⋯⋯⋯⋯⋯⋯⋯⋯⋯⋯⋯⋯⋯⋯⋯45
　　五十一、龍門洞至新開寺圖説⋯⋯⋯⋯⋯⋯⋯⋯⋯⋯⋯⋯⋯⋯⋯45
　　五十二、新開寺至靈巖寺圖説⋯⋯⋯⋯⋯⋯⋯⋯⋯⋯⋯⋯⋯⋯⋯46
　　五十三、靈巖寺至二峨、三峨圖説⋯⋯⋯⋯⋯⋯⋯⋯⋯⋯⋯⋯⋯46
　　五十四、三峨至四峨圖説⋯⋯⋯⋯⋯⋯⋯⋯⋯⋯⋯⋯⋯⋯⋯⋯⋯47
　峨山十景⋯⋯⋯⋯⋯⋯⋯⋯⋯⋯⋯⋯⋯⋯⋯⋯⋯⋯⋯⋯⋯⋯⋯⋯⋯48
　※附：峨山圖説⋯⋯⋯⋯⋯⋯⋯⋯⋯⋯⋯⋯⋯⋯⋯胡世安 50
　※附：圖頌⋯⋯⋯⋯⋯⋯⋯⋯⋯⋯⋯⋯⋯⋯⋯⋯⋯李尊美 51
　※峨眉圖跂⋯⋯⋯⋯⋯⋯⋯⋯⋯⋯⋯⋯⋯⋯⋯⋯⋯⋯⋯⋯⋯⋯⋯51

峨眉山志卷二⋯⋯⋯⋯⋯⋯⋯⋯⋯⋯⋯⋯⋯⋯⋯⋯⋯⋯⋯⋯⋯⋯⋯53
　第二、菩薩聖迹⋯⋯⋯⋯⋯⋯⋯⋯⋯⋯⋯⋯⋯⋯⋯⋯⋯⋯⋯⋯⋯53
　　一、釋　名⋯⋯⋯⋯⋯⋯⋯⋯⋯⋯⋯⋯⋯⋯⋯⋯⋯⋯⋯⋯⋯⋯53
　　二、修　證⋯⋯⋯⋯⋯⋯⋯⋯⋯⋯⋯⋯⋯⋯⋯⋯⋯⋯⋯⋯⋯⋯54
　　三、德　相⋯⋯⋯⋯⋯⋯⋯⋯⋯⋯⋯⋯⋯⋯⋯⋯⋯⋯⋯⋯⋯⋯56

四、法　要 …………………………………………………… 61
　　　《大方廣佛華嚴經·普賢菩薩行願品》 ………………… 61
　　五、利　行 …………………………………………………… 72
　　六、應　化 …………………………………………………… 80
　附錄：《華嚴經》依普賢願王得生極樂撮要并釋 ……………… 85

峨眉山志卷三 ………………………………………………………… 86
　第三、全山形勝 …………………………………………………… 86
　　峰 ……………………………………………………………… 89
　　巖 ……………………………………………………………… 90
　　臺 ……………………………………………………………… 90
　　石 ……………………………………………………………… 91
　　岡 ……………………………………………………………… 92
　　洞 ……………………………………………………………… 92
　　坡 ……………………………………………………………… 94
　　坪 ……………………………………………………………… 94
　　溪 ……………………………………………………………… 95
　　河 ……………………………………………………………… 95
　　溝 ……………………………………………………………… 96
　　池 ……………………………………………………………… 96
　　泉　井 ………………………………………………………… 97
　　※附山道 ……………………………………………………… 98
　　※附水道 ……………………………………………………… 101
　　※峨眉山行紀 ……………………………………… 范成大　103
　　※登峨山道里紀 …………………………………… 胡世安　108
　　※游峨眉山記 ………………………………………… 江　皋　118
　附錄：慈雲懺主《往生净土決疑行願二門》序 ……………… 123

峨眉山志卷四 ……………………………………………………… 124
　第四、寺庵勝概 ………………………………………………… 124

4

寺……124
　　庵……128
　　堂……131
　　殿……132
　　院……132
　　樓……133
　　閣……133
　　亭……134
　　橋……134
　　坊……135
　　塔……135

　第五、感應靈異……136
　　※光燈……136
　　※佛光辯……何式恒 137
　　※佛燈辯……何式恒 138
　　※游峨眉山記……蔡毓榮 139
　　※佛現鳥賦……廖大亨 141

　附錄：《法苑珠林·千佛篇·述意文》……143

峨眉山志卷五……144
　第六、歷代高僧……144
　　晉千歲寶掌和尚……144
　　※晉阿婆多尊者……145
　　※晉釋慧持……145
　　※晉釋明果……147
　　※宇文周釋寶象……147
　　※隋茂真尊者……147
　　※唐昌福達和尚……148
　　※唐趙州……148

※唐黃檗老人 …………………………………… 148
※唐南泉老人 …………………………………… 149
※唐靈龕和尚 …………………………………… 149
※唐白水和尚 …………………………………… 149
※唐洞溪和尚 …………………………………… 149
※唐澄照大師 …………………………………… 150
※唐西禪和尚 …………………………………… 150
※唐慧覺禪師 …………………………………… 150
※唐正性和尚 …………………………………… 151
※羅漢和尚 ……………………………………… 151
※布水巖和尚 …………………………………… 151
※黃龍繼達禪師 ………………………………… 151
※黑水和尚 ……………………………………… 152
※大乘和尚 ……………………………………… 152
※唐東汀和尚 …………………………………… 152
※唐慧通禪師 …………………………………… 153
※宋白水如新禪師 ……………………………… 153
※宋慧真廣悟禪師 ……………………………… 153
※宋行明禪師 …………………………………… 154
※宋繼業三藏 …………………………………… 154
※宋茂真 ………………………………………… 154
※宋白水宗月禪師 ……………………………… 155
※宋密印安民禪師 ……………………………… 155
※宋慧遠禪師 …………………………………… 156
※宋釋道宏 ……………………………………… 158
※宋純白禪師 …………………………………… 158
※宋禪惠大師 …………………………………… 159
※宋別峰禪師 …………………………………… 159
※宋黑水曇振禪師 ……………………………… 160

※宋峨眉道者 …………………………………… 160
※明廣濟禪師 …………………………………… 161
※明寶曇國師 …………………………………… 161
※明區囷禪師 …………………………………… 161
※明無瑕禪師 …………………………………… 162
※明遍融真圓禪師 ……………………………… 162
※明鎮滄沙彌 …………………………………… 163
※明別傳和尚 …………………………………… 163
※明通天大師 …………………………………… 164
※明無窮禪師 …………………………………… 164
※明大智和尚 …………………………………… 164
明妙峰 …………………………………………… 164
※明歸空和尚 …………………………………… 167
※明萬世尊 ……………………………………… 167
※澄江和尚 ……………………………………… 168
※印宗和尚 ……………………………………… 168
※清貫之和尚 …………………………………… 169
※清紫芝和尚 …………………………………… 169
※清綉頭和尚 …………………………………… 169
※清舒光照禪師 ………………………………… 170

附：塔銘 ………………………………………… 170
　※別峰禪師塔銘 ………………………… 陸　游 170
　※通天大師塔銘 ………………………… 王在公 174
　※別傳禪師塔銘 ………………………… 陳以勤 177
　※無瑕禪師塔銘 ………………………… 邊維垣 180
　※無窮大師塔銘 ………………………… 王在公 181
　※貫之和尚塔銘 ………………………… 宋肆樟 184
　※可聞源禪師塔銘 ……………………… 王廷詔 186
　附：伏虎寺開學業禪堂緣起 …………… 釋海明 189

附錄：馮楫、范文光、蔣超三居士傳略 …………………… 191

峨眉山志卷六 …………………………………………… 193

第七、王臣外護 ………………………………………… 193

初、歷朝敕賜 …………………………………………… 193

二、護法名文 …………………………………………… 197

※峨眉山普光殿記 ………………………… 朱申鈘 197
※峨眉大佛寺碑記 ………………………… 范醇敬 198
※重修會福寺記 …………………………… 宿　進 199
※敕賜會福寺碑文 ………………………… 萬　安 203
※大峨山永明華藏寺新建銅殿記 ………… 王毓宗 204
※峨眉山普賢金殿碑 ……………………… 傅光宅 207
※峨山修改盤路記 ………………………… 傅光宅 209
※續蓮社序 ………………………………… 范文光 211
※住山說 …………………………………… 范文光 211
※峨眉山伏虎寺碑記 ……………………… 江　臯 212
※重建峨眉峰頂卧雲庵接待十方禪院記 … 哈　占 214
※峨山伏虎寺藏經樓碑記 ………………… 傅作楫 219
※重修光相寺碑記 ………………………… 張德地 220
※重修萬年寺碑記 ………………………… 張德地 221
※峨眉山萬年寺真武閣碑記 ……………… 朱國柱 223
※海會堂八十八祖真像總贊 ……………… 王僧芥 224
※鐵羅漢頌並序 …………………………… 黃庭堅 224
※息心所頌 ………………………………… 熊　過 225
※峨眉大佛寺落成頌並序 ………………… 李長春 226
※海會堂募置飯僧田偈 …………………… 曹學佺 227

※第八、仙隱流寓 ………………………………………… 229

峨眉山志卷七 …………………………………………… 235

第九、古今藝文 ………………………………………… 235

※《譯峨籟》自序 ……………………………… 胡世安 235

※志竹變 ……………………………………… 胡世安 236

※題喻廣文《峨眉山志》 …………………… 胡世安 237

※游峨眉山記 ………………………………… 丁文燦 239

※朝大峨山記 ………………………………… 釋徹中 240

藝文：賦附 ……………………………………………… 244

※慈竹賦 ……………………………………… 喬　琳 244

藝文：詩再附 …………………………………………… 245

※登峨眉山 …………………………………… 李　白 245

※聽蜀僧濬彈琴 ……………………………… 李　白 246

※峨眉山月歌送蜀僧晏入中京 ……………… 李　白 246

※贈別鄭煉赴襄陽 …………………………… 杜　甫 247

※寄司馬山人十二韻 ………………………… 杜　甫 247

※漫成 ………………………………………… 杜　甫 248

※題華嚴寺瓌公禪房 ………………………… 岑　參 249

※峨眉東脚臨江聽猿懷二室舊廬 …………… 岑　參 249

※江行夜宿龍吼灘，臨眺思峨眉隱者，兼寄幕中諸公
……………………………………………… 岑　參 249

※峨眉山 ……………………………………… 鄭　谷 250

※送譚遠上人 ………………………………… 賈　島 250

※送僧入蜀過夏 ……………………………… 曹　松 250

※峨眉聖燈 …………………………………… 薛　能 251

※贈行如上人 ………………………………… 唐　求 251

※峨眉山 ……………………………………… 蘇　軾 252

※白水寺 ……………………………………… 蘇　軾 252

※寄眉峰 ……………………………………… 蘇　軾 252

※送賈訥倅眉 ………………………………… 蘇　軾 253

※光相寺 ……………………………………… 范成大 253

※游峨眉十一首之八 ………………………… 馮時行 253

※雙飛橋	馮時行	254
※游峨雜詠二首	白 約	254
※寄寶曇禪師二首	明太祖	255
※贈廣濟禪師	蜀獻王	255
※送峨眉歸雲聰長老還山	蜀獻王	255
※峨眉高一首奉蜀王令旨題峨山圖	釋夢觀	256
※華嚴寺	方孝孺	257
※白水寺二首	方孝孺	257
※游峨眉	方孝孺	258
※峰頂臥雲庵二首	楊 慎	259
※桫欏坪	余承勛	260
※入山	趙 淵	260
※宿大峨峰頂二首	趙貞吉	261
※伏虎寺	王 詠	261
※贈靈巖寺僧	尹 覺	262
※華嚴寺次尹櫟亭先生韻	安 盤	262
※宿峰頂	安 盤	263
※解脫坡	彭汝實	263
※雨宿西坡寺	程啓充	263
※游靈巖寺	張寄庵	264
※峨山	舒觀生	264
※寄懷可聞和尚二首	江 臯	265
※大峨峰頂	張 鵬	265
※桫欏花	廖大亨	265
※峰頂	袁昌祚	266
※雙飛橋	富好禮	266
※峨眉山	黃 輝	267
※白水寺	舒其志	267
※送峨山僧清源請香檀佛像，所鏤甚精	袁宏道	268

※峨眉山歌金陵爲松谷上人作	曹學佺	268
※聖燈	尹　伸	269
※洪椿坪	尹　伸	269
※神水	邵捷春	270
※神水	李一鰲	270
※訪通天國師	周光鎬	271
※題八十八祖像	龔懋賢	271
※解脱橋	胡世安	272
※梅子坡	胡世安	272
※峰頂	胡世安	272
※題胡菊潭纂峨眉山紀十首之七	王　鐸	273
※睹光臺	梁應龍	273
※登峨説	董明命	274
※宿峰頂眺望二首	羅　森	274
※過萬年寺懷紫芝禪師	羅　森	275
※虎溪贈可聞禪師	何温然	276
※送張玉甲之官眉雅	吳偉業	276
※登峨眉	劉道開	276
※大峨神水	董明命	278
※萬年寺	張純熙	278
※老僧樹	冀應熊	279
※病中贈離指和尚	楊思聖	280
※步題伏虎寺文峰回文韻	程仲愚	280
※感貫之和尚於蘿峰皆供虎臣太史之席	程仲愚	281
※登峨眉	張注慶	281
※丁卯春觀旋泛錦江瞻眺峨眉	張官紀	282
※夢登峨山作望峨吟	張官紀	282
※天門石	何永駿	282
※解脱坡	何永駿	283

※蓮花社	何永駿	283
※石船子	何永駿	283
※佛光	何式恒	283
※佛燈	何式恒	284
※贈與峨上人金陵請藏回山	房星著	284
※出勝峰門道中望聖積、伏虎諸剎	樊星煒	284
※老僧樹偈	楊其光	285
※桫欏花	彭元吉	285
※登峨山	楊維孝	285
※銅塔	王曰曾	286
※巨鐘	王曰曾	286
※過伏虎寺贈可聞和尚	王曰曾	287
※解脫坡	王曰曾	287
※祇樹林	王曰曾	287
※銅殿	王曰曾	287
※還憩伏虎寺	王曰曾	288
※千手佛	吳昌求	288
※銅塔	吳昌求	288
※萬年寺	竇　絅	288
※桫欏花	竇　絅	289
※聖燈	竇　絅	289
※聖燈	竇　絟	289
※大佛殿	丁文燦	290
※伏虎寺即事	丁文燦	290
※彌勒殿樓頭訪志靈和尚，見壁詩，依韻和之	丁文燦	290
※贈伏虎寺瓶水禪師	丁文燦	290
※觀心坡	丁文燦	291
※息心所	丁文燦	291
※佛光	丁文燦	291

※觀聖燈 ……………………………………… 丁文燦 292
　　※峨山頂二首 ………………………………… 史在䇷 292
藝文：僧詩 …………………………………………………… 293
　　※贈密印安民首座入峨眉中峰 ……………… 釋克勤 293
　　※寄虎溪可聞 ………………………………… 釋海明 293
　　※睹光臺 ……………………………………… 釋行密 294
　　※送華陽山人游峨眉 ………………………… 釋通醉 294
　　※觀心坡 ……………………………………… 釋通醉 294
　　※卧雲庵 ……………………………………… 釋通醉 294
　　※過太子坪聞達和尚舊隱 …………………… 釋通醉 295
　　※山居 ………………………………………… 釋行喜 295
　　※雙飛橋 ……………………………………… 釋長白 295
　　※山居 ………………………………………… 釋永宣 296
　　※洪椿坪 ……………………………………… 釋永宣 296
　　※牛心寺避雨 ………………………………… 釋永宣 296
　　※古德林 ……………………………………… 釋性藏 296
　　※偶題 ………………………………………… 釋廣善 297
　　※贈天峰禪師隱靈巖 ………………………… 釋海與 297
　　※宋王坪回文 ………………………………… 釋性通 297
　　※峨眉早春 …………………………………… 釋海源 298
　　※別鄉友 ……………………………………… 釋海源 298
　　※登峨 ………………………………………… 釋元溫 298
　　※山居 ………………………………………… 釋照裕 299
　　※峨嶺秋 ……………………………………… 釋照裕 299
　　※送友之峨眉絕頂 …………………………… 釋福岊 299
　　※峨嶺雲 ……………………………………… 釋福岊 300
　　※山居次韻 …………………………………… 釋元英 300
　　※登峨 ………………………………………… 釋普佶 300
　　※懷峨 ………………………………………… 釋覺知 301

※伏虎寺 …………………………………… 釋德堅 301

※井絡泉 …………………………………… 釋德堅 301

※隱峨自眺 ………………………………… 崑石遠翔 302

峨眉山志卷八 ………………………………………… 303

第十、動植物産 …………………………………… 303

鳥 ……………………………………… 303

獸 ……………………………………… 304

花 ……………………………………… 305

木 ……………………………………… 307

果 ……………………………………… 308

竹 ……………………………………… 309

茶 ……………………………………… 310

菜 ……………………………………… 311

藥 ……………………………………… 313

草 ……………………………………… 313

附：珍異 ……………………………………………… 314

第十一、蔣編志餘 …………………………………… 315

附：書畫 ……………………………………………… 333

參考文獻 ………………………………………………… 336

峨眉山志卷首[一]

重修《峨眉山志》流通序

　　普賢菩薩，道證一真，德圓兩足。住寂光而興慈運悲[二]，輔善逝而帶果行因[三]。具遮那之全體[四]，示居補處[五]；結《華嚴》之大義，指歸西方。雖盡十方法界，無非所住真境；而此大光明山，實爲應化道場。溯其立名之意，蓋以佛光晝現，聖燈夜來[六]；亘古今而無或隱滅，盡來際以啓牖群生[七]。由是之故，致此峨眉寶山，亦稱大光明焉。一以形勢立名，一以聖迹取號，固無別種因緣也。

　　而一班不知菩薩德相者，欲借經言以見重，謬引《華嚴經·菩薩住處品》云："西南方有處，名光明山，從昔已來，諸菩薩衆，於中止住。現有菩薩，名曰賢勝，與其眷屬諸菩薩衆三千人俱，常在其中，而演說法。"夫如來在天竺之中，摩竭提國，成等正覺，說《華嚴經》，凡歷七處，而有九會。初會，即在菩提場說。二會、七會、八會，皆在普光明

[一] 按，此六字爲版心題名，今作爲卷首總題目。
[二] 寂光："常寂光"之省，釋迦牟尼之住處。普賢爲毗盧遮那佛之脇侍，故與之同住。《佛說觀普賢菩薩行法經》卷一云："釋迦牟尼名毗盧遮那，遍一切處；其佛住處名常寂光。"
[三] 善逝：諸佛名號之一，佛的十種通稱之第五種。《大乘義章》卷二〇《十號義》云："言善逝者，此從德義以立其名。善者名好，逝者名去，如來好去，故名善逝。"
[四] 遮那：毗盧遮那佛之省，又稱大日如來，爲佛之本身。有《大毗盧遮那成佛經疏》，卷一即闡述名號之義，可參看。
[五] 補處：前佛既滅，菩薩成佛而補其位，謂補處。《四分律行事鈔簡正記》卷一六《道俗篇》云："一生補處功德一等者，謂睹史陀天，如彌勒，次補當來成佛。今在彼天宫，名補處也。"
[六] "燈"，原作"鐙"，由於"鐙"有二音，爲免誤會，本書所有義同"燈"者皆改用"燈"字，後文不再説明。
[七] 啓牖：啓發、誘導。"牖"通"誘"。《詩·大雅·板》："天之牖民，如壎如篪。"毛傳："牖，道也。"孔穎達疏："牖與'誘'古字通用，故以爲導也。"

殿説，此殿亦在菩提場中。《菩薩住處品》乃第七會所説之一品。先説東、南、西、北之四方，次説東北、東南、西南、西北之四維，方位次第，井然不亂。彼見有"光明山"三字，遂謂此西南方，指震旦國之峨眉，在中國之西南。於"現有菩薩，名曰賢勝"，妄加注曰"即普賢也"。普賢亦名遍吉[一]，未見又名賢勝也。援經而深悖於經，是欲令人生信而反致人起疑也。不知普賢之德相，以如來智慧，窮劫莫宣。《華嚴經》八十一卷，其發揮普賢菩薩神通智慧、道德功業者，有十餘卷經。若稍加研究，則何肯謬引？譬如輪王駐處，即是王都；光明到處，了無黑暗。

由是，今《志》特立《菩薩聖迹》一門，於中分爲六章：一釋名，略釋普賢名義。二修證，節錄《悲華》《楞嚴》二經，以明菩薩因地修證工夫。然據《如來不思議境界經》，則菩薩久已成佛，其本地非佛莫知也。三德相，略引《華嚴經》，稱贊菩薩不可思議神通道力。四法要，略明菩薩所説法要。而《普賢行願品》，以十大願王導歸極樂；普勸善財及華藏海衆，一致進行，回向往生西方極樂世界，以期圓滿佛果，而爲《華嚴》一經之歸宿。是知此一卷經，大開净土法門，實爲十方三世一切諸佛，上成佛道、下化衆生、成始成終之總持法門。三根普被，聖凡齊攝；末世行人，皆當依止。故錄其全文，以期同登蓮邦焉。五利行，節錄《法華經》《觀普賢菩薩行法經》，略明菩薩衛護行人之事。六應化，明菩薩證窮法界，故於十方法界隨類現身，應以何身得度者，即現何身而爲説法，故十方法界皆可作菩薩道場。然欲衆生投誠有地，故特於峨眉山示應化焉。須知菩薩應化，有普有專：普則大衆咸得親見，專則唯己自心明了。例如雲端現相，衆目同觀；圓光攝身，縱齊肩並立有許多人，而人人各見己身，不見他身。於此二者，可知菩薩神應無方，非凡夫、二乘所能測度。具此不思議義，又何必謬引經文以自誣，而貽人笑柄耶？

舊《志》所載，殊多訛謬。如千歲寶掌，於卷二《諸經發明》云："漢永平癸亥之前已住此山。蒲公見鹿迹如蓮華，徑投寶掌問之；掌令往洛陽問摩騰、法蘭二師。蒲公于甲子往洛陽謁二師。"不知甲子即明帝七年，始遣蔡愔、秦景、王遵等往西域尋佛法。至十年丁卯，二師隨諸人始來

[一] 普賢亦名遍吉：《大智度論》卷九云："比丘言：'此即遍吉菩薩。遍吉菩薩自言："若有人誦讀《法華經》者，我當乘白象來教導之。"我誦《法華經》，故遍吉自來。'"其文注云："遍吉，《法華經》名爲普賢。"

洛陽。按，《傳燈録》本傳云："東漢獻帝建安二十四年來中國。魏晉間，入蜀禮普賢，留大慈。"舊《志》本傳，只略"東漢獻帝"等一句。何不以此證前之訛，而竟兩存之；亦不説其孰是孰非耶？

於一生不至西蜀之智者大師，亦爲立傳；且日與茂真尊者、孫真人弈棋於呼應峰下之棋盤石上。又建呼應庵以居，均以"相呼相應以弈棋"爲峰名、庵名。作此説者，不但不知智者，且絶不知佛法。智者一生以身爲法，作後學模範；何得日與閑僧曠道常行犯佛禁戒、玩物喪志之事乎？

玄奘，生於隋文帝仁壽四年甲子，其兄長捷法師令其出家，居洛陽净土寺。十五歲，因隋室喪亂，至長安。時唐室初立，尚事翦削，無暇弘法，遂與其兄往成都求學。未幾，聲聞遠著。武德五年，於成都受具。思欲入京，以期聞所未聞。爲兄所留，遂私遁，由三峽達漢陽，至相州，沿途求學弘法。後至長安，欲追法顯、智嚴之迹[一]，結侶上表，往游西域，求所無經。斯時世始太平，中外尚未交通，故詔不允許。衆咸退心，師獨不屈，乃於貞觀三年八月私去。歷一十七年，始回中國。及至于闐，即遣使上表太宗。太宗優詔答之，且令沿途有司各爲護衛迎送。師聞帝欲問罪遼濱，恐稽遲不遇，遂兼程而進。由流沙，至沙州，是由甘肅而來者。帝敕有司備儀仗相迎。忽至京城之西漕，有司莫知所措。以按程備儀，師兼程而進，故致有失。此後日事翻譯，未及卒業而寂。何得有履西域，至峨眉九老洞，值聖真説偈授經之事乎？但以世遠人亡，屢經滄桑，志乘軼失，無所依據，遂致以訛傳訛，無由考正，故致然也。

當明季時，胡世安公好游山而信佛，未息心以研究。故其博采藝文，輯《譯峨籟》，實爲清蔣虎臣《山志》之權輿。虎臣自謂於《譯峨籟》一字不遺。然其所録，總以叙述山峰之聳峻、巖壑之幽秀、風雲之變態、寺宇之興廢而已。至於普賢興慈運悲、四衆竭誠盡敬之所以然，尚不能稍爲形容。況菩薩之本地風光、四衆之心契覺海者，又何能一爲形容耶？又此山昔有道教，自大法昌明後，漸次歸真。明果滅妖，乾明作中峰之寺；羽流感德，黃冠爲緇衣之僧。自後一致進行，歸依三寶。道教絶響已千餘年，舊《志》於普賢及古高僧有經傳可考證者，尚多錯訛；況於

[一] 法顯、智嚴：東晉僧人，後秦弘始元年（三九九）從長安出發前往天竺求經，智嚴爲伴，惜智嚴卒於屬賓，未得重返中土。法顯有《法顯傳》，今人章巽有《法顯傳校注》，附録有《智嚴法師傳》，可參看。

絕響已久之道教事實，能無訛謬乎？

黃帝往空同山，問道於廣成子，載於《莊子·在宥篇》。何得又往峨眉，復問道於天皇真人乎？天皇真人即廣成子。黃帝係有天下之責任者，非閑曠僧道隨意雲游者比。空同已去兩次，而有所悟。即廣成子移居峨眉，黃帝何得又往峨眉？況蜀道之難，今尚興嘆；當黃帝時，不比今更難百千倍乎？故知此諸記載，悉屬虛設。即的確之極，亦無關緊要。以此所説之法，乃佛法中人乘、天乘兩間之法。峨眉道教久已絕響，又何猶立此法，以致後世惑於兩歧，莫知去向乎？故將此種記載，多爲刪去。揭佛日以普照三根，亦天皇真人之贊許者。

印光一介庸僧，何敢妄充通家，修輯四大名山之山志？但以挂搭普陀三十餘年，民十一年定海知事陶在東公倡修《普陀山志》[一]，請邑儒王雅三先生主其事。王君於儒可稱博洽，於佛未涉門徑。《志》成，而山中耆宿命光重修。光以近來刻排各書，了無有暇。至十九年，掩關蘇垣，始得出書。一弟子李圓净[二]，熱心公益，謂："普陀、五臺、峨眉、九華，爲中國四大名山。師既將《普陀志》修妥印行，《五臺》《峨眉》《九華》三山志，亦不得置之不理。"於是特祈前著《觀音菩薩本迹感應頌》及《歷史感應統紀》《佛學救劫編》之江西彭澤皈依弟子許止净居士[三]，標示綱要；光但任其割貼安頓與印行。校對則歸於現遥領贛州壽量寺住持德森法師與陳无我居士[四]。《五臺志》去年已出書，《峨眉志》不久亦可付印，

[一] 陶在東：據民國《定海縣志·職官志》，民國十年（一九二一）時陶鏞任定海知事。民國《綏中縣志》卷一一小傳云："陶鏞，字在東，號芷湘，浙江會稽舉人。光緒三十一年（一九〇五）知綏中縣事，清廉自持，理訟如神，尤能愛士。本城士紳接見時，話語殷殷，如家人父子。然必勵以立品修身，詞雖藹而氣則厲，故無敢以私相干者。去任時，邑人挽留無計，乃脱靴置於南門楣上以存記念。"

[二] 李圓净：本名李榮祥，廣東三水人，或説爲浙江人，生年不詳，卒於一九五〇年。生平事迹及與印光和尚之因緣，可參《澤溥群萌——印光大師與四衆弟子的法緣》。

[三] 許止净：江西彭澤縣人，名業笏，字子瞽，晚年自號止净。生於光緒二年（一八七六），卒於一九三七年。光緒三十年（一九〇四）進士及第，授翰林院編修。光緒三十四年（一九〇八）東渡日本，就學於早稻田大學，四年後歸國。一九一三年歸心學佛。一九二二年前往浙江普陀山禮印光和尚，受囑編《觀世音菩薩本迹感應頌》。一九二七年，居上海，編《廿四史感應統紀》，即本序中所謂《歷史感應統紀》者。許氏傳記，詳《江西省宗教志》第六章第一節。

[四] 德森法師：俗姓楊，名隆焜，江西興國縣人。生於一八八三年，卒於一九六二年。生平事迹可參《澤溥群萌——印光大師與四衆弟子的法緣》。◎陳无我：生於一八八四年，卒於一九六七年，號法香，浙江錢塘人，久居上海。曾任《太平洋報》《民國日報》編輯，創辦世界新聞社。可參《澤溥群萌——印光大師與四衆弟子的法緣》。

《九華志》或於明年春夏間可出。

四山舊志，唯《五臺》最嘉，《普陀》次之，《峨眉》又次之，《九華》最居其下。良以三山志，皆屬不通佛學之儒士所修，故致買櫝還珠，敬卒隸而慢主人；只在山之形勢變幻處致力，不在菩薩興慈運悲、拔苦與樂處形容。志山而不志佛，顛倒行事。雖有其志，不能令見者聞者增長善根，種菩提因。此今《志》之所深致意者，故爲略示其意。然以未曾親歷其境之人，不能詳加詢訪，故只按舊《志》及諸經傳而爲證訂。至於近來名德及新建築，概不加入，以免逸軼名德之咎、挂一漏萬之譏。具眼知識，當能諒之。

民國二十三年甲戌孟秋
古莘常慚愧僧釋印光撰

※《峨眉山志》舊序一[一]

嘗讀《冀越通》[二]，云："地脉向中國來者三支。南絡發崑崙，迤東南而行至大峨山。直南折而東爲五嶺，復折而東北，大盡於建康，其支結於吳[三]、閩、越。"是峨山爲崑崙之次明矣，故有伯仲之稱。又讀《書記洞詮》[四]，云："三峨高出五嶽，秀甲九州，震旦國第一山也。"顧其山不入五嶽而列於四大名山之一。其初爲天皇真人即廣成子所居，軒轅黃帝問道於此，授《三一五牙》之經[五]。繼爲普賢菩薩道場，設化城，居大衆三千人；有佛光、聖燈之現。而琳宮梵刹，踵事增華；遐方瓣香，重繭遠進，遂化而爲釋氏區宇矣。要之[六]，峨眉固自峨眉也。善乎，胡菊潭先生之言曰："斯山真面目，不隨蓬海三淺。"[七]知言哉！

然往古來今，事迹變幻，如騎羊而仙[八]，歌鳳而隱[九]，刺蟒以救黃冠[十]，跨虎而渡溪漲[十一]，人之異也。龍子可掬[十二]，桫欏燦爛，雷鳴於

[一] 按，此序亦載蔣本，以之參校。據文末署題，此序作者爲曹熙衡，字素徵，錦州人。序中自稱康熙二十五年（一六八六）分巡建昌道，序作於康熙丁卯（一六八七）夏，其時曹熙衡已升貴州按察使。但據王先謙《東華錄·康熙四十一》，康熙二十七年三月丙子"以曹熙衡爲貴州按察使，由四川建昌道遷"，可知其正式履任在一六八八年。
[二] 《冀越通》：明代唐樞所作《木鐘臺集》之子目，《欽定四庫全書總目》之提要對其人其書有介紹，此不贅言。是書收入《四庫全書存目叢書·子部》，其《雜集·亨卷》爲《冀越通》。曹熙衡所引有刪節，明刻本參校。
[三] "結"，原作"絡"，蔣本作"給"，亦誤，今據《冀越通》改。
[四] 《書記洞詮》：明梅鼎祚編，一百一十六卷，補遺四卷未刻，收入《四庫全書存目叢書·集部》，詳參《欽定四庫全書總目》之提要。此書收周秦至陳隋時期之尺牘，其卷九一"西竺千歲和尚"之"與行脚僧"，即此處所引。
[五] 按，黃帝問道之事，可參《譯峨籟·玄覽紀》引《路史》《元氣論》等書。
[六] "要之"前，蔣本有"而"字。
[七] 按，此處所引出胡世安《譯峨籟·自序》，詳《譯峨籟校注》。
[八] "羊"，原作"牛"，形近而誤，據蔣本改。按，騎羊指葛由騎木羊上綏山事，詳《譯峨籟·玄覽紀》，亦見蔣本卷五。
[九] 歌鳳而隱：傳說陸通隱於峨眉山，詳《譯峨籟·玄覽紀》，亦見蔣本卷五。
[十] 刺蟒：指明果大師之事。乾隆《峨眉縣志》卷六云："明果，漢資州人，受法於秦竺法護，回蜀就寶掌峰卓錫。時乾明觀中道士每於三月三日效翟武升仙之法，師知是妖孽，請讓先升。暗伏獵人，箭中之，一白蟒也。尋理其處，乃見冠簪白骨盈窟，羽人悔悟，即觀改爲中峰寺，迎師承事焉。"蔣本卷四小傳與此大致相合。
[十一] 跨虎：指慧通禪師之事。蔣本卷四小傳云："唐僖宗時游峨眉，望山峰奇異，有古肇公道場。欲往履之，溪水泛漲，偶感一虎至，即騎虎跳過溪流，故名虎渡溪。"
[十二] 龍子：蜥蜴。《譯峨籟·道里紀》云："爲白龍池，池水深尺餘，素沙徹映，磊石作勝。內有蜥蜴，潛近邊底，僧以鉢盛，馴擾可狎，往往與風雨作緣，遂冒龍籍。"

山腰，雪積於盛夏，物之異也。洞傳伏羲、鬼谷，徑險鷓鴣鑽天，空樹老僧定數百年，兜羅綿雲鋪幾千丈[一]，景之異也。其他幽奇奧邃，莫可殫述；題詠記贊，累案盈緗。不有山志，烏乎稽考？自明代己卯，菊潭先生游峨，已云"索山志舊著，罕有存者"。唯喻廣文志祥有《山志》脫稿，菊潭謂其"搜羅博而未精，考核詳而不要，去取臆而附會多，尤劣於《山史》一卷"[二]。經菊潭評駁，其書遂不傳矣。乃菊潭先生三次登峨，著《譯峨籟》。後三十餘年，金陵蔣太史虎臣寓峨山，始取《峨籟》稍加增益為《山志》。然太史被二豎相侵[三]，草草卒業，倫次欠楚，未付剞劂而捐館。因是尚闕焉有待，其稿藏於可聞禪師之笥。

余以今上之二十有五年奉命分巡建南，峨眉乃吾隸也。念境內名山大川，不有以表彰之不可。況修廢舉墜，尤關職業；失今不志，後將無述。爰取虎臣太史脫稿，與宿士商訂，重加修飾。分條析項[四]，淆訛者正之[五]，紊亂者清之，繁蕪者裁之，迹無與於茲山者去之，事可紀於近今者增之。一筆墨間，而峨之山水形勝、宮觀殿剎、人物古迹、詞翰藝文，瞭如指掌，燦若列眉。可以備窮搜，可以供臥游，蓋自是而峨乃有山志矣。亦以成菊潭先生、虎臣太史二公未竟之緒；而余且得邀靈於名山，以遒曠事之譏云爾。

清康熙二十六年歲次丁卯季夏之吉[六]
中議大夫、分巡建昌道、按察司副使、
今升貴州等處提刑按察使司按察使、
錦州曹熙衡素徵題

[一] 兜羅綿雲：峨眉山頂之雲海，其說見本書卷三范成大《峨眉山行紀》。

[二] 按，此處所引出胡世安《題喻廣文峨眉山志》，載蔣本卷一二。喻志文者，喻志祥也，內江人，嘉慶《內江縣志》卷三五稱其為天啟辛酉科（一六二一）舉人。

[三] 二豎：借指病魔。《左傳·成公十年》："公夢疾為二豎子，曰：'彼良醫也，懼傷我，焉逃之？'其一曰：'居肓之上，膏之下，若我何？'醫至，曰：'疾不可為也，在肓之上，膏之下，攻之不可，達之不及，藥不至焉，不可為也。'"

[四] "析"，蔣本作"晰"，義同。

[五] "淆"，蔣本作"諸"，義同。

[六] "清康熙二十六年歲次"，蔣本作"康熙"。

※《峨眉山志》舊序二[一]

西蜀之有峨眉，坤輿一巨鎮也[二]。北控三川[三]，南界百蠻；井、鬼之所照臨，神仙之所窟宅。雖祀典不在五嶽之列，而功實過之。《禹貢》紀載而後，常璩、任豫、張華、酈道元輩[四]，表章精奧，不一其人，宜矣。余奉命撫蜀，職在奠安，常懼一物失所，貽山靈羞。甫下車，值有采辦楠木之役，單騎邛崍[五]，探尋運道，因得一登初地。而軍務旁午，信宿言旋。其中溪谷之幽異，風雲之變幻，恍惚一寓目耳。然以險遠崎嶇，繕疏陳請，蒙恩罷采，民獲休息。雖皇仁覃敷，不可謂非茲山之靈默相而呵護之也。

余性耽山水而拘牽官署，每憑欄送目，覺三百里外，雪光雲影，遙遙襲人襟袖。欲尋古人紀載以當臥游，而兵燹之餘，毀失殆盡。一日，

[一] 按，此序亦載蔣本，以之參校。此序作者，據文末署題，乃楚黃姚締虞。楚者，湖北也；黃者，黃陂也。雍正《湖廣通志》卷四七有其小傳，云姚締虞字歷升，黃陂人，順治己亥進士（順治十六年，一六五九）。初任成都府推官，後改令陝西安化，後又歷左僉都御史，巡撫四川，請免運楠木及白蠟諸雜稅、禁絕苞苴之事。雍正《四川通志》卷三一列其小傳，則稱姚締虞字岱鹿，或誤。據此序之後所列印章，當是"岱麓"，方與其字之"升"相關聯，且岱麓乃其號。《晚晴簃詩匯》卷三一正云其"字歷升，號岱麓"。姚締虞任四川巡撫在康熙二十五年（一六八六）。此序作於康熙戊辰（一六八八）農曆二月。此外，《清史稿》卷二七四有其傳，但部分事實與《湖廣通志》等不相合，如言其中進士在順治十五年，誤；《明清進士題名碑錄索引》載此人為順治十六年進士。

[二] 坤輿：大地，《易·說卦》有"坤為地……為大輿"之語。◎巨鎮：指一方之主山。《漢魏六朝百三家集》卷一〇一吳均《八公山賦》："若夫神基巨鎮，卓犖荆河。"今按，此處言峨眉乃"坤輿一巨鎮"，而《全蜀藝文志》卷四八引宋人王象之《四川風俗形勝考》則云："青城、峨眉，為坤維之巨鎮。""坤維"，指西南方。

[三] 三川：《資治通鑑·唐順宗·永貞元年（八〇五）》"六月己亥"之"求都領劍南三川之事"注云："劍南東川、西川及山南西道為三川。"貞觀元年（六二七）改益州等為劍南道，治成都，包括四川大部，雲、貴等部分地區。

[四] 按，此四人之著作分別為《華陽國志》《益州記》《博物志》《水經注》，都有關於峨眉山之記載，詳參《譯峨籟·形勝紀》及蔣本卷二。

[五] "崍"，原作"郲"，據蔣本及《太平寰宇記》卷七七改。按《太平寰宇記》云："九折坂，即嚴道山，王陽回轡之所，與鄧通所賜銅山相連，即邛崍山之西臂也。山有獸名貊，似熊而斑，能食銅鐵。自九折之頂，望蜀中衆山，纍纍如平地，常多風雨雲霧，少有晴明，首夏猶冰，初秋即雪。本自邛莋而來，故名邛崍。"

川南憲副曹君，持《峨眉山志》相示，則憲副啟其事。而余首閱《圖說》，出近代胡菊潭相國手；《修志凡例》，斷自蔣虎臣太史。嗟乎！茲山之在西南，詎止比肩於嵩、岱、衡、廬、武夷、雁宕之勝？登茲山者，詎無有好游如尚平、康樂其人者乎[一]？往哲無聞，歌詠中絕，河山之變，增人悽感。然所載古迹勝境，若光、若燈、若臺、若榭，以迄於《藝文》《志餘》，列諸几案，綽然如凌嵐霧之幽深[二]、沉瀣之芬洌也。

宗少文曰："豎劃三寸，當千仞之高；橫墨數尺，體百里之遠。"[三]余無俟笋輿、筇杖而坐收茲山之奇秀焉，又為之一快矣！抑峨眉有屏翰之功於蜀，而禋祀遜五嶽，說者以為名山之隱逸者也[四]。

　　　　清康熙二十七年戊辰歲仲春之吉[五]
　　　　賜進士第、通議大夫、巡撫四川等處地方、提督軍務、
　　　　都察院右僉都御史、楚黄姚締虞撰

[一] 尚平：《後漢書·逸民·向長傳》云："向長字子平，河內朝歌人也。隱居不仕，性尚中和，好通《老》《易》……游五嶽名山，竟不知所終。"《文選·謝靈運〈初去郡〉》"畢娶類尚子"句，李善注引嵇康《高士傳》云"尚長，字子平"，故又稱"尚平"。

[二] "凌"，原作"陵"，據蔣本改。按，"凌"謂迫近也，"陵"字無此義。又，蔣本之"凌"字，印光本皆刻作"陵"，故後文有此字之誤者，逕改作"凌"，不再出校。

[三] "遠"，蔣本及《歷代名畫記》卷六引宗炳《畫山水序》皆作"迥"。

[四] "者也"，與光緒本同，蔣本作"也者"。

[五] "清康熙二十七年"，蔣本作"時康熙"。

※《峨眉山志》舊序三[一]

　　昔逸少先生志游峨而卒不果，恒太息緣之未足，衲每服膺其言。及成《峨志》，而益感慨係之。夫山之於人[二]，與人之於山，洵有緣也哉！太史虎臣蔣先生，木天顧輔[三]，一旦塵視軒冕，扶筇來峨，止蒲榻於山寺。出其奚囊所貯《峨山志》稿，與衲訂以見聞。風雨晦明，兩易寒暄，成帙一十八卷。而《志餘》一卷尤叮嚀旨趣，言言金石，字字醍醐，起茲山從前之所未有，而一一開其面目。山顧於太史有前緣耶？不然，太史初未涉於峨[四]，而乃斂其散逸，以集其成，寸寸而纍，早已脱稿於燃藜天禄、度日花磚、珥筆不遑之秋[五]。且卒如其意來止，忻忻也。觀其《回首》一偈，謂茲山之老衲再來，而前緣爲益信矣。

　　嗟乎！衲昔當蜀經灰劫餘，吴帆萬里，來禮願王。山水羈人，若逢吾故。于伏虎古迹，不惜頂踵[六]，薙草開林，爲願王廣大行。數十年間，未敢少懈。招提大概，始觀厥成，溯洄壯游，曾幾何日？而今且倏近桑

[一] 按，蔣本此序題作《志餘序》。據文末署題，此文作於一六八九年九月。作者海源（一六三一至一七〇〇），伏虎寺僧，金陵當塗縣人，俗姓趙。一六四一年出家，一六四三年奉師命送普賢大士像供奉峨眉山，值次年甲申之變，兵荒馬亂，未能入山，止於嘉定州内金璧庵。後更名海源，號可聞，一六五一年入住峨眉山，興復伏虎寺，一六六〇年而大功告成。後遣徒與峨到江浙募藏經而回，又參昭覺寺丈雪通醉，大力弘揚佛法。詳本書卷五《可聞源禪師塔銘》。

[二] "夫"，與光緒本同，蔣本作"顧"。

[三] 木天：翰林院。《觚賸續編》卷二"傅徵君"條云："是年應試中選者，俱授翰林院檢討。然其人各以文學自負，又復落拓不羈，與科進者前後相軋，疑謗旋生，多不能久於其位，數年以後，鴻儒掃迹於木天矣。"蔣超曾任翰林院修撰，故稱。◎顧輔：顧，回視；輔，輔臣。言蔣超在翰林院地位尊崇，每得君王看重。蔣超曾提督順天等處學政，爲國家簡拔人才，故有此譽。

[四] "未"，蔣本、光緒本皆作"何"。

[五] 燃藜：王嘉《拾遺記》卷六："漢劉向校書天禄閣，夜默誦，有老父杖藜以進，吹杖端，燭燃火明。"◎花磚：表面有花紋的磚。《詞林典故》卷六下云："唐翰林院北廳前階有花磚道，冬中日及五磚，爲入直之候。李程好晚入，恒過八磚乃至，衆呼爲八磚學士。"◎珥筆：插筆於冠側。《文選·曹植〈求通亲亲表〉》："安宅京室，執鞭珥筆。出從華蓋，入侍輦轂。"李善注："珥筆，戴筆也。"此處三條皆借指蔣超任職翰林院之事，然事有夸張，豈能推知蔣超未至峨眉山而已成《峨眉山志》？

[六] 頂踵：頭頂與脚跟，比喻全身心投入，不畏勞苦，盡心盡力。

榆，質衰蒲柳矣。讀太史遺編，兢兢然，唯恐以緣爲太史羨者[一]，徒亦以緣爲太史謝之也[二]。幸荷護法諸大檀越善太史之勝因，覓以棗梨，授之剞劂，俾與山靈同貞不朽，竊幸太史有願克諧矣。然則太史豈僅與山爲緣，而山又豈僅與太史爲緣哉？今而後，後戒禪身、廣象教力者，欲有以各證其緣，即以斯《志》爲龜鑑也可！

清康熙二十八年己巳菊月穀旦[三]
伏虎寺住持海源謹識[四]

[一] "唯"，蔣本、光緒本皆作"度"。
[二] "也"，蔣本、光緒本皆無。
[三] "清康熙二十八年己巳菊月穀旦"，蔣本作"時皇清康熙二十八年菊月"，光緒本作"時皇清康熙二十八年菊月□日穀旦"。
[四] "伏虎寺住持"，蔣本、光緒本作"伏虎衲"。

※修山志説[一]

　　名山可以神會，不可以目窮；可以心契，不可以言傳。言傳者，其迹耳，而山之精靈不與焉。要其迹亦不可以不傳[二]，則言固未可廢也。肄樟栖霞飲谷，方外自遣，素奉教於梅莊何先生[三]。一旦，先生以憲副素徵曹先生之命，舉《峨眉山志》下商。樟愧譾劣，罔所識知。然聞工人之治器也，遇大器，必專心致志，畢思殫慮以治之，故器可成，而不憂其窳敗。《峨志》之役，大器也。於是細加參考，字斟句酌，釐正倫次，汰黜影附，分別條項，校訂訛舛，增益新聞。每條以小序數語引其端，俾便省覽。凡以敬慎厥事，庶幾以言傳者，不至言之過而流於溢、言不及而失於隘焉耳。

　　　　　　　　　　　　　　　　　　古戎後學宋肄樟謹識

[一] 按，此文亦見蔣本，以之參校。據文末署題，此文作者宋肄樟，亦即《峨眉山志》修訂本之實際執行者。據康熙《四川敘州府志》卷二，此人乃康熙五年（一六六六）舉人，宜賓人。據嘉慶《宜賓縣志》所載舊志纂修姓氏，宋肄樟字西山。又據《佛冤禪師語錄》之序，文末署題爲"時康熙丁卯中秋日同門法弟宋肄樟法名徵中題於玉壘山房"，則宋肄樟在一六八七年時乃昭覺寺僧。
[二] "亦"，蔣本、光緒本皆無。
[三] 梅莊何先生：何源濬。雍正《四川通志》卷七下："何源濬，江南丹徒人，拔貢生。康熙二十一年（一六八二）知馬湖府。"蔣本收錄了此人爲《峨眉山志》所作序文，可參看。

※補遺峨眉山志記[一]

　　峨山爲坤輿具瞻，昔人言之詳矣。予幸承乏斯邑，得以循其麓而躋其巔，陟險窮幽，登峰造極[二]，真極天下之大觀。然而名山形勝，以心契不以目窮。公餘之暇，嘗取志書而卒讀之，神之所游，不啻足之所履。惜乎書多脫簡，不能遍觀而盡識也。爰博訪都人士，得家藏舊志一部，悉心校閱。間有後人添入詩章，錯訛殘缺者，舊本不載，未敢妄增，仍闕以待補焉。其餘字迹之模糊，書目之失次，篇章之遺亡，悉照舊本一一更訂增入。統計原板及添刻共三百二十六塊，刷印成編。俾後之游峨山者，可以按籍冥搜。即不游峨山者，亦得開卷而攬全勝也。是爲記。

　　　　　　　　　　時道光丁亥歲仲秋之吉
　　　　　　　　　　賜進士出身、知縣事粵東呂龍光識[三]

[一] 按，此文不載於蔣本，而載故宮藏本《峨眉山志》及光緒本，以之參校。◎"峨眉山志"，故宮藏本、光緒本作"峨山志書"。按，據故宮藏本，此文作於道光丁亥（一八二七）七月。作者呂龍光，字賓南，同治《嘉定府志》卷三二小傳云："呂龍光，字賓南，廣東人。道光壬午（一八二二）科會元，宰峨眉縣。下車後，興利除弊，諸多善政。尤以培植人材爲念，設賓伙，遷奎閣，興義倉。東關外造三橋，以作七曲水，并建培風塔，文風丕振，士林感佩焉。"

[二] "極"，光緒本作"級"。

[三] 此署款，底本作"清道光十四年甲午四月之吉，賜進士出身、知峨眉縣事、粵東胡林秀識"，光緒本作"時道光甲午歲四月之吉，賜進士出身、知縣事粵東胡林秀識"，皆誤，據故宮藏本改。按，印光因襲光緒本而略加改動，殊不知光緒本被誤本所欺，雖然款識改了，但所鈐"呂龍光印""賓南"兩方印章不變，前面正文又全同，當是胡林秀在道光本基礎上剜改署題而置功也。其剜改之時爲甲午（一八三四）四月。又按，胡林秀，廣東肇慶人。據道光《肇慶府志》卷一五，此人乃道光九年（一八二九）進士。同治《嘉定府志》卷三二稱其字魁生，道光十四年甲午任峨眉令，在任達十年之久。宣統《峨眉縣續志》卷五則稱此人道光十三年任峨眉令，一年之差，當即受命之時與履任之時有別也。

※峨眉山舊志凡例[一]

一、修山志與郡邑志不同。是編凡關係山中形勝、僧家典故，雖細必書。其有高山大川、琳宮寶刹不係峨山地界者，一概不敢妄入。

一、是編原本井研胡閣老《譯峨籟》。兵火之餘，山中片紙隻字俱無。其書所載，不忍一字遺失。所輯前人詩賦，俱經壽梓。其餘憑仗別集網羅及各寺僧抄録名賢題詠者，僭妄刪去十之一二。非敢立異，亦以成美云爾。

一、志以徵信，不可貪圖怪異，捃摭成編。如上林橘柚、芳洲杜若，取快一時，貽譏千古。是編凡禪宗仙伯，非確在峨眉修真養性及投筇飛錫[二]、過化此方者，不敢妄入。其餘土產、方物，除茶、笋之外，如雪蛆、空青、放光石、雷威琴之類，古有是名，今無是物。恐後人傳訛襲響[三]，重爲地方累，特爲剖白纖悉，識者辨之。

一、峨眉雖係皇真道場，近來人亡觀廢，杳無踪迹。欲問舊時授道升仙等勝地，茫然不知其處。雖有宋王坪、軒轅觀舊址，一望虚莽，不敢妄爲增飾，恐有道家嗔是有心罣漏。將來移玉入山[四]，當自知之耳[五]。

一、是編除原本《譯峨籟》外，止據《四川總志》及《嘉定州》《峨眉縣志》《蜀中廣記》等書。取裁不廣，考訂不精，止可爲名山留一影像耳。

一、峨眉山道，前後名賢游記開載甚詳。然亦有蠟屐所過，親携筆札登記者；亦有事後默識，記一遺十者；又有旁詢住僧及輿徒、皂侲者[六]。言語錯亂，頭尾倒置。或將歸路認爲去路，或即一處指爲兩處，今皆一一咨詢，考訂詳明。以後登山，如聚米畫裙[七]，免致車中指視，頗稱快事。

[一] "舊志"下，蔣本、光緒本有"蔣太史"三字。

[二] 投筇：漢費長房投其所乘竹杖入葛陂，化爲龍，詳《後漢書·方術下》本傳。

[三] "恐"，原作"必"，因襲光緒本之誤，據蔣本改。

[四] 移玉："移玉趾"之省，對他人到訪之敬辭。

[五] 按，此段底本刪除，據蔣本補。

[六] 侲（zhèn）：童子，見《廣韻·震韻》。此處代指隨行僕從。

[七] 聚米：《後漢書·馬援傳》："援因說隗囂將帥有土崩之勢，兵進有必破之狀。又於帝前聚米爲山谷，指畫形勢，開示衆軍所從道徑往來，分析曲折，昭然可曉。"◎書裙：《宋書·羊欣傳》："欣時年十二，時王獻之爲吳興太守，甚知愛之。獻之嘗夏月入縣，欣著新絹裙晝寢，獻之書裙數幅而去。"後比喻好友過訪。

一、舊志遺史，無從考訂，謹據《峨眉縣志》，所列山水無多。至山中老僧傳說，半多附會。如一青蓮峰分爲二峰，曰大尖，曰蓮華。一井絡泉稱爲五處，曰聖水，曰觀音，曰通精，曰半月。又名賢游記中有本無是山，偶憑耳食便登掌記者[一]。如大歡喜亭、八十四盤上有桫欏坪。查桫欏坪在千佛頂後，與獅子、羅漢等坪同列。若初登頂時，並無所謂桫欏坪者。如以桫欏得名，此花遍滿山頂，如秦廬、粵鎛[二]，何處無之？華嚴閣、圓通庵，全無影響。今皆一一改正，前人有知，想亦喜稱起予耳[三]。

一、山中舊有庵堂寺院，名目極多。滄桑後[四]，金璧瓦礫，梗梓梧丘。不敢盡爲淹没，僅留虛名於楮墨間[五]。在愚見[六]，不問孤居侣處，現前佛屋連椽接棟，儘可爲容衆栖身之地。不必又拘興復之説，再圖募化[七]，徒費精神。是在高明毅然作一竪刹竟義也可[八]。

一、志成，每苦上臺檄取，爲往來應酬之用。僧家拮据，楮蠟供給、工匠酒食之類，轉成大累。今當預啓當事：凡欲取《志》，乞携紙墨及工匠飯食，入山自行印刷。似此功德，勝比尋常供佛飯僧十倍也！

清康熙十一年壬子仲秋望後四日[九]
華陽山人蔣超謹識

[一]"便"，原作"又"，承光緒本而誤，據蔣本改。
[二]秦廬、粵鎛：《周禮·考工記》云："粵無鎛，燕無函，秦無廬，胡無弓車……粵之無鎛也，非無鎛也，夫人而能爲鎛也；燕之無函也，非無函也，夫人而能爲函也；秦之無廬也，非無廬也，夫人而能爲廬也；胡之無弓車也，非無弓車也，夫人而能爲弓車也。"
[三]起予：對自己有啓發。《論語·八佾》："子曰：'起予者，商也，始可與言《詩》已矣。'"
[四]"滄桑"下，蔣本、光緒本有"之"字。
[五]"間"，蔣本、光緒本作"之上"。
[六]"在"上，蔣本、光緒本有"然"字。
[七]"募"，蔣本、光緒本作"掊"。
[八]"也"，蔣本、光緒本無。
[九]"清"，蔣本、光緒本無。

新訂凡例四則

　　一、舊凡例第一條，謂"山中形勝、僧家典故，雖細必書"，是矣。唯普賢菩薩爲此山之主，僅於《形勝》門列《諸經發明》半紙餘。其中多係臆説訛傳，唯《楞嚴·圓通章》爲實録，殊多遺憾。故今略引《華嚴》《法華》各大乘經及僧傳所載確實可據者，將普賢菩薩本迹感應表彰出之，爲《聖迹》門。俾閲者得生信仰而有所遵行，以獲受用實益耳。

　　一、山中形勝，舊《志》將峰、巖、臺、石等分類録之，絶少貫串，令人茫然於前後上下各位置。求之游記中，又嫌過多。且各人所記不同，莫衷一是。今於卷首，列新增《圖説》。閲者按圖探路，恍如身入其境，足增卧游之興。而原有游記，酌加删削，免繁多寡味。

　　一、峨眉雖非必爲《華嚴》之光明山，而光燈示現之奇特，實爲諸名山首屈一指。誠如觀音大士所謂"現種種不思議色净光明網，攝取衆生"者[一]。豈非普賢之大願力有以致之歟？故特闢《靈異》一門，將游記中之見光、見燈及其他感應事迹彙入之，示所以尊仰菩薩而導引衆生也。

　　一、《山志》求閲者身心獲益，以宏揚佛法爲主要；形勝、寺院，已爲餘緒；至於藝文，益末矣。宏揚佛法，首重高僧。而王臣護法，使僧衆安居修道，即俾黎庶消灾得福，亦最當崇飾，爲後人矜式。故舊《志》《藝文》内，僧家塔銘，概改入《高僧》内。而皇家頒賜及建修寺廟各記，另闢《外護》一門收之。以示此等紀載關於三寶，非徒以文字見長也。

[一] 按，此處所引之文見《華嚴經》卷六八。

原書總目

上冊

卷一 十九頁　一、星野圖説
卷二 二十九頁 二、菩薩聖迹 分六小目
　　　一釋名
　　　二修證
　　　三德相
　　　四法要
　　　五利行
　　　六應化
卷三 二十八頁 三、全山形勝
卷四 十一頁　四、寺庵勝概
　　　　　　五、感應靈異

下冊

卷五 二十九頁 六、歷代高僧
卷六 二十一頁 七、王臣外護
　　　　　　　八、仙隱流寓
卷七 二十五頁 九、古今藝文
卷八 二十一頁 十、動植物産
　　　　　　 十一、蔣編志餘

普賢菩薩像

《大方廣佛華嚴經·普賢菩薩行願品》節要

普賢菩薩告善財言："善男子，如來功德，假使十方一切諸佛，經不可說不可說佛剎極微塵數劫，相續演說，不可窮盡。若欲成就此功德門，應修十種廣大行願。何等爲十？一者禮敬諸佛，二者稱贊如來，三者廣修供養，四者懺悔業障，五者隨喜功德，六者請轉法輪，七者請佛住世，八者常隨佛學，九者恒順衆生，十者普皆回向。""若諸菩薩於此大願隨順趣入，則能成熟一切衆生，則能隨順阿耨多羅三藐三菩提，則能成滿普賢菩薩諸行願海。""是故若人誦此願者，行於世間，無有障礙，如空中月出於雲翳。諸佛菩薩之所稱贊，一切人天皆應禮敬，一切衆生悉應供養。""又復，是人臨命終時，最後剎那，一切諸根悉皆散壞；一切親屬悉皆舍離；一切威勢悉皆退失；輔相大臣，宮城內外，象馬車乘，珍寶伏藏，如是一切，無復相隨。唯此願王不相舍離，於一切時引導其前，一剎那中即得往生極樂世界。"

峨眉山志卷一

第一、星野圖說 初星野，次圖説

星則在天成象，野則在地成形。郡邑諸志，皆以星野定方位。況峨眉乃普賢菩薩應化之聖道場地、爲全省之巨鎮、作人民之具瞻，其廣踞數百里、其高聳數千仞乎！山不能一目遍觀，覽圖則即知其概；圖不能向背悉見，視説則全體圓彰。雖廣數百里，高數千仞，持圖而閲之，即可心領山勢于方寸間，緬想佛化于億萬世。故志星野、圖説。

初星野者，常璩云："西奄峨嶓[一]，地稱天府。"其精靈上應井絡[二]。《河圖括地象》云："峨嶓上值天井，故多雨潦。"[三]占候"井明大盛，多風雨；月犯井，多風雨；日暈井，多陰雨、大風"是也[四]。張子家《峨山志》謂[五]："峨山在九囿中，下鎮梁益，上應鶉首，爲南戒_{同·界}之宗，與秦同分。"熊南沙過跋云[六]："志叙分野[七]，既引夾漈

[一] "奄"，原作"崦"，與光緒本同，據蔣本及《華陽國志》卷三改。按，此段志星野，大致與蔣本相同。

[二] 按，此句亦據《華陽國志》卷三改寫而來也，原文云"故其精靈，則井絡垂耀，江漢遵流"。

[三] 按，此句云引自《河圖括地象》，不見其他典籍有相關記載，或有誤。《華陽國志》卷四云："（牂牁）郡上值天井，故多雨潦。"頗與此相符。

[四] 按，此句所言占候之語，見李淳風《觀象玩占》卷一七《井宿》，但係改寫，文字略異。此書今有明鈔本，收入《四庫全書存目叢書·子部》第五十九册。

[五] 張子家：張庭，字子家，明代夾江縣人。嘉慶《夾江縣志》卷八《人物志·宦業》下列其小傳云："張庭，字子家，嘉靖進士。歷吏部文選郎中，博學有才識。遇事敢言，以直忤權貴，左遷副使。有《兀山存稿》《岷峨志》《邑（夾江）志》《玄覽要略》等書。"今按，胡世安所云之《峨山志》，當即小傳中之《岷峨志》也，已佚。此志或别稱《峨眉山志》，如熊過《南沙先生文集》卷五即有《題張氏峨眉山志後二首》。

[六] 熊南沙過：熊過，字叔仁，號南沙，富順人。嘉靖己丑（一五二九）進士，官至禮部祠祭司郎中。《明史·文苑三·陳束傳》有附傳。此人著述頗多，如《周易象旨決録》《春秋明志録》《南沙先生文集》等。其《南沙先生文集》今收入《四庫全書存目叢書·集部》第九十一册，此處所引，正卷五《題張氏峨眉山志後二首》之二，故以之參校。

[七] "志"，《南沙先生文集》作"其"。

之説，明常璩以爲井絡者無據矣。其稽兩戒而定峨嶓[一]，以爲在井絡之南，亦終未能曉然自解乎夾漈之疑。而又曰：'星應輿鬼，君子精敏，小人鬼黠。'[二]則疑于口給夸多，自變井絡之説矣。"按：井絡，宫曰巨蟹，辰曰未，方曰西南，在地坤維。"值坤，故多文章；值未，故尚滋味。德在少昊，又尚辛香也。"[三]峨位西南，物産相符。則井絡之説近之，熊跋亦未盡也。

《天文志》謂嘉定屬東井、輿鬼分野[四]。今州治峨山，上當井絡，故山頂有井絡泉[五]。

次圖説者，舊《志》圖甚簡略，止標大概，亦無有説。自清光緒十一年奏列祀典，遂遍探山勢而爲圖説。今欲廣傳，篇幅多則難於流通。故于圖只取其總，而去其別。悉存其説，庶閲者仍得其詳。原書序跋，悉録如下[六]。

《峨眉山志圖説》序

凡志，首重圖説，而山志爲最。蓋郡縣志計里開方，紀其廣輪贏縮、方隅綉錯，詳其山川險要、道路津梁，俾守土者展卷瞭如。備寇則陑要設防，捕盗則刻期立至，此其大略也。而山志則疊嶂層巒，横峰側嶺，峭壁撐空，激湍截地，綿亘數百里，或足迹不能到，亦目力不能窮。倘以意揣，則差之毫釐。後有識者，徒滋訾笑。

[一]"兩"，原作"南"，與光緒本同，據蔣本及《南沙先生文集》改。
[二]"鬼"，原作"詭"，與光緒本同，據蔣本及《南沙先生文集》改。按，《華陽國志》卷三亦作"鬼"。
[三]按，此句亦出《華陽國志》卷三，略有刪削。
[四]按，此條云出《天文志》，不知究竟出何書。《史記·天官書》《漢書·天文志》《晉書·天文志上》稱"東井、輿鬼雍州"，《舊唐書·天文志下》"東井、輿鬼，鶉首之次也……自漢之三輔及北地、上郡、安定，西自隴坻至河西，西南盡巴、蜀、漢中之地，及西南夷犍爲、越巂、益州郡，極南河之表，東至牂牁，皆鶉首分也"，與此相合，《新唐書·天文志》同《舊唐書》。嘉靖《四川總志》卷一三亦云："（嘉定州）天文井、鬼分野。"
[五]按，此段亦見蔣本，乃蔣超因襲張能鱗《峨眉志略》之語也，見《西山集》卷七。
[六]按，此後引諸多序跋及圖説，皆本自《峨山圖志》，今以光緒辛卯（一八九一）刻本參校。

峨爲蜀名山，而不列祀典。光緒乙酉，總督丁公疏請春秋致祭[一]，奉旨俞允。明年，護理總督游公乃遣候補道黃君綬芙有事於峨[二]。至則壇場寺庵皆奉佛像，而山神之廟闕然。搜求舊《志》，則缺略惟多。於是游公籌款建廟於山麓，并製祭器以供望祀。而黃君毅然以纂修《山志》爲己任。譚君晴峰[三]，工繪事，以圖委之。廖君笙堂，俾輯説。

　　又明年，而黃君卒。圖未及半，説亦未成，何志事之難耶？於是游公憫有志之未成也，復使譚窮其圖，緶巖梯嶮、足趼叢山者累月。凡爲圖六十有四，補舊《志》所未及者十之七八。廖仍爲之説，按新圖，稽舊聞，亦數月而竣事。而游公尤虞其未善也，謂余分巡建南，峨爲屬境，總修之責無可辭。嘻，其難也？蓋其慎矣。

　　余於是披圖索瘢，詳加考證，删訂其説，衷諸一是。不敢自以爲功，特不方游公之命而已[四]。既刻，而使余爲之序。余惟山祀始於丁公，而游公爲之廟。《山志》始於黃君，而游公落其成。圖則譚之勞，説亦廖之績，余何力之有焉？然余竊喜圖説成，而願往者可爲先導，未至者可當卧游，既往者如逢故境[五]，豈非一大快事哉！余故樂爲之序。

光緒十四年戊子十月[六]
善化黃錫燾書於建昌道署[七]

[一] 總督丁公：謂丁寶楨，傳見《清史稿》卷四四七及《丁文誠公奏稿》卷首。據《清德宗實錄》卷四〇，光緒二年（一八七六）九月戊辰，"以山東巡撫丁寶楨爲四川總督"。我們核查《清德宗實錄》及《丁文誠公奏稿》，皆未見丁寶楨奏請列峨眉山入祀典之事。據《光緒宣統兩朝上諭檔·光緒十一年上諭》："光緒十一年（一八五）二月二十三日，内閣奉上諭，丁寶楨奏神靈顯應，請頒匾額等語。四川汶川縣白龍池龍神、懋功廳龍神廟、資陽縣城隍廟靈異夙著，上年夏間，均因旱象將成，經該廳縣等前往祈禱，甘霖立沛，轉歉爲豐，寔深寅感。著南書房翰林恭書匾額各一方，交丁寶楨祇領，敬謹懸掛，以答神庥。欽此。"丁寶楨在此年的確上奏請頒匾額，但並未提到將峨眉山列入祀典之事。

[二] 護理總督游公：湖南新化人游智開，字子代，咸豐元年（一八五一）舉人，光緒十一年（一八五）擢四川按察使，次年護理總督。傳記見《清史稿》卷四五一。◎黃君綬芙：只知其爲四川候補道臺，事迹不詳。

[三] 譚君晴峰：譚鍾嶽，字晴峰，湖南衡山人，清代畫家、詩人，其餘事迹不詳。

[四] "而"，《峨山圖志》作"亦"，此處或係據文義而改也。

[五] "往"，《峨山圖志》作"經"。◎"故境"下，《峨山圖志》有"一舉而三得"。

[六] "戊子十月"，《峨山圖志》作"歲次戊子冬十月"。

[七] 黃錫燾：湖南善化人。據《清代硃卷集成》第二十一册之《咸豐己未科會試黃錫彤硃卷》，黃錫燾字翰仙，廪生，咸豐丁巳（一八五七）補行壬子（一八五二）、乙卯（一八五五）科舉人，己未（一八五九）科考取國子監學正。據《清德宗實錄》卷五三，此人光緒三年（一八七七）七月之前任兵部候補主事，因丁寶楨奏請，遂來川任職。

此序作於建南，因游公書來，謂譚圖、廖説不可没其勤勞[一]，故序并及之。余旋省後，同鄉諸君皆謂説本黄君綬芙原稿[二]，廖特修飾之耳。以序言爲失實[三]，是則游公之故也。兹識於序後，以補余過，且免後來作刊謬，多著議論也。

十五年二月初吉[四]

錫燾又識

峨眉山圖記[五]

峨眉山者，西蜀之雄鎮，高百餘里，相傳爲普賢菩薩道場[六]。梵林如櫛，最著者爲伏虎、善覺、報國、萬年、靈巖、天門、仙峰諸寺。其他如大坪、洪椿、長老、太子、雷洞諸坪；清音閣、華嚴頂、洗象池、沉香塔；銅、鐵、錫、金、祖諸殿，莫不稱大觀焉。

其間峰巒層叠，若玉女，若寶掌，若鷟鷟，若獅駝，若笋，若蓮，若鑪，若鉢，備極崢嶸。石有亮光、太子、大峨、天門、魚兒、蓮華、聖鐘、法船、飛劍、象鼻、牛心、仙人、羅漢、太湖等名，形似物者[七]，不可指數。橋有雙飛、仙女、七天、凉風、無懷、鐵索、木棧、石梁，凡横流斷壑，皆藉以通。水有黑白雙溪、龍門倒峽、瀑布飛崖諸噴泉。險有鵓鴿鑽天、猴子坡、蛇倒退、長壽坡、放光坡、壽星坡、羅漢坡，陡曲而滑。洞有九老、三仙、雄黄、鬼谷、伏羲、女媧、左慈、龍門、猪肝、爛柯、紫芝、桂花、三魈，及無名號者凡千百。

草木有桫欏樹、浮圖松、菩薩藤、木芙蓉、木凉傘，及一切奇花異草，多莫能名。禽有二迦陵異鳥[八]，飛翔上下，佛光現時，始鳴曰[九]："佛

[一]"不可没其勤勞"，原作"勤勞莫没"，義遜，據《峨山圖志》改。
[二]"説本"下，《峨山圖志》有"譚君晴峰口授"，印光等人删去，當係有意爲之，不知所據爲何？
[三]"序言失實"，《峨山圖志》作"以序言爲失實"。
[四]"十五年"，《峨山圖志》作"光緒十五年春"。
[五]按，《峨山圖志》卷一載此文，題作《峨山記》，今以之參校。
[六]"菩薩"，《峨山圖志》無，乃印光等所增者，殆以爲無此二字則不敬耶？
[七]"物"下，《峨山圖志》有"似"字。
[八]"二"，《峨山圖志》無，乃印光等所增者。
[九]"佛光現時，始鳴曰"，《峨山圖志》作"其鳴"。

現了!"獸有人熊、虎、狼,質頗小者,其鳴"陀佛",人以"比邱"字之[一]。蟲有蛙,鳴聲如琴[二]。有大蟒,圍可三尺,長十丈許,鱗甲晶瑩,稱之曰"龍居士"。有蜥蜴,方首五爪,藏水石間,目爲龍子。

氣候則陰晴不定,變幻萬千。即如雪有千年積,雷有掃殿期。雷洞坪,有人聲,烈風、暴雨、冰雹即至者[三],良可怪也。其中古迹,若軒轅訪道處,涪翁習靜處,蒲氏老人村,東坡摩崖字[四],右軍、河南碑[五],皆不足奇。所異者,金頂祖殿懸巖絕壁處,朝夕雲海霧氣忽聚忽散。每至未刻,兜羅綿雲布滿巖下,現圓光一團,邊分五色,七層間暈,爲佛光如鏡。睹者自見其形,雖並立之人,絕不能見[六],爲攝身光。遠者爲水盆光。有氣如虹,橫亙數里,兩端紫雲捧之爲金橋,奇觀哉!夜有燈光燐燐,飛滿崖壑,爲萬盞神燈朝普賢。此更不可思議,真福境也!

余攀躋越半載,索險探幽,身歷神會。尤見瓦屋、青城、天竺、雪嶺、玉壘、岷江,若礪若帶,數萬里奔來眼底者。竊嘆此山形勝甲天下耳,遂竭耳目心思,摹其圖而並爲之記。

衡山譚鍾嶽晴峰圖并識

[一] 按,此處所謂"比邱",當即《譯峨籟·方物紀》中之"貔貅",非虎狼也。

[二] "鳴聲"下,《峨山圖志》有"韻"字。

[三] "雷洞坪,有人聲,烈風、暴雨、冰雹即至者",《峨山圖志》作"雨、冰雹,有人聲而即至者"。

[四] 東坡摩崖字:應是指龍門洞之"龍門"二字。此二字原本傳說爲宋代富春孫公所題,後又附會爲蘇東坡所題。蘇軾並不曾登峨眉山,故當以孫氏所題爲確,惜其名不傳。今人駱坤琪在《峨眉山"龍門"二字考辨記》中記錄了他在題字旁找到的題跋一則,云:"山水之勝必因人而重,岷首以羊叔子而重,蘭亭以王逸少而重。大峨雖號勝峰第一,向非李謫仙聲於詩歌,亦不過如是而止耳。龍門景趣,隱於幽深窮僻中,疑太白足迹之所不至,其名不得與大峨俱。孫富春公來守漢嘉,搜奇幽討,閱二年而得之,親撒龍門二大字,鐫於懸巖峭壁間,筆勢遒勁,蜿蜒欲飛,與龍俱騰而上者。自今以往,不獨龍門之名重而益加神,民益加信,可勝記哉!乾道庚寅年(一一七〇)重九日,嘉州峨眉縣勸農公事兼兵馬監押何紀緋。"則所謂富春孫公,乃嘉州知州,南宋孝宗乾道年間在任。又,駱氏之文載《樂山史志資料》一九八七至一九八八年總第五至十二期合刊本。

[五] 右軍、河南碑:峨眉山金頂有銅碑,乃一面爲王毓宗集王羲之字所作記,一面爲傳光宅集褚遂良字所作記。碑文見蔣本卷九。

[六] "雖並立之人,絕不能見",《峨山圖志》無,乃印光等所增者。

一、峨眉山總圖説[一]

此峨山總圖也。世傳大峨爲黄帝問道於廣成子處，佛經稱普賢道場。歷建大小七十餘廟，皆奉普賢。故雖天下名山，未列祀典；攬勝游踪，爰稽志乘，而闕略維多。兹繪總圖，較加詳慎，然亦發其大凡。至窮原竟委，備悉分圖，可按而索也。自峨眉縣出南門至正頂，計程百二十里。凡山路、水道、寺宇、峰巒、古迹，一一縷載，燦若列眉。餘詳散圖。顧復初書[二]，譚鍾嶽繪[三]。

二、峨眉縣至回龍寺圖説

峨眉縣治，漢南安縣，後周平羌縣地。隋開皇初爲峨眉縣。《元和志》曰："枕峨眉山東麓，故名。"開皇十三年置，屬眉郡。唐、宋屬嘉州，元屬嘉定路，明屬嘉定州。至清雍正十三年[四]，改州爲府，縣屬焉。東北各一門，西門二，南門二。游山者出大南門，門曰"勝峰"。諸峰相對，蒼翠環照。過石橋，曰"儒林"，古化龍橋，亦名勝峰。儒林街，人家數十。南行至回龍寺，小而幽，比丘尼居之。前臨澗水，碧玉縈回，古樹數株。西坡古刹在其間，唐武德六年建，舊名壽聖西坡寺，今就圮。

三、回龍寺至峨神廟圖説

山神舊無廟祀。至清光緒十有一年[五]，四川總督丁文誠公寶楨以峨爲山鎮，水旱癘疫禱求輒應，有功德於民，奏請春秋致祭，部議奉旨俞允。其明年，護理總督游廉訪智開捐建峨神廟於縣南城外學堂山，並製

[一] 按，《峨山圖志》於此總圖不標序號，而以"峨眉縣至回龍寺圖"爲圖一，故此處與《峨山圖志》之各圖編號剛好相差一位。
[二] 顧復初：字幼耕，一字子遠，晚號潛叟。長洲人，翰林侍講學士元熙子。咸豐末，道州何紹基督蜀學，邀復初襄校試卷。因洪、楊之亂，江南陷賊，不得歸，乃入粟爲縣丞，攝貢井丞。後遂居華陽。傳見民國《華陽縣志》卷二二。
[三] "自峨眉縣出南門至正頂"至此，原爲雙行小字，乃《峨山圖志》第一幅圖《峨山總圖》旁批文字，今作正文處理。
[四] "至清"，《峨山圖志》卷一作"國朝"。按，後文改"國朝"爲"清"者甚多，皆印光等爲行文準確而改者，不再出校。
[五] "至清"，《峨山圖志》卷一作"今上"。

祭器。歲遣官望祀，咸於斯廟。門外有泮池故址，井研胡世安《登峨道里紀》云"聖宮外，合三流爲泮，澄波千頃，儵樂蓮香[一]，亦多雅致"，即茲地矣。前瞻古塔，後倚崇山，嘉樹叢篁，映帶左右。游人至此，遠觀近矚，蒼翠紛來，飄飄然，不啻置身兜羅綿雲表也。

四、峨神廟至什方院圖説

由峨神廟上行，過古石坊，右爲川主宮。正殿祀李二郎神，前有劇臺，後鄰什方院。院外歧路中，蟬蜷樛結，有涼亭一。夏秋時，清風徐來，游人多憩於此。

五、什方院至壁山廟圖説

出什方院，道途平坦，經薛家店，至壁山廟。廟古樸，中祀風雲雷雨之神。一路榕木森森，蔭周數畝，堪避暑雨。

六、壁山廟至菩提庵圖説

由壁山廟西南行二里許，有菩提庵在路左。門對四峨，如玉屏前立。出庵左行百餘步，茅屋數椽，古致歷落。連畦蠟樹蔥蘢，居民賴以爲利。

七、菩提庵至興聖寺圖説

過菩提庵，沿茅屋行百餘步，茂林修竹中，左爲興聖寺。寺宇兩層，佛像尊嚴。山門外路嵌靴石，以形似呼之。遥望金頂及衆山最高處，歷歷可數。按舊《志》，興聖庵近聖積寺，疑此即古興聖也。

八、興聖寺至聖積寺圖説

由興聖寺順行，有石坊，清乾隆乙丑年，住持性琳建。路左即聖積

[一] "儵"，原作"鱉"，與《峨山圖志》同，據蔣本卷九《登峨山道里紀》改。

寺，爲古慈福院。明萬曆壬午，川南道參議高任重題篆字碑豎寺外[一]，相傳爲軒轅問道處。正德三年，内江王重修之[二]。萬曆丁酉，四川巡撫萬任、布政使楊國明重建接引殿[三]。康熙十一年，御史董明命重建大雄寶殿[四]。殿内銅鑄普賢騎象像，金身丈六，象伏地，長亦如之，兩旁銅佛頗多。殿外左懸八卦銅鐘，高九尺，徑八尺，重二萬五千斤。右峙銅塔，高二丈許，十有四層，鑄佛四千七百尊，旁鐫《華嚴經》全部，永川萬華軒施製。前有樓曰"真境"，一名"老寶"，訛呼"了鴰"，乃慧寶禪師建。額題"峨峰真境"四大字，宋魏了翁華甫鶴山書也。相傳范蜀公書有簡板一幅，云："半天開佛閣，平地見人家。"[五]今佚。

九、聖積寺至文昌廟圖説

由聖積寺大道行，過普安橋，一名普庵橋，又曰普賢橋，水出銅河，即余大師坐化處。昔人稱有普賢殿、普安院，今俱廢。右上爲文昌廟，廟後有八卦井，今廢。惟源泉混混，灌注田疇，農無旱魃之患。出廟左行，經石坊，有瓦店一家，即往保寧寺之坦途也。

十、文昌廟至保寧寺圖説

由瓦店平行二里許，即保寧寺，古卓錫庵。明嘉靖四十四年，僧德統建。萬曆辛卯，僧德佐重建。清康熙五十年，僧峨雲復修葺之[六]，因易今名。歷經雍正三年連碧禪師、嘉慶十三年仁寬禪師，隨廢隨舉，代有經營，增其壯麗。瀠洄水抱，平遠山環，不亞聖積、真境。

[一] "任"，底本及《峨山圖志》皆脱，據同治《嘉定府志》卷四一補。按，高任字恕庵，昆明舉人。
[二] "王"下，底本及《峨山圖志》衍"公"字，據蔣本卷三刪。按，此内江王，指朱友墦，見《弇山堂別集》卷七三"莊懿"條及雍正《四川通志》卷二九之下。
[三] 按，此二人事迹不詳，雍正《四川通志》、嘉慶《四川通志》皆失載。
[四] 董明命：明末清初合江縣人，雍正《四川通志》卷一八上稱此人順治十八年（一六六一）時署永寧兵備道。
[五] 按，據《輿地紀勝》卷一四六《嘉定府·凌雲九頂詩山詩》，范鎮所題詩句在華嚴院，不在峨眉山聖積寺。據《升庵集》卷七六"峨眉山"條及《補續全蜀藝文志》卷四七，此簡板乃楊慎所書。
[六] "復修葺"，《峨山圖志》卷一作"加修"。

十一、保寧寺至子龍廟圖說

由保寧寺上走兩河口，過石橋即蕭店子，茅屋數十家。再上里許，至子龍廟。廟外順河下爲萬行莊，古海會堂。右通冠峨場，後即光明壩。

十二、子龍廟至報國寺圖說

由子龍廟沿河而上，漸入山徑。里許，繞古樹林，進報國寺，古會宗堂，一名問宗堂，又曰會宗坊，道人明光開建。有碑記，立伏虎寺。堂原在伏虎寺右山麓，虎頭山之陽，嗣遷至此。初仍舊額，後易今名。按，明光著有《心經》《楞嚴經解》《八識規矩注》《會心錄》《禪林功課》《大乘百法注》《峨眉傳》等書行世[一]。寺左，往龍門洞捷徑也。

十三、報國寺至善覺寺圖說

出報國寺，仍由大路上行，有木坊，榜"善覺寺"三字。登其峰，有二坪[二]，爲善覺寺，即古降龍寺，明萬曆時道德禪師建。清康熙間，賜元亨禪師"龍廂善覺寺"匾額[三]，因以爲名。并賜玉印一顆，其文曰"普賢願王法寶"。御書玉音一章，至今珍藏之。寺後宋皇坪，乃天皇授道於軒轅處。寺左山麓，宋紹興間，虎狼爲患，人不敢至。士性禪師建尊勝幢以鎮之，患遂絕。

十四、善覺寺至伏虎寺圖說

由善覺寺下行，不數里即合大路。路右關帝廟，廟右響水橋，爲下報國寺直道也。由路左順上，過木坊，榜曰"伏虎寺"。經興隆橋、土地廟、玉皇樓，再前虎溪橋。橋下石子，細潤如玉。屈曲上行，路左有龍

[一]"明光"，《峨山圖志》卷一誤倒。

[二]"二坪"下，原誤增"前"字，據《峨山圖志》刪。按，蔣本所收冀霖序文亦稱"賜二坪曰'善覺'，以善世也"。

[三]按，雍正《四川通志》卷三九，但云"御賜匾額'善覺寺'"，與此處所言不同。乾隆《峨眉縣志》卷四亦云："善覺寺，御賜寺名，乃撫軍貝捐建者。"不知此處所言何據。

神廟。渡發隆橋，經觀音堂，即伏虎寺，行僧心安開建。明末毀於兵燹。清初，僧貫之率徒可聞[一]，結茅爲虎溪精舍。順治十八年，川省大僚捐廉興建。經營十餘載，始告成功。前後左右，凡十有三層，崇隆廣大，爲入峨第一大觀也。光緒十年，僧靜安重新之。右後爲龍鳳輝室。康熙壬子，蔣虎臣太史超——自稱華陽山人——寓此，改名羅峰庵，藏頒賜御書"法寶"匾額。由伏虎寺左過木橋，即無量殿。殿後太湖石，煎湯服之，可療心氣。上高洞口，過涼風橋，橋爲清初四川巡撫羅公命僧可聞修[二]。古有涼風亭，石壁峭削，中有空洞，風颼颼自口出，曰涼風洞，因以名亭。谷口舊有"震旦第一山"坊，今圮。

十五、伏虎寺至雷音寺圖説

由涼風橋上行，半里許至馬家溝。昔有茶庵，今廢。渡解脱橋，水聲潺潺，聽而忘倦。謂入此解脱塵凡，出此解脱險阻耳。直上，竹林陡窄滑漥，木磴層層，約高百餘丈，爲解脱坡。左即古解脱庵，又名觀音堂，光緒十年改爲雷音寺。寺下有仙人會，舊傳一池，入山者必沐浴而後登，今其址亦不存矣。

十六、雷音寺至華嚴寺圖説

由雷音寺直上爲華嚴寺，一名會福，爲唐昌福達禪師道場[三]。僖宗時，僧慧通易名歸雲閣。宋紹興三年，僧士性重修。節梲旋螺，制極奇古，又名雲篆殿，爲白牛長老住持。明洪武時，僧廣圓奉敕重修，掘地得宋碣，鑴"華嚴堠"；左刻"至縣十五里"，右刻"至頂七十里"。寺後有雲卷石，山頂即古心坪，因昔古心禪師建有靜室得名。寺左過青竹橋，有玉女池；仰望尖秀插空者，爲玉女峰。相傳池爲天女浴器，深廣四尺，

[一] 貫之、可聞：二人事跡可參本書卷五《貫之和尚塔銘》《可聞源禪師塔銘》。
[二] 羅公：羅森。《清史列傳》卷八〇附於《曹申吉傳》後，於康熙十年（一六七一）由陝西布政使升四川巡撫。本傳云：順治四年（一六四七）進士，累官陝西督糧道、浙江按察使，遷布政使。康熙十三年（一六七四）正月，吳三桂兵犯四川，羅森與總兵吳之茂投降，後不知所踪。
[三] "昌福"，《峨山圖志》卷一誤倒。◎"達"下，底本及《峨山圖志》卷一衍"道"字，據蔣本卷四刪。按，此僧事跡見《景德傳燈録》卷二三及《五燈會元》卷八。

歲旱不涸。宋邛州刺史馮楫結茅峰下[一]，日誦《華嚴經》不輟，天女感而饋食焉。池畔有飛龍庵，每大風雨，聞石中龍吟。一夕雷劈石開，龍飛去，故名。又有鳳嶺庵，今俱廢。路右有古楠一株，大圍十餘尺，孤挺數尋始敷枝葉，青青如圓蓋，可覆畝許，俗呼"木楠傘"，古名"木涼傘"。

十七、華嚴寺至純陽殿圖說

由木涼傘左上，過木坊不數十武，進純陽殿。殿宇歷級而升，重樓瑰瑋，爲明初御史赫衛陽所造[二]。崇禎六年，巡按劉宗祥率峨眉令朱國柱捐金增修[三]，益稱完美。殿後雲霧縹緲間，有坪曰華嚴，古稱赤城山，相傳爲赤城子隱居舊址。向有香烟、羅漢、白雲等寺，今一片荊榛，無迹可尋。殿左行里許，忽逼窄異常，不容輿馬。明初蜀獻王游峨至此，下輦行五十三步；後人重其步，因以名其地。

十八、純陽殿至會燈寺圖說

由五十三步，度凹，平行里許，即會燈寺。寺右荒烟蔓草中，有天台庵故址。寺前陡下，過小石梁，爲太平橋。前望二山中凹，稱馬鞍山。茅屋數椽，呼袁店子。

十九、會燈寺至大峨寺圖說

從袁店下坡，過正心橋，再過萬定橋，古萬福橋，又稱萬佛橋。路右巨石壁立，"大峨石"三字，呂純陽書；"靈陵太妙之天"六字，明督

[一] 馮楫：蔣本卷五及本書卷五皆有小傳。
[二] "赫"，原作"郝"，形近而誤，據萬曆九年《四川總志》卷九《秩官·巡按御史》"赫瀛，濬縣人，進士。萬曆十二年（一五八四）任"改。按，衛陽子乃此人道號，蔣本卷九《純陽宮記》有句云"會道友直指赫公衛陽按部至"。
[三] 劉宗祥：雍正《湖廣通志》卷五二小傳云："劉宗祥字梧陽，黄岡人，天啓乙丑（一六二五）進士。令金壇，舉最，爲御史。懷宗初，巡按江西。廷對興利除害數條，稱旨。繼巡四川。陛見，面劾少宰張捷行私，捷坐免官。後爲江西巡撫，致仕。"
◎朱國柱：乾隆《池州府志》卷三一記載，貴池縣儒學教諭有朱國柱，乃臨安縣舉人，崇禎間任，或即此人。

學郭子章書[一]。路左神水池，即玉液泉。隋智者禪師知此水發源西域[二]，後卓錫荊門，龍女爲引神水，並浮所寄中峰寺鉢杖自玉泉流出。舊有"神水通楚"碑紀其事。又有巨石，刻陳圖南草書"福壽"字、蘇東坡"雲外流春"字。上有神水閣，一名聖水閣，明巡撫安慶吳用先建[三]，高僧化機隱此。由閣右進大峨寺，古福壽庵，明僧性天開建，後圮。清初僧智行重建，名大峨庵。康熙間，峨邊參將李禎從增廣之[四]，易庵爲寺。光緒十一年僧圓明重修[五]。向有九曲渠、流杯池、靈文閣、勝峰、立禪、彌陀等庵，今俱廢。惟寺後古松一株，老幹龍鱗，爲千百年物。上有中和石，再上有歸子石，一名魚兒石。石有二孔，水常溢不涸。山頂爲黃帽山，後爲寶掌峰。寺外往左轉右，即呵呼庵故址。有鳳嘴石，俗呼雞公石，刻"歌鳳臺"三字，相傳爲楚狂陸通隱居舊廬。明弘治間，督學王敕改今名[六]。前即歌鳳橋，古百福橋，俗名響水橋。往來聽之，四山皆響，如洪濤巨浪，挾風雨而來。昔人稱爲"山潮"，以之驗雨晴、占豐

[一] 郭子章：泰和人。字相奎，號青螺，又號蠛衣生。隆慶辛未（一五七一）進士，官至兵部尚書。萬斯同《明史》卷三三三有傳。雍正《四川通志》卷六小傳稱"萬曆十四年以副使提督四川學校，品士稱得人"，則其題字當在一五八六年之後。

[二] "隋"，《峨山圖志》卷一誤作"五代"。稱智者大師爲五代人，或本自寶綱《游峨眉山記》，見蔣本卷九。

[三] 吳用先：字體中，號浮渡居士，安徽桐城人。乾隆《江南通志》卷一二三稱其爲萬曆壬辰（一五九二）進士。同書卷一四六小傳云："吳用先，字體中，桐城人。萬曆壬辰進士，由臨川令累官都御史、巡撫四川。時播州亂，大將劉綎以議餉不進。用先躬率師先之，督綎合戰，戮力剿撫，數月蕩平。尋謝病。上憫其勞，特賜考績，予告家。居八年，起少司空，改樞貳，總督薊州。建防禦十策，殫力籌畫。會璫禍起，致政歸。"據《明神宗實錄》卷五〇一，萬曆四十年（一六一二）十一月戊申，升浙江布政使吳用先爲都察院右僉督御史，巡撫四川。若《峨眉山志》所言屬實，則吳用先入峨眉山應在此年之後。

[四] "禎"，原誤作"楨"；"從"，原脫，因襲《峨山圖志》之誤，據臺灣師範大學藏十五卷本《峨眉山志》卷九《增修古大峨寺記》署名改、補。按，據乾隆《峨眉縣志》卷六，此人爲湖廣籍，四川人，曾任峨邊營游击。據同書卷三，此人捐資修建了鐵橋、關帝廟等，頗熱心地方公益事業。

[五] "圓"，《峨山圖志》作"員"，或誤。宣統《峨眉縣續志》卷二"大峨寺"條注文亦作"僧圓明"。

[六] 王敕：嘉靖《山東通志》卷二九小傳云："王敕，字嘉諭，歷城人。成化甲辰（一四八四）進士及第，授翰林編修。讞判夷陵，升四川僉事、河南提學副使，終南京國子監祭酒。博極群書，尤善風角，習堪輿，推驗多中。所著有《五經通旨》《漫游雲芝》諸稿，《大成樂譜》。"《明孝宗實錄》卷三六"弘治三年三月戊午"條云："升刑部員外郎馬璠、湖廣夷陵州判官王敕、河南光山縣知縣周洪、湖廣郴州判官張翯、大理寺副張軏、福建光澤縣知縣劉俊，俱爲按察司僉事。璠陝西，敕、洪俱四川，敕提督學校。"據此，則改名一事應在弘治三年（一四九〇）之後。

歉，爲不爽云。

二十、大峨寺至中峰寺圖説

由歌鳳橋順上，渡結緣橋，行二里許即中峰寺，一名集雲。在晉爲乾明觀，資州明果禪師除蟒患，始改爲寺。隋茂真尊者重修之。相傳有孫、王、宋三真人羽化於此。宋黄涪翁曾習静其中，即隋智者禪師寄鉢杖處也。寺倚白雲峰，一名白巖。左即呼應峰，原有呼應庵，爲智者禪師道場。下有茂真尊者庵。孫思邈真人隱峨眉時，與禪師、尊者集弈於兹，常相呼應。山後有三仙洞，洞外有棋盤石，方廣丈餘，至今猶存。右有雄黄石。歷傳唐玄宗幸蜀，夢真人乞武都雄黄[一]，上遣使齎送至此，烟雲相隔。使者呼應，因得造焉。見一叟，幅巾被褐危坐，手指石曰："致藥於此，上有表，録上皇帝。"中使顧石有朱書百餘字，就録一行，則行滅。"呼應"之名，或曰即此。眉人程堂登峨[二]，見菩薩竹，有結花於節外枝者，茸密如裘[三]，即寫於寺壁，宛有生趣，今佚。

二十一、中峰寺至觀音寺圖説

由中峰寺左，上三望坡。以路險峻，行者三望乃至。或云昔軒轅帝訪道天皇真人時，曾於此三舉望祭，故名。前有石橋一道，亦名三望。舊有茶庵，今廢。層級而登，進觀音寺。寺内一石蹲峙，呼鷄母，以形似也。出寺往左上絲網坡，向有怪異傷人。自修寺後，怪頓息。

二十二、觀音寺至龍昇岡圖説

從絲網坡策杖攀藤盤旋里許，躋龍昇岡，以岡名寺。此地稍寬衍，梵宇幽敞。回望山後，一峰獨峙，圓轉自如，名香鑪峰，以形肖也。

[一]"黄"下，原衍"石"字，據《酉陽雜俎》卷二及蔣本卷五删。
[二]程堂：宋人，字公明，眉州人，舉進士，師從文與可，善畫竹。小傳見《畫繼》卷三，此處所言即本自《畫繼》。
[三]"裘"，原作"球"，據《峨山圖志》卷一改。

二十三、龍昇岡至廣福寺圖説

從龍昇岡下坡，山境幽深，野屋一間，茅茨不翦。平步徐行，望烟雲舒卷中翠竹離離，即廣福寺。一名慈雲寺，乃前牛心別院也。寺後綠陰簇抱，蔽虧天日，爲牛心嶺。往石船子，下龍門洞，則從寺右小徑去矣。

二十四、廣福寺至清音閣圖説

由廣福寺左，一路順下，石磴嶙嶙，苔蒼蘚碧，水聲湍激，殷殷如雷。俯視雙流飛注鬥捷，若不相下。有橋翼然，稱雙飛橋。相傳左橋建自軒轅游勝峰時，水從黑龍潭繞白水寺而來。右橋則自古至今幾經舉廢，水從九老洞繞洪椿坪、黑水寺而來。出橋數十步，兩水會合。一石蹲峙，爲牛心石。游山者從右橋行數十武，有瓦亭一，頗軒敞，爲游人小憩之所。再過小亭，内有明御史馬如蛟碑記[一]。又數十步，由左進清音閣，閣凌空高聳，兩水環抱。閣右一徑通金剛坡，往大坪。閣左則仍轉兩亭，過左橋，往白龍洞。

二十五、清音閣至金龍寺圖説

從左橋緣磴道北上，過接御亭故址，路右即古德林[二]。綠雲蔽天，空翠欲滴，爲明時洪濟和尚手植楠樹。即高僧會宗，法號別傳也。相傳當日種一樹誦《法華經》一字，一禮拜。按字計株，植六萬九千七百七株[三]。天時地利，手到春生。今存十餘株，皆本長丈餘始枝葉分起如兩手捧佛，真不啻檀林祇樹。從路左進白龍洞，洞久淹，毗盧僧建寺於其

[一] 馬如蛟：乾隆《江南通志》卷一五六小傳云："馬如蛟，字騰仲，和州人。天啓壬戌（一六二二）進士，授浙江山陰令，清操皭然。崇禎元年（一六二八），徵授御史，以彈劾著直聲。出按四川，預平安邦彦之亂。八年（一六三五）冬，獻賊犯和州。如蛟方里居，傾貲募士，與知州黎弘業登陴固守。麾壯士出擊賊，兩戰皆捷。會風雪晝晦，守者皆潰，賊遂入城。如蛟率士巷戰，力竭被殺。兄鹽運司判官如虬、弟諸生如虹及家屬十四人皆死，詔贈太僕少卿。"按，引文中之"如虬"原誤作"如蚪"，據同書卷一八一"運判馬如虬"條改。又，《明史·忠義四·黎弘業傳》有附傳，稱其崇禎元年出爲四川巡按御史。
[二] 古德林：可參蔣本卷九《古德林賦》。
[三] "植"，《峨山圖志》卷一作"約"。

上,仍舊名。順上斑籜紛披,猿鳥相逐,刹竿隱隱出青霱間者,爲金龍寺。

二十六、金龍寺至萬年寺圖説

由金龍寺右上靈官樓,古大峨樓,云是公輸子所造。明末毁於兵火,清康熙間川督蔡毓榮鼎新之[一],乃易今名[二]。經四會亭,有銅鑄接引佛像。亭前向有普同總塔,中大小數十塔,別傳和尚塔在焉,今廢。直上又一亭,豎"第一山"碑,進聖壽萬年寺。在晉爲普賢寺,唐僧慧通改白水寺,即僧廣濬彈琴處。宋爲白水普賢寺,明萬曆間敕改今名。寺殿七層,天王、金剛、七佛、大佛四殿毁。前毗盧,中磚砌旋螺,銅鑄普賢丈六騎象像。象高長各丈許,足蹈三尺蓮華,遍體爲朝山者摩損。光緒十三年,署成綿龍茂道黄沛翹捐金修補[三],並砌石欄以護之。宋太宗、真宗、仁宗,俱有御賜寶供。康熙壬午,有御賜經書。後爲新殿,殿右山邊有明月池,又號白水池。從四會亭左過山王廟,往慈聖庵。明萬曆癸巳,無窮禪師建[四]。藏慈聖太后御賜經典、袈裟、供器,今尚有銅鐘一。由庵左上海會堂,即佛牙殿。原有御賜紫衣及丁雲鵬畫歷代祖師像八十八軸[五],今俱毁。惟佛牙尚在,重十三斤,長尺二,寬八寸,厚三寸。堂左數里,有白衣庵故址。再里許爲净水溪,有净水廟,古净業堂,黄冠居之。萬年寺左,古楠一株,横圍二丈三尺五寸。左上觀音閣,後爲正龍山,前平地突起如盂,呼鉢盂峰。

二十七、萬年寺至觀心庵圖説

從觀音閣右上里許,道左有石,高丈餘,中有人形,頭面手足俱備,

[一] 蔡毓榮:清漢軍正白旗人,字仁庵,祖籍錦州。康熙九年(一六七〇)任四川湖廣總督,《清史稿》卷二五六有傳。蔣本卷九有此人所作《游峨眉山記》,據文末署題,作於康熙十年九月。則重修大峨樓當在康熙十年或其後。
[二] "乃",《峨山圖志》無。
[三] 黄沛翹:清代寧鄉縣人,字壽菩,同治丁卯(一八六七)科舉人。同治九年(一八七〇)佐周達武戎幕,遂入川任職。傳記見民國《寧鄉縣志·故事編第十先民傳》。
[四] 無窮禪師:明末四川銅梁人,塔銘見蔣本卷一一。
[五] 丁雲鵬:《畫史會要》卷四云:"丁雲鵬,號南羽,徽州人。佛像宗吴道子筆意,亦能山水。評者云:'丘壑過之,丰韻非也。'"

無斧鑿痕，相傳爲太子石。右旋數折[一]，路左有羅漢洞，上有山王廟。橫過白果樹數株，均十數圍，境頗清幽。稍坦處，明時空安禪師開建觀心庵。清乾隆間毀於火，洪湛禪師重新之。出庵右，徑陡絶，輿馬不通。上爲頂心坡，又名觀心坡，俗名點心坡，以左右懸巖攢仰，至頂六十里，登者躡足，膝輒點心云。

二十八、觀心庵至息心所圖說

循坡直上，仰望怪石嶙嶙如排牙礪齒、劍岑森嚴、勢欲飛走者，爲鬼門關。石嘴長拖，形如象鼻，稱象鼻巖。又上，石脊眠亘[二]，左右懸巖，稱大小鵝嶺，以形似鵝頸名之。過關，空空洞洞，石梁數尺，天然鞏固，名仙女橋。橋東北隅，昔古智禪師建有萬松庵，今廢。渡橋直上[三]，結一剎，名息心所，上覆木板以蔽風雨。右山有地藏庵故址。從左路平行，往石碑岡。岡下數百步外，一片荆榛，爲慶雲庵故址。

二十九、息心所至長老坪圖說

下石碑岡，沿山行，過峽，道右巨石矗立，呼觀音巖，朝山者皆焚香禮拜。前有石梁，呼觀音橋。左右懸空爲雲壑，雲烟常布，幽深莫測。所恃藤蘿古木，叢茸遮蔽，不欲示人以險者然。僧云："下有綠映沱，水甘美。再下有石洞，風從內出，呼風洞。"過橋上坡，甚陡峻，名放光坡，相傳爲普賢現瑞之所。上即長老坪，寺頗宏敞，爲清康熙二年峨㵑禪師移建於茲。額仍"長老坪"者，示不忘本也。寺後萬箇千竿，爲翠竹峰。峰左爲蒲公結廬處，下爲蒲氏村。由寺左而上，有萬壽坡。坡下，宋紹興間懷古禪師創修正殿三楹，奉古佛、蒲公像。明正德初宗寶禪師重修，額曰"萬壽堂"，命徒會賢理之。於坪側元寶山別建净室，尋改永明萬壽

[一]"右旋"，《峨山圖志》卷一作"之玹"，或謂像"之"字之巖石，印光等可能因原文晦澀而改。

[二]眠亘：據《漢語大詞典》"眠"有橫卧、平放之義，舉例爲司空圖《二十四詩品·典雅》："眠琴綠陰，上有飛瀑。"故此處之"眠亘"應義同"橫亘"，惜《漢語大詞典》未收此詞。

[三]"橋"，《峨山圖志》作"礄"，或誤。按，《漢語大詞典》釋"礄"爲地名用字。後文有"橋"誤作"礄"者，不再出校。

禪林。今廢，故址尚存。再上山肩爲駱駝嶺，以形名也。

三十、長老坪至初殿圖説

下駱駝嶺，行半里許，路稍坦。又斜上轉，至初殿。昔漢時蒲公采藥，見鹿迹現蓮華，因開建此山，故額曰"初殿"。其山形若鷩鷩，亦名"鷩殿"。又名"簇店"，蓋原衹板屋一間，僧煮湯以俟游客蒸炊。後改"店"爲"殿"，即"雲窩"也。明時續恩禪師鑄銅佛、彌勒、諸天像，大小三十餘尊。崇禎時，鑄有鐵鐘。清乾隆間被火焚，南舟禪師重修之。出殿右上即古石碑。按，殿門外有琉璃牌坊，古石碑側有木坊，爲弘川禪師建，道光時圮。

三十一、初殿至華嚴頂圖説

由古石碑直上，危磴高懸，爲上天梯。歷級而升，進玉皇亭。古刹雲深，殿宇孤聳，額"華嚴頂"。頂後巖隅[一]，泉甘如醴，名九龍井。相傳建寺時患無水，老僧夢神指示，即其處鑿之，水隨杖涌，汪洋浩瀚，至今仰汲。頂前巖下有桂華洞，匹練方橫，一枝獨占。平泉莊裏，鮮此天香。出亭右順下，路稍坦。復上，古樹一株，雪枝霄幹，老氣橫秋，呼"老僧樹"。右望，山峽中一片瓦礫[二]，爲九龍院故址。

三十二、華嚴頂至蓮華石圖説

由老僧樹，歷數坡，道平衍。左通遇仙寺，横過，山骨珠圓，雲根玉立，孱顏似芙蓉墜粉；細蕊層萼，天然錯理。中結以庵院，額曰"蓮華石"。原名蓮華社，社原在山頂，左右静室，精工絶倫，今僅存其名矣。庵右爲九嶺岡。岡下舊有永延寺，明周藩建，今圮。從庵中穿過，平步里許，亂峰壁立，如臨絶地。橫行數武，復陡上，危棧齒齒，若登天然。俗呼"鵓鴿鑽天"，仿佛似之。

[一]"後"，《峨山圖志》卷一作"從"，或係形近而誤。
[二]"中"，原脱，據《峨山圖志》補。

三十三、蓮華石至洗象池圖説

由鑽天坡轉左逆右，歷石磴陡上，過月臺，見寺宇軒豁，額曰"洗象池"。原名初喜亭，自白水至此，游踪稍適，因名其地曰"初歡喜"。以前去尚多險徑，又曰"錯歡喜"。寺近無泉，由弓背山架木引水入寺，汲飲便之。寺左有石砌六方小池，深廣丈餘，即古洗象池。相傳普賢乘象過此，必浴其象而後升。今涸，亂葉覆之。旁一石，高闊二尺，爲升象石。石上小井，不涸亦不溢。池下石巖，刻有"巖谷靈光"四大字。巖下大小深壑，終古雲封，莫知底蘊。稍上有磐陀石，再上有左慈洞。寺後羅漢坡，有石罅數尺，呼羅漢洞。寺右巖壁層立，爲獅子巖。

三十四、洗象池至大乘寺圖説

由洗象池左直上數里，橫過柏林，即滑石溝。溝上有井，泉清。前即大乘寺，殿舍原覆木皮，古稱木皮殿，今用木板矣[一]。寺右數百步有化城寺故址，相傳昆明施紹高、太和王蓋台來此，遇白猿獻果，啖之仙去。舊有碣紀其事，今失。寺左行里許，直上閻王扁。昔有胡僧縛木架石以引行者，爲胡僧梯，一名凌雲梯。又有秦人劉海英、趙光明，募設木栅闌干，攀援而上，今廢。右爲梅子坡，疏影橫斜，往來游人望以止渴焉。

三十五、大乘寺至白雲寺圖説

過凌雲梯，下坡轉左，行半里許，路稍平。白雲冉冉，彌漫山谷，素濤銀海，變幻無端。中有古刹，爲白雲寺，又名雲壇殿。三層，覆以叢篁翠篠。寺右爲弓背山，山勢長拖。下有分水嶺，左水出雅河，右水經虎溪橋。會洗象池、黑水寺各水，合雙飛橋水，繞回龍山、石船子、龍門洞，至峨眉縣北門，出銅河。山產桐花鳳，五色俱備。每桐花放時

[一] 此句下，《峨山圖志》卷二有"寺內堅一鐵碑，字篆籀，赤綠蒼綉，爲漢時法物"，此處乃故意刪去，蓋因其説有誤也。清末樓藜然《峨眉紀游》譏諷譚氏之誤云："碑文及首尾題署，純用小篆，向來緇白，多未究許書，又畏辨認之難，往往瞠瞽一觀，臆逞瞽謵；如舊《志》云：'古鐵碑一通，字篆籀，人不能識。'近譚氏《圖説》云：'碑字篆籀，赤綠蒼綉，爲漢時法物。'混篆爲籀，誤明於漢，捫燭揣籥，真堪齒冷。"樓氏之文載《虞初近志》卷一一。

即來，花落不知所之。唐李德裕有《畫桐花鳳扇賦》，詳《藝文》[一]。

三十六、白雲寺至雷洞坪圖説

由白雲寺左陡上二里許，荒烟岑樾中，爲雷洞坪寺舊基。再上有古廟一座，爲雷神殿。鐵像十餘尊，明萬曆年鑄。瀕巖豎鐵碑，禁人語，否則迅雷驚電，風雨暴作。相傳雷龍會居其下[二]，凡七十二洞。歲旱，禱於第三洞。初投香幣，不應則投死彘及婦人衣履之類，往往雷雨交作[三]。又上三坪，進寺，額曰"雷洞坪"。自漢時開建，至清康熙四十一年，賜御書"靈覺"二大字、《金剛經》一部。乾隆四十一年，僧聞奇、聞剛重新之。道光二十三年，僧心量移基重建。同治甲子年，僧覺圓又遷建於此。此地空濛暗黑，長無天日。寺右懸巖絕壁間有飛來劍，一名仙人劍。歷傳女媧於此煉石，伏羲於此悟道，鬼谷於此著《珞琭子》。三洞沉黑，人迹罕到。寺左峭阪險峻，盤回紆折而上，名爲八十四盤。

三十七、雷洞坪至接引殿圖説

從盤路曲折而上，右爲接引殿。清初順治庚子年，河間府僧年八十，見佛像卧荒叢中，乃誓餓七日募修[四]。時大雪，已露餓六日。適蜀人趙翊皇登山[五]，見而憫之。歸白督臺李公[六]，捐金五百，命僧聞達重修之。殿右瀕巖爲金剛嘴，巖下有石形似鐘，名聖鐘。對岸一石，屹立十餘丈，呼仙人石，望之儼然。

三十八、接引殿至太子坪圖説

由接引殿盤旋而上，道左一石壁立，高二丈餘，苔蘚平鋪，現"第

[一] 按，此説不知所指爲何。《峨山圖志》並無《藝文志》，蔣本亦未收此賦。
[二] "雷龍"，原誤倒，與《峨山圖志》同，據本書卷三"雷洞坪，在梅子坡下，有雷龍居此"乙正。
[三] 按，此説本自范成大《峨眉山行紀》，見本書卷三。
[四] "餓"，《峨山圖志》卷二作"饑"。
[五] "皇"，原作"鳳"，與《峨山圖志》同，據蔣本卷三改。
[六] 李公：據雍正《四川通志》卷三一，有順治十四年（一六五七）任四川總督之李國英，當即此人。雍正《四川通志》卷七下有此人小傳。

一山"字。字畫色赤，高寬二尺許。年年必現，現未必全。若全現，則年占大有。復屈曲仰登，凡數百丈，名三倒拐，一曰三倒角。前有巨石，橫亙當途，爲觀音巖，原有觀音殿。又三濟禪師建有回龍庵，今俱廢。傍巖斜上，進太子坪，以坪名寺。層樓高聳，內供太子，因名。一名萬行庵，古智禪師開建。聞達禪師重修之，基址屢易。從此至頂，喜無險徑。昔建有大歡喜亭，今廢。寺前巖下，石形如象，呼象王石。自大乘寺以上，遍山皆桫欏花，宋子京贊曰："衆葩共房，葉附花外。根不可徙，見偉茲世。"[一]昔賢游記指大歡喜亭、八十四盤上有桫欏坪。蔣超辨之，實在千佛頂後，與獅子、羅漢等坪同列，詳舊《志·凡例》。

三十九、太子坪至天門寺圖説

由太子坪左斜上，道左有永慶寺，原名盤龍。由寺橫過，至祖師殿，殿左里許有大覺寺故址。殿右上沉香塔，以塔名寺，明通天和尚奉敕開建，神宗賜額"護國草庵"。慈聖太后賜有珍珠傘、御書佛號金綉長旛並九層沉香塔，高丈許。覆以層樓，雕鏤金彩，工極天然，通天和尚法身在焉。萬曆間，賜住持本炯敕書一道[二]。塔左古有空樹，老僧入定其中，枯幹復榮，今亡。按，老僧即晉遠公禪師弟慧持也。塔右直上天門寺，明瑞峰禪師建。寺右兩石對立，劃然中分。入其門，如登閶闔，名天門石。

四十、天門寺至七天橋圖説

從天門石凡三折始達山徑，境極幽峭。過亭，進七天橋，以橋名寺。古文殊庵，亦名金剛寺。被焚後，光緒十年，大峨寺僧圓明重建[三]。寺左古七天橋，俗傳爲九天仙女降會處，而道書注峨山爲第七洞天也。舊有"爲天一柱"坊，今圮。渡橋，上和尚塔，塔藏法身趺坐。原額誤題"普賢塔"，譚鍾嶽以爲和尚法身不當冒普賢之名，改題"和尚塔"。

[一] 按，此文出宋祁《益部方物略記》。
[二] 按，此敕書見蔣本卷七。
[三] "圓"，《峨山圖志》卷二誤作"員"。

四十一、七天橋至金殿圖説

由和尚塔左上，渡天仙橋，旁有仙女庵故址。進金殿，明僧妙峰建，僧惟密嗣修。清初總兵祁三昇捐修鐵瓦大殿以覆之[一]。金殿之瓦柱[二]、門檻、窗壁，皆銅爲之而滲金。高二丈五尺，廣一丈四尺五寸[三]，深一丈三尺五寸[四]。中設普賢菩薩像[五]，旁列萬佛。門陰刻全蜀山川程途，明瀋王捐造[六]。後以大殿火，隨之而毀[七]。光緒十二年，僧心啓改砌磚殿[八]。惟王毓宗集王羲之書[九]、傅光宅集褚遂良書兩記銅碑巋然完善[十]，光澤可鑑。頂後懸巖，下臨無地。巖左祖殿，亦修磚殿以護佛像[十一]。

有睹光臺居其中，佛光每現於巳午。先布兜羅綿雲，平如玉地，名"銀色世界"。上有圓光，外暈數重，五色斑斕[十二]，虛明若鏡。觀者各自見形，名"攝身光"。雲散，復出大圓光，映物絢蒨，不可正視，名"清現"。又有紫雲捧虹者，名"金橋"。白色無紅暈者，名"水光"。形如箕，則曰"辟支光"。如鐃鈸，則曰"童子光"。光止一光，變態而名異。當光欲現時，二小鳥飛鳴[十三]，其語曰[十四]："佛現！佛現！"明巡撫廖大亨

[一] 祁三昇：明末清初陝西人，明代時封咸陽侯，後降吳三桂。據《清聖祖實錄》卷三，順治十八年（一六六一）秋七月己酉，"授投誠僞咸陽侯祁三昇左都督、加少保兼太子太保"，同月辛酉，"以少保兼太子太保、左都督祁三昇爲雲南援剿後鎮總兵"。《劉繼莊先生廣陽雜記》卷一有此人小傳。◎"捐修鐵瓦大殿以覆之"，《峨山圖志》卷二作"捐覆鐵瓦"。

[二] "金殿之"，《峨山圖志》作"由殿後層梯而上，造金頂"。

[三] "五寸"，原作"四寸"，據蔣本卷九所收傅光宅《峨眉山普賢金殿碑》改。按，此碑今存，拓片的確作"五寸"。本書卷六收此文，可參看。

[四] "高二丈五尺，廣一丈四尺五寸，深一丈三尺五寸"，《峨山圖志》作"高二丈許，深廣各丈餘"。按，印光等所改乃據傅光宅之文而來。

[五] "菩薩"，《峨山圖志》無。

[六] "王"，《峨山圖志》作"府"。按，據《明史·太祖諸子三·瀋簡王模傳》，"萬曆十年（一五八二）恬炌薨，子定王珵堯嗣"，則此瀋王爲朱珵堯。

[七] "後以大殿火，隨之而毀"，《峨山圖志》作"今毀"。

[八] "殿"，《峨山圖志》作"房"。

[九] "宗"，《峨山圖志》誤作"雲"。

[十] "記"，原脱，或係印光等誤刪也，據《峨山圖志》補。兩篇記分列碑陽、碑陰，實則一碑，不補易引起誤會。

[十一] "殿"，《峨山圖志》作"房"。

[十二] "斕"，《峨山圖志》作"爛"。

[十三] "二"，《峨山圖志》誤作"三"。按，諸多游記皆稱此鳥僅二隻，非三隻。

[十四] "其語"前，《峨山圖志》有"譯"字。

有《佛現鳥賦》[一]，詳《藝文》。

至夜，佛燈始見數點，若螢火飛明。漸至數千百萬，儼若燈光，冉冉而來。落雪上有聲，以手覆之，浮光四迸，不可掩。殿前鐵闌干十餘丈，殿左鐵塔矗立。塔左有石屹然，曰金剛石，又曰金剛嘴。嘴下萬石嵯峨[二]，名七寶臺，又名獨尊臺。臺下峭削六棱，多石室，石樞刻有"《鬱儀》引日精，《結璘》致月神；得道處上宫，位稱大夫真"字[三]。頂左銅塔、銅碑、銅鐘鼎峙。藏經、觀音兩閣圮。金殿前有瑞星石，橫過即錫瓦殿。殿右過楞嚴閣故址，即光相寺。往卧雲庵，庵爲僧性天建。明末圮，總制哈占令僧可聞重修[四]。康熙壬午，賜僧照玉御書、經典。

右有磐陀石，石下爲光明巖。絶頂無水，惟此庵下有井絡泉，日飲千人。因污穢涸，寺僧誦經，泉復出。金殿左下，新鑿龍泉。再下，古白龍池，深廣二丈。水清，多蜥蜴，色白微黄，長數寸，四足，兩額竪角，有花文，性馴而靈。相傳爲龍子，遇旱禱雨輒應。有碣，刻明巡按馬如蛟七絶一首云："龍向深山學化龍，涓涓泉水自從容。聞經想已能冥契[五]，好去乘時惠九農。"

池左净土庵，明萬曆時僧大智建，內竪遺願碑。大佛坪，方廣里許。銅瓦殿，僧別傳建。前有"捫參歷井"坊，以分野應參、井也，今俱圮。千佛、萬佛兩頂並峙，各建庵於其下。再下，明月、華藏兩庵，皆結茅以奉香火焉。山後昔有"七二古德名庵"坊，今圮。

四十二、蓮華石至遇仙寺圖説

由蓮華石下分路，望東北隅，下遇仙寺。據高臨下，寥曠欲騫，其

[一] 按，此文見蔣本卷一二。
[二] "峨"，《峨山圖志》作"岈"。
[三] "上宫，位稱大夫真"，原脱，《峨山圖志》卷二亦脱，據蔣本卷二補。
[四] "占"，原作"瞻"，與《峨山圖志》同，或係音近而誤，今據蔣本卷九《重建峨眉峰頂卧雲霱接待十方禪院記》署名改。按，哈占，清滿洲正藍旗人，伊爾根覺羅氏。康熙十二年（一六七三）九月官陝西總督，後任川陝總督，《清史稿》有傳，《欽定八旗通志》卷一七六亦有傳。
[五] "冥契"，《峨山圖志》作"吞墨"。按，此詩目前僅見於《峨山圖志》，印光所改或不可據。

坡名長壽坡。坡左尖石屹立，低昂不一，稱石笋峰。坡足石梁橫亘，爲長壽橋。橋右高巖瀑布飛射，水出橋下，順山麓屈曲而行。有觀音橋，直跨山澗。右望，百尺危巖，跳珠噴雪，如驚濤怒湍聲震山谷者，呼觀音巖。古苔如亂髮鬅鬙，纏挂枯木頑石，下垂十餘丈，縷縷不絕，名普賢絛。《方物略》稱仙人縧，贊曰："附陽而生，垂若文縧；大概苔類，土石所交。"煎湯服之治氣痛有效，亦山靈變幻之奇也。

四十三、遇仙寺至仙峰寺圖説

由觀音橋依山順行，渡仙峰橋。上有兩石對屹若劈，中通一路，名仙峰石，亦呼天門石。不數十武即仙峰寺，梵宇頗敞。寺右過坡[一]，即往九老洞路也。寺前瀕巖，古樹一幹，而葉分四種，即椰瓢樹[二]。前望大、小尖峰，逼肖芙蕖，遂名蓮華峰。屈曲而下，呼九十九倒拐[三]，一名壽星坡，有壽星橋橫亘山澗。順巖而上，復平行數十步，爲扁擔巖。下視溪水盈盈，爲龍居溪。昔有瘋僧百餘歲，至此遇蟒當途，默祝而去。至今山旁草木，人不敢樵采[四]。按，九老洞在九嶺岡初殿上。黄帝訪天皇真人至此，遇一叟，問："有侣乎？"答以"九人"，故名。洞深窈莫測，昔有燃炬入者[五]，行三十餘里，聞鷄犬鼓樂之聲。蝙蝠如鴉，撲炬，乃出。中有觀音水一勺，可資掬飲。巖下即卜應泉也。

四十四、仙峰寺至洪椿坪圖説

從龍居溪沿巖而下，路右即洪椿坪，以坪名寺。古千佛庵，伏牛山楚山禪師開建，一云寶掌禪師建。明德心禪師重修，法嗣銳峰接踵，歷二十餘年落成。殿宇樓閣，結構精工。清初峨雲圓滿禪師復鼎新之。康、乾間，御賜經典、字幅。寺後山頂有天成石池，因名天池峰。右爲咒詛泉，相傳當日大衆千人，苦乏水源，老僧持咒引水，故名，亦名錫杖水。

[一]"寺右過坡"，《峨山圖志》卷二作"僧指寺右山徑曰：'過坡'"。
[二]"即"，《峨山圖志》作"僧呼"。
[三]"呼"前，《峨山圖志》有"僧"字。
[四]"采"下，《峨山圖志》有"云"字。
[五]"昔"，《峨山圖志》作"舊"。

從寺左下行經木坊，渡積善橋，一名萬渡，向有上中下三道。橋右小徑，乃下雙飛橋路也[一]。

四十五、洪椿坪至大坪圖説

由積善橋陡上危坡，俗呼蛇倒退。其地昔多虎患，因建山王廟鎮之，患乃止。道左有仙姬池，池內蛙鳴，聲韻悠揚，儼然一部鼓吹，人呼"仙姬彈琴"[二]。穿過茂林，重歷月臺，始達禪院。舊名净土，今榜"大坪"，以地名也。相傳後殿初建時，掘地得一圓石，中空，水一盂，金魚二尾，生機潑潑。廟右敞坪，有千年古松，虬姿鶴骨，鬱鬱森森。昔開山老僧跏趺其下[三]，每見龍虎當前，勢欲攫人，輒默祝馴服。至今虎夜巡更，蛇不傷人，亦異矣。

四十六、大坪至會佛寺圖説

由大坪轉山王廟下坡，左瀕危壁，迹絶人鳥。相傳有猴王洞，坡呼猴子坡。路在山脊，陡甚，行者股栗。進會佛寺，寺爲洪椿坪住持僧創建。右爲象鼻巖，昔有静室，今圮。左爲石笋溝，水出黑龍潭。寺前陡下，有坪，差堪駐足，稱牛心坪。旁爲杉樹岡，即下牛心寺要道也。

四十七、會佛寺至牛心寺圖説

牛心寺，一名延福，唐慧通禪師以山多回禄，改爲卧雲，乃孫真人思邈修煉處。所遺鐵臼、銅罐，質樸色古，今隨婪吏去矣。藥鑪、丹竈在峰頂石洞中。洞爲藥王洞，巖石碎裂，無草木，説者以爲丹氣熏蒸所致。方士多取煮服，以爲能助精養神。洞外一石，可以箕踞宴坐，名玩丹石。寺壁相傳有張僧繇畫羅漢像，筆迹超妙，眉目栩栩欲活，頗著靈

[一] "橋右小徑，乃"，《峨山圖志》卷二作"僧指橋右小徑曰：'此'"。
[二] "人"，《峨山圖志》卷二作"僧"。
[三] "跏趺"下，《峨山圖志》有"於"字。

異。一云吴道子畫，今毁。寺爲宋繼業三藏重興[一]，淳祐間僧紹才重修。明洪武時，廣濟禪師住持。温井涸[二]，涼井水甘冽，合寺仰汲。寺内有卜應泉，久晴將雨，久雨將晴，前一日取供炊，白粲必赤，爲雨暘之應，故名。寺右有青蓮峰，峰下有黑龍江，再下石罅丈許，爲祖師洞。由寺左行，仍轉雙飛橋去矣。

四十八、牛心寺至黑水寺圖説

由牛心寺轉萬年、净水廟，左旋，過鐵索橋兩道。一虎跳橋，唐僖宗時，僧慧通至此，水泛不得渡，見一虎蹲伏其旁，跨之而濟，因以名橋。後蜀人張鳳翮等七人游此[三]，又題其橋曰"七笑"。一無懷橋，以巖龕爲無懷洞名之。路右八音池，又曰"樂池"。游人鼓掌，一蛙大鳴，群蛙次第相和，其數八。將終，一蛙復大鳴，群蛙頓止。作止翕然一律，如玉振金聲。池邊一石，可以小憩。上有鷄公石，因作祟，被雷擊之，改呼雷打石。一路曲折紆轉[四]，呼十二盤。循石磴而上，進黑水寺，古名華藏，創自晉肇公[五]。唐僧慧通率其妹慧續尼駐錫。道聞朝廷，賜有無縫衣、玉環、供器，今無存。寺宇屢經舉廢，至清乾隆四十四年，僧明仙重修之。寺後對月峰，原有祖師堂，慧通肉身在焉。寺前原有慧續尼院，即續入定處，相傳有黑虎巡廊之異。今堂院瓦解，僅存其名矣。出寺仍轉雷打石，往白袍殿。殿小而新，比丘居之。寺後絶頂産茶，味佳，而色一年白，二年緑[六]。地氣所鍾，隨時變異。

[一]"重興"，《峨山圖志》卷二作"所創"，不妥。按，前文既稱唐代即有此寺，焉能爲宋僧所創？

[二]"涸"，《峨山圖志》作"渴"，乃古"竭"字。

[三] 張鳳翮：據正德《大同府志》卷七，張鳳翮字來儀，四川夾江人，弘治丙辰（一四九六）進士，正德五年（一五一〇）任大同知府，後升山西副使。又據《明武宗實録》卷四一，正德三年（一五〇八）八月癸巳，"命户部署員外郎張鳳翮覆勘爲永業者"，知其先爲户部員外郎。據同書卷九五，正德七年（一五一二）十二月己酉，"升大同知府張鳳翮爲山西按察司副使"。據同書卷一一五，正德九年（一五一四）八月時，張鳳翮在兵備副使任上。據同書卷一四五，正德十二年（一五一七）正月，張鳳翮與章寓之同時閒住，其後仕履不詳。七人共游，題有組詩，載蔣本卷一四，餘六人爲安盤、程啓充、徐文華、章寓之、王宣、彭汝實。

[四]"紆"，《峨山圖志》卷二作"紆"，亦可。

[五]"晉"前，《峨山圖志》有"魏"字。按，僧肇爲東晉時人，刪"魏"字更準確。

[六] 按，此説見蔣本卷六。

四十九、黑水寺至石船子圖説

由黑水寺仍轉雙飛橋、廣福寺，下回龍山。山勢崔巍，周圍五里。自牛心石俯瞰衆流，匯歸成渠，甫有歸宿。源來淼淼，瀉去潺潺，則回龍實爲砥柱矣。由茲屈曲而下，爲五顯岡。小店零星，參綜錯伍。再下瀨河，逆行百餘步，見長石橫卧溪中，類艅艎，若浮水面，稱石船子，俗號普賢船。迫視之，微肖。紋理縱橫，亦異他石。豈慈航寶筏於此示相耶？道左昔建有"藏舟於壑"山房，今廢。沿河順下，有鐵索橋一道，長二十餘丈，橫亘溪中。渡橋，即往峨眉縣之山徑也。

五十、石船子至龍門洞圖説

由鐵索橋左沿河竭蹶而下，見澗流自兩山石門中噴出，爲龍門峽。峽之中兩岸巖壁千尋，色如碧玉，光潤照人。有兩瀑布，各出一巖頂，相對飛下。巖根有磐石承之，激而濺沫跳珠，常見籜葉隨出。相傳即呂純陽劍畫十字洞旁叢篁遺墜也。越數丈，巖半有圓龕，即龍門洞，去水可二丈。游人乘槎至洞口，萬壑千巖，競來邀盼。入尺許，另透天光一綫，豁然開朗。左壁刻"龍門"二大字，爲宋蘇東坡書；一云富春孫公雙鉤。石凸凹作鱗爪，名以龍床、龍枕。游人援梯而上，俯臨深潭，紺碧無底，非復人寰。宋范成大云："聞峨眉雙溪不減廬山三峽，及至龍門，則雙溪又在下風。蓋天下峽泉之勝，當以龍門爲第一觀。"[一]

五十一、龍門洞至新開寺圖説

由龍門洞右，繞蕭店、伏虎寺，至解脱橋。左上陡甚，度凹即旺相臺。橫下新開寺，明萬曆三年僧大用建。後左爲滴水巖，右爲尖峰嶺。大松一株，輪囷古致，酷似獰龍。前左對岸桂樹二株，半去皮膚而生趣盎然。當門小坡，名以木魚，形相似也。按，寺近舊有蟠龍寺，爲唐慧覺禪師建。又有羅漢寺，初建日，梵僧赴齋，齋畢不見。西北隅有佛到寺，因開山日得石佛，故名。又傳尊者曾到其間，留有佛迹焉。而孤峰絶壁，鳥道紆縈，人迹所不能到也，故又稱不到寺。今俱廢。

[一] 按，此説改寫自《吴船錄》卷上，又見本書卷三《峨眉山行紀》。

五十二、新開寺至靈巖寺圖説

由新開寺下坡，經青龍場，野店二十餘家[一]。過高橋，進接引殿。再渡觀音橋，平疇沃衍，桑麻映道。上古石梯，即靈巖寺。寺爲寶掌禪師結廬舊址[二]，歷朝增葺。宋紹興五年，太尉王陵、漢州知州王陟施資重修[三]，易名護國光林[四]。元季毀。明洪、永間，僧弘義、圓道重建之，仍曰靈巖。景泰間，僧寶峰增修三世佛殿。殿前爲明王樓，東爲伽藍堂，西爲祖師堂。凡禪堂、齋堂、静室、香積、客廳，以次告成，規模廣大。天順庚辰，頒賜藏經。成化乙酉，寶峰詣闕請額，賜名會福。弘、正間，僧本印重修。寺宇昔有四十八重，今存五之一。僧衆昔以千計，今寥寥矣。佛光時現，寺後有睹佛臺。按，寶掌生於周威烈王十二年丁卯[五]，至唐高宗顯慶二年丁巳卒[六]，住世一千七十二年[七]，詳舊《志》。

五十三、靈巖寺至二峨、三峨圖説

二峨，即中峨，古綏山，一名覆蓬[八]。《方輿記》云：“綏山廢縣在峨眉縣西四十里。”[九]高半大峨，形如覆釜，雄據南方。上有天池、葛由洞，下有豬肝洞、魚洞。舊《志》云天池與李仙洞相對。葛仙洞在白巖溪上，爲周成王時羌人葛由騎木羊處。白巖溪旁有玉蟾洞，洞壁石室如雲母，仿佛見肩背衣縧，傳爲白玉蟾尸解處。豬肝洞一名紫芝，明督學

[一] "青龍場，野店"，《峨山圖志》卷二作"萬曹村居"。

[二] "寺爲"下，《峨山圖志》有"周烈王三十二年"，乃本自蔣本卷三。印光等或因事不可信而刪也。

[三] 王陟：紹興十六年（一一四六）七月丙子因太府少卿、總領四川宣撫司錢糧趙不棄之請而被罷免之利州路轉運判官，見《建炎以來繫年要錄》卷一五五，非《宋史·喬維岳傳》所附之王陟。彼王陟者，北宋時人，卒於真宗咸平六年（一〇〇三）。

[四] 按，據蔣本卷九《敕賜會福寺碑文》，寺名爲"光林"。

[五] "十二年丁卯"，《峨山圖志》作"丁卯年"。

[六] "丁巳"，《峨山圖志》無。

[七] "二"，原誤作"一"，據《峨山圖志》改。

[八] "蓬"，原作"篷"，據《峨山圖志》卷二改。按，《方輿勝覽》卷五二亦稱此山別名"覆蓬山"，不作"篷"。

[九] 按，此條本自《蜀中廣記》卷一一，所謂《方輿記》，並不指《方輿勝覽》。《明一統志》卷七二、嘉靖《四川總志》卷一三"古迹"均載綏山廢縣，與此相合，頗疑曹學佺誤題出處。其後蔣本卷二因襲之，譚鍾嶽等人應是據《峨眉山志》轉引而來。

王敕過洞前，知有異物，掘地得石碣，刻"紫芝洞"三字，旁注"一山五口道人書"，今猶竪道左。上一里有爛柯洞，洞口刻"爛柯"二字。魚洞下冷水河，河畔乾洞。《元和志》謂："洞穴纔容一人，行數里，漸寬平。蝙蝠大如箕，人不敢復進。"[一]昔陰長生裂黃表[二]，寫丹經四通。其一通以黃金之簡書而刻之，封以白銀之函，置之綏山，即茲地矣。山產桃，諺曰："得綏山一桃，雖不得仙，亦足以豪。"

三峨，即小峨，一名錌刃，《山海經》所謂"西皇山"是也。在縣東西六十里，距二峨九里，高半之。兩山耕作，約數千人。其間草木、茶、菜、豆、芋，蕃朧豐熟，足當田疇十分之五。桃華白而實紅，土人呼曰"蟠桃"。味甘香，惟較二峨產者頗小耳。由大峨靈巖寺經青龍場，渡孝心鐵索橋，上紫芝廟，遞上清虛樓。樓後望三峨，如在目前，餘詳圖中，不贅。三峨"在縣東西六十里"，"東西"二字，疑誤。但多處皆然，衹好仍之[三]。

五十四、三峨至四峨圖説

四峨，一名花山，其形稜瓣如花[四]，因以爲名。在大峨之直北，距峨眉縣二十里。酈道元《水經注》云："峨山東北有武陽、龍尾山，仙者羽化之所。"殆即此與[五]？昔印宗禪師止錫四峨，每跏趺時，祥雲結蓋。遇旱延禱，甘霖立沛。有龍王受戒、猛獸調伏之異，詳舊《志‧高僧》[六]。山有圓通寺，由紫芝廟轉青龍場至其處，計程三十里而遙。按，二峨、三峨、四峨，均以大峨得名。大峨高峻，俯瞰群山，兼有三峨之勝。綿亘炭翠，環峙於前，愈顯大峨雄偉，上接穹蒼，爲名山之祖也。

[一] 按，以上内容皆見蔣本卷二。
[二] "裂"，原作"製"，與《峨山圖志》同，今據蔣本卷七改。
[三] 按，作"縣東西六十里"者，應本自蔣本卷二，其説或誤。《方輿勝覽》卷五二《嘉定府‧山川》、《明一統志》卷七二《嘉定州‧山川》之"小峨山"條，雍正《四川通志》卷二五《山川‧峨眉縣》之"峨眉山"條以及同治《嘉定府志》卷四等，皆稱此山在峨眉縣南三十里。
[四] 兩"花"字，原作"華"字，因"華"字有三個讀音，易引起誤會，故據《峨山圖志》卷二改。
[五] 按，此處引《水經注》之語，當是因襲蔣本卷二而來，而蔣超又是沿襲《蜀中廣記》卷一〇一而誤。據《水經注‧洣水》，洣水在湖南，乃湘江支流。峨山與武陽山，都與樂山無關。
[六] 按，此處所引見蔣本卷四。

峨山十景[一]

金頂祥光即絶頂，金殿、祖殿後爲睹光臺。以下各詩，晴峰譚鍾嶽撰。

一抹祥光畫不成，峨山形勢極崢嶸[二]。
琳宫紺宇塵緣絶，直似須彌頂上行[三]。

靈巖叠翠即靈巖寺。

危巖固是夙鍾靈[四]，風雨飄零常翠青[五]。
疑是爲吾標奇迹[六]，心香一瓣薦芳馨[七]。

聖寺晚鐘即聖積寺，樓有巨鐘。

晚鐘忽撞一聲聲[八]，古寺猶傳聖積名。
縱令凡情蔽塞極[九]，也應入耳覺心清。

象池夜月即洗象池。

普賢騎象杳何之[十]，勝迹空留洗象池。

[一] 按，此下所收十首詩歌，亦源自《峨山圖志》卷二，但印光等人篡改原詩，殊不可取。
[二] "崢嶸"，《峨山圖志》作"縱横"。
[三] "須彌"，《峨山圖志》作"蓬萊"。
[四] "固"，《峨山圖志》作"果"。
[五] "風雨飄零常翠青"，《峨山圖志》作"幾歷風飄復雨零"。
[六] "疑是爲吾標奇迹"，《峨山圖志》作"仿翠葦青情不盡"。
[七] "芳"，《峨山圖志》作"芬"。
[八] "忽撞"，《峨山圖志》作"何處"。
[九] "凡情蔽塞極"，《峨山圖志》作"仙凡殊品格"。
[十] "普賢"，《峨山圖志》作"仙人"。

一月映池池貯月，月池感應妙難思[一]。

白水秋風 即萬年寺，有白水池。

曾聞白水出真人，此水由茲不染塵[二]。
何遽西風吹木落，歸根誰不悟玄因[三]。

洪椿曉雨 即洪椿坪，此處多雨。

萬壑千巖勢不平，攀蘿捫葛力難勝。
蒼茫山雨天將曙，既到不憂犯夜行[四]。

雙橋清音 即雙飛橋，有清音閣、黑白二水、牛心石。

傑然高閣出清音，仿佛仙人下撫琴[五]。
試向雙橋一傾耳，無情兩水漱牛心[六]。

九老仙府 即仙峰寺，有九老古洞。

圖成九老記香山，九老緣何到此間[七]。
料是個中丹訣妙[八]，致令九老遠追攀[九]。

[一]"月池感應妙難思"，《峨山圖志》作"月明池靜寄幽思"。
[二]"由茲"，《峨山圖志》作"依然"。
[三]"歸根誰不悟玄因"，《峨山圖志》"萬山深處悟前因"。
[四]"既到不憂犯夜行"，《峨山圖志》作"寺入洪椿又一程"。
[五]"仙人"，《峨山圖志》作"神仙"。
[六]"無情"，《峨山圖志》作"分明"。
[七]"九老緣何到此間"，《峨山圖志》作"此洞緣何創此間"。
[八]"妙"，《峨山圖志》作"煉"。
[九]"致令九老遠"，《峨山圖志》作"老人九九適"。

大坪霽雪净土寺即大坪。

禪院清凉別有天，偶來净土識真禪[一]。
晴光晃映雪光朗[二]，心目空明照大千[三]。

羅峰晴雲即伏虎寺，有羅峰庵，蔣虎臣舊隱處。

境幽正好學無餘[四]，太史虎臣曾結廬。
佛聖來迎踪已渺[五]，長空萬里日光舒[六]。

※附：峨山圖説

明胡世安大學士，井研

西南屹然摩漢，首記峨眉。襟岷、蟠而帶江、涪，遠窮天竺，近矚蜀都。陰壑陽巖，雲溪風洞，朝暮而冬夏，降陟而晦明。花卉別鍾，禽蟲畸類，琳宮玄觀，錯飾其間。逸客騷人，迭相盟主。洵坤輿鉅望也。意接口得而宣之有遺音矣，目涉手得而繪之有遺形矣，神交手與口得而億中焉翻有出人意表者[七]，則天機離合之因也。余既集衆言以測厥藴，先兹圖以表厥儀[八]。三百餘里郛廓，直欲尺寸規之以引游緒，可謂操約而願奢矣。世有崇域外觀者，小中見大，略處稽詳，則普賢願王法界可決眥納之矣[九]。又何必策筇造極，置身兜羅綿雲表也？

[一]"識真"，《峨山圖志》作"喜參"。
[二]"晃"，《峨山圖志》作"況"。按，即使作"況"，亦不甚通，或有誤。
[三]"心目空明照大千"，《峨山圖志》作"世界空明俯大千"。
[四]"境幽正好學無餘"，《峨山圖志》作"峰庵到此學仙餘"。
[五]"佛聖來迎"，《峨山圖志》作"跨鶴飛鳬"。
[六]"長空萬里日光舒"，《峨山圖志》作"晴雲一片卷還舒"。
[七]"契"，蔣本卷一作"交"。◎"億"，通"臆"，胸臆。◎"焉"，疑誤，或當作"飛"。
[八]"表"，蔣本作"晷"。
[九]"普賢願王"，蔣本作"第七洞天"，此處乃印光等有意改之者。

※附：圖頌

明李尊美雲間[一]

二儀分位，流峙標奇[二]，鍾彼峨兮[三]。上應鶉首，下帶龍藪，睇岷嶓兮。權輿南戒，游踪罕屆，仙隱邁兮[四]。相霫封山[五]，如蹯啓關，候逯迤兮[六]。綿雲冠椒[七]，環霞映嶸[八]，態刹那兮。莫雨匪嵐，莫唄匪庵，歷參嵯兮。耳而目之，久而俟之，引興酖兮。吮毫圖畫，聊以意逆，絓漏多兮。

※峨眉圖跋

無名氏

宇內名山[九]，有名殊而實班者，峨眉之於崐崘是也。如以名，潯之德安[十]，泉之永春以及肅衛[十一]，且有三崐崘矣。若太平南天門[十二]，汀

[一] 李尊美：湖南岳州人。康熙《岳州府志》卷一八稱其爲康熙丙午（一六六六）舉人，其餘事迹不詳。
[二] "標奇"，蔣本卷一作"各事"，此處亦爲印光等有意改之者。
[三] "彼"，蔣本作"爾"。
[四] "邁"，原作"薦"，當係誤刻，據蔣本改。
[五] 相：《爾雅·釋天》："七月爲相。"◎霫（yīng）：《藝文類聚》卷二引《韓詩外傳》："雪花曰霫。"
[六] "候"，原誤作"侯"，據蔣本改。
[七] 綿雲："兜羅綿雲"之省。◎椒：山頂。《漢書·外戚上·孝武李夫人傳》："釋輿馬於山椒兮，奄修夜之不陽。"
[八] "映"，蔣本作"競"。
[九] "名山"，蔣本卷一二作"雄峙"。按，"名山"與後文"名殊"重一"名"字，印光等所改較原文劣甚。
[十] 德安：《明一統志》卷五二《九江府·山川》"崐崘山"條云："在德安縣西北一百二十里。昔王子喬於此朝斗，因取道經'下覆崐崘'之語名之。"
[十一] 永春：乾隆《永春州志》卷四"崐崘山"條云："《廣輿記》：'拔地特起，形如崐崘。'《福建通志》：'山勢峻拔，盤踞數里，上有洞。'"◎肅衛：《明一統志》卷三七《陝西行都指揮使司·山川》"崐崘山"條云："在肅州衛城西南二百五十里，南與甘州山連，其巔峻極，經夏積雪不消，世呼雪山。後涼張駿時，酒泉太守馬岌言：'周穆王見王母於此，宜立王母祠。'駿從之。"按，除此三處名崐崘山外，《明一統志》卷二五《登州府·山川》下還有大、小崐崘山，卷八五《南寧府·山川》下也有崐崘山。
[十二] "太"，原作"夫"，因襲蔣本而誤，據《明一統志》改。按，《明一統志》卷一五《太平府·山川》"天門山"條云："在府城西南三十里。二山夾大江，東曰博望，西曰梁山。對峙如門，亦名峨眉山，又名東梁山、西梁山。"

之歸化[一]，邵武泰寧[二]，粵西太平[三]，汝之郟[四]，黔思城南之山[五]，莫不竊號峨眉，裒然著郡志[六]。不僅如覆蓬[七]、鋒刃，溟涬雁行，依光近附也。雖儗倫不類，有目共昭。徒按圖以索驥，拔幅於拘墟，凡有一體與具體而微者，咸得以貸靈甲秀。而目眯糠粃者，又比比是，使峨竟不克以圖自表矣。故正名莫要於核實。

峨眉山志卷一終

[一] 歸化：正德《歸化縣志》卷二《山川》"峨眉山"條云："在縣治後。群峰聯絡，形各不同。中一峰宛若峨眉然。"乾隆《福建通志》卷四《歸化縣·山川》下"峨眉山"條云："在縣北，圓秀翠麗，宛若峨眉。"

[二] 泰寧：《明一統志》卷七八《邵武府·山川》"峨眉峰"條云："在泰寧縣北，周四十里，高數十丈。"

[三] 太平：雍正《廣西通志》卷一五《太平府·山川》"峨眉山"條云："峨眉山在城北，離壺關十里，烟雨晴霽，遠望如峨眉。"

[四] 汝之郟：汝州郟縣。《明一統志》卷三一《汝州·山川》"峨眉山"條云："在郟縣西北三十五里，與崫陽山相近。下有廣慶寺，寺內有三蘇祠。"

[五] 按，《明一統志》卷八八《思州府·山川》"峨山"條云："在府治南，崒嵂難登。"不名峨眉也。而乾隆《貴州通志》卷五《山川·思州府》下"莪山"條云："在城南三里，群峰聯起。"此字則從"艸"，不從"山"。

[六] "志"字，蔣本無。

[七] "蓬"，原作"篷"，據蔣本及《方輿勝覽》卷五二改。

峨眉山志卷二

第二、菩薩聖迹 分六：一釋名、二修證、三德相、四法要、五利行、六應化。

以普賢視峨眉，不啻滄海之一滴；而峨眉有普賢，則如芥子納須彌。所以雖僻處西陲，而名高五嶽。與補怛、清涼，同爲朝野所崇奉者，以有大士應化故也。但徒瞻仰金容、拜伏於象王足下，而不知大士聖德神功巍巍無上，殊負大士度世之心。因略引經文，顯揚大士本迹，故志聖迹。

一、釋 名

普賢菩薩，證窮法界，久成正覺。見《如來不思議境界經》[一]。爲輔弼釋迦，度脱衆生，隱本垂迹，現菩薩身。其德無量無邊不可思議，名號亦無量無邊不可思議。如《華嚴經·如來名號品》所説。今且約"普賢"二字，以示其概。梵語邲輸跋陀[二]，或作三曼多跋陀羅[三]。嘉祥《法華疏》云："三曼多，此云普；跋陀羅，此云賢。"《華嚴大疏》云："體性周遍曰普，隨緣成德曰賢，此約自體。又曲濟無遺曰普，鄰極亞聖曰賢，此約諸位普賢。又德周法界曰普，至順調善曰賢，此約當位普賢。又果無不窮曰普，不捨因門曰賢，此約佛後普賢。當位普賢，悲智雙運；佛後普賢，智海已

[一] 按，《大方廣如來不思議境界經》云："時有十佛刹微塵等他方諸佛，爲欲莊嚴毗盧遮那道場衆故，示菩薩形來在會坐。其名曰：觀自在菩薩、文殊師利菩薩、地藏菩薩、虛空藏菩薩、金剛藏菩薩、維摩詰菩薩、善威光菩薩、滅諸蓋菩薩、寶手菩薩、大慧菩薩、普賢菩薩，如是等菩薩摩訶薩而爲上首。"

[二] 按，此説見《楞嚴經指掌疏》卷五："梵語邲輸跋陀，此云普賢。古德釋云：起大悲願曰普，廣度衆生曰賢。"

[三] 按，此説見《法華義疏》卷一二《普賢菩薩勸發品》："普賢者，外國名三曼多跋陀羅。三曼多者，此云普也；跋陀羅，此云賢也。"後文所引嘉祥《法華疏》，即此釋吉藏所編《法華義疏》。所謂嘉祥者，指會稽嘉祥寺。吉藏，傳見《續高僧傳》卷一一。

滿。而運即智之悲，寂而常用，窮未來際。又一即一切曰普，一切即一曰賢，此約融攝。"[一]又或譯爲遍吉。遍即普義[二]。賢，從理體立名；吉，從事相立名也。此菩薩與文殊，爲釋迦佛左右二輔。文殊表智，普賢表行。又普賢表理，文殊表智。又文殊表根本智[三]，普賢表差別智[四]。理智合一，行解相應，寂照同時，即毗盧遮那法身。故《華嚴》一經所明，全歸於此一佛二菩薩之法門，故稱爲華嚴三聖。《大日經疏》云："普賢菩薩者，普是遍一切處，賢是最妙善義。謂從菩提心所起願行，及身、口、意三業，皆遍一切處，純一妙善，備具衆德，故以爲名。"[五]蓋此菩薩從根本智發廣大願，以萬善莊嚴，一一周遍法界。所謂全性起修，全修在性，圓滿菩提，歸無所得，故名普賢也。

二、修　證

菩薩久證法身，不離寂光，垂形法界，本地修證，其何能測？即迹門示現，無量劫來所修所證種種行願功德，以至修無可修，證無可證之聖迹，亦劫海難宣。今略引二則，以見端倪。

《悲華經》云：往昔過恒河沙等阿僧祇劫，有世界名刪提嵐，劫名善持，有佛號寶藏如來。時有轉輪聖王，名無諍念即阿彌陀佛。王有千子，第一太子名不眴即觀世音菩薩，第二王子名尼摩即大勢至菩薩，第三王子名王衆即文殊菩薩，第八王子名泯圖即普賢菩薩。轉輪聖王及諸王子，於寶藏佛前次第發願，佛一一授記。以上敘事係節略。

第八王子泯圖白佛言："世尊，我今所願，要當於是不淨世界修菩薩道。復當修治莊嚴十千不淨世界，令其嚴淨，如青香光明無垢世界。亦當教化無量菩薩，令心清淨，無有垢穢，皆趣大乘。悉使充滿我之世界，然後我當成阿耨多羅三藐三菩提。世尊，願我修行菩薩道時，要當勝於

[一] 按，此段文字見《大方廣佛華嚴經疏》卷五。
[二] 按，此説見《法華義疏》卷一二《普賢菩薩勸發品》："此土亦名遍吉。遍猶是普，吉亦是賢也。"
[三] 按，《法華經指掌疏》卷一云："文殊師利，亦云曼殊室利……未來成佛，名曰普現。在因爲八王師，在果爲七佛祖，影嚮大化，示同菩薩，《華嚴》表根本智。"
[四] 按，《法華經指掌疏》卷四云："爾時下，文殊來見。文殊表根本智，俱來菩薩表差別智。"
[五] 按，此段引自《大日經義釋》卷一，文字略有改動。

餘諸菩薩。世尊，我已於七歲之中，端坐思惟諸佛菩薩清净功德及種種莊嚴佛土功德。是時即得悉見種種莊嚴三昧等萬一千菩薩三昧，增進修行。世尊，若未來世諸菩薩等，行菩薩道時，亦願悉得如是三昧。世尊，願我得出離三世勝幢三昧。以三昧力故，悉見十方無量無邊諸佛世界，在在處處現在諸佛，出離三世，爲諸衆生説於正法。世尊，願我得不退三昧。以三昧力故，於一念中，悉見如微塵等諸佛菩薩，及諸聲聞，恭敬圍繞。願我於此一一佛所，得無依止三昧。以三昧力故，作變化身，一時遍至如一佛世界微塵數等諸如來所，供養禮拜。願我一一身，以種種無上珍寶華香，塗香末香，妙勝技樂，種種莊嚴，供養一一諸佛世尊。願我一一身，於一一佛所，如大海水滴等劫，行菩薩道。願我得一切身變化三昧。以三昧力故，於一念中，在一一佛前，知如一佛土微塵數等諸佛世界。世尊，願我得功德力三昧。以三昧力故，於一一佛前，遍到如一佛土微塵數等諸佛世尊所，以微妙贊嘆，贊嘆諸佛。世尊，願我得不呴三昧。以三昧力故，於一念中，悉見諸佛，遍滿十方無量無邊世界之中。世尊，願我得無諍三昧。以三昧力故，於一念中，悉見過去、未來、現在諸佛所有净妙世界。世尊，願我得首楞嚴三昧。以三昧力故，化作地獄之身，入地獄中，與地獄衆生説微妙法，勸令發阿耨多羅三藐三菩提心。彼諸衆生，聞是法已，尋發無上菩提之心，即便命終，生於人中。隨所生處，常得值佛；隨所值佛，而得聽法；聽受法已，即得住於不退轉地。乾闥婆、阿修羅、迦樓羅、緊那羅、摩睺羅伽、人、非人等，天龍、鬼神、夜叉、羅刹、毗舍遮、富單那、迦吒富單那、屠殺魁膾、商賈淫女、畜生餓鬼，如是等衆，亦復如是，皆令發阿耨多羅三藐三菩提心。有諸衆生，隨所生處，得諸色像我分之身。如業所作，隨受苦樂，及諸工巧。願我變化作如是身，隨其所作，而教化之。世尊，若有衆生，各各異音，願我隨其種種音聲而爲説法，各令歡喜。因其歡喜，勸發安止，令其不退於阿耨多羅三藐三菩提。世尊，我要當教十千佛土所有衆生，令心清净，無有行業煩惱諸毒，乃至不令一人屬於四魔，何況多也？若我莊嚴十千佛土如是清净，如光明無垢尊香王佛，青香光明無垢世界，所有種種微妙莊嚴。然後我身及諸眷屬，乃當如彼獅子香菩薩之所願也。世尊，若我所願成就，得己利者，當令十千諸佛世界所有衆生，斷諸苦惱，得柔軟心、得調伏心，各各自於四天下界，見佛世尊

现在说法。一切眾生,自然而得種種珍寶,華香、末香及以塗香,種種衣服,種種幢旛,各各以用供養於佛。供養佛已,悉發無上菩提之心。世尊,願我今者以悉得見種種莊嚴三昧力故,皆得遥見如是諸事。"作是語已,尋如所願,悉得見之。

爾時,世尊贊阿彌具言:"善哉!善哉!善男子,汝今世界,周匝四面,一萬佛土清净莊嚴。於未來世,復當教化無量眾生,令心清净,復當供養無量無邊諸佛世尊。善男子,以是因緣故,今改汝字,號爲普賢。於未來世,過一恒河沙等阿僧祇劫,入第二恒河沙等阿僧祇劫,末後分中於北方界,去此世界過六十恒河沙等佛土,有世界,名知水善净功德,汝當於中成阿耨多羅三藐三菩提,號智剛吼自在相王如來。"節錄《悲華經·大施品》及《諸菩薩本受記品》。

《楞嚴經》云:"普賢菩薩即從座起,頂禮佛足,而白佛言:'我已曾與恒沙如來爲法王子。十方如來教其弟子菩薩根者,修普賢行,從我立名。世尊,我用心聞分別眾生所有知見。若於他方恒沙界外,有一眾生,心中發明普賢行者,我於爾時乘六牙象,分身百千,皆至其處。縱彼障深,未得見我,我與其人暗中摩頂,擁護安慰,令其成就。佛問圓通,我説本因。心聞發明,分別自在,斯爲第一。'"[一]

三、德　相

菩薩德不可思議,由德所現之相亦不可思議。若欲備知,非佛莫由。凡夫、二乘,能欽仰德相而修持之,終必有親證菩薩德相之一日。《華嚴經·普賢三昧品》云:"爾時,普賢菩薩摩訶薩,於如來前,坐蓮華藏獅子之座,承佛神力,入于三昧。此三昧,名一切諸佛毗盧遮那如來藏身,普入一切佛平等性。能於法界示眾影像,廣大無礙,同於虚空;法界海漩,靡不隨入;出生一切諸三昧法,普能包納十方法界;三世諸佛智光明海皆從此生,十方所有諸安立海悉能示現;含藏一切佛力解脱諸菩薩智,能令一切國土微塵普能容受無邊法界;成就一切佛功德海,顯示如來諸大願海;一切諸佛所有法輪,流通護持,使無斷絶。如此世界中,普賢菩薩於世尊前入此三昧;如是盡法界虚空界,十方三世微細無礙廣

[一] 按,此段出《楞嚴經》卷五。

大光明，佛眼所見、佛力能到、佛身所現一切國土，及此國土所有微塵，一一塵中有世界海微塵數佛刹，一一刹中有世界海微塵數諸佛，一一佛前有世界海微塵數普賢菩薩，皆亦入此一切諸佛毗盧遮那如來藏身三昧。爾時一一普賢菩薩，皆有十方一切諸佛而現其前。彼諸如來同聲贊言：'善哉！善哉！善男子，汝能入此一切諸佛毗盧遮那如來藏身菩薩三昧。佛子，此是十方一切諸佛共加於汝。以毗盧遮那如來本願力故，亦以汝修一切諸佛行願力故。所謂能轉一切佛法輪故，開顯一切如來智慧海故，普照十方諸安立海悉無餘故，令一切衆生凈治雜染得清净故，普攝一切諸大國土無所著故，深入一切諸佛境界無障礙故，普示一切佛功德故，能入一切諸法實相增智慧故，觀察一切諸法門故，了知一切衆生根故，能持一切諸佛如來教文海故。'爾時，十方一切諸佛，即與普賢菩薩摩訶薩，能入一切智性力智，與入法界無邊量智，與成就一切佛境界智，與知一切世界海成壞智，與知一切衆生界廣大智，與住諸佛甚深解脫無差別諸三昧智，與入一切菩薩諸根海智，與知一切衆生語言海轉法輪辭辯智，與普入法界一切世界海身智，與得一切佛音聲智。如此世界中如來前普賢菩薩，蒙諸佛與如是智；如是一切世界海，及彼世界海一一塵中所有普賢，悉亦如是。何以故？證彼三昧，法如是故。……一切如來諸毛孔中咸放光明，於光明中而説頌言：

　'普賢遍住於諸刹，坐寶蓮華衆所觀，
　一切神通靡不現，無量三昧皆能入。
　普賢恒以種種身，法界周流悉充滿，
　三昧神通方便力，圓音廣説皆無礙。
　一切刹中諸佛所，種種三昧現神通。
　一一神通悉周遍，十方國土無遺者。
　如一切刹如來所，彼刹塵中悉亦然，
　所現三昧神通事，毗盧遮那之願力。
　普賢身相如虛空，依真而住非國土，
　隨諸衆生心所欲，示現普身等一切。
　普賢安住諸大願，獲此無量神通力，
　一切佛身所有刹，悉現其形而詣彼。
　一切衆海無有邊，分身住彼亦無量，

所現國土皆嚴净，一刹那中見多劫。
普賢安住一切刹，所現神通勝無比，
震動十方靡不周，令其觀者悉得見。
一切佛智功德力，種種大法皆成滿，
以諸三昧方便門，示己往昔菩提行。
如是自在不思議，十方國土皆示現，
爲顯普入諸三昧，佛光雲中贊功德。'
爾時，一切菩薩衆皆向普賢合掌瞻仰。承佛神力，同聲贊言：
'從諸佛法而出生，亦因如來願力起，
真如平等虛空藏，汝已嚴净此法身。
一切佛刹衆會中，普賢遍住於其所，
功德智海光明者，等照十方無不見。
普賢廣大功德海，遍往十方親近佛，
一切塵中所有刹，悉能詣彼而明現。
佛子我曹常見汝，諸如來所悉親近，
住於三昧實境中，一切國土微塵劫。
佛子能以普遍身，悉詣十方諸國土，
衆生大海咸濟度，法界微塵無不入。
入於法界一切塵，其身無盡無差別，
譬如虛空悉周遍，演説如來廣大法。
一切功德光明者，如雲廣大力殊勝，
衆生海中皆往詣，説佛所行無等法。
爲度衆生於劫海，普賢勝行皆修習，
演一切法如大雲，其音廣大靡不聞。
國土云何得成立？諸佛云何而出現？
及以一切衆生海，願隨其義如實説。
此中無量大衆海，悉在尊前恭敬住，
爲轉清净妙法輪，一切諸佛皆隨喜。'"
《阿僧祇品》偈云：
"以此諸塵數諸刹，一塵十萬不可説，
爾劫稱贊一普賢，無能盡其功德量。"

《十定品》云:"爾時,普眼菩薩摩訶薩承佛神力,從座而起,偏袒右肩,右膝著地,合掌白佛言:'世尊,我於如來應正等覺,欲有所問,願垂哀許。'佛言:'普眼,恣汝所問,當爲汝說,令汝心喜。'普眼菩薩言:'世尊,普賢菩薩及住普賢所有行願諸菩薩衆,成就幾何三昧解脱,而於菩薩諸大三昧,或入或出,或時安住,以於菩薩不可思議廣大三昧善入出故,能於一切三昧自在,神通變化,無有休息?'佛言:'善哉!普眼,汝爲利益去、來、現在諸菩薩衆而問斯義。普眼,普賢菩薩今現在此,已能成就不可思議自在神通,出過一切諸菩薩上,難可值遇,從於無量菩薩行生菩薩大願,悉已清净,所行之行皆無退轉。無量波羅蜜門、無礙陀羅尼門、無盡辯才門,皆悉已得清净無礙。大悲利益一切衆生,以本願力盡未來際而無厭倦。汝應請彼,彼當爲汝說其三昧自在解脱。'爾時,會中諸菩薩衆聞普賢名,即時獲得不可思議無量三昧。其心無礙,寂然不動,智慧廣大,難可測量,境界甚深,無能與等。現前悉見無數諸佛,得如來力,同如來性,去、來、現在靡不明照。所有福德不可窮盡,一切神通皆已具足。其諸菩薩於普賢所,心生尊重,渴仰欲見。悉於衆會周遍觀察而竟不睹,亦不見其所坐之座。此由如來威力所持,亦是普賢神通自在使其然耳。

"爾時,普眼菩薩白佛言:'世尊,普賢菩薩今何所在?'佛言:'普眼,普賢菩薩今現在此道場衆會,親近我住,初無動移。'是時,普眼及諸菩薩,復更觀察道場衆會,周遍求覓,白佛言:'世尊,我等今者猶未得見普賢菩薩其身及座。'佛言:'如是,善男子,汝等何故而不得見?善男子,普賢菩薩住處甚深,不可說故。普賢菩薩獲無邊智慧門,入獅子奮迅定,得無上自在用,入清净無礙際,生如來十種力,以法界藏爲身,一切如來共所護念。於一念頃,悉能證入三世諸佛無差別智,是故汝等不能見耳。'

"爾時,普眼菩薩聞如來說普賢菩薩清净功德,得十千阿僧祇三昧。以三昧力,復遍觀察,渴仰欲見普賢菩薩,亦不能睹。其餘一切諸菩薩衆,俱亦不見。時普眼菩薩從三昧起,白佛言:'世尊,我已入十千阿僧祇三昧,求見普賢而竟不得。不見其身及身業、語及語業、意及意業、座及住處,悉皆不見。'佛言:'如是!如是!善男子,當知皆以普賢菩薩住不思議解脱之力。普眼,於汝意云何?頗有人能說幻術文字中種種幻相所住處不？'答言：'不也。'佛言：'普眼，幻中幻相尚不可說，何況普賢菩薩祕密身境界、祕密語境界、祕密意境界，而於其中能入能見？何以故？普賢菩薩境界甚深，不可思議。無有量，已過量。舉要言之，普賢菩薩以金剛慧普入法界，於一切世界無所行、無所住，知一切衆生身皆即非身。無去無來，得無斷盡、無差別自在神通。無依無作，無有動轉，至於法界究竟邊際。善男子，若有得見普賢菩薩，若得承事、若得聞名、若有思惟、若有憶念、若生信解、若勤觀察、若始趣向、若正求覓、若興誓願，相續不絶，皆獲利益，無空過者。'

"爾時，普眼及一切菩薩衆，於普賢菩薩，心生渴仰，願得瞻覲，作如是言：'南無一切諸佛！南無普賢菩薩！'如是三稱，頭頂禮敬。爾時，佛告普眼菩薩及諸衆會言：'諸佛子，汝等宜更禮敬普賢，殷勤求請。又應專至觀察十方，想普賢身現在其前。如是思惟，周遍法界，深心信解，厭離一切；誓與普賢同一行願，入於不二真實之法。其身普現一切世間，悉知衆生諸根差別，遍一切處集普賢道。若能發起如是大願，則當得見普賢菩薩。'是時，普眼聞佛此語，與諸菩薩俱時頂禮，求請得見普賢菩薩。

"爾時，普賢菩薩即以解脫神通之力，如其所應，爲現色身。令彼一切諸菩薩衆，皆見普賢親近如來，於此一切菩薩衆中坐蓮華座；亦見於餘一切世界一切佛所，從彼次第相續而來；亦見在彼一切佛所，演說一切諸菩薩行，開示一切智智之道，闡明一切菩薩神通，分別一切菩薩威德，示現一切三世諸佛。是時，普眼菩薩及一切菩薩衆，見此神變，其心踴躍，生大歡喜；莫不頂禮普賢菩薩，心生尊重，如見十方一切諸佛。是時，以佛大威神力及諸菩薩信解之力，普賢菩薩本願力故，自然而雨十千種雲。所謂種種華雲、種種鬘雲、種種香雲、種種末香雲、種種蓋雲、種種衣雲、種種嚴具雲、種種珍寶雲、種種燒香雲、種種繒綵雲。不可說世界六種震動；奏天音樂，其聲遠聞不可說世界；放大光明，其光普照不可說世界，令三惡趣悉得除滅；嚴淨不可說世界，令不可說菩薩入普賢行，不可說菩薩成普賢行，不可說菩薩於普賢行願悉得圓滿，成阿耨多羅三藐三菩提。

"爾時，普眼菩薩白佛言：'世尊，普賢菩薩是住大威德者、住無等者、住無過者、住不退者、住平等者、住不壞者、住一切差別法者、住一切無差別法者、住一切衆生善巧心所住者、住一切法自在解脫三昧者。'

佛言：'如是！如是！普眼，如汝所説，普賢菩薩有阿僧祇清净功德。所謂無等莊嚴功德、無量寶功德、不思議海功德、無量相功德、無邊雲功德、無邊際不可稱贊功德、無盡法功德、不可説功德、一切佛功德、稱揚贊嘆不可盡功德。'"

四、法　要

菩薩所説之法，無不契理契機，徹上徹下；俾上根衆生，不離當念，親證法身。即中下根人，亦令種成佛之善因，漸次修習，畢竟皆得成就無上覺道之妙果耳。《華嚴經·世界成就品》，普賢菩薩説世界海十種事；《華藏世界品》，普賢菩薩説世界海中一切世界及佛名號；《毗盧遮那品》，普賢菩薩説往古大威光太子本行；《十定品》，佛敕普賢説十大三昧；《十通品》《十忍品》《如來十身相海品》，皆普賢菩薩所説。《普賢行願品》[一]，普賢菩薩警告大衆，極陳瞋心障道，應勤修十法，能具十種清净。《如來出現品》，由妙德菩薩請問大法，佛口放光明，普照十方，入普賢口，因答妙德之問。《離世間品》，普慧菩薩致二百問，普賢菩薩酬二千答。以上具如經文，不能廣引。而《普賢行願品》實《華嚴》之歸宿，大藏之綱要；十方三世一切諸佛，上成佛道，下化衆生，成始成終之總持法門。無論上聖下凡，同須依之而修。故將全卷經文悉具録之，以期見聞，同生净信，則超凡入聖，了生脱死，即於現生得其實益矣。

《大方廣佛華嚴經·普賢菩薩行願品》[二]

唐罽賓國三藏般若奉詔譯

爾時，普賢菩薩摩訶薩稱嘆如來勝功德已，告諸菩薩及善財言："善男子！如來功德，假使十方一切諸佛，經不可説不可説佛刹極微塵數劫，相續演説，不可窮盡。若欲成就此功德門，應修十種廣大行願。何等爲十？一者禮敬諸佛，二者稱贊如來，三者廣修供養，四者懺悔業障，五者隨喜功德，六者請轉法輪，七者請佛住世，八者常隨佛學，九者恒順衆生，十者普皆回向。"善財白言："大聖，云何禮敬，乃至回向？"

普賢菩薩告善財言："善男子！言禮敬諸佛者，所有盡法界、虛空界，

[一]"願"，原脱，據後文《普賢行願品》補。

[二]按，經過異文比對，此處所引當是明方冊藏本。

十方三世一切佛刹極微塵數諸佛世尊，我以普賢行願力故，深心信解，如對目前，悉以清淨身、語、意業，常修禮敬。一一佛所，皆現不可說不可說佛刹極微塵數身。一一身，遍禮不可說不可說佛刹極微塵數佛。虛空界盡，我禮乃盡。以虛空界不可盡故，我此禮敬無有窮盡。如是乃至眾生界盡，眾生業盡，眾生煩惱盡，我禮乃盡；而眾生界乃至煩惱無有盡故，我此禮敬無有窮盡。念念相續，無有間斷。身、語、意業，無有疲厭。

"復次，善男子！言稱讚如來者，所有盡法界、虛空界，十方三世一切刹土，所有極微一一塵中，皆有一切世間極微塵數佛。一一佛所，皆有菩薩海會圍繞。我當悉以甚深勝解，現前知見；各以出過辯才天女微妙舌根，一一舌根出無盡音聲海，一一音聲出一切言辭海，稱揚讚歎一切如來諸功德海。窮未來際，相續不斷。盡於法界，無不周遍。如是虛空界盡，眾生界盡，眾生業盡，眾生煩惱盡，我讚乃盡；而虛空界乃至煩惱無有盡故，我此讚歎無有窮盡。念念相續，無有間斷。身、語、意業，無有疲厭。

"復次，善男子！言廣修供養者，所有盡法界、虛空界，十方三世一切佛刹極微塵中，一一各有一切世界極微塵數佛。一一佛所，種種菩薩海會圍繞。我以普賢行願力故，起深信解，現前知見，悉以上妙諸供養具而為供養。所謂華雲、鬘雲、天音樂雲、天傘蓋雲、天衣服雲，天種種香、塗香、燒香、末香，如是等雲，一一量如須彌山王。燃種種燈，酥燈、油燈、諸香油燈，一一燈炷如須彌山，一一燈油如大海水。以如是等諸供養具，常為供養。善男子！諸供養中，法供養最。所謂如說修行供養、利益眾生供養、攝受眾生供養、代眾生苦供養、勤修善根供養、不捨菩薩業供養、不離菩提心供養。善男子！如前供養無量功德，比法供養一念功德，百分不及一、千分不及一、百千俱胝那由他分、迦羅分、算分、數分、喻分、優波尼沙陀分，亦不及一。何以故？以諸如來尊重法故。以如說行，出生諸佛故。若諸菩薩行法供養，則得成就供養如來。如是修行，是真供養故。此廣大最勝供養，虛空界盡，眾生界盡，眾生業盡，眾生煩惱盡，我供乃盡；而虛空界乃至煩惱不可盡故，我此供養亦無有盡。念念相續，無有間斷。身、語、意業，無有疲厭。

"復次，善男子！言懺悔業障者，菩薩自念，我於過去無始劫中，由贪、瞋、癡發身、口、意，作諸惡業，無量無邊。若此惡業有體相者，盡虛空界不能容受。我今悉以清淨三業，遍於法界極微塵刹，一切諸佛菩薩衆前，誠心懺悔，後不復造，恒住淨戒一切功德。如是虛空界盡，衆生界盡，衆生業盡，衆生煩惱盡，我懺乃盡；而虛空界乃至衆生煩惱不可盡故，我此懺悔無有窮盡。念念相續，無有間斷。身、語、意業，無有疲厭。

"復次，善男子！言隨喜功德者，所有盡法界、虛空界，十方三世一切佛刹，極微塵數諸佛如來，從初發心爲一切智，勤修福聚，不惜身命，經不可説不可説佛刹極微塵數劫，一一劫中，舍不可説不可説佛刹極微塵數頭、目、手、足。如是一切難行、苦行，圓滿種種波羅蜜門，證入種種菩薩智地，成就諸佛無上菩提及般涅槃，分布舍利，所有善根，我皆隨喜。及彼十方一切世界，六趣四生，一切種類，所有功德，乃至一塵，我皆隨喜。十方三世一切聲聞及辟支佛、有學、無學，所有功德，我皆隨喜。一切菩薩所修無量難行、苦行，志求無上正等菩提廣大功德，我皆隨喜。如是虛空界盡，衆生界盡，衆生業盡，衆生煩惱盡，我此隨喜無有窮盡。念念相續，無有間斷。身、語、意業，無有疲厭。

"復次，善男子！言請轉法輪者，所有盡法界、虛空界，十方三世一切佛刹極微塵中，一一各有不可説不可説佛刹極微塵數廣大佛刹。一一刹中，念念有不可説不可説佛刹極微塵數一切諸佛成等正覺，一切菩薩海會圍繞。而我悉以身、口、意業種種方便，殷勤勸請轉妙法輪。如是虛空界盡，衆生界盡，衆生業盡，衆生煩惱盡，我常勸請一切諸佛轉正法輪，無有窮盡。念念相續，無有間斷。身、語、意業，無有疲厭。

"復次，善男子！言請佛住世者，所有盡法界、虛空界，十方三世一切佛刹，極微塵數諸佛如來，將欲示現般涅槃者，及諸菩薩、聲聞、緣覺、有學、無學，乃至一切諸善知識，我悉勸請莫入涅槃。經於一切佛刹極微塵數劫，爲欲利樂一切衆生。如是虛空界盡，衆生界盡，衆生業盡，衆生煩惱盡，我此勸請無有窮盡。念念相續，無有間斷。身、語、意業，無有疲厭。

"復次，善男子！言常隨佛學者，如此娑婆世界毗盧遮那如來，從初發心，精進不退，以不可説不可説身命而爲布施。剥皮爲紙，析骨爲筆，刺血爲墨，書寫經典，積如須彌。爲重法故，不惜身命。何況王位、城邑、聚落、宮殿、園林、一切所有？及餘種種難行、苦行，乃至樹下成大菩提，示種種神通，起種種變化，現種種佛身，處種種衆會。或處一切諸大菩薩衆會道場，或處聲聞及辟支佛衆會道場，或處轉輪聖王、小王眷屬衆會道場，或處刹利及婆羅門、長者、居士衆會道場，乃至或處天龍八部、人、非人等衆會道場。處於如是種種衆會，以圓滿音，如大雷震，隨其樂欲，成熟衆生。乃至示現入於涅槃，如是一切，我皆隨學，如今世尊毗盧遮那。如是盡法界、虛空界，十方三世一切佛刹，所有塵中一切如來，皆亦如是，於念念中，我皆隨學。如是虛空界盡，衆生界盡，衆生業盡，衆生煩惱盡，我此隨學無有窮盡。念念相續，無有間斷。身、語、意業，無有疲厭。

"復次，善男子！言恒順衆生者，謂盡法界、虛空界，十方刹海所有衆生，種種差別。所謂卵生、胎生、濕生、化生，或有依於地水火風而生住者，或有依空及諸卉木而生住者。種種生類，種種色身，種種形狀，種種相貌，種種壽量，種種族類，種種名號，種種心性，種種知見，種種欲樂，種種意行，種種威儀，種種衣服，種種飲食，處於種種村營、聚落、城邑、宮殿。乃至一切天龍八部、人、非人等，無足、二足、四足、多足、有色、無色、有想、無想、非有想、非無想，如是等類，我皆於彼隨順而轉。種種承事，種種供養，如敬父母，如奉師長及阿羅漢，乃至如來，等無有異。於諸病苦，爲作良醫；於失道者，示其正路；於闇夜中，爲作光明；於貧窮者，令得伏藏。菩薩如是平等，饒益一切衆生，何以故？菩薩若能隨順衆生，則爲隨順供養諸佛。若於衆生尊重承事，則爲尊重承事如來。若令衆生生歡喜者，則令一切如來歡喜。何以故？諸佛如來，以大悲心而爲體故。因於衆生而起大悲，因於大悲生菩提心，因菩提心成等正覺。譬如曠野沙磧之中，有大樹王，若根得水，枝葉華果，悉皆繁茂。生死曠野，菩提樹王，亦復如是。一切衆生而爲樹根，諸佛菩薩而爲華果。以大悲水饒益衆生，則能成就諸佛菩薩智慧華果。何以故？若諸菩薩以大悲水饒益衆生，則能成就阿耨多羅三藐三菩提故。是故菩提屬於衆生。若無衆生，一切菩薩終不能成無上正覺。善男子，汝於此義，應如是解。以於衆生心平等故，則能成就圓滿大悲；以大悲心隨衆生故，則能成就供養如來。菩薩如是隨順衆生，虛空界盡，衆生界盡，衆生業盡，衆生煩惱盡，我此隨順無有窮盡。念念相續，無有間斷。身、語、意業，無有疲厭。

"復次，善男子！言普皆回向者，從初禮拜，乃至隨順，所有功德，皆悉回向盡法界、虛空界一切衆生。願令衆生常得安樂，無諸病苦。欲行惡法，皆悉不成。所修善業，皆速成就。關閉一切諸惡趣門，開示人天涅槃正路。若諸衆生因其積集諸惡業故，所感一切極重苦果，我皆代受。令彼衆生，悉得解脫，究竟成就無上菩提。菩薩如是所修回向，虛空界盡，衆生界盡，衆生業盡，衆生煩惱盡，我此回向無有窮盡。念念相續，無有間斷。身、語、意業，無有疲厭。

"善男子！是爲菩薩摩訶薩十種大願，具足圓滿。若諸菩薩於此大願，隨順趣入，則能成熟一切衆生，則能隨順阿耨多羅三藐三菩提，則能成滿普賢菩薩諸行願海。是故，善男子，汝於此義應如是知。若有善男子、善女人，以滿十方無量無邊不可說不可說佛刹極微塵數一切世界上妙七寶，及諸人天最勝安樂，布施爾所一切世界所有衆生，供養爾所一切世界諸佛菩薩，經爾所佛刹極微塵數劫，相續不斷，所得功德。若復有人，聞此願王一經於耳，所有功德，比前功德，百分不及一，千分不及一，乃至優波尼沙陀分亦不及一。或復有人，以深信心，於此大願受持讀誦，乃至書寫一四句偈，速能除滅五無間業。所有世間身心等病，種種苦惱，乃至佛刹極微塵數一切惡業，皆得消除。一切魔軍，夜叉、羅刹，若鳩槃茶，若毗舍闍，若部多等，飲血啗肉，諸惡鬼神，皆悉遠離。或時發心親近守護。是故若人誦此願者，行於世間無有障礙，如空中月出於雲翳，諸佛菩薩之所稱贊，一切人天皆應禮敬，一切衆生悉應供養。此善男子，善得人身，圓滿普賢所有功德，不久當如普賢菩薩，速得成就微妙色身，具三十二大丈夫相。若生人天，所在之處，常居勝族，悉能破壞一切惡趣，悉能遠離一切惡友，悉能制伏一切外道，悉能解脫一切煩惱。如獅子王摧伏群獸，堪受一切衆生供養。又復是人臨命終時，最後刹那，一切諸根悉皆散壞，一切親屬悉皆捨離，一切威勢悉皆退失。輔相大臣，宮城內外，象馬車乘，珍寶伏藏，如是一切無復相隨。唯此願王，不相捨離，於一切時引導其前。一刹那中，即得往生極樂世界。到已，即見阿彌陀佛、文殊師利菩薩、普賢菩薩、觀自在菩薩、彌勒菩薩等。此諸菩薩，色相端嚴，功德具足，所共圍繞。其人自見生蓮華中，蒙佛授記。得授記已，經於無數百千萬億那由他劫，普於十方不可說不可說世界，以智慧力，隨衆生心而爲利益。不久當坐菩提道場，降伏魔軍，成等正覺，轉妙法輪。能令佛刹極微塵數世界衆生，發菩提心。隨其根性，教化成熟，乃至盡於未來劫海，廣能利益一切衆生。善男子，彼諸衆生，若聞若信此大願王，受持讀誦，廣爲人説。所有功德，除佛世尊，餘無知者。是故汝等聞此願王，莫生疑念，應當諦受。受已能讀，讀已能誦，誦已能持，乃至書寫，廣爲人説。是諸人等，於一念中，所有行願皆得成就，所獲福聚無量無邊。能於煩惱大苦海中，拔濟衆生，令其出離，皆得往生阿彌陀佛極樂世界。"

爾時，普賢菩薩摩訶薩欲重宣此義，普觀十方而説偈言：
"所有十方世界中，三世一切人獅子，
我以清净身語意，一切遍禮盡無餘。
普賢行願威神力，普現一切如來前，
一身復現刹塵身，一一遍禮刹塵佛。
於一塵中塵數佛，各處菩薩衆會中，
無盡法界塵亦然，深信諸佛皆充滿。
各以一切音聲海，普出無盡妙言辭，
盡於未來一切劫，贊佛甚深功德海。
以諸最勝妙華鬘，伎樂塗香及傘蓋，
如是最勝莊嚴具，我以供養諸如來。
最勝衣服最勝香，末香燒香與燈燭，
一一皆如妙高聚，我悉供養諸如來。
我以廣大勝解心，深信一切三世佛，
悉以普賢行願力，普遍供養諸如來。
我昔所造諸惡業，皆由無始貪瞋癡，
從身語意之所生，一切我今皆懺悔。
十方一切諸衆生，二乘有學及無學，
一切如來與菩薩，所有功德皆隨喜。
十方所有世間燈，最初成就菩提者，
我今一切皆勸請，轉於無上妙法輪。
諸佛若欲示涅槃，我悉至誠而勸請，
唯願久住刹塵劫，利樂一切諸衆生。

所有禮贊供養福，請佛住世轉法輪，
隨喜懺悔諸善根，回向眾生及佛道。
我隨一切如來學，修習普賢圓滿行，
供養過去諸如來，及與現在十方佛。
未來一切天人師，一切意樂皆圓滿，
我願普隨三世學，速得成就大菩提。
所有十方一切刹，廣大清净妙莊嚴，
眾會圍繞諸如來，悉在菩提樹王下。
十方所有諸眾生，願離憂患常安樂，
獲得甚深正法利，滅除煩惱盡無餘。
我爲菩提修行時，一切趣中成宿命，
常得出家修净戒，無垢無破無穿漏。
天龍夜叉鳩槃茶，乃至人與非人等，
所有一切眾生語，悉以諸音而説法。
勤修清净波羅蜜，恒不忘失菩提心，
滅除障垢無有餘，一切妙行皆成就。
於諸惑業及魔境，世間道中得解脱，
猶如蓮華不著水，亦如日月不住空。
悉除一切惡道苦，等與一切群生樂，
如是經於刹塵劫，十方利益恒無盡。
我常隨順諸眾生，盡於未來一切劫，
恒修普賢廣大行，圓滿無上大菩提。
所有與我同行者，於一切處同集會，
身口意業皆同等，一切行願同修學。
所有益我善知識，爲我顯示普賢行，
常願與我同集會，於我常生歡喜心。
願常面見諸如來，及諸佛子眾圍繞，
於彼皆興廣大供，盡未來劫無疲厭。
願持諸佛微妙法，光顯一切菩提行，
究竟清净普賢道，盡未來劫常修習。
我於一切諸有中，所修福智恒無盡，

定慧方便及解脱，獲諸無盡功德藏。
一塵中有塵數刹，一一刹有難思佛，
一一佛處衆會中，我見恒演菩提行。
普盡十方諸刹海，一一毛端三世海，
佛海及與國土海，我遍修行經劫海。
一切如來語清净，一言具衆音聲海，
隨諸衆生意樂音，一一流佛辯才海。
三世一切諸如來，於彼無盡語言海，
恒轉理趣妙法輪，我深智力普能入。
我能深入於未來，盡一切劫爲一念，
三世所有一切劫，爲一念際我皆入。
我於一念見三世，所有一切人獅子，
亦常入佛境界中，如幻解脱及威力。
於一毛端極微中，出現三世莊嚴刹，
十方塵刹諸毛端，我皆深入而嚴净。
所有未來照世燈，成道轉法悟群有，
究竟佛事示涅槃，我皆往詣而親近。
速疾周遍神通力，普門遍入大乘力，
智行普修功德力，威神普覆大慈力，
遍净莊嚴勝福力，無著無依智慧力，
定慧方便威神力，普能積集菩提力，
清净一切善業力，摧滅一切煩惱力，
降伏一切諸魔力，圓滿普賢諸行力。
普能嚴净諸刹海，解脱一切衆生海，
善能分別諸法海，能甚深入智慧海，
普能清净諸行海，圓滿一切諸願海，
親近供養諸佛海，修行無倦經劫海。
三世一切諸如來，最勝菩提諸行願，
我皆供養圓滿修，以普賢行悟菩提。
一切如來有長子，彼名號曰普賢尊，
我今回向諸善根，願諸智行悉同彼。

願身口意恒清净，諸行刹土亦復然，
如是智慧號普賢，願我與彼皆同等。
我爲遍净普賢行，文殊師利諸大願，
滿彼事業盡無餘，未來際劫恒無倦。
我所修行無有量，獲得無量諸功德，
安住無量諸行中，了達一切神通力。
文殊師利勇猛智，普賢慧行亦復然，
我今回向諸善根，隨彼一切常修學。
三世諸佛所稱嘆，如是最勝諸大願，
我今回向諸善根，爲得普賢殊勝行。
願我臨欲命終時，盡除一切諸障礙，
面見彼佛阿彌陀，即得往生安樂刹。
我既往生彼國已，現前成就此大願，
一切圓滿盡無餘，利樂一切衆生界。
彼佛衆會咸清净，我時於勝蓮華生，
親睹如來無量光，現前授我菩提記。
蒙彼如來授記已，化身無數百俱胝，
智力廣大遍十方，普利一切衆生界。
乃至虛空世界盡，衆生及業煩惱盡，
如是一切無盡時，我願究竟恒無盡。
十方所有無邊刹，莊嚴衆寶供如來，
最勝安樂施天人，經一切刹微塵劫。
若人於此勝願王，一經於耳能生信，
求勝菩提心渴仰，獲勝功德過於彼。
即常遠離惡知識，永離一切諸惡道，
速見如來無量光，具此普賢最勝願。
此人善得勝壽命，此人善來人中生，
此人不久當成就，如彼普賢菩薩行。
往昔由無智慧力，所造極惡五無間，
誦此普賢大願王，一念速疾皆消滅。
族姓種類及容色，相好智慧咸圓滿，

诸魔外道不能摧，堪爲三界所應供。
速詣菩提大樹王，坐已降伏諸魔衆，
成等正覺轉法輪，普利一切諸含識。
若人於此普賢願，讀誦受持及演説，
果報唯佛能證知，決定獲勝菩提道。
若人誦此普賢願，我説少分之善根，
一念一切悉皆圓，成就衆生清净願。
我此普賢殊勝行，無邊勝福皆回向，
普願沉溺諸衆生，速往無量光佛刹。"

爾時，普賢菩薩摩訶薩於如來前，説此普賢廣大願王清净偈已。善財童子踊躍無量，一切菩薩皆大歡喜。如來贊言："善哉！善哉！"爾時，世尊與諸聖者、菩薩摩訶薩，演説如是不可思議解脱境界勝法門時，文殊師利菩薩而爲上首。諸大菩薩及所成熟六千比丘，彌勒菩薩而爲上首。賢劫一切諸大菩薩，無垢普賢菩薩而爲上首。一生補處、住灌頂位諸大菩薩，及餘十方種種世界，普來集會。一切刹海極微塵數諸菩薩摩訶薩衆，大智舍利弗、摩訶目犍連等而爲上首。諸大聲聞，并諸人天一切世主、天、龍、夜叉、乾闥婆、阿修羅、迦樓羅、緊那羅、摩睺羅伽、人、非人等一切大衆，聞佛所説，皆大歡喜，信受奉行。

《大方廣佛華嚴經·普賢菩薩行願品》終。《行願品》已完，此後另起。

《大方廣如來不思議境界經》云[一]："爾時，世尊爲令諸菩薩及一切衆生了知諸佛深密禪定威神之力，入於三昧，名如來不思議境界。德藏菩薩問普賢菩薩三昧名字，及云何得、云何於十方世界自在示現種種佛事？普賢答已。爾時，德藏菩薩爲欲利益諸衆生故，復問普賢菩薩言：'其有欲證此三昧者，修何福德、施、戒、智慧？'"

"時普賢菩薩遍於十方一切净刹現成正覺化衆生者，告德藏菩薩言：'佛子！若欲證得此三昧者，先應修福，集諸善根。謂常供養佛、法、僧衆，及以父母，所有一切貧窮苦惱、無救無歸、可悲愍者，攝取不捨，乃至身肉，無所吝惜。何以故？供養佛者，得大福德，速成阿耨多羅三藐三菩提，令諸衆生皆獲安樂。供養法者，增長智慧，證法自在，能正

[一] 按，此經僅一卷，從内容看，有删節；從版本看，應是據明方册藏而來，且參考了其他版本。

了知諸法實性。供養僧者，增長無量福智資糧，致成佛道。供養父母、和尚、尊師，及世間中曾致饒益、賴其恩者，應念倍增報恩供養。何以故？以知恩者，雖在生死，不壞善根；不知恩者，善根斷滅，作諸惡業。故諸如來稱贊知恩，毀背恩者。又常愍濟諸苦眾生，菩薩由此廣大善根，永不退失。若人有能勤修福德，常念報恩，悲愍眾生，則為菩提已在其手。應知佛說能隨供養此三種田，一一成就無量善根。

　　'德藏當知，菩薩次應植廣大種，由是故生此三昧芽，成菩提果。云何植種？謂持種種微妙華鬘、塗香、末香及眾伎樂，恭敬供養現在諸佛，或佛形像。作是思惟："如上所說，遍於虛空毛端量處及微塵內無量剎中，一一所見諸佛威力及菩薩眾，我悉於彼諸佛會中，一心正念，普皆供養。如所供養一佛法性，即是一切諸佛法性。若我供養一如來者，即為供養一切如來。隨彼一一諸佛神力，能以幾劫入於一念，亦爾所劫，供養如來。"若有眾生信解此法，種植大種，即能得是如來不思議境界廣大三昧。故，善男子，應以此法日日供養。由是下至於諸佛所，但一敬禮，亦能令此種子增長，三昧芽生。又應常以布施、持戒、大願、智慧而溉灌之。又復菩薩為灌三昧，修行施時，不簡福田、怨親、善惡、持戒、破戒、富貴、貧窮。又復思惟："施於富者雖無所用，然我自應修習施行。"菩薩又應清淨持戒，見毀禁者起大悲愍，不應於彼生嫌恚心。又應深發大菩提願："我當決定念念普於遍滿虛空毛端量處，乃至一切佛剎塵中無量世界，成等正覺，轉妙法輪，度諸眾生，如今世尊毗盧遮那，等無有異。不起功用，攝無量劫入於一念。"即於如是一一剎中，各現佛剎微塵等諸佛威儀。一一威儀各度恒河沙等眾生，皆令離苦。乃至虛空眾生界盡，常無休息。

　　'佛子！修智慧者，若善男子、善女人，為求無上菩提，發心欲證此三昧者，是人要須先修智慧，以此三昧由慧得故。修智慧者，應當遠離妄語、綺語及諸散亂無益之事。詣精舍中，睹佛形像，金色莊嚴，或純金成，身相具足，無量化佛在圓光中次第而坐。即於像前，頭面禮足，作是思惟："我聞十方無量諸佛，今現在世，所謂一切義成佛、阿彌陀佛、寶幢佛、阿閦佛、毗盧遮那佛、寶月佛、寶光佛等。"於彼諸佛隨心所樂尊重之處，生大淨信。想佛形像，作彼如來真實之身，恭敬尊重，如現前見，上下諦觀，一心不亂。往空閑處端坐思惟，如佛現前，一手量許，

心常繫念，不令忘失。若暫忘失，復應往觀。如是觀時，生極尊重恭敬之心，如佛真身現在其前，了了明見，不復於彼作形像解。見已，即應於彼佛所，以妙華鬘、末香、塗香，恭敬右繞，種種供養。彼應如是一心繫念，常如世尊現其前住然。佛世尊、一切見者、一切聞者、一切知者，悉知我心。如是審復，想見成已，還詣空處，繫念在前，不令忘失。一心勤修，滿三七日，若福德者，即見如來現在其前。其有先世造惡業障不得見者，若能一心精勤不退，更無異想，還得速見。何以故？若有為求無上菩提，於一事中專心修習，無不成辦。譬如有人於大海中飲一掬水，即為已飲閻浮提中一切河水。菩薩若能修習此菩提海，則為已修一切三昧諸忍、諸地、諸陀羅尼。是故常應勤修匪懈，離於放逸，繫念一心，要令自得現前見佛。

'如是修習，初見佛時，作是思惟："為真佛耶？為形像耶？"知所見像，隨想生故。乃至虛空毛端量處一切真佛，皆亦如是，猶如虛空，平等無異。自心作佛，離心無佛。乃至三世一切諸佛，亦復如是，皆無所有，唯依自心。菩薩若能了知諸佛及一切法皆唯心量，得隨順忍，或入初地，舍身速生妙喜世界，或生極樂净佛土中，常見如來，親承供養。"'

按，此段經文與《觀無量壽佛經》相發。修净業者，其毋忽也。

五、利　行

修道之人，于將得未得之時，每有宿世怨家，現強軟境界，以圖破壞，故菩薩於《法華》及《觀普賢行法經》中，示其保護之相。果能志心歸命，決定不被魔嬈，自得圓證真如。

《妙法蓮華經·普賢菩薩勸發品》云："爾時，普賢菩薩以自在神通力，威德名聞，與大菩薩無量無邊不可稱數，從東方來。所經諸國，普皆震動，雨寶蓮華，作無量百千萬億種種伎樂。又與無數諸天、龍、夜叉、乾闥婆、阿修羅、迦樓羅、緊那羅、摩睺羅伽、人、非人等，大眾圍繞，各現威德神通之力，到娑婆世界耆闍崛山中，頭面禮釋迦牟尼佛，右繞七匝，白佛言：'世尊，我於寶威德上王佛國，遙聞此娑婆世界說《法華經》，與無量無邊百千萬億諸菩薩眾共來聽受，惟願世尊當為說之。若善男子、善女人，於如來滅後，云何能得是《法華經》？'

"佛告普賢菩薩：'若善男子、善女人，成就四法，於如來滅後，當得是《法華經》。一者爲諸佛護念，二者植衆德本，三者入正定聚，四者發救一切衆生之心。善男子、善女人，如是成就四法，於如來滅後，必得是經。'

"爾時，普賢菩薩白佛言：'世尊！於後五百歲濁惡世中，其有受持是經典者，我當守護，除其衰患，令得安隱，使無伺求得其便者。若魔、若魔子、若魔女、若魔民、若爲魔所著者、若夜叉、若羅刹、若鳩槃荼、若毗舍闍、若吉蔗、若富單那、若韋陀羅等，諸惱人者，皆不得便。是人若行、若立，讀誦此經，我爾時乘六牙白象王，與大菩薩衆俱詣其所，而自現身，供養守護，安慰其心，亦爲供養《法華經》故。是人若坐，思惟此經，爾時我復乘白象王現其人前。其人若於《法華經》有所忘失一句一偈，我當教之，與共讀誦，還令通利。爾時，受持讀誦《法華經》者，得見我身，甚大歡喜，轉復精進。以見我故，即得三昧及陀羅尼，名爲旋陀羅尼、百千萬億旋陀羅尼、法音方便陀羅尼，得如是等陀羅尼。世尊！若後世後五百歲濁惡世中，比丘、比丘尼、優婆塞、優婆夷，求索者、受持者、讀誦者、書寫者，欲修習是《法華經》，於三七日中，應一心精進。滿三七日已，我當乘六牙白象，與無量菩薩而自圍繞，以一切衆生所喜見身，現其人前，而爲説法，示教利喜，亦復與其陀羅尼咒。得是陀羅尼故，無有非人能破壞者，亦不爲女人之所惑亂，我身亦自常護是人。惟願世尊聽我説此陀羅尼咒。'即於佛前而説咒曰：

'阿檀地一，檀陀婆地二，檀陀婆帝三，檀陀鳩舍隸四，檀陀修陀隸五，修陀隸六，修陀羅婆底七，佛馱波羶禰八，薩婆陀羅尼阿婆多尼九，薩婆婆沙阿婆多尼十，修阿婆多尼十一，僧伽婆履叉尼十二，僧伽涅伽陀尼十三，阿僧祇十四，僧伽婆伽地十五，帝隸阿惰僧伽兜略盧遮切阿羅帝波羅帝十六，薩婆僧伽地三摩地伽蘭地十七，薩婆達磨修波利刹帝十八，薩婆薩埵樓馱憍舍略阿㝹伽地十九，辛阿毗吉利地帝二十。'

'世尊！若有菩薩得聞是陀羅尼者，當知普賢神通之力。若《法華經》行閻浮提，有受持者，應作此念："皆是普賢威神之力。"若有受持讀誦，正憶念，解其義趣，如説修行，當知是人行普賢行，於無量無邊諸佛所深種善根，爲諸如來手摩其頭。若但書寫，是人命終，當生忉利天上，是時八萬四千天女作衆伎樂而來迎之。其人即著七寶冠，於采女中娛樂快樂。何況受持讀誦，正憶念，解其義趣，如説修行？若有人受持讀誦，解其義趣，是人命終，爲千佛授手，令不恐怖，不墮惡趣，即往兜率天上彌勒菩薩所。彌勒菩薩，有三十二相大菩薩衆所共圍繞，有百千萬億天女眷屬，而於中生，有如是等功德利益。是故，智者應當一心自書，若使人書、受持、讀誦、正憶念、如説修行。世尊！我今以神通力故，守護是經，於如來滅後閻浮提内，廣令流布，使不斷絶。"

《觀普賢菩薩行法經》云："爾時，普賢菩薩復放眉間大人相光，入行者心。既入心已，行者自憶過去無數百千佛所，受持讀誦大乘經典。自見故身，了了分明，如宿命通，等無有異。豁然大悟，得旋陀羅尼，百千萬億諸陀羅尼門。從三昧起，面見一切分身諸佛衆寶樹下坐獅子座。復見琉璃地妙蓮華叢從下方空中涌出，一一華間，有微塵數菩薩結跏趺坐。亦見普賢分身菩薩，在彼衆中贊説大乘。時諸菩薩異口同音，教於行者清净六根。或有説言：'汝當念佛。'[一]或有説言：'汝當念法。'或有説言：'汝當念僧。'或有説言：'汝當念戒。'或有説言：'汝當念施。'或有説言：'汝當念天。''如此六法，是菩提心，生菩薩法。汝今應當於諸佛前，發露先罪，至誠懺悔於無量世眼根因緣貪著諸色。以著色故，貪愛諸塵；以愛塵故，受女人身。世世生處，惑著諸色。色壞汝眼，爲恩愛奴。故色使汝經歷三界，爲此弊使，盲無所見。今誦大乘方等經典，此經中説十方諸佛色身不滅，汝今得見，審實爾不？眼根不善，傷害汝多。隨順我語，歸向諸佛。釋迦牟尼佛説汝眼根所有罪咎，諸佛菩薩慧眼法水，願與洗除，令得清净。'

"作是語已，遍禮十方佛。向釋迦牟尼佛、大乘經典，復作是言：'我今所懺眼根重罪，障蔽穢濁，盲無所見。願佛大慈哀愍覆護、普賢菩薩乘大法船普度一切、十方無量諸菩薩伴，唯願慈哀，聽我悔過眼根不善惡業障法。'如是三説，五體投地。正念大乘，心不忘舍。是名懺悔眼根罪法。

"稱諸佛名、燒香散華、發大乘意、懸繒旛蓋、説眼過患懺悔罪者，此人現世見釋迦牟尼佛及見分身無量諸佛，阿僧祇劫不墮惡道——大乘

[一] "或有説言"，原作 "或説"，據《佛説觀普賢菩薩行法經》補。其後諸處亦并補之，不再出校。按，印光身爲法師，自當崇敬經典，前此皆無改佛經之處，此處省二字，甚無必要。

力故，大乘願故——恒與一切陀羅尼菩薩，共爲眷屬。作是念者，是爲正念。若他念者，名爲邪念。是名眼根初境界相。

"净眼根已，復更誦讀大乘經典，晝夜六時胡跪懺悔而作是言：'我今云何但見釋迦牟尼佛、分身諸佛，不見多寶佛塔、全身舍利？多寶佛塔恒在不滅，我濁惡眼，是故不見。'作是語已，復更懺悔。過七日已，多寶佛塔從地涌出，釋迦牟尼佛即以右手開其塔戶。見多寶佛入普現色身三昧，一一毛孔流出恒河沙微塵數光明，一一光明有百千萬億化佛。此相現時，行者歡喜，偈贊繞塔，滿七匝已。多寶如來出大音聲贊言：'法子！汝今真實能行大乘，隨順普賢眼根懺悔。以是因緣，我至汝所，爲汝證明。'説是語已，贊言：'善哉！善哉！釋迦牟尼佛能説大法，雨大法雨，成就濁惡諸衆生等。'

"是時，行者見多寶佛塔已，復至普賢菩薩所，合掌敬禮，白言：'大師，教我懺悔。'普賢復言：'汝於多劫耳根因緣隨逐外聲，聞妙音時心生惑著，聞惡聲時起百八種煩惱賊害。如此惡耳，報得惡事，恒聞惡聲，生諸攀緣。顛倒聽故，當墮惡道、邊地、邪見不聞法處。汝於今日誦持大乘功德海藏，以是因緣，見十方佛、多寶佛塔。現爲汝證，汝應自當説己過惡，懺悔諸罪。'

"是時，行者聞是語已，復更合掌，五體投地而作是言：'正遍知世尊，現爲我證。方等經典爲慈悲主，唯願愍我，聽我所説。我從多劫乃至今身，耳根因緣聞聲惑著，如膠著草；聞惡聲時起煩惱毒，處處惑著，無暫停時。坐此竅聲，勞我神識墜墮三塗。今始覺知，向諸世尊發露懺悔。'

"既懺悔已，見多寶佛放大光明，其光金色，遍照東方及十方界。無量諸佛，身真金色，東方空中作是唱言：'此佛世尊，號曰善德。'亦有無數分身諸佛坐寶樹下獅子座上，結跏趺坐。是諸世尊，一切皆入普現色身三昧。皆作是言：'善哉！善哉！善男子，汝今讀誦大乘經典，汝所誦者是佛境界。'

"説是語已，普賢菩薩復更爲説懺悔之法：'汝於前世無量劫中，以貪香故，分別諸識。處處貪著，墮落生死。汝今應當觀大乘因。大乘因者，諸法實相。'聞是語已，五體投地，復更懺悔。

"既懺悔已，當作是語：'南無釋迦牟尼佛！南無多寶佛塔！南無十方釋迦牟尼分身諸佛！'作是語已，遍禮十方佛、南無東方善德佛及分身

诸佛。如眼所见，一一心礼，香华供养。供养毕已，胡跪合掌，以种种偈赞叹诸佛。既赞叹已，说十恶业，忏悔诸罪。既忏悔已，而作是言：'我于先世无量劫时，贪香、味、触，造作众恶。以是因缘，无量世来恒受地狱、饿鬼、畜生、边地、邪见诸不善身。如此恶业今日发露，归向诸佛正法之王，说罪忏悔。'

"既忏悔已，身心不懈，复更读诵大乘经典。大乘力故，空中有声告言：'法子！汝今应当向十方佛赞说大乘，于诸佛前自说己过。诸佛如来是汝慈父，汝自当说舌根所作不善恶业。此舌根者，动恶业相，妄言、绮语、恶口、两舌、诽谤、妄语、赞叹邪见、说无益语。如是众多诸杂恶业，斗构坏乱，法说非法。如是众罪，今悉忏悔诸世雄前。'

"作是语已，五体投地，遍礼十方佛，合掌长跪，当作是语：'此舌过患无量无边，诸恶业刺从舌根出，断正法轮从此舌起。如此恶舌断功德种，于非义中多端强说，赞叹邪见如火益薪。犹如猛火伤害众生，如饮毒者无疮疣死。如此罪报恶邪不善，当堕恶道百劫千劫，以妄语故，堕大地狱。我今归向南无诸佛，发露黑恶。'

"作是念时，空中有声：'南方有佛名栴檀德，彼佛亦有无量分身，一切诸佛皆说大乘，除灭罪恶。''如此众罪，今向十方无量诸佛大悲世尊，发露黑恶，诚心忏悔。'说是语已，五体投地，复礼诸佛。是时，诸佛复放光明，照行者身，令其身心自然欢喜，发大慈悲普念一切。尔时，诸佛广为行者说大慈悲及喜舍法，亦教爱语，修六和敬。尔时，行者闻此教敕心大欢喜，复更诵习，终不懈息。

"空中复有微妙音声，作如是言：'汝今应当身心忏悔。身者，杀、盗、淫。心者，念诸不善、造十恶业及五无间。犹如猿猴，亦如黐胶，处处贪著，遍至一切六情根中。此六根业，枝条、华、叶，悉满三界、二十五有、一切生处，亦能增长无明、老死、十二苦事、八邪、八难，无不经历。汝今应当忏悔如是恶不善业。'

"尔时，行者闻此语已，问空中声：'我今何处行忏悔法？'时空中声即说是语：'释迦牟尼，名毗卢遮那，遍一切处。其佛住处，名常寂光。常波罗蜜所摄成处，我波罗蜜所安立处，乐波罗蜜灭受想处，净波罗蜜不住身心相处。不见有无诸法相处，如寂解脱，乃至般若波罗蜜，是色常住法故。如是应当观十方佛。'

"時十方佛各伸右手摩行者頭，作如是言：'善哉！善哉！善男子，汝今讀誦大乘經故，十方諸佛説懺悔法。菩薩所行，不斷結使，不住使海。觀心無心，從顛倒想起。如此想心，從妄想起，如空中風，無依止處。如是法相，不生不没。何者是罪？何者是福？我心自空，罪福無主。一切諸法，皆亦如是，無住無壞。如是懺悔，觀心無心，法不住法，諸法解脱，滅諦寂静。如是想者，名大懺悔，名莊嚴懺悔，名無罪相懺悔，名破壞心識懺悔。行此懺悔者，身心清净，不住法中，猶如流水。念念之中，得見普賢菩薩及十方佛。'時諸世尊以大悲光明，爲於行者説無相法。行者聞説第一義空。行者聞已，心不驚怖，應時即入菩薩正位。

"佛告阿難：'如是行者，名爲懺悔。此懺悔者，十方諸佛、諸大菩薩所行悔法。'

"佛告阿難：'佛滅度後，佛諸弟子若有懺悔惡不善業，但當讀誦大乘經典。此方等經，是諸佛眼，諸佛因是得具五眼。佛三種身，從方等生。是大法印，般涅槃海。如此海中，能生三種佛清净身。此三種身，人天福田應供中最。其有讀誦大方等典，當知此人具佛功德。諸惡永滅，從佛慧生。'爾時，世尊而説偈言：

'若有眼根惡，業障眼不净，
但當誦大乘，思念第一義，
是名懺悔眼，盡諸不善業。
耳根聞亂聲，壞亂和合義，
由是起狂亂，猶如癡猿猴，
但當誦大乘，觀法空無相，
永盡一切惡，天耳聞十方。
鼻根著諸香，隨染起諸觸，
如此狂惑鼻，隨染生諸塵。
若誦大乘經，觀法如實際，
永離諸惡業，後世不復生。
舌根起五種，惡口不善業，
若欲自調順，應勤修慈心，
思法真寂義，無諸分别相。
心想如猿猴，無有暫停時，

若欲折伏者，當勤誦大乘，
念佛大覺身，力無畏所成。
身爲機關主，如塵隨風轉，
六賊游戲中，自在無罣礙。
若欲滅此惡，永離諸塵勞，
常處涅槃城，安樂心憺怕，
當誦大乘經，念諸菩薩母。
無量勝方便，從思實相得，
如此等六法，名爲六情根。
一切業障海，皆從妄想生，
若欲懺悔者，端坐念實相。
衆罪如霜露，慧日能消除。
是故應至心，懺悔六情根。'

"説是偈已，佛告阿難：'汝今持是懺悔六根觀普賢菩薩法，普爲十方諸天世人廣分別説。佛滅度後，佛諸弟子若有受持、讀誦、解説方等經典，應於静處，若在冢間、若林樹下、若阿練若處，讀誦方等，思大乘義。念力强故，得見我身及多寶佛塔、十方分身無量諸佛。普賢菩薩、文殊師利菩薩、藥王菩薩、藥上菩薩，恭敬法故，持諸妙華住立空中，贊嘆恭敬行持法者。但誦大乘方等經故，諸佛菩薩晝夜供養是持法者。'

"佛告阿難：'我與賢劫諸菩薩等及十方諸佛，因思大乘真實義故，除却百萬億劫阿僧祇數生死之罪。因此勝妙懺悔法故，今於十方各得爲佛。若欲疾成阿耨多羅三藐三菩提者，若欲現身見十方佛及普賢菩薩，當净澡浴，著净潔衣，燒衆名香，在空閑處，應當讀誦大乘經典，思大乘義。'

"佛告阿難：'若有衆生，欲觀普賢菩薩者，當作是觀。作是觀者，是名正觀。若他觀者，名爲邪觀。'

"佛滅度後，佛諸弟子隨順佛語行懺悔者，當知是人行普賢行。行普賢行者，不見惡相及惡業報。其有衆生，晝夜六時禮十方佛、誦大乘經、思第一義甚深空法，一彈指頃，除却百萬億阿僧祇劫生死之罪。行此行者，真是佛子，從諸佛生。十方諸佛及諸菩薩爲其和尚，是名具足菩薩戒者。不須羯磨，自然成就，應受一切人天供養。爾時，行者若欲具足菩薩戒者，應當合掌，在空閑處，遍禮十方佛，懺悔諸罪，自説己過。

然後静處白十方佛而作是言：'諸佛世尊，常住在世。我業障故，雖信方等，見佛不了。今歸依佛，唯願釋迦牟尼正遍知世尊，爲我和尚。文殊師利，具大慧者，願以智慧授我清净諸菩薩法。彌勒菩薩，勝大慈日，憐愍我故，亦應聽我受菩薩法。十方諸佛，現爲我證。諸大菩薩，各稱其名，是勝大士，覆護衆生，助護我等。今日受持方等經典，乃至失命，設墮地獄，受無量苦，終不毀謗諸佛正法。以是因緣功德力故，今釋迦牟尼佛爲我和尚，文殊師利爲我阿闍黎。當來彌勒願授我法，十方諸佛願證知我，大德諸菩薩願爲我伴。我今依大乘經甚深妙義，歸依佛，歸依法，歸依僧。'

"如是三説，歸依三寶已，次當自誓，受六重法。受六重法已，次當勤修無礙梵行。發曠濟心，受八重法。立此誓已，於空閑處，燒衆名香，散華供養一切諸佛及諸菩薩、大乘方等，而作是言：'我於今日發菩提心，以此功德普度一切。'作是語已，復更頂禮一切諸佛及諸菩薩，思方等義，一日乃至三七日。若出家、在家，不須和尚，不用諸師，不白羯磨。受持讀誦大乘經典力故，普賢菩薩勸發行故，是十方諸佛正法眼目。因由是法，自然成就五分法身：戒、定、慧、解脱、解脱知見。諸佛如來從此法生，於大乘經，得受記莂。是故智者，若聲聞人，毀破三歸五戒及八戒、比丘戒、比丘尼戒、沙彌戒、沙彌尼戒、式叉摩尼戒及諸威儀[一]，愚癡不善、惡邪心故，多犯諸戒及威儀法。若欲除滅令無過患，還爲比丘、具沙門法者，當勤修讀方等經典，思第一義甚深空法，令此空慧與心相應。當知此人於一念頃，一切罪垢永盡無餘。是名具足沙門法式，具諸威儀，應受人天一切供養。

"若優婆塞，犯諸威儀，作不善事——不善事者，所謂論説佛法過惡，論説四衆所犯惡事，偷盜、淫泆，無有慚愧——若欲懺悔滅諸罪者，當勤讀誦方等經典，思第一義。若王者、大臣、婆羅門、居士、長者、宰官，是諸人等，貪求無厭，作五逆罪，謗方等經，具十惡業，是大惡報，應墮惡道，過於暴雨，必定當墮阿鼻地獄。若欲除滅此業障者，應生慚愧，懺悔諸罪。云何名爲刹利居士懺悔罪法？懺悔法者，但當正心，不

[一] "尼"，原作"那"，據《觀普賢菩薩行法經》改。按，據《佛學大辭典》，式叉摩尼即未受具足戒前學法中之尼衆。爲七衆之一，出家五衆之一。又作式叉摩那尼、式叉摩尼、式叉尼、式叉摩拏。意譯作學戒女、正學女、學法女。

谤三宝，不障出家，不爲梵行人作惡留難。應當繫念，修六念法，亦當供給、供養持大乘者。不必禮拜，應當憶念甚深經法第一義空。思是法者，是名刹利居士修第一懺悔。

"第二懺悔者，孝養父母，恭敬師長，是名修第二懺悔。

"第三懺悔者，正法治國，不邪枉人民，是名修第三懺悔。

"第四懺悔者，於六齋日，敕諸境内力所及處，令行不殺，修如此法，是名修第四懺悔。

"第五懺悔者，但當深信因果，信一實道，知佛不滅，是名修第五懺悔。

"佛告阿難：'於未來世，若有修習如此懺悔法，當知此人著慚愧服，諸佛護助，不久當成阿耨多羅三藐三菩提。'"

六、應　化

菩薩俯應群機，如一月當空，普印衆水。舉凡江海溝渠，一勺一滴，皆現圓月。月何容心哉？以其高而明故也。菩薩無心，以衆生之心爲心，故得隨其誠之大小，而爲應化攝受焉。《華嚴》清凉疏云："普賢身不可思議，略有三類。一隨類身：隨人天等見不同故。二漸勝身：乘六牙象相莊嚴故。三窮盡法界身：帝網重重無有盡故。"[一]蓋第三即普賢法身。如《華嚴·阿僧祇品》偈言："於一微細毛端處，有不可説諸普賢；一切毛端悉亦爾，如是乃至遍法界。"又《行願品》偈言"一身復現刹塵身，一一遍禮刹塵佛"是也。第二即普賢報身。如《觀普賢行法經》言："普賢菩薩生東方净妙國土，身量無邊，色相無邊。"又《華嚴經·壽量品》言："最後勝蓮華世界賢勝佛刹，普賢菩薩及諸同行大菩薩等充滿其中。"又《行願品》言"往生極樂世界，即見阿彌陀佛、文殊師利菩薩、普賢菩薩等，色相端嚴，功德具足"是也。第一即普賢化身。如《法華》《楞嚴》二經言："乘六牙象，以衆生喜見身，現其人前。"又《行願品》言"我爲菩提修行時，一切趣中成宿命，天龍夜叉鳩槃荼，乃至人與非人等，所有一切衆生語，悉以諸音而説法"是也。末法衆生，垢深障重，得一瞻大士化身，已屬大善根福德因緣，何敢望見法、報二身？故大士隱勝

[一] 按，此段引文見《大方廣佛華嚴經隨疏演義鈔》卷二四，稱清凉疏者，其作疏之人爲唐代清凉山大華嚴寺沙門澄觀之故也。

顯劣，而峨山即爲應化之場。舊《志》稱峨山應化，始於漢明帝時，里人蒲公采藥，見麇迹似蓮華，詢諸千歲寶掌菩薩。掌令往洛陽問摩騰、法蘭二尊者，蘭曰："《華嚴經·菩薩住處品》有文：'西南方有處名光明山，從昔已來諸菩薩衆於中止住。現有菩薩名曰賢勝，與其眷屬三千人俱，常在其中而演説法。'所謂賢勝，即普賢也。"蒲歸，乃建普光殿，供願王菩薩像。菩薩示現始於此。

按，《菩薩住處品》乃佛在摩竭提國阿蘭若菩提道場所說，其西南方自不在震旦。又菩薩名爲賢勝，而非普賢。引經爲證，豈可改易經文？故此説頗啓後人之疑，而不少辨論。但普賢菩薩既以法界藏身，無往不在，又恒順衆生之願，無感不應。峨眉從漢以來二千年，大小寺宇莫不崇奉普賢菩薩。四方信士禮敬普賢者，亦莫不指歸峨眉。則此山爲大士應化之地，更復何疑？正不必有經文作證也。況大士隨緣赴感，如月印千江，一勺一滴無不見月；似春來大地，一草一木莫不逢春。縱有經文指菩薩住處在峨眉，豈其應化即局於峨眉？試觀歷史所記，大士應化事迹不限方所，故有**降中興以慰宋后**、劉宋路昭太后，大明四年造普賢菩薩乘白象像，供於中興寺，因設講于寺。其年十月八日，齋畢解座，會僧二百人。于時寺宇始構，帝甚留心，輦蹕臨幸，旬必數四。僧徒勤整，禁衛嚴肅。爾日，僧名有定，就席久之。忽有一僧預于座次，風貌秀舉，合堂驚矚。齋主與語，往還百餘言，忽不復見。列筵同睹，識爲菩薩降臨。**來天安以應道温**、劉宋大明中，有寺統法師名道温，居秣陵縣。見皇太后叡鑑沖明，聖符幽洽，滌思净場，研襟至境。固以聲藻震中，事靈梵表，乃創思鎔斫，抽寫神華，模造普賢聖像。寶傾宙珍，妙盡天飾。所設講齋訖，其月八日，襯會有限，名簿素定，引次就席，數無盈減。轉經將半，景及昆吾，忽睹異僧預于座内。容止端嚴，氣貌秀發。舉衆矚目，莫有識者。齋主問曰："上人何名？"答曰："慧明。"問："住何寺？"答云："來自天安。"言對之間，倏然不見。合堂驚愧，遍筵肅心，以爲明祥所貴，幽應斯闌云。**乘馬入道冏之堂**、劉宋沙門釋道冏，扶風好時人，姓馬。學業淳粹，弱齡有聲。元嘉二年九月，在洛陽爲人作普賢齋，道俗四十許人。已經七日，正就中食，忽有一人，褲褶乘馬，入至堂前，下馬禮佛。冏謂常人，不加禮異。此人登馬揮鞭，忽失所在。便見赤光赫然竟天，良久而滅。後三年十二月在白衣家，復作普賢齋。將竟之日，有二沙門，容服如凡，直來禮佛。衆謂庸僧，不甚尊仰，聊問："何居？"答曰："住在前村。"時有白衣張道，覺其有異，至心禮拜。沙門出門，行數十步，忽有飛塵直上衝天。追目此僧，不復知所。冏以七年與同學來游京師，時司空何尚之始構南澗精舍，冏寓居焉。夜中，忽見四人乘一新車，從四人，傳教，來在屋内，呼與共載。道冏驚其夜至，疑而未言。因閉眼，不覺升車。俄而，至郡後沈橋，見一貴人，著帕被箋布單衣，坐床，焘傘形似華蓋。鹵簿從衛可數百人，悉服黃衣。見囧，驚曰："行般舟道人，精心遠詣，祇欲知其處耳，何故將來？"即遣人引送。囧還至精舍門外，失所送人，門閉如故。呼喚久之，寺內諸僧咸驚相報告，開門納之。視所住房戶，猶故關之。**駕象降普明之室、** 劉宋上定林寺釋普明，姓張，臨渭人。少出家，稟性清純，蔬食布衣，以懺誦爲業，誦《法華》《維摩》二經。凡諷誦時，有別衣別座，未嘗穢雜。每至《勸發品》，輒見普賢乘象，立在其前。誦《維摩經》，則聞空中唱樂。又善神咒，所救皆瘳。鄉人王道真妻病，請明來咒。明入門，婦便悶絕。俄見一物如狸，長數尺許，從狗竇出，因此而瘳。明嘗行水傍，祠巫覡云："神見之，皆奔走。"以宋孝建中卒，春秋八十有五。上四則，見《法苑珠林》卷十七《普賢部》。**化女子而求宿，顯曇翼之真修、** 晉曇翼，餘杭人。初入廬山依遠公，後往關中見羅什。東還會稽，入秦望山，誦《法華經》十二年。感普賢大士化女子，身披采服，携筠籠，一白豕，大蒜兩根，至翼處求宿。曰："妾遠往探親，值天大雪，迷失道路。現日將暮，不知所往。豺狼縱橫，歸無生理，聽托一宿。"師却之力，女復哀求不已，遂令居草床上。夜半，號呼腹痛，告求按摩。翼辭以持戒，不應手觸。女號呼愈甚，翼乃以布裹錫杖，遥爲按之，痛減而已。次晨，女謝而出，涌身虛空，現普賢相：采服化祥雲，豕變白象，蒜化雙蓮。垂手摩翼頂，爲其授記而滅。郡太守孟顗聞於朝，敕建法華寺，即今天衣寺也。本舊《志·志餘》。**爲拾得以驅牛，示亡僧之破戒、** 唐天台國清寺作務僧拾得，普賢化身，異迹甚多。一日牧牛，值寺僧布薩。拾得驅牛至，大笑曰："悠悠者聚頭。"時持律首座呵曰："風人，何以喧礙説戒！"拾得曰："我不牧牛也，此群牛多是寺知僧事人也。"乃呼各亡僧法號，牛各應聲而過。舉衆驚愕，咸思改往修來，感菩薩垂迹度脱。《高僧傳三集》[一] **入蓮華之勝會，二聖書名、** 宋長蘆宗賾，宗教雙通，悟證深遠。遵廬山之規，建蓮華勝會。一夕，夢一烏巾白衣，風貌清美，可三十許。揖謂賾曰："欲入蓮華會，求書一名。"賾乃取會録，問曰："何姓名？"答曰："普慧。"書已，白衣又云："家兄亦求書一名。"曰："令兄何名？"答曰："普賢。"言訖遂隱。既覺，詢諸耆宿曰："《華嚴經·離世間品》有普賢、普慧二菩薩，助揚佛法。吾今建會，共期西方，感二大士幽贊，乃以二大士爲會首。"於是遠近響化焉。《净土聖賢録》[二] **授净梵之羯磨，圓音嘉獎、** 宋佛護，字净梵，主姑蘇大慈，講三大部，兼禮《法華懺》。至第三會，感普賢授羯磨法，稱净梵比丘者三，洪音如撞巨鐘。三昧乍圓，有二僧來作禮曰："春至天台石梁禮聖迹。"忽見空中飛華，異香非常。有一僧曰："姑蘇梵法主散華至此。"語畢即不見，某因來禮座。《高僧傳新四集》[三] **道**

[一] 按，此條見《宋高僧傳》卷一九《唐天台山丰干師傳》之附傳。此書承梁慧皎《高僧傳》、唐道宣《續高僧傳》，故稱《高僧傳三集》。

[二] 按，此條見《净土聖賢録》卷三"宗賾"。

[三] 按，此條見《新續高僧傳四集》卷三《宋鳳凰山聖果寺沙門釋佛護傳》。所謂《新續高僧傳四集》者，民國喻謙等人編，以《宋高僧傳》爲第三集，而明代如惺《大明高僧傳》爲第四集，此書承續之，故稱《新續高僧傳四集》。

潛禮懺，停象駕於三門、五代吳越錢塘永明寺釋道潛，禮阿育王佛舍利塔，見舍利在懸鐘之外繞行。悲喜交集，因禮《普賢懺》三七日。忽見普賢乘象在塔寺三門停止，象鼻直枕懺室。吳越國王請入府，授菩薩戒，造永明寺以居之。《高僧傳三集》[一]。辨才戴經，授《華嚴》之玄義、唐僧辨才，不知何許人。幼事裕法師，以《華嚴》爲業。久而不悟，乃別護净，造香函盛經，頂戴行道。凡經三載，普賢指授玄義，忽爾成誦，焕若臨鏡。《華嚴持驗記》[二]。則章親證三昧，徑往蓮邦、宋則章與若愚友善，同修净業，廣爲勸導。後章既没，愚夢神人告曰："汝同學則章得普賢行願三昧，已生净土，彼方待汝。"覺而沐浴更衣，命眾念佛誦經，端坐默聽。忽云："净土現前，吾其往矣。"書偈而逝。《高僧傳新四集》[三]。海雲應現五臺，普利含識、唐海雲，居清涼山南臺峭絶幽僻處。其刻苦辨道，儉而難遵，後没於其處。昔傳載："雲是普賢菩薩應化。"蓋菩薩無處不現身，與文殊互爲主伴，以度眾生也。《高僧傳三集》[四]。説樂邦之勝異，偕文殊同登蓮臺、唐法照，禮五臺，見異光。值二童子引入化竹林寺，金地寶樹，以爲莊嚴。登講堂，見文殊在西，普賢在東，各據獅子座；萬衆圍繞，而爲説法。照作禮問曰："末代凡夫，去聖時遥，知識隘劣，障垢尤深，佛性無由顯現。佛法浩瀚，未審修何法門最爲其要？"文殊告曰："汝今念佛，今正是時。諸修行門無過念佛、供養三寶。福慧雙修，此之二門最爲善要。我於過去劫中，因觀佛故，因念佛故，因供養故，得一切種智。是故一切諸法、般若波羅蜜、甚深禪定乃至諸佛，皆從念佛而生，故知念佛，諸法之王。"照問："當云何念？"文殊言："此世界西有阿彌陀佛，彼佛願力不可思議。汝當繼念，令無間斷。命終决定往生，永不退轉。"語已，二大聖同舒金臂，摩照頂曰："汝以念佛故，不久證無上正等菩提。若善男女等，願疾成佛者，無過念佛，則能速證無上菩提。"照歡喜作禮，辭而退。《净土聖賢録》[五]。息地獄之苦輪，與地藏共居樹杪、吳門王建，死至冥，查係誤勾，命回生。見地獄黑焰蔽空，號叫如霆吼。三老僧趺坐大樹杪，每獄囚痛聲騰沸時，以净水灑之，聲即停息。詢之，則觀音、普賢、地藏三大士也。《現果隨録》[六]。證大行於普勝，塵數同名、《華嚴經》説《普賢行品》：十方刹塵菩薩，同名普賢，各從普勝世界來此作證。住海島之牢山，威神亦著、《華嚴經·菩薩住處品》云："震旦國有一住處，名那羅延窟。從昔以來，諸菩薩衆於中止住。"《大疏》云："那羅延，此云堅牢，昔云青州。界東有牢山，現有古佛迹，此應是。"今之此山，靈迹顯著，不减清凉。時稱普賢所居，往往有睹。

[一] 按，此條見《宋高僧傳》卷一三《周廬山佛手巖行因傳》之附傳。
[二] 按，此條見《華嚴經持驗記》卷一"唐僧辨才"。
[三] 按，此條見《新續高僧傳四集》卷四二《南宋仙潭無量壽佛閣沙門釋若愚傳》之附傳。
[四] 按，此條見《宋高僧傳》卷二七《唐五臺山海雲傳》。
[五] 按，此段據《净土聖賢録》卷三"法照"條删節改寫而來。
[六] 按，此段據《現果隨録》卷一"王建以誤攝回生親述冥事"條删節改寫而來。

至于豎子現普賢之相，孕婦産遍吉之身，其慈悲濟度，尤爲不可思議。唐開元初，陕西同州界有數百家，爲東西普賢邑社，造普賢菩薩像，每日設齋。東社邑家青衣，以齋日生子於其齋次，名之曰"普賢"。年至十八，任爲愚豎厮役之事。後因設齋日，此豎忽推普賢像，而坐其處。邑老觀者咸怒，詬罵復加鞭撻。普賢笑曰："吾以汝志心，故生此中。今見真普賢，而不能加敬，何也？"於是變其身爲普賢菩薩相，身黃金色，乘六牙象，飛騰空中，放大光明。天花綵雲，五色相映，少頃遂滅。邑老方悟示現，大生驚慚。又西社爲普賢邑齋者，僧徒方集，忽有孕婦臨産，竄入菩薩堂内。人怒呵之，不能禁止，遂産一男於蓮座前。污穢狼藉，人莫敢提挈，深加詬辱。忽失婦人所在，男孩變爲普賢菩薩，相好端嚴，光明照燭。所見污穢皆成香花。乘象騰空，漸漸隱滅。諸父老自恨愚暗，不識菩薩，刺目懺悔者十餘人。《太平廣記》[一]。由是觀之，菩薩變現，豈凡人所能識？於此足覘大士度生，本無方所。攀《華嚴》以證峨眉之住者，未免拘墟。而别峨眉於普賢之外者，更同夢囈也。

峨眉山志卷二終

[一] 按，此段見《太平廣記》卷一一五"普賢社"條。

附錄：《華嚴經》依普賢願王得生極樂撮要并釋[一]

《行願品》，普賢菩薩於逝多林末會，發十大願王。其一一願皆云："虛空界盡，眾生界盡，我此大願無有窮盡。是人臨命終時，最後刹那，一切諸根悉皆散壞，一切威勢悉皆退失；輔相大臣、宮城內外、象馬車乘、珍寶伏藏，無復相隨。唯此願王，不相捨離，於一切時，引導其前。一刹那中，即得往生極樂世界。到已，即見阿彌陀佛。其人自見生蓮華中，蒙佛授記。得授記已，經無數劫，普於十方不可說不可說世界，以智慧力，隨眾生心而為利益。乃至能於煩惱大苦海中，拔濟眾生，令其出離，皆得往生極樂世界。"又下偈云："願我臨欲命終時，盡除一切諸障礙，面見彼佛阿彌陀，即得往生安樂刹。我既往生彼國已，現前成就此大願，一切圓滿盡無餘，利樂一切眾生界。"

道純法師釋曰：

問："《普賢行願》是《華嚴》流通，何故於世界海中偏指極樂？既信解圓宗，十方佛刹，皆可往生；結歸西方，必有深旨？"

答："普賢為善財海眾說願王已，結歸西方者，蓋為信解圓宗人，入文殊智，修普賢行，福慧事理，皆稱法界。此大心人，雖妙悟本明，頓同諸聖。然猶力用未充，未及如來出現普利眾生。所以暫依淨土，親近彌陀海眾，直至成佛。故經曰：'親睹如來無量光，現前授我菩提記。蒙彼如來授記已，化身無數百俱胝。智力廣大遍十方，普利一切眾生界。'即斯意也。"

[一] 按，此段引文見《樂邦文類》卷一"《華嚴經》依普賢願王得生極樂"及《準提凈業》卷三"普賢願王得生極樂"。所謂道純法師，未詳所指。《法華經顯應錄》卷二"明州純法華"條有鄞水慧燈院僧道純，俗姓王，宋代政和中人。《增集續傳燈錄》卷五有台州九巖道純雅禪師，事迹較略。既然宋人宗曉《樂邦文類》已收此段文字，當不是印光和尚的剃度師父終南山蓮花洞寺道純和尚。

峨眉山志卷三

第三、全山形勝
附：峰、巖、臺、石、岡、洞、坡、坪、溪、河、溝、池、泉、井、山道、水道。

形具特拔之象，勢標嚴峻之儀。其鍾靈毓秀、函賾蘊奧之致，誠足令住者、游者睹境明心，觸機悟道。況登峰造極，蒙光見燈，曠觀宇宙之大，俯視天下之小者乎？故志形勝。

峨山高出西南。《禹貢》：梁州之山，岷、嶓、蔡、蒙。西山背岷[一]，北山背嶓，南山背蒙，峨眉之在《禹貢》，則蒙山之首也[二]。任豫《益州記》云：“峨眉在南安縣界，兩山相對如蛾眉。”[三]張華《博物志》以爲牙門山。郡志因謂此山雲鬟凝翠，鬢黛遙妝，真如蛾首蛾眉，細而長，美而艷也[四]。

山有大峨、中峨、小峨。中峨即二峨，古綏山，一名覆蓬[五]。《方輿記》云：“綏山廢縣在峨眉縣西四十里。”[六]高半大峨，形如覆釜，雄據南方。上有天池、葛由洞；下有豬肝洞、魚洞。小峨即三峨，一名鏵刃山，在縣東西六十里[七]，距二峨九里，高半之。兩山耕作，可得數千人。

[一] “背”，原作“皆”，據《方輿勝覽》卷五二及蔣本卷二改，後二“背”字徑改，不復出校。

[二] 按，此條見蔣本卷二，蔣本又係因襲《譯峨籟·形勝紀》，其説不可信，可參《譯峨籟》之注文。

[三] 按，此條本自《水經注》卷三六“青衣水”之引文，但顯非原文，乃據《太平寰宇記》卷七四《嘉州·峨眉縣》下所改寫者而轉引。後文引《博物志》之説，亦見《太平寰宇記》，今本《博物志》無，范寧即據樂史書輯得。又，此二條亦因襲《譯峨籟》。

[四] 按，此條所謂“郡志”，不知爲何書。暫未見更早著作有相似記載，嘉慶刻本《蜀水經》卷八引此文則不題出處。

[五] “蓬”，原作“篷”，據蔣本卷三及《方輿勝覽》卷五二“中峨山”條等改。

[六] 按，此條本自《蜀中廣記》卷一一，所謂《方輿記》，並不指《方輿勝覽》。《明一統志》卷七二、嘉靖《四川總志》卷一三“古迹”均載綏山廢縣，與此相合，頗疑曹學佺誤題出處。

[七] 按，此處不知所據爲何，或誤。《方輿勝覽》卷五二《嘉定府·山川》、《明一統志》卷七二《嘉定州·山川》之“小峨山”條，雍正《四川通志》卷二五《山川·峨眉縣》之“峨眉山”條以及同治《嘉定府志》卷四等，皆稱此山在峨眉縣南三十里。

其間草、木、茶、菜、豆、芋，蕃臚豐熟，足當田疇十分之五。又《眉州·山川志》亦載："峨眉在州城南二百里。"[一]五代時，眉州即嘉州[二]。及唐，析嘉州別置眉州。宋、明既因之，紀志者猶以峨山屬眉州，今實屬嘉定。而峨眉縣以山得名，亦舊名云。

按，《名山記》："峨眉周匝千里，高二百二十里。石龕一百十二，大洞十二，小洞二十有八，南北有臺。"[三]《名勝記》云："前之岷江大出而尾小，背之瓦屋上正而平章，遠之雪山瀲浮而汩沒。"[四]《峨山志》云："後有曬經、瓦屋、青城、天竺雪山屏峙環列，前即二峨、三峨。"[五]然二山俱以大峨得名。大峨高峻既極，足以兼二山也[六]。

從光相寺佛殿西望，見三峰插天，皆積雪如銀。每日下峰頭，則殿中燃燈。相傳此即西域崑崙山，即雪山也。每日月掩映，相爲晝夜。夏日從北峰西下，冬日從南峰下，惟春秋間從中峰下不爽云。西域去此尚遠，恐目力難及。今省城西望，亦有雪山，晴明時可見疊、茂，纔三百里爾。宋白詩云："不知立處高多少？但見星辰在下頭。"[七]宋田錫云："高二百里作一盤，八十四盤青雲端。"[八]豈以至高求至高耶？東坡亦云："峨眉山西雪千里。"[九]今峨眉當省城東南三百餘里，而城樓登望不及，則言

[一] 按，康熙《眉州屬志》並無相關記載，此說見嘉靖《四川總志》卷一二《眉州·山川》"峨眉山"條。

[二] 按，嘉靖《四川總志》卷一二載，眉州，唐代時稱嘉州，後析嘉州，割五縣置眉州，宋因唐制，不當"五代"時眉州即嘉州也。據後文"及唐"二字，此處所謂五代，或是指南北朝與隋。

[三] 按，此條本自《蜀中廣記》卷一一，所謂"名山記"，不知何書。《輿地紀勝》卷一四六、《方輿勝覽》卷五二有相同記載，則云出"本山志""山記"，當即舊《峨眉山志》也。

[四] "瀲"，原作"纖"，據《蜀中廣記》卷一一所收曹學佺《游峨眉山記》及蔣本卷九改。

[五] 按，此條見《峨山志略》所引，或即明末喻ось祥所編《峨山志》，已佚。

[六] 按，以上論峨眉形勝者，曹學佺《蜀中廣記》卷一一據《方輿勝覽》等書而引，胡世安《譯峨籟》又據《蜀中廣記》引，張能鱗《西山集》卷七《峨眉志略》又據《譯峨籟》引并略事增補，蔣超又據《蜀中廣記》《譯峨籟》《峨眉志略》等而改寫、增補，但主要出處應該是《峨眉志略》。

[七] 按，此詩見《方輿勝覽》卷五二"大峨山"條、《明一統志》卷七一"峨眉山"條、嘉靖《四川總志》卷一三"大峨山"條注文。

[八] 按，此處引田錫之詩，首句與文淵閣《四庫全書》本、民國李之鼎所刊《宋人集》本《咸平集》卷一九所收《峨眉山歌》文字略異，《咸平集》作"高高百里一屈盤"，《輿地紀勝》卷一四六、《方輿勝覽》卷五二所引亦與《咸平集》同。

[九] 按，蘇軾此詩題作《雪齋》，乃寄贈杭州僧人法言者，收入王文誥輯本《蘇軾詩集》卷一八。

八十里、六十里者近是。

唐太宗《詠秋日》詩有云："還似成都望，直見峨眉前。"此語極盡山川形勝。太宗未至成都，但嘗遥領益州，神相所矚耳[一]。

《國憲家猷》云："峨眉山在蜀，爲最高峻，蓋衆山盤礴而成。齊之泰岱、楚之武當，皆不及也。李太白所稱'峨眉高出西極天，羅浮直與青冥齊'者，非妄。"[二]三峨，云"在縣東西六十里"，恐"東西"二字，抑係"東南"或"西南"二字之誤。舊《志》《圖説》《形勝》皆作"東西"，故今亦仍之。

峨眉，後周所置青衣、平羌舊理此。按，峨眉縣即古隋之綏山、唐之羅目，二縣入焉。縣西四十里即綏山址，葛由賣木羊處。縣南三十里即羅目址，本羅蒙山，訛爲"羅目"也。今之木羊鎮、羅目街是[三]。

隋開皇九年立峨眉縣[四]，以山爲名。縣在南安之西，峨眉之東。唐乾元間，獠叛，移就峨眉觀東，今縣理是。

酈道元《水經注》："峨山東北有武陽、龍尾山，并仙者羽化之所。於其處得遺詠，雖神栖白雲，屬想芳流，藉念泉鄉，覽其餘誦，匪直邈想遐踪，愛其文韻可念，故端牘抽札以詮其詠。略曰：'登武陽，觀樂藪，峨嶺千蔬洋湖口[五]。命駢螭，駕白駒，臨天水，心踟蹰，千載後，不知如。'"[六]

凡游大峨者，自縣勝峰門出，至華嚴院十五里。前代于峨山創寺六所，惟光相居山絶頂，爲游山之底極。華嚴居山之前峰，爲游山之嚮導。

[一] 按，此條增補改寫自《蜀中廣記》卷一〇一。
[二] 按，此條出《國憲家猷》卷一六，而《國憲家猷》又是抄録《推篷寤語》卷七"訂山川之疑"。又，以上關於形勝之所有内容，皆抄録自蔣本卷二；本書卷一引《峨山圖志》第五十三條，也有相關記載。
[三] 按，此段因襲《蜀中廣記》卷五二，相關記載亦見《太平寰宇記》卷七四。
[四] "隋開皇九年"前，原有"李膺《益州記》云"，顯誤，因襲蔣本卷二《諸經發明》，而蔣超又是因襲《蜀中廣記》卷一一，今刪。按，《南史·鄧元起傳附李膺》云："膺字公胤，有辨才。……爲益州別駕，著《益州記》三卷行於世。"李膺《益州記》斷不會記載隋朝之事。究其致誤之由，殆因古書無句讀，遂致引文起訖難斷也。《太平寰宇記》卷七四云："任豫《益州記》：'峨眉山在南安界。'今縣在南安之西，峨眉之東。隋開皇九年（五八九）立峨眉縣，以山爲名。唐乾元三年（七六〇）獠叛，移就峨眉觀東，今縣理是也。"曹學佺應是據《太平寰宇記》轉引時誤斷引文起訖，又誤題作者也。
[五] "蔬"，原作"尋"，因襲光緒本卷二而誤，據蔣本改。
[六] 按，此段亦因襲《蜀中廣記》卷一〇一，遂致誤收。此段文字雖看來有"峨山"字樣，但實則不關峨眉山之事。相關内容見《水經注·洣水》，洣水在湖南，乃湘江支流。樂藪則指陰山縣西北之樂藪崗，與樂山無關。

而白水寺居其中。自白水歷綫徑六十里至頂，即普賢示現處，屋皆以板代瓦。今庵寺數十倍於昔矣[一]。

峰 十三峰，附四頂、三山[二]

香爐峰[三]，在龍昇岡轉身回龍山羅漢寺東。

寶掌峰，在大峨石後。

呼應峰，在白雲峰左，中峰寺後。下有茂真尊者庵。庵前有溫凉泉、三仙洞、雄黄石[四]。

玉女峰，在玉女橋上，華嚴寺左。峰上有池，相傳爲天女浴器。深廣四尺，歲枯不涸。宋邛州守馮楫結茅峰下，諷誦《華嚴》，天女饋食於此。池畔有飛龍庵，庵旁一石，有龍蟄焉。一夕，雷神劈石，石開，龍飛去，故名。左又有鳳嶺庵，今俱廢。

白雲峰，即白巖峰，在中峰寺後。

十七峰，在萬年寺前，四圍環繞。一云即寶掌峰。

鉢盂峰，在萬年寺前，平地突起如盂。

石笋峰，在萬年寺前雙飛橋、石笋溝、黑龍潭，又名玉笋峰。一云在長老坪左。

翠竹峰，在長老坪右。

十二峰尖，在九老峰上，近後牛心寺。

天池峰，在山頂，下即洪椿坪。

齒牙峰，在山頂天啓庵下。

蓮華峰，在山頂呼應庵東。上有不到寺，木蓮華四季俱開。一云即

[一] 按，此段文字全本自《譯峨籟·形勝紀》，《譯峨籟》是據《蜀中廣記》卷一一抄錄，而其中"凡游大峨者……爲游山之響導"又見於《方輿勝覽》卷五二，可謂層層因襲也。又按，以上四條全抄自《峨眉山志》卷二之《諸經發明》，所據應是光緒本。

[二] 按，此處至後文之"水道"，全抄錄蔣本卷二，故據蔣本參校并簡單出注。印光等據己意刪改蔣本者，僅作說明，不羅列蔣本文字。

[三] "爐"，原作"鑪"，據蔣本改。按，蔣本之"爐"字，印光等全刻作"鑪"，字義無別，今統一用"爐"，後文不再出校。

[四] 按，此條與蔣本相比，删去了"智者大師道場"句及孫真人等於此弈棋之事。

青蓮峰與大尖峰也。

蓮華頂，在初殿九嶺岡上。又華嚴寺上有古心坪，亦名華嚴頂。

千佛頂，在山頂，即千佛巖，下多高人隱此。

牛心頂，在雙飛橋後[一]。頂亦峰類，故附於此。

弓背山，即木皮殿賓山。

馬鞍山，在五十三步下太平橋前。

花山，即四峨山，其形棱瓣如花。以上山以形得名，故亦附峰後。

巖 四巖

象鼻巖，在後牛心寺。

觀音巖，有二：一在後牛心寺，進洪椿右手；一在八十四盤，大歡喜亭下。

光明巖，在天仙橋側。一云即睹佛臺。

臺 六臺

授道臺，在純陽殿後宋皇坪上。相傳軒轅訪道於天皇真人，授《九仙三一五牙經》處。舊有道紀堂，幽館別室三百五十間。臺右有千人洞，名虛靈第七洞天。又有呂仙劍畫十字洞。

升仙臺，在呂仙十字洞右。後漢漢安元年，爲瞿君武字鵲子入峨眉師事天皇真人得仙，乘白龍往來，每繫龍於彭山黃龍鎮灘上。龐籍詩："巢鳳閣邊勞遠夢，繫龍灘下認前題"是也。灘即寶磬洲，即漢綏和五年犍爲人得寶磬十六上獻處[二]。

歌鳳臺，在大峨石前，楚狂舊廬。明弘治間，督學王敕改今名。

睹佛臺，在鐵瓦殿前，一名光相臺。

小睹佛臺，在山頂觀音閣前。

[一] 按，蔣本此條位於"蓮花頂"之前。

[二] 按，此處引瞿仙事及龐籍詩、寶磬洲事，皆見《蜀中廣記》卷一二。

七寶臺，在山頂金剛石下，一名獨尊臺。巖下有石室[一]，石樞刻有"《鬱儀》引日精，《結璘》致月神，得道處上宮，位稱大夫真"[二]。

石二十六石

太湖石，有二：一在無量殿左，此石煎湯服之，可療心氣疼痛；一在太湖庵下。

宛轉石，在黑水坪。

普賢石，在楠木坪下，從純陽殿望之可見。

大峨石，在神水側，有呂純陽書"大峨石"三字、陳圖南書"福壽"二字。

鳳嘴石，即雞公石，在歌鳳臺。

牛心石，在雙飛橋下，明瑩照人眉目。

雄黃石、棋盤石，俱在呼應庵後。

太子石，在頂心坡中。

升象石，在洗象池側。

蓮華石，在初殿上。

善財石，在接引殿後觀音閣巖下。

象王石，在太子坪下。

天門石，在山頂老僧樹旁。兩石如削，中通一綫，深二丈許，爲天然門戶。此處石壁凡三折始達山道、至七天橋，尋常圖畫皆不能似。

瑞星石，在山頂通精泉下錫瓦殿側。

金剛石，有二：一即七寶臺下，有石室、石樞，在睹佛臺巖左，峭削六棱，見者赫然；一在天柱峰，自此可至後牛心寺。

磐陀石，在七寶臺下。

石笋、聖鐘，俱在九老洞下。

仙人面、仙人手，俱在山頂觀音巖絕壁，人不能到。

蓬萊三島石，直下有無縫塔。

[一]"室"，原作"臺"，文義不通，形近而誤，據蔣本卷七、《雲笈七籤》卷二三"峨眉山北洞中石室戶樞刻石書字"條、《蜀中廣記》卷九五"峨眉山洞中石經二十字"條改。

[二]"上宮，位稱大夫真"，原脫，文義不完，據《雲笈七籤》《蜀中廣記》補。

飛雲霞，俱在千佛頂下，以雲射朝霞得名。

東坡石，即龍門洞石壁題額處。

岡 五岡

九嶺岡，在初殿上。

黑水岡、白水岡，俱在本黑水、白水寺前[一]。

龍昇岡，在雙飛橋下，中峰寺上。

飛來岡，在縣北大廟後，有飛來殿。殿內有唐時家慶樓、呂純陽仙筆，詳《古迹》。

洞 二十二洞

風洞，有二：一在凉風橋，一在萬松山大小深坑上。

十字洞，在宋皇觀右，呂純陽以劍劃之。此洞深廣叵測，水自龍門對山飛作瀑布，嘗見竹籌隨水流出。

白龍洞，有三：二在古德林，此處分上下二洞。上洞淹没，下洞今填築爲庵。一在雙飛橋北磴道上，白巖石刻"白龍洞"三字，不知所在。

丹砂洞，洞旁舊有祠，祠板羅漢乃張僧繇畫，甚著靈異。

孫真人洞，與丹砂洞俱在後牛心寺左，孫思邈煉丹洞也。藥爐、丹竈現存，巖石皆碎裂，無草木，說者以爲丹氣薰蒸所致。方士多取此石煮服，以爲能助精養神云。張方平有詩載後[二]。

無懷洞，在黑水寺前惠續尼院旁。

三仙洞，在呼應庵後。

羅漢洞，在木皮殿下，僅石罅數尺。

九老洞，在九嶺岡初殿上。相傳有九仙叟居此，故名[三]。洞深窈莫

[一] "黑水、白水"，蔣本無，此處乃印光等人據文義增補者。

[二] 張方平：《宋史》有傳，至和元年（一○五四）至三年知益州。此處稱有詩題後，但蔣本未見其詩。

[三] 按，與蔣本相比，此處刪去了黃帝訪天皇真人之說，印光等當是因其係傳言而不可信也。

測。舊有入者，燃炬行三十餘里，聞雞犬鼓樂音。蝙蝠如鴉撲炬，乃出。中有觀音水一勺，可資掬飲。巖下即卜應泉也。

伏羲洞、女媧洞、鬼谷洞，俱在雷洞坪巖下。鬼谷於此著書，名《珞琭子》。

葛仙洞，在二峨山白巖溪上。周成王時，羌人葛由騎木羊處，詳《神仙》。上有天池，與李仙洞相對。

李仙洞，在二峨山。

玉蟾洞，在二峨山口仰天窩下白巖溪旁，相傳白海瓊隱處[一]。

龍門洞，離縣西十里，在石家壩，即雙飛橋下。二水合流至此，兩山相對如合，水從中出，紺碧無底。兩巖卓立，色如碧玉，刻削光潤。入峽千餘尺，有兩瀑布，各出一巖頂。巖根有磐石承之，激為飛雨濺沫，人過其前，衣皆沾濕。絕壁有圓龕，去水可二丈，即龍洞也。峽中石寒水清，非復人世境，人亦不能久留也。昔人云，聞峨眉雙飛，不減廬山三峽，及至龍門，雙飛又在下風。天下峽泉之勝，推龍門為第一[二]。有東坡大書"龍門"二字[三]。游者乘桴而入，援梯而上，道極險峻。壁上刻古今文人詞翰極多。

紫芝洞，一名猪肝洞，在羅目街對門。明督學王公敕過洞前羅目街，知有異物，掘地得石碣，上有"紫芝洞"三字，旁注"一山五口道人書"[四]，今猶豎道左。

爛柯洞，在紫芝洞上一里，洞口刻"爛柯"二字。

魚洞，在縣南三十里，二峨山下。其水混混，夏涼冬溫。下即冷水河，河畔有乾洞。《元和志》謂："有穴，初纔容一人。行數里，漸覺平坦。有蝙蝠大如箕。"[五]至此止而難進。

[一] 白海瓊：白玉蟾別號之一，其人事迹詳《海瓊玉蟾先生文集》所附《海瓊玉蟾先生事實》。

[二] 按，所謂昔人云者，指范成大，詳本卷後文。

[三] 按，此説不可信。蘇東坡雖有詩文言及峨眉，但並未親登其山，羅森所作《峨眉山志》序亦云："今試取三先生集讀之，未有記載詠歌之作，則其未能登涉也審矣。"據蔣本卷八，此題字應是富春孫公所作。

[四] 一山五口道人：即呂嵒，呂洞賓也。

[五] 按，此説見《元和郡縣圖志》卷三一，但原書並不言此洞名魚洞。

坡 六坡

解脫坡，在涼風橋上。
三望坡，在中峰側。
金剛坡，在雙飛橋洪椿坪大路。
象牙坡，在白龍洞上。
觀心坡，在萬年寺上。
梅子坡，在木皮殿上。

坪 十七坪

華嚴坪，在純陽殿後。相傳赤城隱士舊居，一名赤城山。有古心和尚開建靜室[一]，亦名古心坪。
宋皇坪，孤峙於伏虎寺左，乃天皇授道於軒轅處。詳"授道臺"。
洪椿坪，即千佛庵，在牛心寺後，詳《寺觀》。
聖水坪，有泉，三冬不涸，在響水壩。一云在山頂學士堂後。
太子坪，在三倒拐上，即萬行庵。
大峨坪，即冷竹坪對門山。
九龍坪，即蓮華石對面。
寶掌坪，在洪椿坪右。
黑水坪，在黑水寺前。
大坪，在洪椿坪左。
長老坪，在大小深坑上。
雷洞坪，在梅子坡下，有雷龍居此，凡七十二洞。
軟草坪，在山頂思佛亭前。
大佛坪，在錫瓦殿門前下坡。

[一] 古心和尚：未詳，蔣本卷四無傳。僧人法名中有"古心"者較多，如《得依釋序文緣起》中有萬曆年間律師諱如馨，字古心；《續燈正統》卷二八有"古心安禪師""古心寶禪師"。

桫欏坪，在千佛頂後。每見前賢游山記，俱以八十四盤、大歡喜亭上爲桫欏坪。詢之山中耆舊，云坪在山後，非初登頂即有此坪也。如以地有桫欏樹擬之[一]，此樹遍滿山頂，無處不可名"桫欏坪"也。

羅漢坪，在山頂，與桫欏坪相連，梵僧於此出沒。

獅子坪，近羅漢坪，景最幽雅。

溪十一溪，附一潭

虎溪，在伏虎寺前。上通馬家溝，下通瑜伽河。溪内石子細潤[二]。

梁渡溪，在雙飛橋後，此可至後牛心。

雙溪，有二：一即雙飛橋，舊名雙溪橋，二水從橋下出。溪中有五色石，白質青章，朝日射之，光彩焕發，名大士小現。一在青龍場對門觀音庵上。

虎跳溪，一名虎溪橋。晉僧慧通禪師初游黑水，因水暴漲良久，俄有虎伏於前，師因騎而渡，故名。

寶現溪，在牛心寺前。宋僧三藏師繼業自天竺歸來，登峨眉至此橋，見兩石門溪上。攬得其一，眉目宛然，以爲寶，故名[三]。

洗脚溪，在山頂思佛亭軟草坪上。

黑龍潭，在石笋溝上，九老洞下。

白巖溪、銅官溪，俱在二峨山下。

黄沙溪，在高橋上，過橋即靈巖寺。

種玉溪，在龍門洞下，怪石刻露如玉。

河三河，附二水

羅目河，出峨眉山麓。右溪自小天池以東，左溪自黄毛坪以北，至

[一] "擬"，蔣本作"疑"。按，"疑"可通"擬"，即作"疑"於文義未必不通，當不必改也。

[二] "細潤"下，蔣本有"可琢爲硯"四字。

[三] 按，此事見范成大《吴船録》卷上，蔣本卷四有該僧小傳。

羅目廢縣界合二溪之委爲江水，石甚奇怪[一]。

峨眉山有濛水，即大渡河也。水發蒙溪[二]，東南流與渽水合，徑汶江道。呂忱曰："渽水出蜀。"許慎以爲渽水也，從水我聲。南至南安入大渡水，大渡水又東入江。一云大渡河出嶲州界，經羅目縣東南入龍游界。

瑜伽河，在普庵橋前三一庵上。

夷惜水[三]，在羅目縣東北五十里，源出嶲州界。中有嘉魚長三尺，每年二月隨水而下，八月逆水而上入穴。《蜀都賦》云"嘉魚出於丙穴"是也[四]。

符文水，二水出大峨山，北曰白水，南曰黑水。或云此水即流至雙飛橋者。又二水俱東南流，成大河，故附河後。

溝 四溝

馬家溝，在伏虎寺後。
乾溪溝，在伏虎寺前。
母家溝，在麻子壩上。
石笋溝，在洪椿坪前。

池 十池，附温、凉二泉

神水池，在大峨石旁，即玉液泉。相傳隋智者大師住荆州玉泉，偶患病，有神女取此水供養，故名[五]。

玉女池，在華嚴寺左，詳"玉女峰"。

[一] 按，此條又見《蜀中廣記》卷一一。
[二] "蒙溪"，原作"濛漢"，因襲蔣本而誤，今據《水經注·江水一》改。
[三] "夷"，原作"彝"，清人避諱而改者，印光等因襲光緒本，今據《蜀中廣記》卷一一回改。後文類似之處若不需文獻旁證者則徑改之，不再出校。
[四] 按，此《蜀都賦》作者爲左思，其文見《文選》卷四。
[五] 按，與蔣本相比，此條有刪改。

明月池，在萬年寺後。

洗象池，在歡喜亭。

溫、涼二泉，在後牛心寺，隔溪即呼應庵。

八音池，在黑水寺過虎跳橋。游人拍一掌則一蛙鳴，餘蛙次第皆鳴，數皆合八。後一蛙復大鳴一聲，衆蛙乃止。

聖水池，在十七峰下。

天池，有二：一在大峨頂卧雲庵右，名半月池[一]，又名觀音泉，即井絡泉也。池上一窟，日飲千人。人以污穢觸之即涸，寺僧誦經懺謝，泉始復舊，故又名聖泉。一在二峨山上葛由洞側。

白龍池，在大峨山頂，近浄土庵，水極甘美。中有龍子，僧以盤取示游客，甚馴。旱時禱可致雨。

龍池，在縣西南四十里峨眉山下。四山環抱，一鏡中涵，瀰漫十餘里。籟静波澄，風生浪作，水深黑無底，其下有蛟龍居之。每晴明時，隱見大鯉四尾及水獸、龍馬游戲其間。中多魚，居民藉此爲利。李膺《記》："峨眉山下有龍池[二]，廣長十里。"即此。

泉　井 四泉

卜應泉，在牛心寺。久雨將晴，炊米赤；久晴將雨，炊米亦赤，餘如常。

通精泉，在錫瓦殿左，今填没[三]。

紫蘭泉，在二峨羅目街對山猪肝洞下，有庵曰"洞泉"。

溫泉，在棋盤寺，近高橋、靈巖寺。

[一] "名"，蔣本無，乃印光等所增者。
[二] "李膺"前，原有"漢"字，因襲光緒本，蔣超又係據《明一統志》卷七二"龍池"條注文轉引而誤。今據《太平寰宇記》卷七四删。按，作《益州記》之李膺乃南朝梁時人，非漢代李膺。
[三] "在"前、"今"後，蔣本有"俱"字。

※附山道

　　自峨眉縣出南門，過儒林橋街，爲馬寨山舊學基[一]、十方院[二]。進五里爲聖積寺，有真境樓，乃高僧慧寶所建，人呼老寶樓。今訛爲"了鸹"，非也。又一里爲普庵橋，即余大師坐化處[三]。昔人稱有普賢殿、慈福、普庵二院、八卦井，今俱廢。惟楊家岡向東南三里爲白水莊、獨村店、瑜伽河，依山逆上二里爲大光明山，乃舊呼地名。又一里爲會宗堂。又一里爲虎溪橋。左上爲龍神堂，此處多虎，宋僧士性建尊勝幢壓之，虎患始息。又行僧心庵建伏虎寺，兵火灰燼。清順治庚子，貫之大師率徒可聞禪師重建[四]，規模宏敞，雲水湊集，入峨第一叢林也。沿溪行，有無量殿——清巡撫羅公托可聞重修、涼風橋以上有風洞得名。未半里，至馬家溝、解脫橋，橋上行人坐聽泉聲甚美。上即解脫坡，有解脫庵。再進二里青竹橋，爲華嚴寺，寺即歸雲閣是也。華嚴頂上有古心坪，因開建僧得名。下有玉女橋，左即玉女峰。上爲木涼傘，傘乃大楠樹，偃覆甚廣，上即楠木坪。上爲純陽殿，俯溪下有石如船，水出灌堰，即呼菩薩神船也。殿後華嚴坪，舊名赤城山。舊有香烟、羅漢、白雲寺[五]，今廢。殿東北即宋皇觀舊址，名道紀堂。華嚴寺賓岑，伏虎寺青龍山也。觀在龍門洞南，近神船下。左有千人洞、授道臺、軒轅觀、虛靈第七洞天，右有呂仙劍劃十字洞、瞿真仙人升仙石，非登頂大路，不贅。

　　進一里爲五十三步、天慶庵。始，伏虎寺行僧獨峰開建，延高僧瞿如師居之。又一里爲太平橋、馬鞍山，昔有距那、龍泉、天臺等庵，俱廢。山盡處爲萬福橋。約里許爲大峨石，石傍有泉曰玉液，亦名神水泉。有宋陳圖南大書"福壽"二字，又有明督學郭公子章大書"靈陵太妙之天"六字，遒勁似顏魯公。此處有福壽庵、神水閣，其靈文閣、勝峰、立禪、彌陀等庵，俱廢。進此二里曹溪閣，巋然靈光[六]，有一僧守之，

[一] 馬寨山舊學基：峨眉縣舊學官所在地。乾隆《峨眉縣志》卷三云："舊學官在城內西南，宋慶曆元年（一〇四一）建……嘉靖四十三年（一五六四）遷南城外馬寨山堂。"

[二] "十"，原作"什"，據蔣本卷二改。

[三] 余大師：不詳，其事見蔣本卷九所收袁子讓《游大峨山記》。

[四] 按，此事可參本書卷五《可聞源禪師塔銘》。

[五] "白雲"下，蔣本有"等"字。

[六] 靈光："魯靈光殿"之省，比喻碩果僅存者。

欲游洪椿者飯此。過此爲歌鳳臺，乃楚狂接輿舊廬。臺前爲響水橋，四山皆響，但不見泉之來去，亦奇事也，昔人名此處爲山潮。過鳳嘴石稍上爲中峰寺，寺倚白雲峰一名白巖，乃晉乾明觀。明果大師至，始改爲寺。出寺爲三望坡。行一里爲龍昇岡、龍神殿。又三折過樟木、牛心二嶺，至前牛心寺路口。下坡爲雙飛橋，橋有清音閣。橋下有石狀如牛心，名牛心石，當二水交衝處，其光如鑑，照人眉目。此處景物最美。從此灣內南入，左進爲廣福寺，乃寶現溪。由寺入石笋溝、寶珠溪、天柱峰、金剛石，凡數折。後牛心寺又名臥雲，即古延福院。有白雲、青蓮二閣，乃孫真人修道處。寺左丹砂洞，遙望大峨石。左中峰寺，後即呼應峰，茂真尊者與真人弈棋處。有呼應庵、溫涼池。後有三仙洞、雄黃石。由寺前下坡，舊路自觀音巖、瓦廠，下至積善橋，亦可至洪椿坪。又有觀音洞、十二尖峰、白雲峽、淘米泉，曲行紆入，景物最佳美矣。

　　從雙飛橋而上有接王亭，今廢。又五里爲古德林，別傳和尚手植。每種一樹，誦《法華經》一字，禮一拜。今延袤二里，枝葉扶疏。又一里爲白龍洞、象牙坡。又一里爲四會亭、大峨樓[一]。元朝重修，明末毀於兵火，清總督蔡公捐俸鼎新之。樓左爲慈聖庵、白衣庵、海會堂。直上爲萬年寺，唐僧惠通禪師建，即白水普賢寺，明萬曆改今名。西去十里爲虎跳橋，山壁峭立。屈曲十二盤而上，有八音池、黑水寺，即唐敕修華藏寺，爲一山祖庭。萬年寺上爲喜光堂、太子石。登頂心坡即觀心坡也，後有庵名妙觀空庵禪堂。過此爲鬼門關、石碑岡、茅亭嘴、石子雷、大小鵝嶺、息心所。仙女橋窄甚。又過大小深坑，上長老坪，約行里許爲鷲殿，一名初殿。自萬年至此，總有十五里。此處四時俱有笋，味勝常。下有蒲氏村，開山蒲公後也。殿後有峰，羅漢殿今廢。又上爲一碗水，昔有聖僧施茶於此。上九嶺岡五里爲華嚴頂，地名蛇倒退。從此而下五里至九老洞，景物幽勝，但路峻險爲難。山上茶庵爲九老洞僧所設，行人至此稍息。從此上九龍坪、木龍拐、蓮華石，石既微甚，小如棋枰，大華劈屠顏，略似芙蓉耳。

　　又行一里，危梯峭棧，名鷓鴣鑽天。上嶺爲初喜亭一名錯歡喜，亭傍有小池，名洗象池。又上爲滑石溝、木皮殿，即古化城寺，西域阿婆多開建。自九嶺岡至此，凡三十里。對門弓背山後有觀音巖。殿後爲梅子坡，一路傍巖設立木柵欄，行人扶之而上。乃秦人劉海英、趙光明募施者。從此上胡孫梯一名凌雲梯，至高處稍平爲白雲殿，今廢。又上爲雷洞坪，此處有

[一] 此句後，蔣本有"樓乃魯班所造"，印光等或以爲其說不經而刪。

禁聲鐵碑，犯者常致風雷暴至。下有伏羲、女媧、鬼谷三洞，蓋人迹罕到。過雷神洞里許爲接引殿，爲新殿。歷八十四盤，折盡爲朝陽閣、觀音巖。過三倒拐爲太子坪，即萬行庵。庵基屢易，今特寬廣靚深，乃行僧聞達重建。旋至回龍庵即戒壇、圓覺庵即護國草庵禪寺，明萬曆時通天和尚開建，内有九層沉香塔。自此橫去爲通天和尚肉身塔、學士堂、普賢庵、大覺庵、中静室。過老僧樹，躡天門石，石凡三折。天門寺倚石爲門，徑極幽峭。左轉爲七天橋、天仙橋。又上爲錫瓦殿、銅瓦殿，其右爲鐵瓦殿，即光相寺也。寺前爲睹佛臺，右有小金殿。錫瓦殿前有泉名井絡，一寺仰汲。金殿之前爲藏經閣，即永延寺。迤北爲楞嚴閣。從高橋峰下有小剛石、睹佛臺，下有冷竹坪、蓮華峰、不到寺。臺左有寺爲培風館[一]，右橫爲卧雲庵，伏虎寺可聞禪師重建。庵後爲觀音閣，今廢。閣下有飛來鐘。迤北爲天啓庵。庵下即七天橋、文殊庵上山來路。錫瓦殿左首直下爲白龍池，水極甘美，有龍子可掬起隨喜。池下爲凈土庵，乃大智和尚開建。庵左過嶺直下爲華藏庵，東萍大師開建，今廢。錫瓦殿左橫去爲飛雲霞，上頂爲賢首閣、千佛頂，乃伏牛僧無心所開。巖下蓬萊三島，右去爲羅漢、獅子、桫欏等坪。自此朝北而行，可至白龍池、大覺塔院，回龍大路也。景物湊聚，不能盡述，人亦不能到也。登頂四望，瓦屋、曬經及雪山、天竺、青城一帶，朗朗如在眉睫。惟山多雲霧，不能久晴爲恨耳。

從雙飛橋至洪椿坪路：清音閣、後牛心寺、温涼二泉[二]、石笋溝、牛心頂、觀音巖、象鼻巖。洪椿坪即千佛庵，乃明僧德心上人開建，鋭峰重修[三]。

從伏虎寺至靈巖寺路：逝多林、虎溪、普同塔、乾溪、鞠家漕、白土岡、李家店、青龍場、西禪寺、高橋此處可至不到寺，由黄沙溪、冷竹坪、接引殿、靈巖寺。如從峨眉縣至靈巖，由聖積寺、青龍場，以下同前。

從峨眉縣至龍門洞路：出南門、滑寶堂、石門坎、項家壩、羅家壩、龍洞。如從伏虎寺去，由龍門壩至龍門洞。從此而上有石船子，即普賢船也。

[一] "寺"，原作 "山"，因襲光緒本而誤，據蔣本改。按，據蔣本卷四，有寺觀名培風館。
[二] "泉"，蔣本作 "池"。
[三] 按，此説與蔣本卷三 "千佛庵" 條不合，其文稱 "千佛庵即洪椿坪，伏牛山楚山和尚開建，德心大師重修"。蔣本卷九釋徹中《大峨山記》亦云："上數百武爲洪椿坪，樓閣四達，周遭攢簇如城者二，結構工密，境區奥僻。蓋以幽勝於峨，有别是一天之意。此刹爲德心禪師開建，法嗣接踵，歷廿載落成。" 則當以德心爲開建祖師也。又，此處之 "鋭峰"，亦應是僧人法號。

從峨眉縣至二峨山路：聖積寺、鴨子池[一]、陳家河、白塔岡、羅目街、九里場、楊鎮、冷水河、查天岡、伏蘆溪、南村、茶土溪、茶土寺、天車坡、太平寺，至頂上竹公坪。後山五渡溪有金倉寺[二]。

　　從峨眉縣至四峨山路：鐵橋河、紙錢街、飛來殿、粗石河、圓通寺、中關房、花山。即四峨山，明末沙門印宗大師建[三]。大設戒壇，後傳衣鉢鞠惟大師，繼席規繩至嚴，爲一代首儀矣。

　　從四會亭至雷洞坪路：西過石板磴、虎跳橋即虎溪、十二盤即黑水寺，寺峰巒爲峨山之最勝。但滄桑後祖庭傾圮，有此地而不得其人，深可悲哉。凡有大沙門，此間最爲勝地可居耳、麻子壩、牟家嘴、分水嶺由瓦屋山路一轉、蕨坪公館、弓背山、雷洞坪即峨頂，新路坦平，可通車馬。

※附水道

　　《水經注》："峨眉山有濛水，即大渡水也。水發蒙溪[四]，東南流與洟水合，徑汶江道。洟水南至南安[五]，入大渡水，又東合入江。"則洟水之源不從江出。今就本山細考，亦有多派。一從峰頂井絡泉下聖水坪，會合本山各澗水及白龍池以下諸水，俱至弓背山分水嶺。其山以上，衆水由弓背右逆行而西；山以下，衆水由弓背左順行而東。逆行一支至蕨坪下山，高洞子、火石溪、雪水沱，至洪雅縣之花溪出口入雅河；下流皆向山後，不在本縣境內。其順行各支，一從弓背山後小魚洞山魚洞內發源[六]，其水深黑，洊數坡出爲黑水河。一從雷洞坪至萬年寺、雙飛橋左出，一從九老洞至洪椿坪、後牛心寺、雙飛橋右出，兩水交合牛心石，

[一] "鴨"，原作"埡"，據蔣本及本書卷五《可聞源禪師塔銘》"鴨子池"及乾隆《峨眉縣志》卷二"鴨子池，縣南八里"改。

[二] "山"，原作"出"，因襲光緒本而誤，據蔣本改。

[三] "印"，原作"即"，因襲光緒本而誤，據蔣本改。

[四] "蒙"，原作"濛"，據蔣本改。

[五] "洟水南至南安"前，原有"許慎云"三字，因襲舊誤，據蔣本刪。按，此處以爲乃許慎之説，實屬因襲《譯峨籟》之誤，此并非《説文解字》之語也。《説文·水部》云："洟，水。出蜀汶江徼外，東南入江。从水我聲。五何切。"段玉裁已改"洟"字爲"渽"字，此條文字見注文，大徐本則爲正文。實則胡氏所引之語乃《水經注》之文："南至南安，入大渡水，大渡水又東入江。"在此句之前，酈道元引《説文》釋"洟"字之語，古書無標點，胡氏不查引文起訖，遂致誤。

[六] 第二"山"字，原作"由"，據蔣本改。

出澗至回龍山與黑水合。一從大峨石、萬定橋下折落溪，反過中峰寺前，至回龍山尾，與黑白衆水合[一]，同出龍門洞。直洞對山，一水自石巖中迸瀑，氣若白虹。相傳由洪雅連山而來，下龍門壩至沉犀壩，繞縣左大佛寺下流，俱出本山之左。一從睹佛臺下盤龍寺發源，一從黃茅岡發源，由佛到寺、棋盤寺旋至卷腰石合流。一從七里岡發源，由角子底、苦竹岡而下。又前有進水洞，當漲時，山溪衆流皆能納入，不知底止。及水涸，復從洞内徐溢出[二]，沿溪下折，入地洑流。又數里許，有出水洞，洞口汩汩外噴。每歲初夏，率多異鱗隨水而出，味極佳。此水直至靈巖寺與卷腰石水合，同出高橋、猪肝洞、楊鎮場、謝家渡口下流。一從山麓出，漸成大溪。又右一溪自小天池以東，左一溪自黃茅坪以北，至羅目廢縣之上，三溪合而爲羅目江下流。一從歸化、牛漩堡至太平墩，合平夷衆流出中鎮、銅山、沫東下流。一從靈巖寺右大魚洞山魚洞内發源，其水冬溫夏凉，莫測遠近。中有魚鱗可羨，東流爲冷水河。一從新開寺轉羅漢寺至香巖寺入程家河，下彭家港，左通虹溪橋。一從高洞内發源，由華嚴寺、解脱橋、凉風洞、伏虎寺、聖積寺，右通虹溪橋。二水合而下流，皆出本山右及本山前。此内水之大較也。

　　至内外衣帶，如青衣水發源蘆山徼外[三]，繞青衣縣西流，徑南安境内。沫水發源大渡河，東流徑蒙山至羅目東南入龍游舊縣界，二水合流。又羅目東北五十里夷惜水，源出嶲州界。中有嘉魚長三尺，每年二月隨水而下，八月逆水而上。又天津水在山之西南，出徼外，入沫水。又符文水衍黑、白水而成其名。至數大水中，更多支派，不勝疏紀。蕩蕩乎馳九折之洪濤，回五岘之巉嵯[四]，總宗峨眉爲谷王。蓋不獨山與崑崙伯仲，而水亦與星宿并源也[五]。

[一] "白"，原作"水"，據蔣本改。
[二] "復"，原作"後"，形近而誤，文義略遜，據蔣本改。
[三] "蘆"，原作"瀘"，據嘉靖《四川總志》卷一三改。其文云："青衣江，源出蘆山，東南流至州，合沫水，經名山縣，下至嘉定州入大江。"
[四] "巉嵯"，蔣本作"蹇滻"。按，蔣本原文不誤，印光等改變寫法，對於連綿詞而言，也不算誤。"蹇滻"又寫作"蹇產"，形容高而盤曲。《楚辭補注》卷一三東方朔《七諫·哀命》："戲疾瀨之素水兮，望高山之蹇產。"
[五] 星宿：星宿海。《宋史·河渠志一》云："黃河自昔爲中國患，《河渠書》述之詳矣。探厥本源，則博望之説猶爲未也。大元至元二十七年（一二九〇），我世祖皇帝命學士蒲察篤實西窮河源，始得其詳。今西蕃朵甘思南鄙曰星宿海者，其源也。四山之間有泉近百泓，匯而爲海，登高望之，若星宿布列，故名。"

※峨眉山行紀[一]

宋 范成大

峨眉有三山爲一列，曰大峨、中峨、小峨。中峨、小峨昔傳有游者，今不復有路。惟大峨其高摩霄，爲佛書所記普賢大士示現之所。自郡城出西門，濟燕渡，水洶涌甚險。此即雅州江，其源自嶲_{音髓}，越嶲，郡名[二]，越有嶲水，漢武帝元鼎_{間始置郡}州邛部，合大渡河，穿夷界千山以來。過渡，宿蘇稽鎮。過符文鎮，兩鎮市井煩遝。_{音沓，雜遝。又迨遝，行相及也。迨音合}[三]。符文出布，村婦聚觀於道，皆行而績麻，無素手者。民皆束艾蒿於門，燃之發烟。意者熏袚_{音拂}穢氣，以爲候迎之禮。至峨眉縣宿。

癸巳，自縣出南門登山，過慈福、普安二院、白水莊、獨村店。十二里，龍神堂、伏虎寺[四]。自是磵谷春淙，林樾雄深。小憩華嚴院，過青竹橋、峨眉新觀路口、梅樹埡、兩龍堂至中峰院，院有普賢閣。回環十數峰繞之，背倚白巖峰，右傍最高而峻挺者曰呼應峰，下有茂真尊者庵。孫思邈隱峨眉時，與茂真常相呼應於此云。出院，過樟木、牛心二嶺及牛心院路口，至雙溪橋，亂山如屏簇。有兩山相對，各有一溪出。並流至橋下，石塹深數十丈，窈然沉碧，飛湍噴雪，奔出橋外則入岑蔚中。可數十步，兩溪合以投大壑。淵渟凝湛，散爲溪灘，灘中悉是五色及白質青章石子。水色麴塵，與石色相得，如鋪翠錦，非摹寫可具。朝日照之，則有光彩發溪上，倒射巖壑，相傳以爲大士小現也。

牛心寺三藏師繼業，自西域歸過此，將開山，兩石鬥溪上。攬得其一，上有一目，端正透底，以爲寶瑞，至今藏寺中，此水遂名寶現溪。自是登危磴，過菩薩閣，當道有榜，曰"天下大峨山"，遂至白水普賢寺。自縣至此，步步皆峻阪，四十餘里，然始是登峰頂之山脚耳。

甲午，宿白水寺。大雨，不可登山。謁普賢大士銅像，國初敕成都

[一] 按，此文本出《吳船錄》卷上，蔣本卷九據《吳船錄》刪改而成，印光等則因襲光緒本，今以蔣本參校。

[二] "郡"，蔣本作"即"。按，《吳船錄》原無此夾注。且稱"嶲"字音"髓"亦誤，不知蔣本所據爲何。

[三] "迨音合"，蔣本無此夾注。

[四] "伏虎寺"，蔣本無。

所鑄[一]。萬年寺，亦名白水寺[二]。有宋太宗、真宗、仁宗御書百餘軸[三]、七寶冠、金珠瓔珞、袈裟、金銀瓶鉢、奩爐、匙筋、果壘、銅鐘、鼓、鑼、磬、蠟茶、塔、芝草之類[四]。又有仁宗御賜紅羅紫綉袈裟[五]，上有御書《發願文》，曰："佛法長興，法輪常轉。國泰民安，風調雨順。干戈永息，人民安樂，子孫昌熾。一切衆生，同登彼岸。"[六]

又仁宗嘉祐七年，頒賜藏經。經紙俱碧硾紙，銷銀書之[七]。卷首悉有銷金圖畫，各圖一卷之事。經縑織輪相[八]、鈴杵器物及"天下太平""皇帝萬歲"等字於繁花縟葉之中，今不能見此等織文矣。

次至三千鐵佛殿，云普賢居此山，有三千徒衆共住，故作佛[九]，鑄甚朴拙[十]。是日，禱於大士，丐三日好晴以登山。乙未，果大霽，遂登上峰。自此登峰頂光相寺、七寶巖，其高六十里。大略去縣中平地不下百里，又無復蹊磴，斫木作長梯，釘巖壁，緣之而上，意天下登山險峻無此比者。余以健卒挾山轎强登，以山丁三十人曳大繩行前挽之，同行則用山中梯轎。出白水寺側門便登點心坡，言峻甚，足膝點於胸云。過茅亭嘴、石子雷、大小深坑、駱駝嶺、簇店。凡言店者，當道板屋一間，將有登山客，則寺僧先遣人煮湯於店，以俟蒸炊。

又過峰門、羅漢店、大小扶舁、錯歡喜、木皮殿、胡孫梯、雷洞坪。凡言坪者，差可以托足之處也。雷洞者，路左深崖萬仞，磴道缺處則下瞰沉黑若洞然。相傳下有淵水，神龍所居，凡七十二洞。歲旱，則禱於第三洞。初投香幣，不應，則投死彘及婦人衣、弊履之類以振觸

[一]"淳凝湛"至此，原作注文"此下有闕文"，據蔣本補，并刪去注文。
[二]"萬年寺，亦名白水寺"，蔣本無。
[三]"仁宗"後，蔣本有"三朝所賜御製"。◎"軸"，蔣本作"卷"。
[四]"類"，蔣本作"屬"。
[五]"又有"後，蔣本有"崇寧中宮所賜錢幡及織成紅幡等物甚多，內"。◎"袈裟"下，原有"寶環"，蔣本無，乃印光等所補，今刪。
[六]"彼岸"後，蔣本有"嘉祐七年十月十七日，福寧殿御札記"。
[七]"又仁宗嘉祐七年，頒賜藏經。經紙俱碧硾紙，銷銀書之"，蔣本作"次至經藏，亦朝廷遣尚方工作寶藏也。正面爲樓閣，兩旁小樓夾之。釘鉸皆以碯石，極備奇靡，相傳純用京師端門之制。經書則造於成都，用碧硾紙銷銀書之"。
[八]"縑"，蔣本作"簾"。
[九]"佛"前，蔣本有"此"字。
[十]"鑄"前，蔣本有"冶"字。

之[一]，往往雷風暴發。峰頂光明巖上，所謂兜羅綿雲，亦多出於此洞。

過新店、八十四盤、桫欏坪。桫欏者，其木葉如海桐，又似楊梅，花紅白色，春夏間開，惟此山有之。初登山半即見，至此滿山皆是。大抵大峨之上，凡草木禽蟲，悉非世間所有。余來以季夏，數日前雪大降，木葉猶有雪漬爛斑之迹。草木之異，有如八仙而深紫，有如牽牛而大數倍，有如蓼而淺青。聞春時異花猶多，但其時山寒，人鮮能識之。草葉之異者，亦不可勝數。山高多風，木不能長，枝悉下垂。古苔如亂髮，鬖鬖挂木上[二]，垂至地長數丈。又有塔松，狀似杉而葉圓細，亦不能高。重重偃蹇如浮圖，至山頂猶多。又斷無鳥雀，蓋山高飛不能上。

自桫欏坪過思佛亭、軟草坪、洗腳溪，遂極峰頂。光相寺亦板屋，無人居，中有普賢小殿。以卯初登山，至此未申後[三]。初衣暑絺，漸高漸寒，到八十四盤則最寒。比及山頂，亟挾纊兩重，又加氊衲、駝茸之裘，盡衣笥中所藏。繫重巾，躡氈靴，猶凜慄不自持，則熾炭擁爐危坐。山頂有泉，煮米不成飯，俱碎如砂粒。萬古冰霜之汁不能熟物，余前知之，自山下攜水一缶至，才自足也。移頃，冒寒登天仙橋，至光明巖，炷香小殿，止木皮蓋之[四]。王瞻叔參政嘗易以瓦[五]，為雪霜所薄，一年輒碎。後復以木皮易之，番可支二三年。

人云佛現悉以午，今已申後。逡巡，忽雲出巖下，傍谷中即雷洞山也[六]。雲行勃勃如隊仗，既當巖則少駐。雲頭現大圓光，雜色之暈數重，倚立相對，中有水墨影若大聖跨象者。茶頃光沒，而其傍復現一光如前，有頃亦沒。雲中復有金光兩道，橫射巖腹，人亦謂之小現。日暮，雲霧

[一] "弊"，原誤作"彝"，據蔣本改。◎"振"，原作"振"，形近而誤，據蔣本改。按，"振觸"義同"棖觸"，抵觸、冒犯也。

[二] 第二"鬖"字，原脫，據蔣本補。

[三] "未"，蔣本作"已"。

[四] "止"，蔣本作"上"，則屬前文，亦通。

[五] 王瞻叔：王之望，字瞻叔，襄陽穀城人。紹興八年（一一三八）登進士第，教授處州，入為太學錄，遷博士。久之，出知荊門軍，提舉湖南茶鹽，改潼川府路轉運判官。尋改成都府路計度轉運副使，提舉四川茶馬。朝臣薦其才，召赴行在，除太府少卿，總領四川財賦。《宋史》卷三七二有傳。又據《炎以來朝野雜記》卷一一"宣諭使"條，王瞻叔以參軍政宣諭川陝在紹興三十二年（一一六二），則易瓦為木皮之事，當在此年之後矣。

[六] "中即"，原誤倒，據蔣本乙。

皆散，四山寂然。及夜[一]，燈出，巖下遍滿，彌望以千百計。夜寒甚，不可久立。

丙申，復登巖眺望。巖後岷山萬重，少北則瓦屋山，在雅州；少南則大瓦屋，近南詔，形狀宛然瓦屋一間也。小瓦屋亦有光相，謂之辟支佛現。此諸山之後，即西域雪山，崔嵬刻削，凡數十百峰。初日照之，雪色洞明如爛銀，晃耀曙光中，此雪自古至今未嘗消也。山綿亘入天竺諸番，相去不知幾千里，望之俱如在几案間[二]。瑰奇勝絶之觀，直冠平生矣。復詣巖致禱，俄氛霧四起，混然一白，僧云銀色世界也。有頃，大雨傾注，氛霧辟易，僧云洗巖雨也。佛將大現，兜羅綿雲復布巖下，紛郁而上，將至巖數丈輒止，雲平如玉地。時雨點猶餘飛，俯視巖腹，有大圓光偃卧平雲之上。外暈三重，每重有青[三]、黃、紅、紫之色。光之正中虛明凝湛，觀者各自見其形現於虛明之處，毫釐無隱，一如對鏡，舉手動足，影皆隨形，而不見傍人，僧云攝身光也。此光既没，前山風起雲馳，風雲之間復出大圓相光，橫亘諸山，盡諸異色，合集成采，峰巒草木皆鮮妍絢蒨，不可正視。雲霧既散而此光獨明，人謂之清現。凡佛光欲現，必先布雲，所謂兜羅綿世界。光相依雲而出，其不依雲則謂之清現，最難得。食頃，光漸移，過山而西。左顧雷洞山[四]，復出一光，如前而差小。須臾，亦飛行過山外，至平野間，轉徙得得[五]，與巖正相直，色狀俱變，遂爲金橋。大略如吳江垂虹，而兩圯各有紫雲捧之。凡自午至未，雲物浄盡[六]，謂之收巖，獨金橋現至酉後始没。

丁酉，下山。始登山時，雖躋攀艱難，有繩曳其前，猶峻而不危。下山時雖復以繩縋輿後，梯斗下[七]，輿夫難著脚，既峻且危。下山漸覺暑氣，以次減去綿衲。午至白水寺，則綌絺如故。聞昨暮寺中大雷雨，峰頂夕陽快晴，元不知也。食後，游黑水，過虎溪橋，奔流急湍，大略

[一]"及"，蔣本作"乙"。按，乙夜指二更時分。《資治通鑑·魏邵陵厲公嘉平元年》"義兄弟默然不從，自甲夜至五鼓"句，胡三省注云："夜有五更：一更爲甲夜，二更爲乙夜，三更爲丙夜，四更爲丁夜，五更爲戊夜。"

[二]"俱"，蔣本作"但"。

[三]"青"，原作"素"，據蔣本改。按，此處改作"素"，毫無道理，應是誤刻。

[四]"洞"後，原衍"祠"字，據蔣本及前文之"雷洞山"刪。

[五]下"得"字，原脱，據蔣本補。

[六]"至""盡"，原脱，據蔣本補。

[七]"斗"，原脱，據蔣本補。按，不補則於語境不合。

似雙溪而小不及。始，開山僧自白水尋勝至此，溪漲不可渡，有虎蹲伏其傍，因遂跨之，亂流而濟，故以名溪。黑、白二水皆以石色得名，黑水前對月峰，棟宇清潔。宿寺中東閣。

秋七月戊戌，朔。離黑水，復過白水寺前，渡雙溪橋，入牛心寺。雨後斷路[一]，白雲峽水方漲，碧流白石，照人肺肝如層冰積雪中。籃輿下，行峽淺處以入寺，飛濤濺沫，襟裾皆濡。境過清，毛髮盡竦。寺對青蓮峰，有白雲、青蓮二閣最佳。牛心本孫思邈隱居，相傳時出諸山寺中，人數見之。小說亦載招僧誦經施與金錢[二]，正此山故事。有孫仙煉丹竈，在峰頂。又淘米泉在白雲峽最深處，去寺數里，水深不可涉。獨訪丹竈，傍多奇石，祠堂後一石尤佳，可以箕踞宴坐，名玩丹石。寺有唐畫羅漢一板，筆迹超妙，眉目津津，欲與人語。成都古畫，浮屠像最多，以余所見，皆出此下。蜀畫胡僧，惟盧楞伽之筆第一。今見此板，乃知楞伽源流所自，餘十五板亡之矣。此寺即繼業三藏所作，業姓王氏，耀州人，隸東京天壽院。乾德二年，詔沙門三百人入天竺求舍利及貝多葉書，業與遣中，至開寶九年始歸[三]。業詣闕進所得梵夾、舍利等，詔擇名山修習。登峨眉，北望牛心，衆峰環翊，遂作庵居，已而為寺。業年八十四而終。

出牛心，復過東峰之前，入新峨眉觀。自觀前山開新路，極峻陡下[四]。冒雨以游龍門，竭蹶數里，歘至一處。澗溪自兩山石門中涌出，是為龍門峽。以一葉舟棹入石門，兩岸千丈巖壁，色如碧玉，刻削光潤。入峽十餘丈，有兩瀑布各出一巖頂，相對飛下。嵌根有磐石承之[五]，激為飛雨，濺沫滿峽[六]，舟過其前，衣皆沾濕。越數丈，半巖有圓龕，去水可二丈。以木梯升之，即龍洞也。峽中紺碧無底，石寒水清，非復人世。舟行數十步，石壁益峻，水益湍，急回棹。舟人云前去更奇，以雨大作加飛瀑沾濡，暑肌起粟，骨驚神慄，凜乎其不可以久留也。昔嘗聞峨眉

[一]"雨"，原作"而"，形近而誤，據蔣本改。
[二]按，此處所言招僧誦經之事，載《宋高僧傳》卷二二《周偽蜀净衆寺僧繼傳》所附之大慈寺無名僧傳，又見蔣本卷五。孫思邈招僧誦經之事在青城山，非峨眉山，范成大所言有誤。
[三]"歸"後，蔣本有"寺"字。
[四]"陡"，蔣本作"斗"。
[五]"磐"，蔣本作"盤"。
[六]"滿"，原脫，據蔣本補。

雙溪不減廬山三峽，前日過之，真奇觀。及至龍門，則雙溪又在下風。蓋天下峽泉之勝，當以龍門爲第一！然其路嶮絶，亂石當道。將至峽，必舍輿，躡草履，經營傾步於嵯岈兀嵲中[一]，方至峽口。蓋大峨峰頂，天下絶觀，蜀人固有罕游。而龍門又勝絶於山間，游峨眉者亦罕能到，非好奇喜事、忘勞苦而不憚疾病者不能至焉。

復尋大路出山，初夜始至縣中。己亥，發峨眉，晚至嘉州。

※登峨山道里紀[二]

明 胡世安 大學士，井研

峨眉縣治南出郭，即古勝峰橋，今名儒林橋。稍前轉儒學街，隔右澗，有西坡古刹，溪水縈折，檉柳帶綠。過聖宮前，合三山流爲泮，澄波千頃[三]，儵樂蓮香，亦多雅致。右行對後嶺洪範庵，沿本山迂行度凹，則十方院。又里許華嚴樓，接大悲庵。再前興聖庵，梵舍歷落，皆延憩游客邸。又四里許聖積寺，門對古慈福院，中衢傑然一閣，《志》載了鴇樓，以鴇淫鳥況[四]，僧至此了絶淫念。俗又叫"老寶"[五]，謂老僧慧寶所創。額顔"峨峰真境"，魏了翁書。自樓而西，有普賢殿。又前普安橋，舊有普安院、八卦井，今廢。

過橋西折而上，經楊家岡，平疇沃衍，嘉樹陰濃。自此沿澗紆行，寒玉淙琤，名瑜伽河。有三一庵，前則白水莊、獨村店。依山逆行，上有石碑處，舊名大光明山。又前坊曰"會宗"，近改"問宗"。庵在山腰，原風道人募建，今就蕪。二里龍神堂，堂外豎石幢，名尊勝塔。再上，古柏森森，飾徑高峙。隔虎溪，即伏虎寺，踞山之口，沿溪而入，一徑

[一] "經營"，原作"絶營"，文義不通，據蔣本改。◎"傾步"，蔣本作"頤步"。
[二] 按，此文又載蔣本卷九，今以之參校。
[三] "波"，與光緒本同，蔣本作"陂"。
[四] "鳥"，蔣本作"兒"。按，"以鴇淫兒況"，義即以鴇與兒淫亂爲喻也。"鴇"性淫，載籍多有此説，如彭大翼《山堂肆考》卷二三七引陸佃之語云："鴇淫而無定匹，故今指老妓曰老鴇。"清陳元龍《格致鏡原》卷七九引陸佃之語云："鴇性群居，如雁而有行列。性最淫，逢鳥則與之交。"惜此二説并不見於今本《埤雅》，而明人臧懋循輯《元曲選》，卷首録《丹丘先生論曲》云："妓女之老者曰鴇。鴇似雁而大，無後趾，虎文。喜淫而無厭，諸鳥求之即就。"
[五] "叫"，與光緒本同，蔣本作"呼"。

紆回[一]，因虎肆虐，行僧建塔鎮之，患遂息焉，故名[二]。左有西域和尚靜室，其和尚年九十七，康健甚，言西域事頗悉。右室龍鳳庵，以地形稱也，此皆引睞賓岑者。再進爲無量殿。至涼風橋，其右峭壁有洞，風颼颼自口出，爲涼風洞，橋以此名。谷口舊有"震旦第一山"坊。經茶庵稍進，過解脫橋，危磴直上，約高百丈，名解脫坡。坡上有觀音堂，下有仙人會。舊傳有一池[三]，入山者於此沐浴，今廢。左行跨山蹊，依兩壁左右之玹行[四]，凡十數折，層級而上，過小橋，延不數尺，名玉女。再上，華嚴寺，今名歸雲。節栂盤螺，轓蓋佛座，名雲篆殿，制甚古，大蝠托廬。按碑，宋紹興間建，嘗掘地得一小碣，鐫"華嚴堠"，左刻"至縣十五里"，右刻"至巔七十里"，今竪寺中。由寺左行爲青竹橋，橋上左望秀出者，玉女峰。頂上有石池，深廣四尺，歲旱不涸，相傳"天女浴盤"。僧云："宋邛州刺史馮楫結庵於此，日諷《華嚴經》，感天女饋食之異，即此處。"前有鳳嶺庵，今廢。右有飛龍庵。轉西，由青竹橋折北行爲楠木坪，樹偃蓋，堪避暑雨，俗呼木涼傘。坡昔陡滑，今修成路，旁建一庵。

自庵前左上，爲呂仙祠。祠前重樓瑰瑋，奉大士於上，彌勒居中。嗣又增修新殿及靜室、香厨以栖僧衆，於是仙佛同宗。祠後爲華嚴坪，相傳即赤城隱士舊居，古名赤城山。昔有香烟、羅漢、白雲三寺，今廢。自祠東北望，爲宋皇觀舊址。古有道紀堂，幽館別室，合三百五十間。左有千人洞、授道臺、虛靈第七洞天之迹，即黃帝訪天真皇人，授《九仙三一五牙經》處。右有十字洞，相傳呂仙游此，以劍劃石成此洞，延袤廣丈許，深不可測，人以石擊，鏗然有聲。水自龍門對山飛作瀑布，常見竹葉、籜隨出，即洞旁叢篁遺墜也。又右升仙臺，昔有瞿武，一云瞿君武，或稱皇人弟子，或稱後漢漢安時人[五]；能騎龍乘雲上下，游彭山、犍爲間，至今二處有繫龍遺迹。按《莊子》，瞿君字鵲子，長梧子之

[一]"踞山之口，沿溪而入，一徑紆回"，與光緒本同，蔣本作"舊藥師殿，乃峰頂楞嚴閣下院"。

[二]"焉故名"，與光緒本同，蔣本作"改今名"。

[三]"有"，蔣本無。

[四]"玹"，原作"旋"，據蔣本改。按，此"玹"字，可理解爲似玉之石，則實指山巖；也可以理解爲"玄"字之避諱字，則"之""玄"皆用字形比喻屈折的道路，於文義皆可。印光等改作"旋"，毫無根據。

[五]"漢安"，原誤倒，與光緒本同，據蔣本乙。

弟子也；又周人，未知孰是。由祠左里許，望山下溪中一石，類艅艎，順浮水中，名石船子，俗號普賢船。舊有"藏舟於壑"坊，竪道左。又里許，沿巖行，人呼"五十三步"，上有天慶庵。

由庵稍下，過太平橋，上馬鞍山。又稍上距那庵，路左上有龍泉庵。順路過小石橋，右爲天台庵。下坡爲萬定橋，古名萬福橋，橋頭一大石，方廣當途，即大峨石。界左方一石，蹲小池間，體側，上刻陳希夷草書"福壽"字，呂純陽書"大峨"字，又先達"神水"字，俱鐫石上。石後隔尺許，又一石戾之，上刻"浴衷"字。又"神水通楚"小碑竪其上，中間止容一人。下觀水穴中，聲汩汩自上春下，透前大石底而出。池中沙水晶瑩，内貯圓石一塊，形若磨軸，脉理旋轉，宛然圖中太極分兩儀象。池水前溢，終歲不竭，纔數武，便滲去，從無澗路，莫知所之。池左上，新創一坊，題"水竹居"。又上小亭，題"竹月松風"。正面方亭，題"宗漏"字。池石在昔渠九曲，資游人泛觴，今廢，止竪小亭，題"一卷一勺"[一]。池後有小石塔，塔後有聖水閣。又進爲福壽庵，庵前一海棠，大數圍，高數丈[二]，幹直上二尋餘始敷枝葉。春夏交，紅英爛放，甚可愛也。此間去西南山，遥聞有聲溯洰，疑挾風雨而來，移時乃息。及履其地，全無水踪，土人名曰"山潮"。久晴必雨，久雨必晴，此其驗也。至潮之遲暫大小，又以卜歲入盈縮，亦異矣！

登靈文閣，望别墅深處，有勝峰、彌陀、立禪諸庵、曹溪閣，諸峰錯落如螺髻。前咫尺，竹林蓊蔚，爲神水庵。再進則歌鳳臺，楚狂遁迹所，側涌一泉，四時不涸。又前過百福橋，俗名響水，以聲潺湲故。水中石光碧，映帶游裾。又前，鳳嘴石。西上爲中峰寺，今名集雲，明果大師道場[三]。昔有孫、王、宋三真人羽化於此。在宋有乾明觀，黄魯直習静其中。登普賢閣，群峰周遭，兹獨中峙，故得勝名[四]。左行爲三望橋，又上茶庵，庵前即三望坡，以路險峻，行者三望乃至；或云軒轅帝曾三舉望祭於斯。上有龍神殿，亦古迹。坡下若春聲，杳入深谷。

又三折下，過樟木、牛心二嶺，至前牛心寺路口。下坡則雙飛橋，

[一]"一勺"後，蔣本有"僧言智者大師得道於此，後卓錫荆門，思此水，龍王引神水浮鉢杖於洞口流出，今玉泉是也"。

[二]"數"後，蔣本有"十"字。

[三]"道場"後，蔣本有"即智者寄杖鉢處"。

[四]"勝"，蔣本作"習"。

周望丈人兒孫，垣霍競秀。有兩巒對出，牛心嶺自中亘垂如貫珠。左一水，從雷洞坪繞白水寺而來；右一水，從九老洞繞洪椿坪而來，至此路界作雙虹跨澗。僧云："左橋始軒轅游勝峰時，右則自漢至宋，不知幾重修。"當兩橋間，有清音閣，其上小阜一亭，舊名接王亭，俯帶傍溪，有同佩委。始望碧涓馴逝於斯，峽深勢束，褊急性成，偶逼風礙，輒恣愬奮。環岸樹木，斜抱僂生。上突乳峰，高臨兩水，建有白衣觀音樓。兩水迸出互望，遂爭雄怒搏，意不相能，賴石丈人爲魯連誘之，一氣漸就平衍。僧指盤渦尖銳有微瓣者，牛心石也。石左右各有石，如鷄冠、馬鬣，碧膩漣漪。亭於合溪之上，曰琉璃水亭。後數武，創一大樓，名洗心臺。白衣閣左少進灣內，爲廣福寺，乃前牛心別院。溪名寶現，即宋三藏師繼業得鬥石處。由廣福左入數里石笋溝，有寶珠庵。溪上一峰，名天柱，聳立閣後，上有小庵，名異華。峰右由閣緣巖而上，遇缺陷，棧以木，皮逾金石。凡數折，至後牛心寺，繼業所創，今名卧雲，即古延福院。孫真人思邈修煉於此，所遺鐵臼、銅罐，質朴色古，今隨婪吏去矣！寺左丹砂洞，洞旁舊有祠，寺壁相傳有張僧繇畫羅漢一板，甚著靈異，壁今毀。

自寺遙望大峨石，左中峰寺，後尖秀插空者，名呼應峰[一]。下有茂真尊者庵，相傳茂真與孫真人集寺後弈棋[二]，於此呼應。有棋盤石，方廣丈餘；有庵名呼應。庵前左右有溫涼二池，今廢；庵後有三仙洞及雄黃石。相傳唐玄宗幸蜀，夢真人乞武都雄黃，後遣使齎送至此，烟雲相隔，使者呼應，因得造焉。見一叟，幅巾被褐危坐，手指磐石曰："致藥於此，上有表，錄上皇帝。"中使顧石，有朱書百餘字。就錄一行，則其行滅去。呼應之名，又或以此。

由寺前下坡，舊路自觀音巖上瓦廠，新路順溪至積善橋，皆可達洪椿坪。此路多熊、狒、猿、虎之類。由牛心寺越雙飛橋，北遵磴道而上爲白巖，石色皓潔，刻有"白龍洞"字，不知洞所。又前，一望濃翠蔽嶺，別傳和尚手植楠也，株與《法華經》字數相等，今號"古德林"，樵蘇不敢輕犯。再進象牙坡，以山石形得名。小庵二所，俗呼上白龍洞、

[一]"呼應峰"後，蔣本有"智者大師道場"。
[二]"茂真"前，蔣本有"智者"。◎"真人"後，蔣本有"每"字。

下白龍洞，皆白水寺下院。至山凹處，望樓閣矗空，拾級累百，乃達四會亭，有接引銅像。左則慈聖庵、接引閣，上爲大峨樓[一]。再上，左竪"祇樹林"坊。稍轉爲海會堂，藏有佛牙一具及丁雲鵬所畫八十八祖像、御賜紫衣。出堂直上，則古白水寺，即唐廣濬禪師彈琴處。寺甚敞，居僧常至數百。宋初敕建銅殿，大士銅像亦高十餘丈。歷太宗、真宗、仁宗三朝，御賜寶供最多。三經回禄，盡付煨燼。明世廟重修，亦就毀。萬曆間，奉慈詔新建萬年寺普賢一殿，螺結磚甃，頗稱精固。乘象金身，峨然丈六，祝融稍戢峻焰[二]。惟是寄木穴頂，導霖直注大士髻中。頃僧建閣四層，高幬其上。自縣至此，歷峻坂已四十餘里，説者謂登峰頂，此猶其麓也。

寺直右肩有净業堂，古泉清洌，足供千萬人，傳云龍窩。左逆行穿經樓舊址，東望有萬松庵。少進，不能通輿馬矣。從雙棕樹直上頂心坡，一舉足，膝輒平心。巖畔有太子石，形甚肖，游人手摩幾平。又數百級，凡十三轉，稍平敞，一亭名觀心。自亭右行曲轉，有妙觀庵。庵側有空庵禪堂，俱據高臨下，寥曠欲騫，自亭仰躋，箭括通天。左峙石丈餘，右小石結土阜小遜，俗名鬼門關。又前石子雷，單亘一脊，左右陡巖，名大小鵝嶺。脊將盡，其下空洞梁度，俗呼仙女橋。又上數轉，山坳微敞，結小庵，名息心所。由庵左順山斜行過峽，復上升甚陡，爲石碑岡，一碑屹然，字迹漫滅不可讀。不數武，履仄徑而下，沿巖行過峽，路不盈尺，則有大小雲壑，俗名大小深坑。又前順巖而上，歷數十折，皆仰登，下視石壁如削，不知幾百仞。所恃灌木叢篁，層累蒙翳，不欲示人以險。又前長老坪，舊庵就圮，近有結茅以應乞漿者。由坪出山肩駱駝嶺，漫行數里許，爲初殿。昔漢蒲公采藥見鹿處，後人立此殿。或云山形類鷟，名鷟殿，或云簇店。下有蒲氏村，居無他姓，皆蒲公後也。

又前上舊有小石埳，水清，不涸不溢[三]，俗呼一碗水。又前九嶺岡，劍脊直上，左峰剷出群岫，名華嚴頂。又前蛇倒退。又兩折稍下，左巖口有小徑，通九老洞。又前右坡下，有九龍坪。度巖直上一坪，道傍枯

[一]"大峨樓"後，蔣本有"云是公輸班所修"。
[二]"峻"，蔣本作"其"。
[三]"涸"，蔣本作"渴"，乃"竭"之古字。

幹、頑石皆衣苔蘚，此地因名木籠鬆。又前蓮華石，建有庵，榜"蓮華社"。道左一石，蕊劈，肖芙蕖。又前過峽，望一陡徑，直上層霄，左瀕危壁，名鷓鴣鑽天。上有石砌小池，僅丈許，僧云"菩薩洗象池"。傍一石，僅二尺，僧云"升象石"。自白水至此，游踪稍適，因名其嶺曰初歡喜。又曰錯歡喜，以前去尚有險在。今建庵，名初喜亭。然游者必增衣易巾，斯有以制寒[一]。

再上數百級，石碑亭。又百餘級，羅漢洞，僅石罅數尺，不審何以冒茲名？或以舊有一石，類應真歟[二]？又上數百級，滑石溝。過此坪行里許，危磴直下數百尺，有化城寺。殿舍皆用木皮覆椽，易以瓦，霜雪所薄輒碎也。寺碣紀：昔有昆明施紹高、太和王蓋台來此，遇白猿獻二果[三]，各啖其一，仙去。由寺左迆行，前峻坂亂石，直上三里梅子坡。攀援而上，有獼猻梯，崱屶百轉，素雲冉冉不絕。道傍一殿，曰白雲。從此仰望，山脉作三支。自初喜亭至是，晦明風雨時時[四]，與山椒、山足絕不雷同，氣候攸判矣。

自白雲殿順行，古木連蜷，荒烟岑樾中[五]，殷殷作砰訇聲者，雷洞坪也。風雨雷電，自下倒射，宮巖萬仞，路絕夤緣。巨石皋列，岫塗曲通。瀕巖有雷神殿，路竪鐵碑，禁人語。相傳下有七十二洞，雲濤布濩，色妒羅綿，茲洞其聚族處耳。洞傍仄徑，從九嶺岡巖左螺折而行，至此與洪椿坪相望。其下多石龕古迹，最奇者，莫如九老仙人洞。昔黃帝訪廣成子天皇真人游此[六]，遇一叟洞外，詢："有侶乎？"答以"九人"，今名以此。巖棧曳練，石首崴盤如象鼻。右袒洞扃，從閣左入，必燃炬乃諳道。聞昔有結伴欲窮其勝者，入洞內里許，巖水滲滴成泉，僧名"觀音水窩"，止一盂，取不竭，不取亦不盈。再行十餘里，路少狹，怪石森

[一]"制"，蔣本作"製"，文義亦通。
[二]"歟"，蔣本作"稍近之"。◎應真：指士應真尊者，在五百羅漢中位列第三百三十位，見《五百羅漢尊號》。
[三]"二"，原作"三"，與光緒本同，據蔣本改。
[四]"時時"，蔣本作"無時"。
[五]"荒烟"，蔣本互倒。按，"烟荒"亦屢見於載籍，不誤。如元人劉因《靜修集》卷二五《西塋改葬後祭文》："雨嚙烟荒，牧踐狐悲。"又如元人郭鈺《靜思集》卷四《送羅秀賓之江東兼寄劉潤芳兄弟》："芳草烟荒同水廬，長松月冷龍湖地。"
[六]"皇真"，與光緒本同，蔣本互倒。按，作"天真皇人"與"天皇真人"皆可。

列，若虎豹、魍魎，勢欲攫人。忽一溪斜迤[一]，噴薄作聲，疑鳴吠樂音，從遙遞耳。蝙蝠如鴉，競來撲炬。氣且寒冽刺肌，遂逡巡不敢度而返。巖下一泉，久雨將晴、久晴將雨前一日取供炊，白粲必赤，餘日不然，名卜應泉。洞前回瞻絶壁，云即化城寺後山，與雷洞坪共一山脉。其峰多木蓮，四季葳蕤若續。從此溯伏羲、女媧諸洞，當不遠。鬼谷子於此著《珞琭子》，亦有洞。但閒壑凌虛，迹絶人鳥，徒遐矚而已。

由雷洞坪曲折沿巖亙數里，過新殿，則八十四盤，名桫欏坪。桫欏樹高可三五七丈，葉似枇杷，花備黄紅紫白諸色，叢蕊並蒂，大可尺許，三四月最盛。第性喜寒，不耐暄燥，移下方多不育，俗輒詭其說，謂"菩薩私玩"。此界多此花，故名。稍折，有接引庵。再前，路分兩歧：從左陡上爲舊路，一巨石横巖下，名觀音巖，直至大歡喜，前至回龍庵，與新路合；從右平行里許，危巖仰登，凡數百丈，名三倒拐，復沿坡上，爲太子坪。再前圓覺庵，庵左有小徑，可達山後諸庵。自庵右轉上行，爲登頂通途，右有净居庵[二]、洪範庵，左有法慧庵。又上觀音庵，又左回龍庵，與舊路合。又前圓覺庵。由左折而上，老僧樹大數抱。傳云：樹存空膚，有老僧入定於中，枯幹復榮，今包裹無隙矣。再又上天門寺，兩石對立若劈，中通一户，深二丈許，名天門石。又前隔澗蓮華庵，右轉鳳凰庵，左轉有茶庵。庵前七天橋，雖無灌注，遇雨成溪。又前文殊庵，左上天啓庵。正行，天仙橋直跨山澗，有庵踞上。橋底積雪，經夏不消[三]。又傍彌陀庵，左折入峨頂矣。

山峰雖峻[四]，至頂頗寬平。寺前一石，名瑞星。稍進，錫瓦殿；又上天王殿，殿後左右列祖師、龍神二堂；正中，錫瓦普賢殿。又上銅瓦殿，由此左上，敕建永延寺，一樓甚閎瑋，名華嚴。又上藏經樓，自樓左向後，層梯而上，詣峰頂，有滲金銅殿，潘王捐巨萬金新建者。高二丈五尺，廣一丈四尺五寸，深一丈三尺五寸。上爲重檐雕甍，環以綉櫺瑣窗，中坐大士，傍繞萬佛。門枋空處，鏤飾雲棧劍閣之險及入山道路

[一] "斜"，光緒本作"衺"，此處蓋據光緒本而改者，蔣本則作"衺"，並不誤。

[二] "净"，原脱，據蔣本補。

[三] "經"，蔣本作"繅"。按，繅夏即夏天。

[四] "峰"，與光緒本同，蔣本作"徑"。

逶迤曲折之狀，制極工麗。傍列銅窣堵波三，高下不等。此皆背巖向西，以曬經山爲正對。銅殿右則鐵瓦殿，古名光相寺。外爲睹佛臺，即放光處；左有童子臺，右辟支臺。此殿依山而東，嘉陽一帶在其前。殿後楞嚴閣，復西向；又左臥雲庵，亦西向。峰頂少井泉，惟此庵下有半月池，深廣不數丈，水日上滲，足飲千人。偶穢輒涸[一]，持經咒祭之復溢，僧呼"聖泉"，又呼"觀音水"，或名以井絡泉。庵右有觀音閣，閣前有小睹佛臺，光現略早睹佛臺。左有石屹然，曰金剛，若鐵汁鑄成，睹光者每倚藉之。石下有萬石嵯岈，攢作一片，名七寶臺。臺下有石室，户樞甚多。小睹佛臺下有磐陀石[二]，整潔可坐。石左復有一阜，隆下盤頂，若鎚鈕，僧呼"飛來鐘"。又左雷山側有二石，眉目宛然，名仙人面；又石有手痕，名仙人掌。臺右回望本山來脉，自右而起，有賢首閣、華巖頂。又上爲千佛頂，舊傳願王三千眷屬同來居此，故名。順此坡左下華藏庵，又下獅子坪。

從臺上空霽時俯矚，可歷歷指者：不到寺、刺竹坪、棋盤寺，寺側亦有棋盤石，盤側二小石常暖，名温石。又靈巖寺、盤龍寺及龍池等勝，紫芝、玉蟾等洞，虎皮等岡，榮徑等堡，銅山一帶，舉集其下。正東直對洋、九龍、凌雲、烏尤等勝而外，榮德、巴岳，層叠在睫。東南則羅回以外馬湖諸山。東北則中巖、青城、玉壘諸山。正西則兩峰高插，中一平偃而大如供几案，曰曬經山。西南則邛峽、霧中、大小瓦屋巍峨並峙。西北則火焰、寶塔，森梦羅列。惟雪山晶瑩映天，玲瓏屏漢，鏡旭獨先，移暉遠燭，复出西域諸峰表。天竺、葱嶺諸番界，俱在縹緲間。

光相之現，有所謂"攝身""清現""金橋"者，詳范《紀》。又有白色無紅暈者，曰"水光"；如箕形者，曰"辟支光"；如鏡鈸形者，曰"童子光"；有光稍上映[三]，直竪斜移者，曰"仙人首""仙人掌光"：皆一光變態而異名。當光欲現時，有小鳥如鸚鵒，飛止巖頭鳴，僧譯其語，曰"佛現，佛現"。游人或掌粟，亦就食而去。環臺則岷江、雅、瀘、大渡、

[一]"涸"，蔣本作"渴"。
[二]"磐"，蔣本作"盤"。
[三]"光"，蔣本作"尖"。

青衣諸水，向背繞流如綫，綿雲漫布，咸沉没浩氣中矣[一]！

出永延寺左行，爲富順庵。又下行，繞山坡至澗，爲白龍池。池水深尺餘，素沙徹映，磊石作勝。内有蜥蜴，潛近邊底，僧以鉢盛，馴擾可狎，往往與風雨作緣[二]，遂冒龍籍。自池下行，上右坳，爲净土庵。前有坪，亦名桫欏坪。自坪右折行，有大覺庵、永定庵。坳上有沐浴堂。右行越嶺，爲聖水坪庵。又前學士堂，稍前通天和尚塔，色身尚存，啓幔視之，有生氣。又前太虚庵，又前至回龍庵，與來時新舊二路口相合。一坊巋然，上題山後七十二古德名。庵左爲大佛坪諸庵以及幽巖邃谷，人迹罕至，洞天静室，多不知名[三]。

旋四會亭右厢，至白水寺前，有鉢盂峰，平地突峙。自白水逆左行，至石板凳。二里爲虎渡橋，駛流迅瀨，小竊雙溪。自橋徑曲十二盤，至八音池，一名樂池。池中有蛙，游人鼓掌，則一蛙先鳴，群蛙次第相和。將終則一蛙大鳴，群蛙頓止，宛然一部鼓吹。過池又西則黑水寺，前對月峰祖師堂，有惠通肉身及所遺藕絲無縫禪衣一領、古白玉環一枚。又有惠續尼院，尼即惠通禪師妹，從兄來峨，入定於此。遇夜，有黑虎爲之巡廊。寺傍巖龕，有無懷洞。自黑水還白水，至大峨石，由萬定橋頭東北折，徑陡且仄。初猶開豁，頻歷石溜，互折野竹，坡陀數里，方出險林。見一長石卧溪中，即前楠木坪俯瞷石船子也。迫視之，甚肖，紋理縱横，亦異他石。

循溪委曲而進，見澗流自兩石門中噴出，是爲龍門峽瀑布，修縮不一。溪南大石炭業，劃然中開，兩峰皆絶壁，高數十仞。行者緣木梯下，若猿族援降，不知其股行也。又數丈，望半巖一圓龕，則龍門洞，去水三丈許，土人編竹跨溪上，手接蟹度之。游人立洞口，萬壑千巖，競來邀盼。入尺許，另透天光一片。洞深廣二丈有餘[四]，氣象軒朗，穹蓋百千，鍾乳瘦垂。左壁雙鉤"龍門"字，舊傳宋富春孫公筆，今云東坡。石凸凹作鱗爪，名以龍床、龍枕，游人坐卧其中，仰眺烟織，俯臨潭澄，

[一] "浩"，蔣本"顥"。

[二] "風"，與光緒本同，蔣本作"嵐"。

[三] "多不知名"，蔣本作"不知名者"。

[四] "二丈"，蔣本作"廿尺"。

不復知去塵闠近遠。賓巒垂練，偉於峽瀑。下有種玉溪，題詠亦不減無懷洞。游踪屆此，覺向之澎鳴閧濺，俱斂入谽谺中。出峽口，狂態復作，稍遜於前。自此達龍門壩，至龜子山，形類贔屭。直至瑜伽河[一]，與來路合。

二峨山在本山南三十里，名覆蓬[二]，以形似。又名綏山，右有綏山縣治，高減大峨之半，雄據南方[三]。上有天池，傍有葛由洞[四]，即騎木羊往來處。下有豬肝洞，呂仙晝游龍門，夕宿豬肝，即此。昔人游經羅目，掘得一碑，上鎸"紫芝洞"三字，傍注"一山五口道人書"，今豎道傍，乃此洞別名。下有紫蘭泉，亦呂仙命名。又洞有紫芝，洞上一里，洞口刻"爛柯"二字。

三峨在山東南四十里，距二峨南九里，古名鐔刃山，有李仙洞。高又半減於二峨，其間洞石幽奇相伯仲云。又距峨東北有龍池，四山環抱，一鑑中涵，瀾漫約十里許[五]，深黝叵測，下有龍居。相傳每開霽則霞光上昱，隱見點額大金鯉四尾及水獸龍馬等物游戲其間；或澄映處依稀古樹參差，圖繪淵底。中多魚，流氓擅利。漢李膺《記》"峨眉山下有龍池，長廣十里"[六]，即此。《志》載峨山石龕百十二，大洞十二，小洞二十有八。大略杖履所及可記者耳，其所未及將無逸。

以余己卯所游，目遇已非己未。按范致能所紀[七]，愈迥然矣！頃罹兵革興替，不審何景？使他時搦管，或不減此紀，或有加於此紀。邀貺山靈，菟裘稱得所也[八]。

菊潭氏識

[一]"伽"，原脱，據蔣本補。
[二]"蓬"，原作"篷"，據蔣本改。
[三]"雄"，蔣本無。
[四]"傍"前，蔣本有"其"字。
[五]"約"，蔣本作"又"。
[六]按，此處所言李膺《記》，指李膺《益州記》，此李膺乃南朝梁代人，非漢時之李膺也。而李膺之書早已亡佚，佚文散見於《太平寰宇記》《太平御覽》諸書，暫未見有與此條相關之記載。胡世安此說或不可信，清人王培荀《聽雨樓隨筆》卷八"眉州白龍池"引胡世安之語則不言李膺記一說。
[七]"致"，原作"至"，據蔣本及《宋史·范成大傳》所載范氏之字改。
[八]菟裘：本爲山名，在山東，後借指告老退隱所居之地。《左傳·隱公十一年》："羽父請殺桓公，以求大宰。公曰：'爲其少故也，吾將授之矣。'使營菟裘，吾將老焉。"

※游峨眉山記[一]

清江皋四川督學，龍眠[二]

峨眉爲震旦第一山，天皇授道、普賢示現之所，神奇靈異，非復人間。先大夫昔宰峨眉七年[三]，予自童子侍側時即聞之神往。今得奉王程，親歷其地，可不一探其勝乎[四]？嘉州校士畢，四月戊戌往問道焉。

既入縣，拜先大夫祠[五]，遂同友人蔣子潛伯、孫子毓卿，携兒圖，异笋輿出城南門。過勝峰橋，轉儒林街，雨陌春犁，綠疇風偃。隔澗有西坡古寺，今荒廢不可尋矣。前爲十方院、華嚴樓。又四里許，聖積寺。傑閣一區，懸銅鐘於上，細鏤《華嚴經》字，老僧慧寶所建，曰老寶樓。題額"峨峰真境"四大字[六]，魏了翁筆也。內銅浮屠七級，雕鏤佛像，倍極莊嚴。前渡普安橋，沿瑜伽河行，溪流曲折，漸入山徑。舊名大光明山，荒址佛座猶存。望群峰環抱，招提高峙木末，伏虎寺也。石梁跨澗，松徑陰森，可聞禪師擁錫來迎。登佛閣少憩，飯齋廚。出寺左折而上，至凉風橋。橋傍石壁有洞，風從洞中出。忽石磴陡絕[七]，高百餘丈，拾級而登，名解脫坡。坡上有僧，結茅以居。自是路益嶮峭，山巖壁立，層坡數折，始達華嚴寺。寺有旋螺殿，極奇古，宋紹興碑猶竪寺中。日斜，未及登覽。

寺左爲青竹橋，望娟娟秀出林表者，玉女峰也。峰頂有池，深廣四尺，歲枯不涸，相傳爲天女浴器。由橋北折爲楠木坪，青蓋童童，掩映數畝，俗呼木凉傘。左上爲純陽殿，側有千人洞、授道臺，即黄帝訪天皇真人授道處。右十字洞，相傳吕仙游此，以劍劃石而成。昔人建此[八]，以峨眉仙家道場，欲存天皇一脉[九]。然今守祠皆緇流，無黄冠也。祠前

[一] 按，此文亦載蔣本卷九，據之參校。
[二] 江皋：字在湄，號磊齋，安徽桐城人，順治十八年（一六六一）進士。事迹詳《清史稿·循吏一》本傳。
[三] 先大夫：據乾隆《峨眉縣志》卷六，此人即江之湘。小傳云："江之湘，江南桐城人。由進士知縣事，居身庶潔，聽訟公平，濟物利人，尤多惠政。升遷日，民遮留不忍舍，爲構宇鐫碑於治東之文昌閣。"
[四] "一"，與光緒本同，蔣本作"探"。
[五] "大夫"，蔣本作"太父"。
[六] "題額"，與光緒本同，蔣本互倒。
[七] "陡"，蔣本作"斗"。
[八] "此"，蔣本作"祠"。
[九] "脉"後，蔣本有"耳"字。

山下一石橫溪中，長丈餘，若浮槎，俗號普賢船。豈寶筏津梁於此示現耶？沿巖俯石壁，陟五十三步，歷馬鞍山。峰巒回合，水聲玲玲鳴澗中。下坡爲萬福橋，石色蒼然，巑屼如削。臨橋一池，清泠澄碧[一]，大石插池中，上鐫陳希夷先生"福壽"二字，下鐫"大峨神水"四字。石罅宛轉，互相遮映。有小穴，注泉一勺，泉脈涓涓透石底出，清響鏗然如戛琴瑟。坐池畔小亭，汲水飲之，寒沁心脾，塵氛盡滌矣。

上大峨寺，舊有聖水閣、福壽庵，今廢。有僧葺之，未成也。遙聞大聲起巖壑，林樾蕭森，疑廣陵濤、三疊泉，震撼山谷，然水之去來踪跡杳不可覓。或曰山潮，以之驗雨晴、卜豐歉也。峰麓片石如臺，蹲踞林莽中，曰歌鳳臺，楚狂陸通舊廬在焉。前由鳳嘴石西上爲中峰寺，衆峰螺髻，旋繞白雲，一峰中峙，故名。一名集雲，本晉乾明觀，明果禪師除毒蟒，改觀爲寺。宋茂真尊者重修[二]。昔孫、王、宋三真人羽化於此，又黃魯直習靜處也。歷層岡，越三望坡，路險峻，行人三望乃至。下坡，山境幽深，夕陽下舂，林壑返照。烟雲舒卷中，蒼翠鱗鱗，牛心寺址也。雙流飛注，小橋跨其上，勢若雙虹。水聲搏激，如殷雷起地底。石峽一綫，灌木蒼藤層層遮覆，驚濤噴沫，惟潺潺足下，疑挾風雨，窺之不見。僧云："左一水從雷洞坪繞白水寺來，右一水從九老洞繞洪椿坪來。"至此巉巖深束，鬥捷爭雄，勢不相下。盤渦一石，怒當其衝，則牛心實爲砥柱矣。石根圓尖銳，若牛心然，左右亂石環峙，盡與水勢爭奇。溪上舊多亭臺，今圮爲榛莽矣。雙飛橋左一徑可達洪椿坪，聞有繡頭和尚，住洪椿坪石洞中四十餘年，將百歲矣。髮垂覆身，每昏夜赤足行山徑中，無所怖，人多異之。橋北緣磴道而上，徑稍平，山花夾道，香氣襲人，刹竿隱隱出青靄。僧云："白龍洞也。"前經古德林，綠雲四垂，萬株濃翠，別傳和尚手植楠也。相傳數與《法華經》字等，真不啻檀林祇樹矣。

林盡，由山口望，層坡高峙，丹楹飛棟聳出層霄，則大峨樓也。越石門直上，入萬年寺。寺址甚敞，古稱白水寺，創自晉。唐慧通禪師重修，即廣濬禪師彈琴處。宋初敕建銅殿，歷太宗、真宗、仁宗，俱有御賜寶供。明萬曆間，改聖壽萬年寺。內殿凡七層，一磚砌旋螺，銅鑄普賢乘象金身高丈餘，今亦漸就荒落矣。寺門外近左有海會堂，藏佛牙一

[一]"泠"，蔣本作"冷"。
[二]"重修"後，蔣本有"有智者大師寄鉢杖"。

具,明萬曆敕書一道尚存。夜宿僧寮,山雨空濛,萬籟俱寂,已覺身在雲霄,登峰頂猶未及其半也。

　　閱二日己亥,曉聞梵音朗朗,起,出萬年寺後。山雲四起,半籠峰頂,霧雨霏霏濕衣。上頂心坡,一徑高懸,石磴蜿蜒下縋,舉步則足膝點於胸,以布繩曳輿,牽挽而上。巖畔一石森竪,名太子石,爲登者所憑藉焉。經十數折,至觀心亭,稍平。憩白衣庵,詢住僧,知爲先大夫所建,曾捐俸置香火田,石碣猶巋然道傍也。由此扳援曲折,山益高,徑益險。有鵝嶺脊、仙女橋、石碑岡,皆陡巖深洞[一],石壁巉絕,下臨無地。荒叢蒙密中,側視不知幾千仞也。仄徑沿巖爲大小雲壑,終古雲氣鎮之,深淺不可測。又前長老坪,右過駱駝嶺,數里爲初殿。登一板樓,望山形如鷲鳥,一名鷲殿。昔漢蒲公采藥遇鹿處,下有蒲氏村,皆蒲公後也。前兩山攢逼[二],石間一綫,陡仄不可躡足,名蛇倒退。巖左有徑,通九老洞。出巖直上一坪,老樹叢遮,綠陰蔽日。木石苔衣纏結,紛披下垂,長十餘丈。巖風拂之,縷縷如綫,曰普賢綫,又曰仙人縧,亦山靈變幻之奇也。

　　又前蓮華石,茅庵深閉,荒寂無人。道傍一石,細蕊層萼,類青蓮華。前顧亂峰層逼,箭筈通天,若臨絕境。仰指青霄微茫,鳥道高不可扳,行者咋舌。十數人挽一輿,如猿猱升梯,移步蹋空,則防顛墜。磴皆斬木層覆,危棧齒齒,蓋冰雪高寒,石則愈滑。此登山最險,俗呼鵓鴣鑽天,仿佛似之。上嶺意稍適,叢篁翠篠中,有方池久涸[三],亂葉覆之,曰洗象池。嶺畔有初歡喜亭,以歷險至此,前路漸平,志喜也。逾滑石溝直下,深峽數百丈。古殿一楹,覆以木皮,化城寺也。山中氣候至此迥異,四時霜雪,寒氣森森逼人。瓦屋經凍輒碎,多用木皮代之。少憩,炊飯僧厨。細雨斜風,慄慄如初冬時。肌骨凜然,急挾纊擁裘。由寺左沿危壁,歷絕磴,策杖攀藤,直上梅子坡。峻坂高巖,昔有胡僧縛木梯架石以引行者,今名胡僧梯。過梯爲白雲殿。峭壑憑虛,石根雲氣冉冉,瀰漫深谷。素濤銀海,變幻頃刻。殿後瀕巖一徑,徑左虛無所倚,亂木虯藤,連蜷蓊翳。俯視重淵深洞,岞崿崚峋,萬狀森列,則雷洞坪也。坪有雷神殿,路竪鐵碑,禁人語。巖下爲神龍所居,聞人聲則

[一]"陡",蔣本作"斗"。

[二]"攢",與光緒本同,蔣本作"欑"。按,二者義可通。

[三]"涸",蔣本"渴"。

風雨暴作，疾雷驚電，倒射山足，靈異如此。輿人疾趨過之。

曲折數里，盤旋紆轉，則八十四盤矣。度桫欏坪，正值花時，四山如翦綵。樹高六七尺，葉長，深碧，花一萼十數朵，叢出樹頭，殷紅粉白，望之微類芙蓉。性宜寒，移植山下則枯，蓋優曇寶樹，不作人間近玩也。稍折有接引殿板屋，供佛身峨然丈六，亂後寺僧募造者。今殿宇傾圮，漸爲風雨侵蝕。名山荒寂，誰爲布金長者耶？轉觀音巖，上太子坪，陰巖積雪與野草幽花相間。經回龍庵，松杉環蔭，一徑寬平，無復危巖險磴矣。又前圓覺庵，内沉香塔七級，高丈餘，層樓覆之，雕鏤金彩，工巧天然。僧云明萬曆時奉慈詔特製者[一]，瞻禮而出。左折過老僧樹，古幹數圍，蒼皮剥落。相傳昔有老僧入定於中，樹裂復合。上天門寺，兩石雙峙，劃然中分，如排閶闔，名天門石。多游人題詠，半蝕蒼苔矣。又轉七天橋，以峨山爲第七洞天也。上天啓庵，直度天仙橋。飛梁架壑，泠泠流冰雪聲[二]。左折，已登峰頂矣。崚嶒萬仞，忽焉平坦，心目頓開。瑞星石高倚寺門，銅、鐵、錫瓦三殿，巍然次第相接。予炷香殿上，默禱於大士前，專爲國泰民安、家太恭人祈壽。忽澹日微明，雲霧初斂。内殿鐘鳴，報佛光現矣。急趨睹佛臺，憑欄俯視，兜羅綿雲布巖下，漸滾滾與巖平，閃爍飛動，銀浪千層，横鋪玉地。有光若車輪，從雲頭涌出，圓暈數重，五色炫射。中如懸鏡，虛明朗耀，觀者攝身光内，止各見本身，毫釐無隱，雖數百人比肩並躅，不能見也。移時漸没，風卷雲馳，更相磨蕩。若扶桑初日，吞吐懸巖，光華倍皎。光外復現一銀橋，垂虹横亘。光旋轉其下，晃晃靡定，食頃方沉霧中，隱隱而散。

臨臺爲光相寺。左向層梯，有滲金銅殿，高二丈五尺，廣一丈四尺。梁棟檐楹鏤金錯綉[三]，中坐大士，傍繞萬佛。窗櫺上下，雕飾雲棧、劍閣及入山道路險阻崎嶇之狀，制極工麗。四隅環列銅塔，高六七尺。有銅碑，高六尺，闊三尺。古色蒼翠，其光可鑑。左王毓宗《記》，集王羲之書；右傅光宅《記》，集褚遂良書。萬曆癸卯九月立，記建殿事甚悉。右下卧雲庵，有老衲募修，工未竣，僅板屋數椽耳。山風大作，霧雨空濛。登藏經閣，擁爐坐僧榻，日已昏黑。聞山有佛燈，至夜則現。僧云：

[一]"萬曆"，蔣本作"神廟"。

[二]"泠泠"，蔣本作"冷冷"。

[三]"綉"，原誤作"秀"，據蔣本改。

"燈現必風止雲散，今濃雲漫空，恐不能見耳。"予輾轉不能寐，披衣步光相寺前，見山月將升，薄雲微掩。忽一燈從山外飄空而起，漸至十數點，爭相上下。頃刻數千百點，如傾萬斛珠璣，歷亂山谷。大風振林壑，吹人欲墮，不能久立，遂登閣宿焉。

閱三日庚子，曉日初晴，萬山雲净。登巖眺望，遠近諸山星拱羅立。巖後岷山萬重，真兒孫培塿耳。少近一峰，平覆如屋，與峨頂相對，瓦屋山也。又方正若案，高出天外者，曬經山也。青城、玉壘，或拱或揖；火焰、葱嶺，隱現縹緲，遙相映帶。諸山之後，銀色插天，日光注射，如瑤峰瓊壑，晃耀奪目，西域雪山也。延亘天竺諸番，不知幾千里，望之儼在几席。高寒之氣逼人，天地冰霜，萬古如斯矣。遙睇平川，三江如帶。白雲片片，或籠罩峰頭，或平鋪大壑，俱飄飄起足下，始知身在虛空。睹佛臺左有金剛石，穿空壁立，色如積鐵。倚石下窺，亂石岭岈，疑千門萬戶，幽奇莫測，真神仙窟宅也。僧指隔溪有不到寺、刺竹坪、棋盤寺、紫芝、玉蟾諸洞，迥絶人境，游踪不可問。山頂有泉曰井絡，炊米粒粒成沙，不能熟。予從神水以大竹貯水攜登，二日已盡，勢難更留。飯罷，出寺左行。下繞山坡，過澗尋白龍池。池方廣數步，水深尺餘，沙石縈帶。中有物蠕蠕出水底，僧以鉢盛之，長數寸，四足蜿蜒，居然蜥蜴也。僧云："冬寒，池水不冰，或時有風雷起池上，豈亦龍種耶？"右折出深坳，有净土庵，供通天沙門肉身於塔。僧云："沙門自萬曆甲戌居此，不下山五十年，將百歲矣而化。今遺蛻端嚴如生，是亦茂真、繼業之流也。"[一]

尋舊路，過雷洞坪，四望諸峰漸爲烟雲挾去。坐臨巖片石，下瞰幽巖邃壑，人迹罕到。最奇則九老仙人洞，有皇人遺迹焉。遠溯伏羲、女媧、鬼谷諸洞，層層倚伏，若相鱗比。惟指點虛無，無從御風而游也。下坡以繩縋輿，縮身如猬，石角藤梢鈎衣刺目。輿懸空際，前人蹲伏，後人挺立，互相牽掣。稍縱，則如片葉凌風，飄空直墮矣。較之攀躋而上，險且十倍。逡巡至木皮殿，喘息稍定。濕雲含雨，幽花匝樹，枝上始聞鳥聲。峰頂二日，鳥迹麇踪，寂無所見。唯二青鳥，每佛光將現時，飛繞殿前，呼"佛現、佛現"。仙翼靈禽，非凡鳥所能接羽。至白水寺，日已亭午。望鉢盂峰、虎跳橋，山壁峭立。屈曲十二盤而上，有八音池、

[一]"繼業"，蔣本作"智者"。

黑水寺，相隔二十里，屐齒不能及。趨雙飛橋，徘徊石畔不忍去。僧指左徑達洪椿坪，由寶現溪入石笋溝，數折後牛心寺，即古延福院。有白雲、青蓮二閣，乃孫真人栖隱地，遥望大峨石。左中峰寺，後即呼應峰[一]，茂真與真人弈棋處。景物幽深，倉卒難遍，惟付之夢游耳。

　　暮入伏虎寺，宿可聞禪師丈室，索《山志》閱之，讀范石湖、胡菊潭諸先生記，殊嘆兹游之草草也。笑謂兒圖曰："俟予十年後，芒鞋竹杖，呼老衲於古雪堆中，更作卧游以酬夙願。此時僕僕塵鞅，山靈自不肯以全身示現也。"

　　峨眉山志卷三終

附録：慈雲懺主《往生净土决疑行願二門》序[二]

　　維安養寶刹，大覺攸贊，三輩高升。夕孕金華，列宿猶慚於海滴；晨游玉沼，世燈强喻於河沙。良以十方爰來，四生利往，雖騰光而普示，終稽首而偏求。故其竺國皇州，自今觀古，彼則鉅賢至聖，咸舒藻以爲盟；此則覺德鴻儒，盡摛毫而作誓。自兹回向綿續[三]，唱和相尋，誠爲道德之通衢，常樂之直濟者也。但世多創染割截，未識方隅，忽遇問津，靡慚濫吹。或攘臂排爲小教，或大笑斥作權乘。以其言既反經，人惑常典。《易》不云乎："居其室，出其言不善，則千里之外違之，況其邇者乎？"[四]遂輒述《往生净土决疑行願二門》，詞愧不文，理存或當。視菽麥而且辨，挹涇渭而俄分。翦伊蘭之臭林[五]，植栴檀之香幹。信解行願，原始要終，不數千言而能備舉者，實兹二門矣。

[一] "呼應峰"後，蔣本有"智者大師道場"。
[二] 按，《往生净土决疑行願二門》經，乃宋僧慈雲遵式編，今收入《大正藏》第四十七册，以之參校。
[三] "自"，《往生净土决疑行願二門》作"目"，然《樂邦文類》卷二、《净土十要》卷二、《蓮宗必讀》卷一所引皆作"自"。
[四] 按，此文見《易·繫辭上》。
[五] 伊蘭：一種植物，有惡臭。《佛説觀佛三昧海經》卷一云："譬如伊蘭俱與栴檀生末利山。牛頭栴檀生伊蘭叢中，未及長大。在地下時，芽莖枝葉如閻浮提竹笋，衆人不知。言此山中純是伊蘭，無有栴檀。而伊蘭臭，臭若脹尸，薰四十由旬。其華紅色，甚可愛樂，若有食者，發狂而死。牛頭栴檀雖生此林，未成就故，不能發香。仲秋月滿，卒從地出成栴檀樹。衆人皆聞牛頭栴檀上妙之香，永無伊蘭臭惡之氣。"

峨眉山志卷四

第四、寺庵勝概 附：堂、殿、院、樓、閣、亭、橋、坊、塔[一]。

法王到處，法衆恒隨。峨眉爲中國最高之山，實普賢應化之地。以故十方緇素，咸來投誠而依栖；歷代王臣，悉各從事於建造。致使琳宮紺殿，棋布雲巖；草舍茅篷，星羅幽岫。或參禪以冥契佛心，或宏教以啓迪羣智。在昔建築甚多，晚近頹廢不少。姑依舊《志》，略録大端。凡新建者，備諸圖説。故志寺庵。

寺

光相寺，在大峨峰頂。相傳漢明帝時建，名普光殿。其改名光相，當在唐、宋時也。明初，洪武遣僧寶曇重修，始以鐵爲瓦。明末傾圮，清巡撫張德地捐俸重修[二]，有碑記。由此而下，爲天王殿。殿後左右，祖師、龍神二堂。正中錫瓦普賢殿。又爲銅瓦殿，僧别傳開建。殿後有坊，曰"捫參歷井"坊，旁有井絡泉。由此左上爲藏經閣，有舊頒《龍藏》，今失其半。閣一名永延寺，僧妙峰開建[三]。峰後惟密嗣修，壽九十

[一] 按，這一部分皆因襲蔣本卷三，略有删改，故以之參校。

[二] 張德地：雍正《四川通志》卷三一小傳云："張德地，滿洲籍，直隸遵化人。康熙三年（一六六四），以都察院右副都御史任，歷工部尚書。"張德地曾捐資重建光相寺與萬年寺，各撰有《重修光相寺碑記》《重修萬年寺碑記》，收在蔣本卷九、乾隆《峨眉縣志》卷九及本書卷六，據《重修萬年寺碑記》所稱"今上龍飛四年"，則其捐資重修二寺在康熙四年（一六六五）。

[三] 妙峰：即蔣本卷九《大峨山新建銅殿記》中之沙門福登，他先奉敕"齎聖母所頒《龍藏》至雞足山"，返回途中住峨眉。萬曆《山西通志》卷二六小傳云："福登，號妙峰，臨汾人。七歲祝髮，後依蒲坂萬固寺郎和尚習瑜伽法。忽見永明禪師，聽講《楞嚴》，即解悟。度海，謁補陀，回住。净五臺山龍翻石，刺舌血書《華嚴》一部，修建無遮道場。上聞而賢之，賜綉冠、綉衲、'真來佛子'之號。移錫蘆芽，造萬佛鐵塔，鑿萬佛石洞。峨眉造銅殿一、五臺一、華山一，俱莊嚴精妙。太原建浮圖於郡城左，慈聖佐以金錢。塔成，雙峙，名曰宣文。後歸臺山，並坐而逝。"

七。清雲南援剿總兵祁三昇捐資添造鐵瓦，往來朝山者多憇息焉。自樓左向後層梯而上，峰頂爲滲金小殿，一名永明華藏寺。殿左右有小銅塔四座_{明萬曆間，僧妙峰募瀋王及川督等鑄}。殿瓦、柱、門、檻、窗、壁，皆銅爲之而滲金。廣一丈四尺五寸，深一丈三尺五寸，高二丈五尺。前安願王像駕，四壁萬佛圍繞。門陰刻全蜀山川形勝，水陸程途，一覽瞭然。妙峰曾募造金殿三座[一]，分送五臺、峨眉。其一座欲載送普陀，至金陵，遇普陀僧，恐招海盜，不敢受，遂送江寧寶華山供奉云。向左爲睹佛臺，即放光處，在光相寺前約丈許。臺下千佛巖在右，金剛石_{石下即七寶臺}在左。辟支、童子二臺，兩兩對照，若龍虎然，亦山頂形勢最勝處也。

天門寺，在天門石下，僧瑞峰建。石凡三折始達山路，丹青不能似也。

護國草庵寺，明萬曆賜額，又名圓通庵，在天門石右，通天和尚建。有慈聖太后手書佛號、金綉長旛，今失。唯所賜九層沉香塔尚存。

大佛寺，縣東郊，明萬曆間通天和尚之徒無窮至京奏請慈聖太后開建。寺有千手千眼觀音大士銅像，土木弘麗。賜有香燈田五百畝，載在碑記[二]。

西坡寺，在城西南。唐武德六年建，舊名壽聖西坡寺。游山者往來多宿此。

聖積寺，離峨眉縣五里，即古慈福院。正德三年，内江王重修。寺内有銅塔，高二丈許，永川萬華軒所施。寺前有樓曰真境，一名老寶，乃慧寶禪師建。樓上有魏鶴山書"峨峰真境"四大字，内名賢題詠最多。舊《志》，後嶺有洪範庵，過嶺有華嚴樓、大悲、興聖二庵，今俱廢。唯儒林橋隔澗西坡寺、度凹十方院無恙耳。

伏虎寺，在伏虎山下，行僧心安開建。宋紹興間，虎狼爲患，人迹罕見。有高僧士性，建尊勝幢一座，據鎮方隅，患遂息。明末毀於兵火，繼得貫之和尚偕徒可聞禪師結茅接待，歷有數稔。於清順治十八年，督撫、司道捐俸修建。前後左右凡列一十三層，甚爲弘敞，誠峨眉之大觀也。

[一] "三"，蔣本卷三作"四"。按，蔣本稱"妙峰曾至長安募造金殿四座，分送五臺、峨眉、九華。其一座欲載普陀，道險難達，後以送江寧花山供奉云"，正爲四大名山各造一座。印光等改作"三座"，所據當是《憨山老人夢游集》卷一六之《敕建五臺山大護國聖光寺妙峰登禪師傳》。

[二] 按，此碑乃明人范醇敬所撰，收在乾隆《峨眉縣志》卷九。

華嚴寺，一名歸雲，在玉女峰下，唐昌福達禪師道場[一]。宋紹興三年，僧士性重修。寺有旋螺殿，極奇古。初爲白牛長老住持。明洪武時，僧廣圓領帖焚修。成化改爲會福寺。有宋紹興碑及華嚴堠，左刻"至州十五里"_{州疑指今峨眉縣}，右刻"至山頂七十里"[二]。玉女峰頂上有池，宋有天女饋食邛州刺史馮楫故事，詳《形勝》。

中峰寺，一名集雲，在白雲峰下，一名白巖。本晉乾明觀，時道士惑于三月三日升仙之說，歲爲毒蟒所食。有資州明果禪師至，暗伏獵人射殺之。道士感激，改觀爲寺事焉。宋高僧茂真尊者重修。宋時孫、王、宋三真人羽化於此。又黃魯直習靜處也。明洪武時，僧慧安、法曇長老住持。內普賢大士殿，明成化三年蜀昭王建。

黑水寺，在對月峰，創自魏晉肇公[三]。唐僖宗間，高僧慧通住錫。道聞朝廷，敕建永明華藏寺，並賜無縫衣、玉環、供器，滄桑無存。弘建普賢、延福、中峰、華嚴四剎，以山相火，易二水、三雲抑之。繼席祖庭，位列《傳燈》。承環、義欽、黑水、曇振、洞溪、廣悟，前後七代，悉宗風大振，故古今稱"峨眉祖堂"。黑水、洞溪俱以山彰名也。

前牛心寺，在雙飛橋上牛心嶺。

後牛心寺，宋繼業三藏開建，一名卧雲寺，一名延福院，即孫真人修真處。有吳道子畫壁十八羅漢像，一云張僧繇畫。宋淳祐間，僧紹才重修。明洪武時，廣濟禪師住持。

萬年寺，即白水寺，昔蒲氏事佛舊址，寺創自晉時。唐慧通禪師精修，唐人有聽廣濬禪師彈琴處，即此寺。在宋爲白水普賢寺，內敕建鑄大士銅像並殿高十餘丈。太宗、真宗、仁宗俱有御賜寶供。三經回祿，無存。明嘉靖間，旋修旋毀。萬曆間，敕改聖壽萬年寺。寺前有大峨樓，樓前有"南戒名宗"坊。左豎"祇樹林"坊。寺內殿凡七層，一毗盧，一七佛，一天王，一金剛，一大佛，一磚砌旋螺，中供銅鑄普賢丈六金

[一]"達"下，原衍"道"字，誤，今據蔣本及《五燈會元》卷八此僧小傳刪。

[二]按，本書卷三所引胡世安《登峨山道里紀》，云所刻文字作"至縣十五里""至巔七十里"，與此不同。

[三]"魏晉"，原互倒，據蔣本卷三乙。按，肇公，一般指僧肇，《高僧傳》卷六有傳。但其人似未曾入蜀，此處所云創自肇公者，或係傳說不可據，或別有其人名肇公。若的確指僧肇，此人爲東晉人，非魏人也，則"魏晉"當作泛稱理解。本書卷一引《峨山圖志》第四十八條，則刪去了"魏"字。

身騎象像，一接引殿，殿有明末代巡黃岡梧陽劉公捐造真武祠[一]，今廢。寇亂，寺焚毀殆半。清巡撫張公捐俸莊嚴，載有碑記。寺有明萬曆頒賜藏經，今失，唯一敕尚存。

靈巖寺，在大峨山下。南進高橋，寶掌和尚結廬舊址。寶掌，周威烈王十二年生，至唐高宗顯慶二年卒，壽一千七十二歲[二]。其寺歷代重興。至宋紹興五年，改護國光林寺。明成化元年，又改爲會福寺。後天順四年，頒賜《龍藏》。

棋盤寺，在城南進高橋經太平墩路口，茂真尊者開建。墩前有一泉，常溫。

蟠龍寺，近新開寺，進黃沙溪、冷竹坪，唐慧覺禪師開建。

新開寺，在伏虎寺後鞠家漕。萬曆三年，九老洞僧大用建。

香巖寺，離伏虎寺後三里，西域香巖尊者居此。

西禪寺，在縣西南十五里羅目街上。寺以僧名，與醫王、白鵲同時[三]。

石佛寺，在縣西五里，今廢。

玉屏寺，在縣西十里袁家溝。

彌陀寺，在楊鎮場下，隔河即二峨山。

伽藍寺，在楊鎮場。

茶土寺，在三峨山上。

圓通寺，在四峨山下。上有花山，明印宗和尚住此[四]。祈雨響應，感四衆雲集，設大戒壇。

觀音寺，在經太平墩道傍伍家坪，離城南一百里，古洞溪和尚住靜處。

本壽寺，在縣北二十里。深幽至極，鞠惟律師說戒所[五]。

[一] 梧陽劉公：據雍正《四川通志》卷三一"巡按"，指黃岡人劉宗祥。雍正《湖廣通志》卷五二小傳云："劉宗祥字梧陽，黃岡人，天啓乙丑（一六二五）進士。令金壇，舉最，爲御史。懷宗初，巡按江西。廷對興利除害數條，稱旨。繼巡四川。陛見，面劾少宰張捷行私，捷坐免官。後爲江西巡撫，致仕。"

[二] "二"，原作"一"，乃印光等人所誤改者，今據《釋氏通鑑》卷八、《嘉泰普燈錄》卷二四等改。本書卷一引《峨山圖志》第五十二條，亦誤改，前文已正之。

[三] 醫王、白鵲：醫王寺，見乾隆《峨眉縣志》卷四，未言何時修建。但據宣統《峨眉縣續志》卷二，西禪寺乃明代開建，則醫王寺亦應開建於明代。白鵲則未見著錄。

[四] 印宗和尚：本書卷五有傳。

[五] 鞠惟：印宗和尚之徒，參本書卷三《山道》之"從峨眉縣至四峨山路"。

普賢寺，離縣二十餘里，寶曇國師開建。

廣福寺，即前牛心寺別院，在寶現溪側，今廢。

佛到寺，在睹佛臺下。由縣南轉西，從盤龍寺、黃沙溪、冷竹坪。開山日得石佛，故名。今廢。

羅漢寺，在新開寺下。建日有梵僧赴齋，齋畢不見。今廢。

果哲寺，今廢。

永延寺，在九嶺岡下，明周藩建。

法華寺，今廢。

大隱寺，俱在二峨山下。

放光寺，在後山。宋嘉州刺史王良弼奏請開建，今廢。

庵 静室、館附

净土庵，在桫欏坪上，明萬曆初大智和尚建。師名真融，楚人[一]。戒律精嚴，刻苦供衆。凡建立五臺、伏牛、峨眉、鎣華四常住。最後至普陀，開海潮寺。有遺願碑存本庵，切戒子孫不得背衆營私、恃強相争。庵左有白龍池，水極甘洌。庵中佛像莊嚴細巧，最稱如法。

卧雲庵，在藏經閣右。性天和尚建，後毀。清總制哈公及通省文武捐俸[二]，命可聞禪師重建。絶頂無水，唯此庵下有半月池，各庵寺仰汲，詳《形勝》。有碑記。

回龍庵，在太子坪上。有戒壇，僧三濟開建。

大覺庵，在通天塔左。

法慧庵，在太子坪後。

文殊庵，在七天橋右、天仙橋左。有坊曰"爲天一柱"。

白衣庵。

[一] "楚人"，蔣本卷三作"秦人"。按，《普陀山志》卷一四有屠隆所撰《補陀後寺開山大智禪師碑》，據碑文，和尚爲湖北麻城人，於萬曆八年（一五八〇）離峨眉至普陀山。

[二] 哈公：即康熙二十二年（一六八三）任四川總督的哈占，《欽定八旗通志》卷一七六有傳。

富順庵。

永定庵。

聖水庵。

鳳凰庵。

普賢庵，在天門石。

般若庵，在錫瓦殿下。

彌陀庵，在錫瓦殿前。

天啓庵，在山頂齒牙峰下。

禪定庵。

金像庵。

勝峰庵。

萬行庵，即太子坪，僧古智建。

蓮華庵。

洪範庵。

華嚴庵。

華藏庵。

定慧庵。

卓錫庵。

毗尼庵。

净居庵。

法華庵。

慧日庵。

太虛庵。

鳳嶺庵。

解脱庵，在解脱坡，上即觀音堂。

呼應庵，在大峨石右呼應峰後。相傳茂真尊者與孫真人弈棋，於此呼應。庵側有棋盤石，有温涼二池、三仙洞、雄黄石，庵今廢[一]。

萬松庵，今廢[二]。

[一]"三仙洞、雄黄石，庵今廢"，原作"三仙洞庵、雄黄石庵"，乃印光等人對蔣本原文理解有誤，遂致誤改也，今據蔣本改回。

[二]"萬松庵，今廢"，原作"萬公庵，今俱廢"，據蔣本改。

佛會庵[一]。

慈聖庵。

禪定庵。

鉢盂庵。

千佛庵，即洪椿坪，伏牛山楚山和尚開建，德心大師重修。梵宇精潔，結構弘敞，常有千人。此地曲折幽雅，最爲隱僻。

大坪庵。

石笋庵，在石笋溝。

寶掌庵，在佛到寺右。

鐵峰庵。

福壽庵，在大峨石畔，僧性天開建[二]。此僧另是一位，非峰頂之性天。庵舊有九曲渠、流杯池，昔人觴詠其中。庵前有海棠，大數圍，高十餘丈，幹直上二尋，爲數百年間物。石踞神水池上，體微側，詳《形勝》。

龍泉庵。

維那庵。

月窟庵。

勝峰庵。

流春庵。

圓教庵。

白雲庵。上七庵廢。

三望坡茶庵，在中峰寺傍。

妙觀庵，在觀心坡上。

九老洞茶庵，在華嚴頂上。

洞泉庵，在猪肝洞下。

儀鳳庵，在四峨花山下。

洪範庵，有二：一在西坡寺前，一在山頂。

大悲庵。

石佛庵，在宋王觀壩下。

[一] 此條之下，原有"白衣庵"，與本卷前文白衣庵重複，今刪去。
[二] "性天"下，原衍"果"字，與蔣本同，文義不通，今刪。

三一庵，在瑜伽河下[一]。

立禪庵，在曹溪洞右。

寶珠庵，在石笋溝。

半月庵、興聖庵，俱近聖積寺。

龍鳳庵，即伏虎寺右靜室，前蔣太史易爲蘿峰庵。

飛龍庵，在玉女峰下，即伏虎寺左靜室。

彌陀庵。

聖水坪庵。

定居庵，在山頂。

太湖庵，僧融虛建，庵前有太湖石。

金剛際靜室。

蓮華社靜室，在九嶺岡上。

九龍坪靜室，在蓮華石上。

象鼻巖靜室。

逝多園靜室。

牛心鎮靜室。

培風館，在"捫參歷井"坊後。

堂

龍神堂，在伏虎寺左。

觀音堂，在解脫坡。

西龍堂，在梅樹埡下，今廢。

喜光堂，在萬年寺，今廢。

本尊堂，在二峨山下。

三藏堂，在二峨山下仰天窩，此處產香梨、櫻桃。

學士堂，在通天塔左。

中靜堂。

[一] 本條之下，原有"鳳嶺庵"三字，與本卷前文"鳳嶺庵"重複，又非二庵，今刪去。

觀心坡禪堂，在頂心坡後，僧空庵開建。

大慈堂。

沐浴堂。

會宗堂，即問宗堂，風道人明光開建，有碑記在伏虎寺。

海會堂，在萬年寺左。有御賜紫衣及丁雲鵬畫歷代祖師像八十八軸，今俱毀。唯佛牙尚在，重十三斤。

净業堂，在萬年寺右。古泉清洌，足供萬人，相傳下有龍窩。

殿

無量殿。

純陽殿，在華嚴寺上，明御史赫衛陽建[一]。

龍神殿，在三望坡上。

白雲殿，在梅子坡上。常有白雲屯聚，俗名雲壇。

接引殿，在八十四盤下。清順治十七年，有河間府僧，年八十，至此見佛像卧荒叢中，乃誓餓七日募修。時大雪，凡露餓六日，蜀趙翊皇登山，見而憫之。歸白督臺李公，捐金五百，命僧聞達重修。

雷神殿，在雷洞左。

木皮殿，在初歡喜亭上五里。西域阿婆多開建，即古化城寺。昔有昆明施紹高、太和王藎台來此，遇白猿獻二果，啖之俱仙去。

鷟殿，以山形如鷟鷟得名。一云初殿，又云鑿井初殿。在觀心坡上，駱駝嶺下。昔漢蒲公采藥見鹿處，後人因立此殿。殿下今尚有蒲氏村，皆公後也。

院

慈福院，在聖積寺對門。

普安院，在普安橋。

[一]"赫衛"，原作"郝衛"，形近而誤，今改，詳本書卷一"十七、華嚴寺至純陽殿圖說"注文。

華林院，在青竹橋。今俱廢。

龍門院，在種玉溪上。

惠續尼院，在黑水寺前，即月峰禪師惠通禪師之妹入定處[一]，有黑虎巡廊之異。有御賜袈裟、玉環，今失。

塔院，在學士堂右，圓覺庵下。金裝通天和尚肉身在内，至今生氣宛然。

樓

老寶樓，即真境樓。

玉皇樓，在伏虎寺溪右。

家慶樓，在飛來岡大廟後，詳《古迹》。

大峨樓，在萬年寺前，總督蔡公重建。

白衣觀音樓，在雙飛橋上。

閣

普賢閣，在中峰寺後。

歸雲閣，在華嚴寺後。

曹溪閣[二]，在大峨石後，僧瑞光建。

聖水閣，在大峨石後，高僧化機隱此。明巡撫安慶吳用先築此居之。

清音閣，在雙飛橋下琉璃亭後。有一大石，名洗心臺，臺上建閣，今廢。

菩薩閣，在白水寺，今廢。有榜曰"天下大峨山"。

朝陽閣，在八十四盤上。

觀音閣，在金剛臺上臥雲庵後，閣前有小睹佛臺。

[一] 按，此"月峰禪師"，即惠通禪師，《登峨山道里紀》中有"月峰祖師堂"，可爲旁證。

[二] "曹"，原作"普"，據蔣本卷三改。按，前文"庵"類"立禪庵"條亦云"在曹溪洞右"，此處作"普"，不知是故意改動還是刊印有誤，不可從。

楞嚴閣，在山頂。
藏經閣，在山頂光相寺。
萬聖閣，在普賢庵下。
賢首閣，在七寶臺右。

亭

涼風亭，在無量殿上。
宗漏亭、玉液亭，俱在大峨石。
琉璃亭，在牛心石。
接王亭，在雙飛橋上。
四會亭，在萬年寺前，有接引佛銅像。
初喜亭，在九嶺岡上。
大歡喜亭，在觀音巖上三里。
思佛亭，在桫欏坪。

橋

普庵橋"庵"或作"安"，在聖積寺西一里。
虎溪橋，在伏虎寺前。
涼風橋，在無量殿上。
解脱橋，在解脱坡下。
玉女橋、青竹橋，俱在華嚴寺前。
虎跳橋，在萬年寺左，一名七笑橋。爲前賢張鳳矼、安盤、程啓充、徐文華、章寓之、王宣及僧瑞堂建[一]。
太平橋，在五十三步上。
萬定橋，即古萬福橋，在大峨石上。
百福橋，即響水橋，在歌鳳臺側。

[一] 按，諸人事迹詳本書卷七相關詩作之注文。

三望橋，在中峰寺上。

雙飛橋，在牛心寺下。兩山相對出，牛心嶺自中亙垂如貫珠。左一水從雷洞坪繞白水寺來，右一水從九老洞繞洪椿坪來，至此界作二道雙虹跨淵。凡一橋受一水，一水出一洞水分黑白，即符文水。勢如虬龍奮舞，兩不相下，過橋始馴，久之乃合。有石狀如牛心，鎮峽口，昌瑩如鏡。觀察西山張能鱗改爲洗心石云。相傳左橋始軒轅游勝峰時造，右則自漢至宋，不知經幾何數修理。古今多以此處爲峨山第一勝景。凡黑龍潭、寶現溪水俱從此下始出龍門也。

仙女橋，在息心所下，窄甚。

仙迹橋，在山頂。

天仙橋，在山頂。

七天橋，在山頂天門石上。

積善橋，在觀音巖，自此可達洪椿坪。一名萬度橋，有上、中、下三道。

高橋，在靈巖寺前。

坊

"震旦第一山"坊，在凉風橋，即今伏虎寺。

"南戒名宗"坊，在萬年寺前。

"爲天一柱"坊，在山頂天仙橋左。

"捫參歷井"坊，在山頂銅瓦殿後。

山後"七十二古德名庵"坊，在山頂大佛坪右。

塔

小金塔，在聖積寺。高二丈餘，永川萬華軒施。

普同塔，有二：一在伏虎寺逝多林，有澄江大師藏骨；一在四會亭。

小石塔，在玉泉池側。

滲金小塔四座，在山頂銅殿側，妙峰募造。

沉香塔，在草庵寺。

肉身塔，有二：一是黑水，一是通天。

大僧塔，在紅珠山，即開建伏虎貫之和尚塔也。

第五、感應靈異

一心顯現萬法，萬法不出一心。衆生與佛同然，本無所謂靈異。唯衆生久爲業力所縛，自性功德不得受用。忽睹佛菩薩感應境界，輒詫爲希有。由是返迷歸悟，背塵合覺，久久必能徹證自心。故知菩薩現光、現燈及諸妙相者，乃曲垂接引之大慈悲心也。故志靈異。

※光燈

諸經載，佛説法時，恒放白毫光，或七寶光，是無相中之相，不可思議也。峨眉峰頂，晝則放光，夜則出燈，明由普賢示現，啓人生信。不然，何以唯菩薩道場有之，他則不聞耶？故志焉[一]。

佛光常放於光相寺前睹佛臺，下爲萬仞深谷，臨巖作欄杆。光起時，寺僧鳴鐘，朝山大衆聞鐘齊集[二]，憑欄而望。放光時每在卓午。先有兜羅綿雲布滿巖壑，宛如玉地，名曰銀色世界。雲爲水波，爲傘蓋，爲樓臺諸狀。上得日色照之，遂現圓光[三]，從小漸大。外暈或七重，或五重，五色絢縵。環中虛明如鏡，觀者各見自身現於鏡中，舉手動足，影亦如之，止見己身，不見傍人，以此爲異。此名攝身光。光上有金橋如虹，憑空而現，若可往來。有時雲氣散盡，出一光如大虹霓，圓似水晶映物，名曰"清現"。凡光相依雲而出，其不依雲則謂之"清現"，最難得者。又有白色無紅暈者，曰"水光"；如箕形者，曰"辟支光"；如鐃鈸形者[四]，

[一] 按，這一段文字見蔣本卷三，乃宋肆樟所增序文，非蔣超之書原有者。

[二] "朝山"，蔣本作"游侶"，此處乃印光等所改。

[三] "現"，蔣本作"立"。

[四] "鐃鈸"，原作"鏡鉢"，與光緒本同，據蔣本改。

曰"童子光"。光皆一光，變態而異名。

佛光未發時，有鳥先飛過，作聲曰"佛現了，佛現了"。已而佛光果出。此類雀而稍大，只有二枚鳥[一]，別無種類。飛入佛殿，常就僧食，但不見有長育耳。凡朝山者心主誠敬，則一二日内即遇光現；否則，有候至旬日不現而歸者。七天橋、天門石巖畔亦時有光現，與睹佛臺前之光無異。觀李中溪《游雞足山記》[二]，與此光正相類，可見佛菩薩境界皆同。

聖燈乃現於夜，凡千百數。明熒騰空，冉冉來朝佛臺。就近拾之，一木葉耳。然四時皆然，其非楓林霜葉明矣。此真聖燈，凡夫無庸妄肆猜疑也。

※佛光辯[三]

何式恒[四]

嘗聞佛教圓通，掃去色空諸相。又聞佛教廣大，時現百千萬億化身。蓋有相無相之間，久欲致辯焉，而未果所願。

余癸亥初夏偕山陰孟蘊士登峨峰[五]，禮普賢願王。凌晨，旭日初升，

[一]"鳥"，蔣本無。

[二]李中溪：雲南大理人李元陽，字仁甫，號中溪，明代嘉靖丙戌（一五二六）進士。楊慎謫雲南，與之善。民國《大理縣志稿》卷一二有傳。其《游雞足山記》，載隆慶《雲南通志》卷二、康熙《雲南通志》卷二九等。據隆慶《雲南通志》所載，其文叙佛光云："俄頃，見兜羅綿雲，縝乎一白，宛如玉地。有大圓光倚立玉地之上，外暈七重，每重五色。環中虛明如鏡，凝觀者各見自身現於鏡中，毛髮可數。舉手動足，影亦如之，衆人同。止唯見己身，不見傍人，僧云攝身光也。有頃，光没，風起壑中，雲氣散盡，林巒改色，鮮妍奪目。復出一光如大虹霓，然虹霓半缺不圓，此光圓瑩如水晶映物，僧謂此光乃佛現也，極難得遇。"

[三]按，此文亦載蔣本卷一〇，以之參校。

[四]何式恒：據蔣本卷一六所收《聽可閑和尚談蔣太史遺事，因及太史所修〈峨山志〉，感賦》，署名爲"何式恒旦心"，"旦心"非地名與職官，應是其字，康熙時人，與伏虎寺可閑和尚有交游。又據《中國古陶瓷研究中若干"懸案"的新證》一書第七章所附康熙三十三年（一六九四）《何氏宗譜‧重修統宗世紀》一文，作者何式恒自署"遷桐第十一世"，則此人乃安徽桐城人。其餘事迹不詳。

[五]癸亥：應指康熙二十二年癸亥（一六八三），則可判定此文及下一篇皆非蔣超原書所有。

群翳盡斂。蒙首、瓦屋及塞外曬經、雪嶺諸山,無不面目俱現。至午餘,兜羅雲布,忽成銀色世界。少頃,佛光從巖下漸起,紺綵奪目,不可迫視。仰首半空,突有五色祥光數道,隱現菩薩法相。余頂禮畢,益信化身之説不虛矣。

夫世疑峨眉洞壑臨淵,日色反射,宜有異光。復疑山中多晶石,映日益陸離而大。此皆臆説,不可以存。余特述所見以著辯,俾後之游峨者,知菩薩以無相爲圓通之果,而有相未始不爲廣大之因也。然則有相無相之間,殆不可思議云。

※佛燈辯[一]

何式恒[二]

余客西蜀,峨眉咫尺而未得措足者三載。每遇游峨者,輒津津問之。若佛燈一事,或云是古木葉也,或云是千歲積雪精瑩凝結也,余疑之而未敢遽信。今於孟夏之望,七睹佛光。後益欲諦審於佛燈矣。

夫諸佛菩薩以至道度世,不難表光相示衆生。何惜昏夜一炬,令大地光明耶?爰是暝鐘初息,沙彌來報燈現。余急趨頂上,乍見一二熒熒處猶然,諸説橫據胸中。未幾,如千朵蓮華,照曜巖前。有從林出者,有從雲出者,有由遠漸近冉冉而至者,殆不可數計。始嘆耳食之不如目睹也久矣。昔蘇長公月夜泛舟,探石鐘之勝,因作《石鐘山記》。有曰:事不經身歷即言之,未必得其真;得其真矣,而未必盡其詳。蓋笑李渤之陋,而嘆酈元之簡也。余不敏,何能紀佛燈?然親見種種如是,又何敢不以數言附於《峨志》之末,令後人益嗤後人也?

[一] 按,此文亦載蔣本卷三,以之參校。所謂佛燈者,歷來説法不一,田家樂《峨眉山與名人》一書,其《聖燈千萬盞,旋向碧空生》一文,先列舉了歷代説法,最後從科學角度解釋,認爲應該是密環菌在高濕條件下發光。

[二] "何式恒",原無,據蔣本卷三,此文亦應是何式恒所作,爲免生疑,補作者名。

※游峨眉山記[一]

清蔡毓榮川湖總督，三韓[二]

古者立國，必依山川。在《禮》，諸侯祭其境內名山大川，山出雲、爲風雨則祭之[三]，所以祈福禳灾、祐國庇民[四]，非獨務游觀、覽勝概而已。蘇子瞻謂天下山水在蜀，蜀之山水在嘉，蓋指峨山而言也[五]。余以康熙辛亥奉命入蜀，忝爲峨山主。又讀《通志》、宋范成大、明陳文燭、袁子讓、曹學佺游記，所稱佛光、聖燈、兜羅綿雲者[六]，心羨慕之而未能無疑也。九月，余自蜀旋楚，道經嘉州。因念是山爲蜀之望，自兵火以來[七]，蜀民鮮有孑遺，而嘉、眉、邛、雅以南獲稱安堵。斯山之靈實式祐之，不可不修祀事且以果右軍之緣，遂命駕往登。

自伏虎、萬年諸蘭若，歷觀心、鷲殿、化城[八]、雷洞，諸奇險震悼、怵心駭目，見諸前賢載記及山圖，詳志且悉[九]，不復縷述。余自萬年晨發，晡刻抵山巔，禮普賢大士畢，登睹佛臺，俯視下界，如在天上。少頃，白雲噓布，萬頃一色，望之如雪、如氈、如銀海，乃所謂兜羅綿者。無何，二佛現鳥如鸜鵒依人衣袖間[十]，鳴曰"佛現，佛現"[十一]。忽大雲中現五色光，或黃、或赤、或紫、或綠、或碧，輪囷蓬渤，如太極暈，

[一] 按，此文亦載蔣本卷九及康熙《四川總志》卷三六，皆用以參校。

[二] 蔡毓榮：清漢軍正白旗人，字仁庵，祖籍錦州。康熙九年（一六七〇）任四川湖廣總督，《清史稿》卷二五六有傳。據文末署題，此文作於康熙十年九月。

[三] "出"下，原衍"爲"字，據蔣本刪。按，此處所謂《禮》，指《禮記》。《祭法》云："山林、川谷、丘陵，能出雲、爲風雨、見怪物，皆曰神。有天下者祭百神，諸侯在其地則祭之，亡其地則不祭。"

[四] "祐"，《四川總志》作"佑"，文義可通。本篇後文此二字之異不再出校。

[五] 按，此句以爲蘇軾所言嘉州山水之盛爲峨眉山，因襲陳文燭《游峨眉山記》之說，乃想當然爾。類似說法，有兩處較早之記載，一爲《益部談資》，卷上載："長公云：天下山水在蜀，蜀之山水在嘉，嘉之山水在凌雲。"一爲《蜀中廣記》，卷一一云："山頂有清音亭，邵博《記》：天下山水之勝在蜀，蜀之勝在嘉州，嘉州之勝在凌雲寺，寺之南山又其勝也。"二說皆不提及峨眉山，蘇軾也未嘗登峨眉山矣。

[六] "雲"，蔣本無。本文後之"兜羅綿雲"，蔣本皆無"雲"字，乃印光所增者。

[七] "火"，《四川總志》作"燹"。

[八] "鷲殿、化城"，《四川總志》作"化城、鷲殿"。

[九] "且"，《四川總志》作"具"。

[十] "現"，蔣本無。

[十一] "鳴曰佛現，佛現"，蔣本無，乃印光等所補。

如大圓鏡，光彩射人，重重攝入。大衆歡呼，嘆未曾有。

迨至夜分，主僧復報聖燈現矣。余疾起往視，初見一燈二燈，旋繞虛空；已復散爲百爲千，若列宿海，若繁星翳天[一]。寺僧合十向余，謂："曩間宰官居士登山，候至數日、十餘日，求一見佛光不可得。今公甫至，三相俱現，非具大福德、至誠虔感，何遽爲諸佛菩薩感應攝受若此之神速也！"余遜謝不敢當。自念今歲仲冬爲家大人六秩誕期，余感荷大慈，獲睹瑞相，不勝慶幸。私心默禱，願此光明雲上爲聖天子有道萬年，受茲百福；家大人壽考康寧，永錫純嘏。蓋余至此始信諸佛菩薩境界不可思議，《華嚴經》所稱大光明山[二]、普光明殿、藏海寳網、香雲遍滿，皆真實語，非親至其境者，不能知也。

唯是自有此山以來[三]，登者衆矣。或旬日始見佛光，又未能悉見所謂聖燈、兜羅綿者。余皆一朝見之，可不謂厚幸，一大奇緣也哉！是游也，同行有皖江劉灝柱餘謨諸君子[四]，抵山稍後，僅見聖燈、綿雲，未及睹光[五]。余以王事於役[六]，次日即下山，不及少留。方欲以是傲諸君子，灝柱笑而言曰："佛光常住，相猶無相。若人以相見佛，佛即以相現；若人以無相見佛，佛即以無相現。凡所有相，皆是虛妄。使餘謨見猶不見，而況欲以見見乎？"余喜其言通於禪，故泚筆記之，而並錄其語於後。

清康熙辛亥[七]

[一] "翳"，蔣本作"衣"。

[二] "華嚴經"，蔣本作"雜華經"，同。

[三] "唯"，蔣本作"惟"。

[四] 劉灝柱：劉餘謨字良弼，號灝柱，安徽安慶府懷寧縣人。康熙《安慶府志》卷一五小傳云："字良弼，號灝柱。方伯尚志之孫。崇禎壬午（一六四二）登賢書，癸未（一六四三）成進士，讀書中秘。順治初，擢用賢能，授刑科給諫。凡經國要務，疏屢千言，詳載《藝文》。後因廷諍放歸，僑寓白門。凡臺憲郡邑興利剔弊之事，有關民瘼者，咸造訪其廬。餘謨博學嗜古，晚年不倦，所著詩文甚富。康熙庚申（一六八〇）春歸皖，省叔父若宜之病，親嘗湯藥。宜易簀後，躬事含殮，卜窀穸爲葬。畢，謂其子姪曰：'余心忽忽欲動，四大分張，了了如此，吾將從吾叔父游矣。'無疾而終。"

[五] "睹光"，《四川總志》作"睹圓光相"。

[六] "余"前，《四川總志》有"會"字。

[七] "清"，蔣本作"時歲在"。又，《四川總志》無此署款。

※佛現鳥賦[一]

明廖大亨 四川巡撫[二]

杜宇化蜀[三]，靈鷲開山[四]。物無小而可忽，機有動而先傳。巖攢鶄鴒[五]，眉掃蔚藍。光飛蟄蝀，華發瞿曇[六]。七寶臺高，三生業重。灝溔鴻濛[七]，碧傾空洞[八]。爰有神鳥，狀類伯勞。衣浣玄水，喙啄赤霄。紺緣豐領，羽點文苞[九]。載飛載止，倏近倏遙。翺翊欲轉[十]，翪翀以翹[十一]。不類瀟湘叫雨[十二]，有若洪崖戲翛[十三]。機忘剝啄，智謝繒繳。作錦衣之

[一] 按，此文亦載蔣本卷一二，以之參校。
[二] 廖大亨：明代雲南建水人，康熙《建水州志》卷一一稱此人天啓二年（一六二二）中進士，任四川巡撫、右僉督御史。據《平寇志》卷三，崇禎十三年（一六四〇）"十月戊子朔，以廖大亨巡撫四川"，然《國榷》卷九七則稱崇禎十三年十月"戊申朔。辛酉，廖大亨爲右僉督御史，巡撫四川"。兩說互歧，據《中國史曆日和中西曆日對照表》，崇禎十三年十月朔日爲戊申，故當以《國榷》所載爲是。又據《蜀龜鑑》卷一，崇禎十五年（一六四二）二月，"巡撫廖大亨親憂去官"，則可推知《峨眉山志》中所收廖大亨之詩文，均應作於崇禎十三年末至十五年初。
[三] 杜宇化蜀：化，教化。《漢書·循吏·文翁傳》："繇是大化蜀地，學於京師者，比齊魯焉。"此處指杜宇使蜀地臻於教化。
[四] 靈鷲開山：靈鷲山即佛祖說《法華經》之處，故以其山爲佛教聖地。此處喻指峨眉山，蓋俗以爲即《諸菩薩住處品》中之大光明山也。
[五] "鶄鴒"，原誤倒，據蔣本乙正。按，峨眉山有地名鶄鴒鑽天。
[六] "瞿"，原作"優"，據蔣本改。按，瞿曇，釋迦牟尼之姓，故借指佛。此處應指峨眉山上之杪欏花，俗謂其爲"菩薩私玩"，見胡世安《登峨山道里紀》。印光等改作"優曇"，則指睡蓮，於文義不合。
[七] "溔"，原作"養"，據蔣本改。按，灝溔，又作"灝漾"，廣闊蕩漾貌。《漢魏六朝百三家集》卷四七錄晉潘尼《火賦》云："似大道之未離，而元氣之灝溔。"《紫微集》卷三《四月旦大雨晝夜不止者兩日微水一夕暴漲》云："波神信雄桀，灝漾方無垠。"
[八] 空洞：此處與鴻濛義同，皆指峨眉山上之雲氣。
[九] 文苞：苞，本義指包裹花朵的葉片，此處比喻羽毛。文苞，有花紋的羽毛。
[十] "翊"，原作"趷"，當是形近而誤，據蔣本改。按，翺翊（yùxù），飛走之貌。《文選·郭璞〈江賦〉》："鼓翅翺翊。"注引鄭玄云："飛走之貌。"
[十一] 翪翀（zōngchōng）：翪指飛時上下振翅。《爾雅·釋鳥》："鶉鶤醜，其飛也翪。"郭璞注："竦翅上下。"翀則指向上直飛，此處連用，指飛翔之態。
[十二] 瀟湘叫雨：《太平御覽》卷一〇云："《湘州記》曰：'零陵山有石燕，遇風雨則飛，止還爲石。'"
[十三] "崖"，原作"巖"，因襲蔣本而誤，今據用典改。按，洪崖先生，三皇時之伎人，曾披鳥羽而舞，後又傳爲神仙。《文選·張衡〈西京賦〉》云："洪涯立而指麾，被毛羽而襳襹。"注云："洪涯，三皇時伎人，倡家托作之，衣毛羽之衣。襳，衣毛形也。"上一句用湘州石燕之典，言佛現鳥不是石燕，特針對佛光將現而此鳥出之事；此句用洪崖披鳥羽之典，則是喻佛現鳥乃神人所化，故能通靈也。

飛使，報虹綵於神皋。言隨意變[一]，形幻舌饒。機不先而不後，緣如赴而如招。

夫其崱屴崱屳之險[二]，靉靆霧霘之交[三]。霜鵬戢翼[四]，霧豹歇嚎[五]。荔披有魅[六]，草宿無媌[七]。而乃有羽可儀，其音載好。既山輝以窐媚[八]，亦虹流而電繞[九]。白馬黃金，琪林瑤草。草木忽而葱蒨，海雲遮而繪巧。簪赤城之霞標，烜文燦於海島。使面壁兒孫[十]，歸崇佛老。目睜乎金剛閃灼，心切乎玉象縹緲。知微知彰，倏來倏杳。清絶桐花鳳[十一]，慧超秦吉了[十二]。嗟乎！楚鳳不作[十三]，孫龍亦邈[十四]。人我墮相，聲光誰葆。盡是皮毛誤大千，可以人而不如鳥？

峨眉山志卷四終

[一] 言隨意變：《升庵集》卷三八《佛現》詩云："佛現佛現，鳥語易隨人意變。"

[二] 崱屴崱屳（zèlìlǐyǐ）：高大險峻，連綿不斷，皆形容山勢。

[三] 靉靆霧霘（àidàiyīnchén）：雲霧密布，天氣陰沉。

[四] 霜鵬：《莊子·逍遥游》中，鵬為北冥大魚所化，故可稱霜鵬，此處喻指衆鳥。

[五] 霧豹：南山玄豹隱於霧中，見《古列女傳》卷二"陶答子妻"，本義指藏身遠害也。此處指鳥獸爲嚴寒所逼，忍不做聲。

[六] 荔披有魅：《楚辭補注》卷二《山鬼》云："若有人兮山之阿，被薜荔兮帶女羅。"

[七] 草宿：《草木子》卷一云："林栖之羽似葉，草宿之毛似草，亦從其類也。"◎媌：美好。本形容女子貌美，《列子·周穆王》："簡鄭衛之處子，娥媌靡曼者，施芳澤，正蛾眉，設笄珥，衣阿錫，曳齊紈，粉白黛黑，珮玉環，雜芷若以滿之。"此處言居於山林叢莽之物，要么就是鬼魅，要么没有美好的外表，爲後文言佛現鳥而起反襯作用。

[八] "輝"，蔣本作"輝"，義近。

[九] "電"，原作"霓"，據蔣本改。按，作"霓"不叶平仄。

[十] 面壁：坐禪。《五燈會元》卷一"東土祖師·菩提達磨大師"云："當魏孝明帝孝昌三年（五二七）也，寓止于嵩山少林寺，面壁而坐，終日默然。人莫之測，謂之壁觀婆羅門。"

[十一] 桐花鳳：《益部方物略記》云："桐花鳳，二月桐花始開，是鳥翔翔其間。丹碧成文，纖觜長尾，仰露以飲，至花落輒去。蜀人珍之，故號為鳳。或為人捕置樊間，飲以蜜漿，哺以炊粟，可以閲歲。蜀士以繪扇，唐李衛公嘗為賦。"

[十二] 秦吉了：《嶺表録異》卷中云："秦吉了，大約似鸚鵡，嘴脚皆紅，兩眼後夾腦有黃肉冠。善效人言，語音大分明於鸚鵡。以熟鷄子和飯如棗飼之。"此鳥聰慧且有氣節。《朝野僉載》卷四云："天后時，左衛兵曹劉景陽使嶺南，得秦吉了鳥雌雄各一隻，解人語。至都，進之，留其雌者。雄者煩然不食，則天問曰：'何無聊也？'鳥爲言曰：'其配爲使者所得，今頗思之。'乃呼景陽曰：'卿何故藏一鳥不進？'景陽叩頭謝罪，乃進之，則天不罪也。"又《邵氏聞見録》卷一七云："瀘南之長寧軍有畜秦吉了者，亦能人言。有夷首欲以錢伍拾萬買之，其人告以苦貧，將賣爾。秦吉了曰：'我漢禽，不願入夷中。'遂勁而死。嗚呼！士有背主忘恩與甘心異域而不能死者，曾秦吉了之不若也。"

[十三] 楚鳳：楚狂接輿，隱峨眉山，曾鳳歌而笑孔丘，故稱楚鳳。

[十四] 孫龍：隱居峨眉山之孫思邈。

附録：《法苑珠林·千佛篇·述意文》

　　蓋聞九土區分，四生殊俗。昏波易染，慧業難基。久復愛河，長流苦海。不生意樹，未啓心燈。故三明大聖，八解至人，總法界而爲智，竟虛空以作身。形無不在，量極規矩之外；智無不爲，用絕思議之表。不可以人事測，豈得以處所論？將欲啓愚夫之視聽，須示真人之影迹。其猶谷風之隨嘯虎，慶雲之逐騰龍。感應相招，仰惟常理。自鹿樹表光[一]，金河匿曜，故像法衆生，歸向有徵。雖千佛異迹，一智同途。大悲平等，隨性欲而利生；宏誓莊嚴，運慈舟而濟溺。衆生有感，機緣契會也。

[一] 鹿樹：菩提樹，此句指釋迦牟尼證道之後，佛光大熾，讓天上之太陽與衆星都失去了光芒。

峨眉山志卷五

第六、歷代高僧附塔銘，附居士。

佛、法、僧三寶，爲世福田。佛已滅度，法不自宏。其傳法道而度衆生、續慧命而啓後覺者，唯僧是賴耳。峨眉爲普賢菩薩道場，得具大誓願、大精進、大禪定、大智慧之高僧宏揚之，則普賢無盡之行，如來最妙之道，人人皆得修而證之矣。故志高僧。

晉千歲寶掌和尚[一]

中印度人，周威烈王十二年丁卯降神受質，則左掌握拳，七歲祝髮乃展，因名寶掌。魏晉間，東游此土，入蜀禮普賢，留大慈。常不食，日誦《般若》等經千餘卷。有詠之者曰："勞勞玉齒寒，似迸巖泉急。有時中夜坐，階前神鬼泣。"

一日，謂衆曰："吾有願住世千歲，今六百二十有六矣！"故人以千歲稱之。旋游五臺，復南歷衡岳、黃梅、匡廬。尋入建業，會達磨入梁，就而叩請，悟無生忍。武帝高其道臘，延供內庭。未幾如吳，述偈曰："梁城遇導師，參禪了心地。飄零二浙游，更盡佳山水。"

遂遍探兩浙名山，後居浦江之寶嚴，與朗禪師友善。每通問，遣白犬馳往，朗則使青猿。故有題朗壁者云："白犬銜書至，青猿洗鉢回。"至唐高宗顯慶二年正旦，手塑一像，經九日成。謂門人慧雲曰："此肖誰？"雲曰："與和尚無異。"即澡浴易衣趺坐，謂雲曰："吾住世已一千七十二

[一] 按，蔣本卷四雖有此僧小傳，但遠不如此處詳細。印光等所據當是《嘉泰普燈錄》卷四，今以之參校。

年[一]，今將謝世。聽吾偈曰：'本來無生死，今亦示生死。吾得去住心[二]，他生復來此。'"又囑曰："吾滅後六十年，有僧來取吾骨，勿拒。"言訖而逝。

入滅五十四年，有刺浮長老，自雲門至塔所，禮曰："冀塔洞開。"少選，塔戶果啓，其骨連環若黃金。浮即持往秦望山，建窣堵波奉藏。以周威烈王丁卯至唐高宗顯慶二年丁巳，實一千七十二年。其在此土，蓋歷四百餘歲云。

※晉阿婆多尊者[三]

西域聖僧也。來禮峨眉，觀山水環合，頗同西域化城寺地形，遂依此而建道場。山高無瓦埴，又雨雪寒嚴，多遭凍裂，故以木皮蓋殿，因呼爲木皮殿。

※晉釋慧持[四]

遠公之弟，與遠共事道安法師[五]。及安在襄陽，遠公東下，持亦俱行。初憩荆州上明寺，後適廬山，皆隨遠共止。持欲觀瞻峨眉，振錫岷岫，乃以晉隆安三年辭遠入蜀。遠苦留不住，嘆曰："人生愛聚，汝獨樂離，如何？"持亦悲曰："若滯情愛聚者，本不應出家。今既割欲求道[六]，正以西方爲期耳。"於是兄弟抆淚，憫默而別。到蜀，止龍淵精舍，四方

[一] "二"，原作"一"，據《嘉泰普燈錄》改。後文之"二"原亦作"一"，逕改。

[二] "吾"，《嘉泰普燈錄》作"我"。

[三] "阿"下，原衍"羅"，因襲蔣本卷四而誤，據《蜀中廣記》卷八五、蔣本卷二"附山道"、卷三"木皮殿"條刪。按，蔣本乃據《蜀中廣記》抄錄此條，《蜀中廣記》又是據明代明光道人《峨眉傳》抄錄而來。《峨眉傳》已佚，《蜀中廣記》是目前載此條的最早文獻。

[四] 按，此條見蔣本卷四、《蜀中廣記》卷八一、《高僧傳》卷六等，以蔣本參校。

[五] 按，慧遠傳見《高僧傳》卷六，道安傳見《高僧傳》卷五。

[六] "割"，原作"剖"，因襲蔣本等而誤，據《高僧傳》卷六、《蜀中廣記》卷八一等此僧傳記改。

慕德，所至成侶。刺史毛璩、耆宿惠巖、僧恭，皆望風推服。有升持堂者，號登龍門。後因譙縱之亂，殺璩及巖、恭等[一]。持避難，之郫縣中寺。縱有從子道福，凶悖尤甚，將兵往郫討戮。入寺，人馬浴血，衆僧驚走。持在房前盥洗，神色無忤。道福直至持邊，持彈指漉水，澹然自若。福愧悔流汗，出寺門，謂左右曰："大人故與衆異。"後境内清恬，還止龍淵，講說齋懺，老而愈篤。以晉義熙八年卒，春秋八十有六。臨終遺命，務勖律儀[二]。謂弟子曰："《經》言：'戒如平地，衆善由生。'[三]汝等行住坐臥，宜其謹哉！"

附考：宋時，嘉州道左大樹因風吹折，穴中有一定僧，頭髮蓋身，爪甲圍腰一匝。有司以聞，迎至都下，令西僧總持擊金磬再拜，乃出定。叩之，曰："吾遠法師弟也。"再叩，曰："吾將往陳留。"遂復入定。明萬曆末，四川按察曹公學佺云："往在金陵，同年金礪爲言[四]：近日陳留古廟，因取土修理，掘其下，有三缸，蓋底皆俯。其中仰者，有定僧坐焉，爪甲繞身。群衆喧譁不已，聊一開眸，問曰：'是何時？'衆答曰：'萬曆某年也。'曰：'吾尚早。'仍閉目。衆努力搖之，不動。衆懼，遂覆之如初。"[五]按，《高僧傳》載持卒於龍淵。今山頂有老僧樹，云是持入定處，未知孰是，詳《志餘》。按，明嘉靖間，灌縣青城山樵陽子，亦有前身坐蛻樹中事[六]。孫柏潭先生有傳，載《四川總志》。

[一] 按，譙縱爲亂之事可參《晉書·譙縱傳》。
[二] "勖"，原作"最"，因襲光緒本而誤，據蔣本改。
[三] 按，此《經》指《華嚴經》，見其書卷四九。
[四] 金礪：又作"金勵"，字霜鐔，號太阿，河南陳州西華縣人，萬曆己未（一五五九）進士，事迹詳乾隆《西華縣志》卷七小傳，又見雍正《重修太原縣志》卷一三《金公德政碑》。
[五] 按，此前之文皆見《蜀中廣記》卷八一，所謂見於嘉州道左大樹中之事，曹學佺乃據嘉靖《四川總志》卷一三《嘉定州·仙釋》"慧持"條改寫。
[六] 樵陽子：姓雷，名化緣，大足縣人。初生時有僧乞食於門，母遂名之爲化緣。生二歲，父母相繼死，育於安縣民陳和家。十餘歲，陳夫婦亦相繼死，展轉寄養於灌縣之青城山下童老家。童老家赤貧，無以自食，化緣衣破腹空，寒色可掬，日月入山采薪以給灌縣人，後遇異人指示前身蛻化之軀。事迹見孫繼皋《宗伯集》卷四《樵陽子傳》及《繪圖》卷四"樵陽子"條。後文稱"孫柏潭先生有傳，載《四川總志》"者，指孫繼皋所作之傳，稱其文見《四川總志》，應是指《補續全蜀藝文志》卷五一所載者。《補續全蜀藝文志》編者爲杜應芳，杜氏又主持修撰了萬曆四十七年《四川總志》。嘉靖《四川總志》與萬曆九年《四川總志》及康熙十二年《四川總志》皆不載其傳。

※晉釋明果

資州人，幼薙髮龍游山。謁秦竺法護於大興善寺。一日，聞護開示"如來座者，一切法空是"[一]，頓悟厥旨。回蜀，就寶掌峰卓錫。中峰，始號乾明觀，彼中道士每於三月三日效瞿武升仙之法，歲以爲常。師聞，知是妖孽，請讓先升。暗伏獵人[二]，箭綴絲綸，果中之，一白蟒也。尋理其處，乃見冠簪白骨滿窟。羽人悔悟，即觀改爲中峰寺，迎師承事焉。

※宇文周釋寶象

姓趙氏，本安漢人，後居綿州昌隆之蘇溪。年七歲，至巴西郡。太守楊眺問云："聞兒大讀書[三]，因何名爲老子？"象曰："始生頭白故也。"眺密異之。冠歲出家，即受具戒。後還涪州，開化道俗。又抄集醫方，療諸疾苦。或報以金帛，一無所受。象雖道張井絡，風播岷峨，見大乘一經未弘蜀境，爲之疏記，欲使後學有歸。忽感風疾，不言久之。命將絕，私心發誓，願諸佛護念。作是念已，忽然能語。後卒於潼川光興寺，即綿州振響寺也。時保定元年[四]。

※隋茂真尊者

日游呼應，夜宿棋盤，二處古迹現存。

[一] 按，此語見《妙法蓮華經》卷四。
[二] "暗"，原作"階"，與光緒本同，據蔣本改。
[三] "大"，原作"人"，與光緒本同，據蔣本改。
[四] 按，保定乃北周武帝年號，元年當五六一年，《續高僧傳》卷八稱此僧卒於保定元年十一月二十三日。

※唐昌福達和尚[一]

眉州人。初參晦機[二]，回峨眉，住華嚴寺。僧問："學人來問則對，不問時意旨如何？"曰："謝師兄指示。"曰："本來則不問，如何是今日事？"曰："師兄此問大好。"曰："學人不會時如何？"曰："謾得即得。"曰："國有寶刀，誰人得見？"曰："師兄遠來不易。"曰："此刀作何形狀？"曰："師兄要也道，不要也道。"曰："請師道。"曰："師兄難逢難遇。"曰："普賢云何駕石船？"曰："師是這個亙古亙今。"

西禪和尚問："佛是摩耶降[三]，未審和尚是誰家子？"師曰："水上卓紅旗。"[四]問："如何是密室中人？"師曰："非男女相。"問："國內按劍者誰？"師曰："昌福。"曰："忽遇尊貴時如何？"師曰："不遺。"[五]

※唐趙州[六]

禮峨眉於放光臺，不登寶塔頂。僧問："和尚云何不到至極處？"州云："三界之高，禪定可入；西方之曠，一念而至。惟有普賢，法界無邊。"

※唐黃檗老人[七]

禮峨眉，至睹佛臺，霧氣澄霽，曰："云何不見？"僧問："不見甚

[一]"達"後，原衍"道"字，據蔣本刪。
[二]晦機：唐鄂州黃龍山晦機禪師，清河人，俗姓張，傳見《景德傳燈錄》卷二三。
[三]摩耶：即摩訶摩耶，釋迦牟尼佛之生母，見《七佛父母姓字經》。
[四]"卓紅旗"，原脫，文義不完，據蔣本及《景德傳燈錄》卷二〇補。
[五]"遺"，原作"貴"，據蔣本、《蜀中廣記》卷八五、《景德傳燈錄》卷二六等改。按，從"問如何是密室中人"至此，不見於《景德傳燈錄》卷二〇"西禪和尚"條，而見其書卷二六，乃眉州黃龍第二世和尚事，頗疑《蜀中廣記》抄錄有誤，故蔣本同卷後文又引西禪和尚之事，今存疑於此，不作改動。
[六]趙州：趙州從諗，俗姓郝，曹州人，唐代著名禪師，傳見《宋高僧傳》卷一一及《佛祖歷代通載》卷一七。按，此條又見《蜀中廣記》卷八五。
[七]黃檗：又寫作"黃蘗"，即住黃檗山之唐代福建福清僧人釋希運，傳見《宋高僧傳》卷二〇。按，此條又見《蜀中廣記》卷八五。

麼？"檗云："不見普賢。"

※唐南泉老人[一]

禮峨眉，觀白雲光紫，曰："還有這點霞氣在。"僧問："和尚是那一點？"泉云："東則東，北則北。"僧便禮拜。

※唐靈龕和尚

成都人，參陝西青峰禪師[二]，回峨眉，住靈巖寺。僧問："如何是諸佛出身處？"曰："處處非干佛[三]，春來草自青。"又問："碌碌地時如何？"曰："試進一步看。"僧曰："不知前進處？"師曰："步步躡著。"[四]

※唐白水和尚

初參夾山善會禪師[五]，回峨眉，居白水。僧問："如何是西來大意？"曰："四溟無窟宅，一滴潤乾坤。"又問："曹溪一路，合譚何事？"曰："澗松千載鶴來聚，月中香桂鳳凰歸。"

※唐洞溪和尚

初參樂普[六]，曰："月樹無根枝覆蔭。"普曰："森羅秀處，事不相依，淥水千波，孤峰各異。"師有省。一日，普問曰："蛇師為甚麼被蛇吞去

[一] 南泉：南泉普願禪師，趙州從諗之師，俗姓王，鄭州新鄭人，傳見《景德傳燈錄》卷八。按，此條又見《蜀中廣記》卷八五。
[二] 青峰：即陝西鳳翔府青峰山傳楚禪師，事迹詳《景德傳燈錄》卷二〇。
[三] "干"，原作"千"，形近而誤，據《蜀中廣記》《景德傳燈錄》等改。
[四] 按，此條又見《蜀中廣記》卷八五，《景德傳燈錄》卷二三則無最後兩句。
[五] 夾山善會：唐代廣州峴亭人，俗姓廖，傳見《佛祖歷代通載》卷一七及《景德傳燈錄》卷一五。按，此條見《蜀中廣記》卷八五及《正法眼藏》卷二。
[六] 樂普：即澧州樂普山元安禪師，俗姓淡，夾山善會之徒，陝西鳳翔人，傳見《景德傳燈錄》卷一六。

也？"[一]師曰："幾度扣關拈不出。"持錫便行。普曰："善哉！去一普賢。"[二]回峨眉。

※唐澄照大師

初參投子[三]，回蜀住白水寺。每日六時朝禮普賢大士。僧問："諸佛有難，向火焰裹藏身。衲僧有難，向甚麼處？"師曰："水晶石上起波文，大地衲僧都在裏許。"又問："云何是初生月？"曰："大半人不見。"

※唐西禪和尚

本州人。昔參曹山[四]，曰："佛是摩耶降，未審和尚那家子？"山曰："石頭漂在水裏。"[五]曰："三十六路，阿那一路最妙？"山曰："不出第一手。"曰："忽被出頭時如何？"山曰："脊著地也不難。"

※唐慧覺禪師

謁台州勝光和尚，值光在繩床上坐，師直到身邊，叉手立。光問："甚麼處來？"師云："猶待客話在。"便下去。光乃拈拂子，下僧堂前見師，提起拂子問云："闍黎喚這個做甚麼？"師云："敢死喘氣。"光低頭便歸方丈。師初參羅山[六]，纔禮拜起，山云："甚處來？"師云："遠離西蜀，近發開元。"却近前云："即今事作麼生？"山揖云："吃茶去。"師擬議

[一] "蛇師"，原作"螺螄"，據蔣本及《景德傳燈錄》卷二〇改，《蜀中廣記》卷八五則無此二字。按，蛇師指蠑螈。

[二] "去一"，原作"又憶"，據蔣本及《蜀中廣記》《景德傳燈錄》改。

[三] 投子：即投子山大同禪師，舒州懷寧人，俗姓劉，傳見《景德傳燈錄》卷一五。又，此處之澄照大師，乃青城香山澄照，與謚號澄照之道宣律師非一人。

[四] 曹山：即曹山釋本寂，泉州蒲田人，俗姓黃，傳見《宋高僧傳》卷一三、《景德傳燈錄》卷一七。

[五] 按，此句因襲《蜀中廣記》卷八五、《景德傳燈錄》卷二〇等作"水上卓紅旗"，見前文。

[六] 羅山：指福州羅山道閑禪師，俗姓陳，事迹詳《景德傳燈錄》卷一七。

間，山云："秋氣稍暖出去。"師到法堂上，自嘆云："我在西川峨眉山脚下，拾得一枝蓬蒿箭，擬撥亂天下。今日到福建道陳老師寨裏，弓折箭盡去也。休！休！"山明日升堂，師又出，問："豁開户牖，當軒者誰？"山便喝，師無對。山云："羽毛未備，且去。"後還蟠龍寺住。

※唐正性和尚

住華嚴寺。前朝古殿一所，重修之，以旋篆結頂，至今呼爲雲篆殿。

※羅漢和尚

初參香林澄遠禪師[一]，回峨眉延福院右邊，住一小洞，常現禪定。僧問："如何是西來大意？"師曰："井中紅焰，日裏浮漚。"曰："如何理會？"師曰："遥指扶桑日那邊。"曰："如何是羅漢境界？"師曰："地連香積水，門對勝峰山。"曰："既是羅漢，爲甚麽却被人轉動？"師曰："換却眼睛，轉却髑髏。"

※布水巖和尚

昔參曹山，曰："寶劍未磨時如何？"曰："用不得。"[二]"磨後何如？"曰："觸不得。"[三]又問："如何是西來大意？"曰："一步蹋著火光飛。"於此有省。回峨眉白巖寺居。

※黄龍繼達禪師

昔參晦機，回峨眉住光相寺。僧問："如何是衲師作用處？"[四]曰：

[一] 香林澄遠：五代至宋初漢州綿竹人，俗姓上官，傳見《建中靖國續燈録》卷二。
[二] "用"前，原衍"觸"字，據蔣本及《蜀中廣記》卷八五、《景德傳燈録》卷二〇删。
[三] "觸"前，原衍"用"字，據蔣本及《蜀中廣記》卷八五、《景德傳燈録》卷二〇删。
[四] "衲"，原脱，據蔣本及《蜀中廣記》卷八五補。

"橫鋪四世界，竪蓋一乾坤。"[一]問："道滿來時如何？"曰："要羹與羹，要飯與飯。"問："黃龍出世，金翅鳥滿空飛時如何？"曰："我問你金翅還得飽否？"[二]僧無對。

※黑水和尚

本縣人。因禮峨眉，參黃龍。曰："雪覆蘆花時如何？"曰："猛烈。"師云："不猛烈。"黃便打。師有省，自爾契緣。游黑水峰下而居。有人來禮，問："和尚尊號？"曰："汝看山峰喚作甚麼？"

※大乘和尚[三]

青神人。初參雲門，回峨眉，住龍池四面峰。僧問："如何是勝峰？"[四]曰："直聳烟嵐際。"曰："向上事何如？"曰："入地三尺五。"[五]曰："如何是佛法大意？"曰："興義門前鼕鼕鼓。"曰："學人不會。"曰："朝打三千，暮打八百。"

※唐東汀和尚

本縣人。初參曹山，後居峨眉棋盤寺。僧問："如何是却去底人？"曰："石女紡麻爐。"問："如何是却來底人？"曰："扇車關棙良計斷。"僧禮拜[六]。

[一] 按，此一問答，《景德傳燈錄》卷二四作："僧問：'如何是衲？'師曰：'針去綫不回。'曰：'如何是被？'師曰：'橫鋪四世界，竪蓋一乾坤。'"

[二] "還"，原作"疾"，據蔣本及《景德傳燈錄》卷二四改。

[三] "大乘和尚"，與《蜀中廣記》卷八五同，《景德傳燈錄》卷二三作"青城大面山乘和尚"。

[四] "勝峰"，與《蜀中廣記》同，《景德傳燈錄》作"相輪峰"。

[五] "入"，原作"立"，據蔣本改。

[六] 按，此條見《蜀中廣記》卷八五、《景德傳燈錄》卷二三。又，萬曆《嘉定州志》卷四有此僧小傳，則稱其爲宋孝宗時人，誤。

※唐慧通禪師

江陵人，洛浦元安法嗣。唐僖宗時游峨眉，望山峰奇異，有古肇公道場，欲往履之，溪水泛漲。偶感一虎至，即騎虎跳過溪流，故名虎渡橋。厥後道聞朝廷[一]，重興六寺。以山象火，遂改三雲二水壓抑火星。迄今全身供黑水祖堂。出《傳燈錄》。師有妹尼慧續，亦從兄闡化，有烏鴉報曉、二虎巡廊之異。白水瑋禪師，新羅金藏法嗣，曹山本寂孫，與洞山道延弟兄、白水仁禪師，洞山良价法嗣[二]。黑水和尚有二：一黃龍晦機法嗣巖頭全奯曾孫[三]，一潙山靈祐法嗣，與仰山兄弟，唐昭宗時人，《禪燈世譜》偶逸其名。黑水承璟禪師[四]，德山緣密法嗣，雲門文偃孫。黑水義欽禪師，承璟法嗣。

※宋白水如新禪師

玄沙師備法嗣，雪峰義存曾孫[五]，宋初住白水寺。

※宋慧真廣悟禪師

益州人，受業於峨眉洞溪山黑水寺，參方慕道，遇雲門法席。密承指喻，乃開山創院，漸成叢林。開堂日，雲門和尚躬臨證明。僧問："如何是佛法大意？"師曰："日出方知天下朗，無油那點佛前燈？"問："如

[一] "道"，原作"通"，與光緒本同，據蔣本改。
[二] 按，此句頗難理解。據《禪燈世譜》卷九，新羅金藏乃洞山良价下第一世，與曹山本寂同輩；白水瑋禪師乃洞山良价下第二世，師承雲居道膺，非新羅金藏；洞山道延與洞山道全應是兄弟，但道延與白水瑋禪師同輩，而道全則與曹山本寂同輩；《峨眉山志》所謂"白水仁禪師"，當是《禪燈世譜》之白水本仁，亦與新羅金藏及曹山本寂同輩。至於此處"曹山本寂孫"，則不詳所指。頗疑此句有脫誤。
[三] 按，此說與《禪燈世譜》卷二相合。但後文所謂潙山靈祐法嗣之黑水和尚，則不知蔣超所據為何。
[四] 按，《天聖廣燈錄》卷二一有其事迹，《禪燈世譜》卷七載其師承。
[五] "存曾"，原脫，據蔣本及《禪燈世譜》卷二補。

何是雙峰境？"師曰："夜聽水流庵後竹，晝看雲起面前山。"問："如何是法王劍？"師曰："鉛刀徒逞，不若龍泉。"曰："用者如何？"師曰："藏鋒猶不許，露刃更何堪？"問："賓頭盧應供四天下，還得遍也無？"師曰："如月入水。"問："如何是用而不雜？"師曰："明月堂前垂玉露，水晶殿裏撒珍珠。"有行者問："某甲遇賊來時，若殺即違佛教，不殺又違王敕，未審師意如何？"師曰："官不容針，私通車馬。"至太平興國二年三月，戒門人曰："吾不久去世，汝可就本山頂預修墳塔。"至五月二十三日功畢，師曰："後日子時行矣。"及期，會雲門爽和尚、溫門舜峰長老，七人夜話。侍者報三更，師索香焚之，合掌而逝。

※宋行明禪師

長洲魯氏子[一]。從師歷五臺、峨眉，禮文殊、普賢二菩薩，菩薩皆隨心應現。後栖祝融峰七寶臺，誓投軀學薩埵太子，越多劫而成聖果，委身虎豹，爭競食之，須臾肉盡。同學泰布衲收其殘骸焚之[二]，得舍利焉。

※宋繼業三藏

耀州王氏子，薙髮於東京天壽院。乾德二年，奉詔入天竺求舍利及貝多葉。至開寶九年始歸，聽擇名山修習。登峨眉，至雙飛橋，見兩石門溪上，攬得其一，眉目宛然，以為寶瑞，因名寶現溪。見牛心眾峰環翊，作庵以居，已而為寺。年八十四示寂，有遺錫在牛心寺。

※宋茂真

居白水寺。太平興國五年二月奉詔入朝，太宗賜詩美之，館于景德

[一] "洲"，蔣本作"州"。按，暫不知蔣超所據為何書。印光改作"洲"，亦未言根據。檢光緒《湖南通志》卷二四一，有僧行民，姓魯氏，吳郡人，事迹與此行明相合。光緒《重修南嶽志》卷一五亦載，或即印光所本。乾隆《大清一統志》卷二八一、嘉慶《大清一統志》卷三六三作"行明"，皆較蔣超書更晚。

[二] 泰布衲：南嶽玄泰禪師，沉靜寡言，未嘗衣帛，人稱泰布衲，與貫休、齊己友善，詳《五燈會元》卷六。至於此條，則不知蔣超從何書抄出。

寺。舒王元珍以夢兆語真，真曰："當有儲嗣。"果育仁宗。既歸，重興五山六寺。後遣張仁贊齎黃金三千兩，于成都鑄普賢大士像，高二丈六尺，至今供養。按，此茂真非隋茂真尊者，乃另是一人[一]。

※宋白水宗月禪師

谷隱靜顯法嗣，黃龍慧南之孫，與晦堂祖心兄弟[二]。

※宋密印安民禪師

嘉定州朱氏子。初講《楞嚴》于成都，爲義學所歸。時圓悟居昭覺，師與勝禪師爲友，因造焉。聞悟小參，舉國師三喚侍者因緣[三]，趙州拈云"如人暗中書字，字雖不成，文彩已彰"，"如何是文彩已彰處"。師心疑之，告香入室。悟問："座主講何經？"師曰："《楞嚴》。"悟曰："《楞嚴》有七處徵心、八還辯見，畢竟心在甚處？"師多呈義解，悟皆不肯。師復請益。悟令一切處作文彩已彰會。偶僧請益《十玄談》[四]，方舉"問君心印作何顏"，悟厲聲曰："文彩已彰！"師聞而有省，遂求印證。悟示以本色鉗鎚，師則罔措。一日，白悟曰："和尚休舉話，待某說看。"悟諾。師曰："尋常拈鎚豎拂，豈不是經中道'一切世界諸所有相，皆即菩提妙明真心'？"[五]悟笑曰："汝原來在此中作活計。"師又曰："下喝敲床時，豈不是'返聞聞自性，性成無上道'？"[六]悟曰："汝豈不見經中

[一] 按，遣張仁贊之事見《佛祖統紀》卷四三，但此茂真小傳，暫未見更早記載。
[二] 按，據《禪燈世譜》卷四，白水宗月的確爲谷隱靜顯法嗣，爲黃龍慧南徒孫；谷隱靜顯嗣自仰山行偉，仰山行偉與晦堂祖心爲兄弟輩。故此處稱白水宗月與晦堂祖心爲兄弟有誤。
[三] 國師三喚侍者：《撫州曹山元證禪師語錄》卷一云："忠國師驀喚侍者，侍者來立，國師低頭。侍者立多時出去。國師喚侍者，如是三度了，曰：'將謂我孤負汝，汝却孤負我。'百丈舉問趙州：'國師三喚侍者意作麽生？'州曰：'如人暗裏書字，字雖不成，文彩已彰。'"
[四]《十玄談》：同安察禪師所作，載《景德傳燈錄》卷二九等，後引"問君心印作何顏"，乃第一篇《心印》首句。
[五] 按，此處所引經文，改寫自《楞嚴經》卷二，原文云："一迷爲心，決定惑爲色身之內，不知色身外洎山河虛空大地，咸是妙明真心中物。"
[六] 按，此處所引經文偈子，見《楞嚴經》卷六。

道'妙性圓明，離諸名相'？"[一]師於言下釋然。後悟爲衆小參，舉古帆未挂因緣，師聞未領，求決。悟曰："汝問我。"師舉前話，悟曰："庭前柏樹子。"師即洞明，謂悟曰："古人道如一滴，投於巨壑，殊不知大海投於一滴。"悟嘆曰："奈這漢何！"未幾，令分座。悟有偈贈師，載詩集。尋開法保寧，遷華藏。

旋里，領峨眉中峰。上堂："衆賣華兮獨賣松，青青顏色不如紅。算來終不與時合，歸去來兮翠藹中。可笑古人恁麼道，大似逃峰赴壑，避溺投火。争如隨分，到尺八五分鑷頭邊討一個半個？雖然如是，保寧半個也不要。何故？富嫌千口少，貧恨一身多。"[二]冬至上堂，舉玉泉皓和尚云："雪，雪，片片不別，下到臘月。再從來年正月至十月，依前不歇。凍殺餓殺，免教胡説亂説。"師曰："不是駡人，亦非贊嘆。高出臨濟德山，不似雲居羅漢。且道玉泉意作麼生？"良久云："但得雪消去，自然春到來。"師後示寂於本山，闍維，舍利頗臢。細民穴地尺許，皆得之，光明瑩潔，心舌不壞。

※宋慧遠禪師

生於眉山金流鎮彭氏。年十三，投藥師院僧宗辨出家。祝髮受具，即往成都習經論。還峨眉靈巖寺，時徽禪師住焉。徽，黃龍南四世孫，知見甚高。師初入門，值徽飯罷，於庭廡間閑行。師纔見即放包，問曰："文殊爲七佛之師，未審甚麼人爲文殊之師？"徽云："金沙灘畔馬郎婦。"[三]時有起鐵拂者，爲首座，師亦往親近。起常誘掖之，兩歲未有所得。一日靜坐次，有僧獨行，自語云："假四大以蓋覆，緣六塵而生心。忽遇六

[一] 按此處所引經文見《楞嚴經》卷七。
[二] "恨"，蔣本作"憾"。
[三] 馬郎婦：普賢化身，誘導陝右之人向佛。《佛祖統紀》卷四一云："馬郎婦者，出陝右。初是，此地俗習騎射，蔑聞三寶之名。忽一少婦至，謂人曰：'有人一夕通《普門品》者，則吾妻之。'明旦，誦徹者二十輩。復授以《般若經》，旦通猶十人。乃更授《法華經》，約三日通徹。獨馬氏子得通，乃具禮迎之。婦至，以疾求止他房。客未散而婦死，須臾壞爛，遂葬之。數日，有紫衣老僧至葬所，以錫撥其尸，挑金鎖骨，謂衆曰：'此普賢聖者。閔汝輩障重，故垂方便。'即陵空而去。"此事在唐憲宗元和四年（八〇九）也，《佛祖歷代通載》卷一五所載更詳。然《歷朝釋氏資鑑》卷七則將此事隸於元和七年（八一二），且言葬所爲金沙灘。《佛祖綱目》卷三二亦將此事則將此事隸於元和十二年（八一七），且明言此婦乃觀音化身，後人目之爲魚籃觀音，諸説不同。

塵頓息，喚甚麽作心？"師聞之，忽有省，遽起告座。座可之，上方丈告徽，徽亦可之。明日即告行，同志挽留，師不聽，曰："吾師以爲可，而我終未釋然也。"時圓悟自雲居歸蜀，住昭覺，師造焉。每問話請益，辭旨峭硬，悟深契之。一日，悟普説，舉："龐居士問馬祖：'不與萬法爲侶者是甚麽人？'祖云：'待汝一口吸盡西江水，即向汝道。'"師聞舉，豁然大悟，仆於衆中。衆以爲中風，共掖起之，師乃曰："吾夢覺矣。"至夜，悟小參。師出，問曰："净裸裸空無一物，赤骨立貧無一錢。户破家殘，乞師賑濟。"答云："七珍八寶一時擎。"師曰："賊不入謹家之門。"答云："機不離位，墮在毒海。"師隨聲便喝，悟以拄杖擊禪床，云："吃得棒也未？"師又喝，悟連喝兩喝，師禮拜。悟大喜，以偈贈師，有"舊鐵舌轉關棙"之語[一]。衆目之爲"鐵舌遠"[二]。師自此機鋒峻發，無所牴牾。

師自發明心要，即得游戲大自在三昧。嘗因開爐升座曰："天無門，地無壁，葫蘆棚上種冬瓜，兩手扶犁水過膝。跳金圈，吞栗棘，甋柏板對無孔笛。屈，屈，獨腳山魈解雙躍。去年冬裏無炭燒，今年定是無火炙。飢時飢到眼睛黃，窮時窮到赤骨立。屈，屈！且道屈個甚麽？頗奈監寺、副寺、維那、典座、直歲等，却與泥水匠商量，放出兩頭鴟吻，咬殺佛殿脊。"奉詔住高亭山崇先寺。未幾，再命靈隱開堂。孝宗皇帝屢詔入內，賜號佛海禪師。上堂説偈曰："淳熙二年閏，季秋九月旦。鬧處莫出頭，冷地著眼看。明暗不相干，彼此分一半。一種作貴人，教誰賣柴炭。向你道，不可毀，不可贊，體若虛空没巖岸。相呼相唤歸去來，上元定是正月半。"

於時都下喧傳師當以正月十五日遷化，遂達上聽。至期無疾，升座祝聖如常儀。上亦密遣中使伺師起居，皆見師往來如常。時迭歸奏[三]："齋罷，侍者與俗官同上方丈，但見門扃閉甚密。"師素畜一黑猿，頗馴，能知人意，因衣以布褐，命之曰"猿行者"。至是，求師不見，因窺於窗隙中，但見猿手持一卷書，立於床前。遂亟從後路至榻前，撥開帳子，而師已化矣。取猿手中書觀之，乃辭世頌，曰："拗折稱錘，掀翻露布。突出機先，鴉飛不度。"留十日[四]，顏色不變。壽七十四。

[一]"棙"，蔣本作"捩"，義同。
[二]"遠"，原脱，據蔣本補。
[三]"迭"，原作"送"，形近而誤，據蔣本改。
[四]"十"，原作"七"，據蔣本改。按，《續傳燈録》卷二八、《蜀中廣記》卷八六皆作"十"。

※宋釋道宏

峨眉人，姓楊氏。受業於雲頂山，相貌枯悴，善畫山水、僧佛。晚年似有所遇，遂復冠巾，改號龍巖隱者。族甚富，宏只寄迹旅店中一空榻[一]，雖被襆之屬，亦無所有。爲人畫土神，其家必富，畫貓則無鼠。往往言人心事，輒符合。又凡如厠，必出郭五里外。鄉人每隨而窺之，見其就溺，無復便利[二]，但立而獨語，再四乃出，此皆異事[三]。後竟坐化店中，年八十餘。

※宋純白禪師

梓州飛烏人，姓支氏。父謙，聞法於松山道者，以死生爲戲，白衣梵行，緇俗無出其右者。自嘗云："吾根鈍，不得入圓頓，願有子續佛慧命足矣。"師少聞父誨，諦聽沉思，有如夙習。一日，躍過溪，忽有省，不覺失笑，遂往依峨眉山華嚴寺落髮受具。父子相與遍歷成都講肆，通性、相宗經論。去之南游，首謁澧州太平俊禪師。俊目爲真法子，付以十三條説法大衣，師遜却之。後詣黄檗山，禮真覺勝禪師[四]。親近歲餘，未始一顧，師奉事益勤。勝一日忽抬眸視之，師咄曰："這老漢把不定作麽？"勝大笑，乃爲印證心地。元豐末，宗室南康郡王自黄檗邀勝詣輦下[五]，師侍行。未幾，會太學生上書訟博士者語連勝[六]，有旨放歸蜀。門人星散，獨師負巾鉢以從。會成都府帥奏改昭覺爲十方禪院，問真覺

[一] "富宏"，原誤倒，據蔣本及《蜀中廣記》卷一〇八乙正。按，蔣本此條抄録自《蜀中廣記》，而《蜀中廣記》又係據《畫繼》卷五改寫。
[二] "利"，原作"行"，文義不通，據蔣本及《蜀中廣記》等改。
[三] "此"，原作"比"，據蔣本改。
[四] 真覺勝禪師：黄檗惟勝，姓羅，中江人，事迹詳《建中靖國續燈録》卷一一、《五燈會元》卷一七等。
[五] 南康郡王：據《宋史·宗室二·漢王元佐傳》，元豐年間襲此號者乃趙宗立。
[六] "太"，原作"大"，據蔣本改。按，雖"大"可通"太"，然有本可據，仍改之。又，此處敘述錯亂，恐有誤。據《續資治通鑑長編》卷二九五，"建州進士虞蕃上書言太學講官不公"事在元豐元年（一〇七八）。此事牽連甚廣，元絳之子耆寧、孫諤、程之邵、沈銖、葉濤等人皆因之被貶，各詳《宋史》本傳。前文既言邀惟勝至京在元豐末，豈能稱元豐元年爲"未幾"耶？

誰可住持，覺以師應。師既領院，遵南方規範，一變律居。上堂示衆，有曰："不起性海，是理事縛；不透聲輪，是語言縛。"於是蜀之净侶靡然向風。朝散郎馮敢[一]、奉議郎段玘[二]、天台山隱者宋放[三]、唐安文士祖思昱[四]，皆摳衣執弟子禮。元祐末，白水寺僧正闕，丞相蔡京時帥成都，命師住。師不樂，遂並昭覺辭之，請歸舊刹，建立綱宗。久之，將示寂，頌曰："風高月冷，水遠天長。出門無影，四面八方。"怡然而寂。

※宋禪惠大師

名山人，屢舉不第。元符間，郡守吕由誠以僧牒戲之。師即削髮，明日往天寧爲僧。或問："瓦屋道坊，何以木皮蓋？"師曰："錦府豈從機上織，劍門寧自匣中藏？"其機敏不一。有《禪惠語録》行世。

※宋別峰禪師

龍游李氏子，世居峨眉。從密印禪師得法，後又事圓悟，入室，深相許可。遍參潙山、福嚴[五]、疏山，皆目擊契存。至徑山，大慧獨掃一室待之[六]。師出峽，住保寧、金山、雪竇。開堂升座，曰："世尊初成正覺，於鹿野苑中轉四諦法輪，憍陳如比丘最初悟道。後來真净禪師初出洞山，拈云：'今日新豐洞裏，祇轉個拄杖子。'遂拈拄杖著左邊，云：'還

[一] 馮敢：雍正《四川通志》卷三三稱其爲嘉祐進士，同治《嘉定府志》卷四六記載白巖三洞中有元祐四年（一〇八九）此人游覽題記，其時任嘉定州從事。
[二] "玘"，原作"玘"，形近而誤，據蔣本及《蜀中廣記》卷八五、《續傳燈録》卷一八改。按，此人事迹不詳。
[三] "台"，原作"臺"，據蔣本及《蜀中廣記》《續傳燈録》改。按，浙江有天台山，成都有天臺山，但不能肯定此宋放以成都天臺山而名號，故據原文出處回改。
[四] "祖思昱"，與《蜀中廣記》同，《補續高僧傳》卷八亦作"祖思昱"；而《續傳燈録》作"相里昱"，兩種寫法形近，未知孰是。
[五] "嚴"，原作"巖"，據蔣本及《渭南文集》卷四〇《別峰禪師塔銘》改。説詳本卷此塔銘注文。
[六] 大慧：大慧宗杲，圓悟克勤法嗣，字曇晦，號妙喜，俗姓奚氏，宣州甯國人。辛於隆興元年（一一六三）八月十日，享年七十五，逆推可知生於一〇八九年。傳見《續傳燈録》卷二七、《南宋元明禪林僧寶傳》卷三。

有最初悟道者麼？若無，丈夫自有衝天志，莫向如來行處行。'遂喝一喝，下座，若是印上座則不然。今日向鳳凰山裏，初無工夫轉四諦法輪，亦無氣力轉拄杖子。祇教諸人：行須緩步，語要低聲。何故？欲得不招無間業，莫謗如來正法輪。"

上堂："三世諸佛以一句演百千萬億句，收百千萬億句，祇在一句。祖師門下半句也無，祇恁麼合吃多少痛棒！諸仁者且道諸佛是、祖師是，若道佛是祖不是、祖是佛不是，取舍未忘；若道佛祖一時是、佛祖一時不是，顢頇不少。且'截斷葛藤'一句作麼生？道'大蟲戴紙帽'，好笑又驚人。"復舉"僧問巖頭'浩浩塵中如何辨主'，頭云'銅砂鑼裏滿盛油'"。師曰："大小巖頭，打失鼻孔。"或有人問保寧"浩浩塵中，如何辨主"，祇對他道"天寒不及卸帽"。

上堂："六月初一，燒空赤日。十字街頭，雪深一尺。掃除不暇，回避不及。凍得東村廖鬍子，半夜著靴水上立。"又云："將心除妄妄難除，即妄明心道轉迂。桶底躍穿無忌諱，等閑一步一芙蕖。"

淳熙七年，敕住徑山、靈隱。臨終預定時日，如期而逝。有塔銘，見後。

※宋黑水曇振禪師[一]

大慧杲法嗣。

※宋峨眉道者

蜀人，不詳氏族名字。戒律甚嚴，不下山二十年。一日，有布衣青裘昂然一偉人來，與語良久，期以明年是日復相見於此，願少見待。明年是日方午，道者沐浴，端坐而逝。至暮，偉人果來，問："道者何在？"曰："亡矣。"偉人嘆息良久，書數語於堂側壁間絕高處，云："落日斜，西風冷。幽人今夜來不來？教人立盡梧桐影。"字畫飛動，如翔鸞舞鳳，

[一] 按，此僧亦見《禪燈世譜》卷五等，惜事迹無考。

非世間筆也，或云吕洞賓作。出《竹坡詩話》[一]。

※明廣濟禪師

龍興寺僧。洪武微時，與之厚。迄帝即位，師避居牛心，屢詔不出。後竟終於此，有塔在寺。蜀獻王贈詩[二]。

※明寶曇國師

吳人，乃斷巖禪師後身。洪武初，敕往峨峰，重建鐵瓦殿，並鑄普賢金像。留蜀十年，道化大行。後召還，卒天界寺。洪武寄詩二首[三]。

※明匾囤禪師[四]

號無空，禹州陳氏子。年逾二十，忽辭父母求出家。父母曰："此兒引舌過鼻[五]，非常人也，任其去。"乃投少林寺，禮梵僧喇嘛爲師，挂搭三年。一日，從師請求法名。師曰："道本無形，何名之有？"固請，師授以《心經》。讀至"五蘊皆空"，豁然大悟，曰："身尚是幻，何處求名？"一日，手編大囤於師前，師指曰："匾囤是汝名也。"答曰："既爲匾囤，爲甚麼空？"師曰："教外別傳，方契此語。"一日，辭師至中條。後到峨眉絶頂，結茅以居。一日，見阿彌陀佛手執《大彌陀經》一部，曰："藏內有經，藏外全無。付授與汝，廣令傳化。"禪師遂飛錫，周流宇內，遍蹈九州。後到京都，居吉祥庵，前後印造《大彌陀經》若干藏。未幾，

[一] 按，蔣本此條乃據《蜀中廣記》卷一〇三轉引，原文見《竹坡詩話》。此僧雖號峨眉道者，但所居爲大梁景德寺峨眉院。
[二] 按，此詩見蔣本卷一四及本書卷七。
[三] 按，二詩見蔣本卷一四及本書卷七。
[四] 按，該僧傳記又見《萬書》卷九，較此更詳。
[五] 引舌過鼻：僧人異相，前此有馬祖道一，亦"生而奇偉，牛行虎視，引舌過鼻，足有輪相"，見《景德傳燈錄》卷六。

復還少林。嘉靖四十二年，再之峨眉山，欲以終老。行至夔州江中，曰："道曠無涯，逢人不盡。"登岸，端坐而逝，祥雲結頂，身如金色。

※明無瑕禪師

蜀資縣人，鎣華惠堂禪師法嗣。居聖燈峰，虎豹遠避。有病者，取頂帽數縷，丸之令服，立效。萬曆初，預定時日，説偈坐化，有塔銘[一]。

※明遍融真圓禪師

西蜀營山人，姓錢氏[二]。家世業儒，書史過目不忘。至壯齡三十有二，一旦天機頓發，百念灰冷。遂托峨眉之游，宗親遮留弗止。至是，會異僧於九老洞，示授曹洞宗旨，忻然薙髮。僧囑以遍游法席，勿坐守一隅。師即下山，直抵京師。遇通、秀二師講《華嚴》[三]，聽至"若人欲識佛境界，當净其心如虚空"，倏然頓悟，身超虚空，不覺屋廬為礙。私喜曰："法界玄宗，毗盧性海，無外吾之方寸矣。且道離文字，孰衍孰聽。所謂畫餅不能充飢，斯言信矣。"翌日，曳杖匡山，高栖馬祖洞。同氣相求者，裹糧趨風，不可勝數。嘗戒衆云："聖道虚玄，要在躬履密踐。至於水冷天秋之際，或有少分相應。否則畢命寒巖[四]，於汝何益？"衆領會竟進。山中乏食，采薪貿粟九江。冒暑經寒，凡歷七載，未嘗憚勞，師由是道振江南矣。復往京師，寓柏林禪院，閱藏經年。一時雷動風合，公卿畢集，識者疑為彌勒再世。隆慶中被誣入獄，訊次，刑具斷裂，飛擲屋上，訊者驚沮。未幾，太岳張公上章明師無罪[五]，獄幸解。乃延請

[一] 按，此僧塔銘載《補續全蜀藝文志》卷五一及蔣本卷一一。
[二] 按，此處稱遍融姓錢氏，未言何據。《續燈正統》卷四一、《錦江禪燈》卷九此僧傳記則稱姓"綫"氏，顯誤。而《補續高僧傳》卷五本傳則稱姓鮮氏，頗疑本應姓鮮，音近而訛作"綫"，糾"綫"之謬，緣形近又改作"錢"也。
[三] 通、秀：當即《補續高僧傳》卷二六《寶藏禪師傳》中之"龍華通講主、崇壽秀法師"，惜事迹難詳考。
[四] "否"，蔣本作"不"。
[五] 太岳張公：張居正，《明史》有傳。

住德勝門北大千佛寺。宮中陳、李二國母命皇親李公送襯帛萬匹，師儼坐室中，若未聞見，李公嘆息而去。宗伯五臺陸公見訪[一]，啟師曰："如何是文殊智？"曰："不隨心外境。"又問："如何是普賢行？"曰："調理一切心。"又問："如何是毗盧法界？"曰："事事無礙。"陸聞誨，如坐春風之中。壽八十三。

※明鎮滄沙彌[二]

未薙髮時，從峨眉慧宗禪師。荷擔甚疲，師問曰："耐煩乎？"應曰："諾。"行一二里，復問如前，略不少惰。乃於雙飛橋爲之祝髮。師憐其愚，令炷香跪大士前，頂水盂，誦祝聰明咒一百遍。凡歷年所，至白水寺猶如此。一日寺灾，滄遂入水觀三昧，祝曰："殿宇既空，願保庫司無恙。"遂歸庫房，默坐頂水，火至自滅。

※明別傳和尚

名慧宗[三]，楚人。光澤惠禪師法嗣，壞空成之孫，無際曾孫[四]，明神宗賜號洪濟禪師。生平戒行精嚴，願力勇猛。始開峰頂銅瓦殿及海會堂兩處叢林，凡齋僧、造佛、鑄鐘、募化戒壇僧衆衣鉢，俱以十萬八千爲期。嘗於古德林手栽楠樹二里，共六萬九千七百七十七株。每種一樹，輒禮《法華經》一字，至今蓊鬱成林，號爲神樹。兵火時，曾有人欲竊取爲兵械者，林中忽大蛇逐之。又有拾枯枝供爨者，大石壓折一足。曾於聖積寺接衆，又爲募鑄一鐘，甚巨。師初禮五臺，道京師，參遍融和尚，囑令持一大瓢募緣。師詣後宰門，禪定七日，感朝廷施金滿中約斗許，送千佛寺齋僧。奉詔入內庭，賜紫，仍在後宰門供養。三年圓寂，

[一] 陸公：陸樹聲，《明史》有傳，因其曾官禮部尚書，故稱"宗伯"。
[二] 按，此人又見蔣本卷一一《別傳禪師塔銘》，萬曆時人。
[三] "慧"，原作"會"，誤，據蔣本及《別傳禪師塔銘》、《補續高僧傳》卷一九《別傳老人傳》改。
[四] 按，此傳法譜系與《禪燈世譜》卷六相合，惜諸位禪師事迹皆不詳。

後遣大瑢送靈骨還峨，三處眷屬分請造塔，在白水之鉢盂山。有塔銘[一]，詳後。有弟子台泉，由中貴披剃，奏請重建萬年寺，載碑記。

※明通天大師

秦同州人。自幼棄家學道，嚴持戒律。所至募緣飯僧，滴水同享。後得法於鐵山和尚。萬曆間，憩息峨眉，宣文太后爲建護國草庵寺即今圓覺庵居之。壽七十六辭世，建塔，肉身現存山頂，有塔銘。

※明無窮禪師

蜀銅梁人，通天法嗣。從師苦行，忘身供養。後至京都，感萬曆慈聖太后，賜金建大佛寺。又於萬年寺側建慈聖庵一所，內賜經藏、袈裟、幡幢及香燈田地甚多。有塔銘，詳後。

※明大智和尚

諱真融，楚人。戒律精嚴，刻苦供衆。凡建立五臺、伏牛、峨眉、鎣華四常住。最後至普陀，創海潮寺。今峨眉山頂淨土庵存有遺願碑，切戒子孫不得背衆營私、恃強爭競。塔在普陀。海潮，即今之法雨寺。

明妙峰[二]

名福登，山西平陽人。姓續氏，春秋續鞠居之裔。生秉奇姿，唇掀

[一] 按，別傳和尚塔銘有二，其一爲陳以勤撰，載蔣本卷一一；其一爲瞿汝稷撰，載《明文海》卷四六七。

[二] 按，此僧傳記早見於《憨山老人夢游集》卷一六《敕建五臺山大護國聖光寺妙峰登禪師傳》，又見《補續高僧傳》卷二二《真來佛子傳》、《新續高僧傳四集》卷五五《明五臺山聖光寺沙門福登傳》。經過比對，印光等乃以《憨山老人夢游集》爲主，并參考《新續高僧傳四集》《補續高僧傳》做了修改。今以此三種參校。

齒露，鼻昂喉結。七歲失恃怙，爲里人牧羊。十二歲投近寺僧出家。僧待之虐，逃至蒲坂，行乞于市，夜宿郡東文昌閣。閣係山陰王建，請萬固寺朗公居之。一日，山陰王見之，謂朗公曰："此子五官皆露，而神凝骨堅，他日必成大器。當收爲徒，善視之。"未幾，地大震，民居盡塌，登壓其下無所傷，王益奇之。乃修中條山栖巖蘭若，令登閉關，專修禪觀，日夜鵠立者三年。入關未久，即有悟處，作偈呈王。王曰："此子見處已如此，若不挫之，後必發狂。"遂取敝履割底，書一偈云："者片臭鞋底，封將寄與汝。並不爲別事，專打作詩嘴。"封而寄之。登接得，禮佛，以綫繫項，自此絕無一言矣。

三年關滿，往見王，則本分事明，具大人相。王甚喜，令其往聽《楞嚴》，受具戒。繼又令其遍參知識。北方乾燥，及到南方朝普陀，因受潮濕，遍身生疥。發願造滲金文殊、普賢、觀音三大士像並銅殿，送五臺、峨眉、普陀，以永供養。回至寧波，染時症，幾死。旅宿，求滴水不可得，遂以手掬浴盆水，飲之而甘。次日見其甚穢，大嘔吐。忽悟曰："飲之甚甘，視之甚穢。净穢由心，非關外物。"即通身發汗而瘳，而疥瘡仍舊。至南京大報恩寺，無極法師講《華嚴懸談》，憨山爲副講。登討一净頭單，以期養病而聽經。每日于大衆過堂及放養息時，打掃厠室，甚爲清潔。憨山憶此净頭，必是高僧，遂私訪之，與登訂盟爲同參。不久厠室不潔，憨山知登去，遂亦去尋之。

登去後，回蒲州，乃於中條最深處結茅静修，辟穀三年，大有所悟。山陰王於南山建梵宇，請登居之。又令往北京請藏經，於京師市中得遇憨山。及經事完畢，同至蒲州。次年同往五臺，卜居於北臺下龍門之妙德庵。越三年，各寫《華嚴經》。憨山用泥金刺血和金寫[一]，其金紙皆慈聖皇太后所賜。登則刺舌血和硃寫，各以此報罔極恩。及經畢，登擬建無遮大會百二十日。事已妥，慈聖太后遣官來山祈皇儲，遂以此功德通歸祈儲。過十月，皇儲生，即泰昌也。此會已畢，登與憨山以大名之下不可久居，同皆下山隱遁。憨山往牢山，登往蘆芽山，結庵以居。太后命人訪而得之，即爲賜建蘆芽華嚴寺，成一大道場。自此建叢林、修橋梁、鋪山路者，二十餘年。凡大工程他人不能成者，一請登料理，不久即成。成則去之，不

[一]"刺"，原作"剌"，形近而誤，據《憨山老人夢游集》改。後文此字徑改，不再出校。

復過問。一生所興大道場十餘處並其他工程。由登之福德智慧與其忠誠故，上自皇帝宰輔，以訖士庶，無不景仰信從而樂施之。

三大名山之銅殿，亦登所親製。初，登奉敕送大藏經于鷄足山，歸而禮峨眉，發願鑄三大士滲金像，而以銅殿供之。及至京稟復後，遂杖錫謁潞安瀋王，王出萬金，即具資送登往荆州監製。殿成，運至峨眉。大中丞王霽宇撫蜀[一]，爲之輔助，遂建聖壽永延寺，欽賜藏經。工成，登令惟密師住持。登復往荆鑄普陀銅殿，此係王霽宇出資者。及成，運至金陵，普陀僧拒不敢受。蓋恐以金殿之名，致海寇之搶劫耳。因送之寶華山。時山寺衰敗，登即奏懇敕修，得以中興。又鑄五臺者，供顯通寺，亦蒙敕修其寺。

將終前，晉王請修山西省城大塔寺殿宇。工完，又修會城橋，長十里。工未完，登以疾還山，乃料理所建道場，通爲十方常住，各得其人。向來輔助料理之眷屬，悉令歸萬固，不留一人於餘處。至臘月十九日，端坐而逝。壽七十三，臘四十餘。時萬曆四十年。將逝之前數日，皇帝敕封"真正佛子"之敕黃到[二]。及聞其逝，又賜金建塔，並令凡登所有未完之工，悉令完之。

猗歟懿哉！如登者，可謂人天師表，法門砥柱矣。當其閉關得鞋底時，若非有大根行，當即氣死，豈肯以此繫之于項乎？況已通宗教後，爲養病故，討净頭當。今人稍有見處，令彼打掃佛殿尚不肯，況厠室乎？又況偷空打掃，必致極其净潔乎？所興十餘處大道場，自己眷屬一人不住。其謙卑自牧，無有我相。唯知爲法爲人，了無自私之念。非乘願再來，振興法道者，能如是乎？登一生道行功業，詳具《夢游集》本傳，今略舉其大概而已。

[一] 王霽宇：雍正《四川通志》卷六小傳云："王象乾，字霽宇，山東新城人，隆慶辛未（一五七一）進士。萬曆辛丑，以兵部左侍郎巡撫四川，總督川、湖、貴州軍務，代李化龍經理播州善後事宜。時楊應龍初平，議改土設流，創立郡縣，繕城立學，撫流移，寬徭賦。屢疏上聞，區畫詳明。又畫圖爲式，得旨如議。後以憂歸。"按，此傳中之"區畫"原誤作"區盡"，據文義改。小傳中稱王象乾字霽宇，亦誤，當爲號霽宇也。道光《濟南府志》卷五一有詳傳，稱其字子廓。同時還收其二弟、三弟之傳，二弟王象泰，字子循；三弟王象晉，字子進，三兄弟之字相類，故作字子廓、號霽宇爲是。

[二] "真正"，與《新續高僧傳四集》同，《補續高僧傳》作"真來"，《憨山老人夢游集》則不載此事。

※明歸空和尚

諱明陽。自伏牛入京，能一七不食。日飲水數升，持之至五年，衆號之曰水齋。自幼出家慈氏寺，後三十年行脚，不襪不席。曾跪行至五臺，足膝血流，不知痛爲。參古松，燃一指以供文殊。再禮普陀，參大智，燃一指供觀音。後禮峨眉，叩通天，燃一指以供普賢。至北京時，譽者日衆。孝定皇太后聞而創寺居焉，明神宗賜額曰長椿，並賜紫衣、金頂凡三。吉水鄒都憲南皋問[一]："十指今七，那三指何在？"曰："十指依然。"又問："老師遍參，所得何事？"曰："是慈氏寺明陽。"崇禎甲戌九月朔，端坐說偈而逝。鄒公贈詩二首，云："實無一事金門客，時過長椿佛子堂。強似淵明心不雜[二]，清尊特許對爐香。""尚餘七指杖能拏，亂走胡行今到家。爲問那三何處在，依然合十更無差。"

※明萬世尊[三]

自稱峨眉山人。巴陵進士楊一鵬，初任成都府推官，登峨眉。世尊踞佛座，睨楊而笑，曰："汝不記下地時行路遠，啼哭數日夜，吾撫其頂而止耶？"楊追憶兒時語，大驚，禮拜。耳語達旦，臨別囑曰："三十年後見汝於淮上。"[四]楊後開府淮安。一日薄暮，有野僧擊鼓，稱峨眉山萬世尊寄書。發函，得絕句詩七首。大索寄書僧，已不知所往矣。已而流賊焚鳳陽明祖陵，楊坐失救，論死西市，其詩始傳於世，而後二首祕不傳。楊公子昌朝云："公臨刑無他語，但連呼好師傅數聲。"世尊名大傅，今常在峨眉，往來人間無常處，人亦時時見之。寄楊詩云："謫向人間僅一周，而今限滿恐難留。清虛有約無相負，好覓當年范

[一] 鄒南皋：明江西吉水鄒元標，字爾瞻，號南皋，《明史》有傳。
[二] "強似"，《帝京景物略》卷三收此詩作"可爲"。
[三] "尊"下，原有"者"字，今刪。按，據蔣本，此僧號稱萬世尊，"者"字乃判斷句標志，非此人名"萬世尊者"，故刪之。
[四] "三十"，與蔣本、《列朝詩集‧閏集》卷三"萬世尊"條同，《烈皇小識》卷四作"二十"，或均誤。按，據《烈皇小識》，鳳陽明祖陵被焚在天啓八年（一六二八）；又據咸豐《資陽縣志》卷一三《萬曆丁巳新阡儒學記碑》文末提到了推官楊一鵬，可知楊一鵬任成都府推官時在萬曆四十五年（一六一七）前後，剛好相差十年。

蠡舟。""業風吹破進賢冠,生死關頭著腳難。六百年來今一遇,莫將大事等閑看。""浪游生死豈男兒,教外真傳別有師。富貴神仙君兩得,尚牽繮鎖戀狂癡。""難將蟒玉拒無常,勛業終歸土一方。欲問後來神妙處,碧天齊擁紫金光。""頒來法旨不容違,仙律森嚴敢泄機?楚水吳山相共聚,與君共跨片霞飛。"

※澄江和尚

川西内江人。童年入道,行平等慈,遍參諸方名宿。專精戒律,深探藏海。別行一路,向上提持,一時遠邇皈仰。師在内水,開兩處叢林,所募書冊梵本,兩藏現存。說戒富邑[一],感有大山鋪五王神從座領戒之異。壽八十,塔於峨眉伏虎寺逝多林。

※印宗和尚

綿州人。韶齔披緇,制心一處。參方事畢,止錫四峨。每跏趺時,祥雲結蓋,猛獸柔心,無不調伏。歲逢亢旱,縣令遠延。蒲團剛至,甘霖充滿。一夕中,有四龍王,容貌殊特,衣冠甚偉,禮拜,叉手環立四向,至誠白云:"我本龍王,現居巖後。欽師道德,故來頂授。"師爲咐囑,信受而去。次日摳衣後巖,見一石龕,四像儼然。天下衲子雲驟,越千二百[二]。每於垂訓,道俗聆之,無不流涕。春秋七十有零。一日,

---

[一] 富邑:今富順縣,後文之大山鋪亦爲富順縣地名。

[二] "二",原作"三",據蔣本改。按,"千二百"與"千三百"看似都是約數,改與不改皆無大礙;但實際上"千二百"在佛典中頻繁出現,有著獨特的含義。如《妙法蓮華經》卷一:"爾時大衆中,有諸聲聞漏盡阿羅漢、阿若憍陳如等千二百人。"《華嚴經》卷四五:"現有菩薩,名曰法起,與其眷屬、諸菩薩衆千二百人俱,常在其中而演說法。"《佛說莊嚴菩提心經》卷一:"一時佛住王舍城耆闍崛山中,與大比丘衆千二百人俱。"如此之類甚多,另有一個極有說服力的例證,《大般若波羅蜜多經》卷五七九:"一時,薄伽梵在室羅筏住誓多林給孤獨園,與大苾芻衆千三百人俱。""千三百",元代和明代的刻本則都作"千二百"。可見佛教界對"千二百"這個數字有獨特的看法和理解,儘管這個數字極有可能是約數,並非實指,但也不是可以隨便改動的。印光等作"千三百",極有可能是誤刻。

敷坐告衆云："諸上善人，吾世緣已盡。汝等各各殷勤戒定，莫習餘業，莫戀名利。須信春深一刻值千金，臨渴掘泉枉徒勞。"復厲聲云："萬緣已盡，詎可再三！"召大衆念佛千聲，瞑目而逝。

※清貫之和尚

諱性一，犍爲人。自少於觀音寺三濟和尚座下出家，生平竭力殫心，利人濟物，靡有倦怠。後偕其徒可聞，開建伏虎寺。結構精工宏壯，歷廿餘載乃成，遂冠峨山諸剎。臨終，索紙筆書偈云："年經七十六，自愧無長處。弘誓深如海，道心高似佛。生生任我行，世世人天路。萬物常圍繞，那些隨分足。"擲筆端坐而逝。塔於寺右紅珠山，有塔銘。

※清紫芝和尚

諱性藏，渝城人。年十五祝髮，住白水寺三十餘載，開堂說法者九，有語錄行世。康熙癸丑杖錫東行，乙卯歲圓寂於揚州上方寺。書偈扇頭曰："年光五十七，世緣今已畢。東海石頭枯，大峨如鐵壁。"書畢，沐浴，趺坐而逝。法嗣瓊目負靈骨歸峨建塔。

※清綉頭和尚

不知何處人，亦不言其名。惟髮綉成螺髻，無蟣蝨爬搔，人咸以綉頭和尚稱之。結茅於洪椿坪山左箐林中，止一鋤钁，種芋菜爲食。夜則念佛，經行數十里直造峨山之頂，黎明便還，不入寺院。或邀飲食，不赴。如是十數年，習以爲常。繼而靜坐，不再出游。目不識丁，口能說偈。每食，先傾飯兩堆於屋前，擊竹梆數下，群蛇群鼠各出就食，食竟乃去。住山二十餘年，人皆異之。凡朝山者，往往造廬禮拜焉。

※清舒光照禪師

蘄水人，避世入峨眉絶頂，影不出戶者二十餘載。忽欲下山，鳴鼓上堂，云："九旬限滿，巧中藏拙。晝夜殷勤，拙中藏巧。養馴一個水牯牛，頭角崢嶸世上少[一]。今朝肆足印莓苔，笑殺平田黃大嫂。"辭世："形本無形，説亦無説，盡大地人難摸索。七十九年駐娑婆，彈指光陰如夢覺。舉步踢倒峨眉山，者邊那畔總一個。"喝一喝，擲筆而逝。

附：塔銘[二]

塔銘，乃《高僧傳》之校詳者。文體雖異，事實是同，故附之。

※別峰禪師塔銘[三]

宋 陸游

南山自長安、秦中西南馳，爲嶓、爲岷。岷東行[四]，紆徐起伏，歷蠻夷中，跨軼且千里。然後秀偉特起爲三峰，摩星辰，蓄雲雨，龍蟠鳳翥，是名峨眉山。通義、犍爲二郡實在其下，人鍾其氣，爲秀民傑士。出而仕者，固多以功業文章擅名古今[五]。至於厭薄紛華，捐棄衣冠，木食澗飲，自放於塵垢聲利之外，而不幸爲人知，不能遂其隱操，亦卒至於光顯榮耀者，如別峰禪師是也。

師名寶應，字坦叔[六]。生爲龍游李氏子，世居峨眉之麓。少而奇警，日誦千言。然不喜在家，乃從德山院清遠道人得度。成童時[七]，已博通

[一] "世上"，原作"毛不"，據蔣本及《錦江禪燈》卷一四、《五燈全書》卷一○五改。

[二] 按，此後所附塔銘，皆見蔣本卷一一，故以之參校。

[三] 按，蔣本此文乃據《蜀中廣記》卷八五轉錄，與《渭南文集》卷四○文字略異，故亦以《渭南文集》參校。據文中所言，陸游此塔銘作於紹熙三年（一一九二）三月。又，《補續高僧傳》卷一○有《別峰印禪師傳》，可參看。

[四] "岷"，原脱，與蔣本同，據《渭南文集》補。

[五] "名"，原脱，與蔣本同，據《渭南文集》補。

[六] "坦叔"，原作"恒寂"，形近而誤，與蔣本同，據《渭南文集》改。

[七] "成"前，《渭南文集》有"自"字。

六經及百家之説。至是，復從《華嚴》《起信》諸名師[一]，窮源探賾，不高出同學不止，論説雲興泉涌。衆請主講席，謝不可。圓悟克勤禪師有嗣法上首安民，號密印禪師，説法於中峰道場。乃挈一笠往從之。一日，密印舉"僧問巖頭'起滅不停時如何'[二]，巖頭叱曰'是誰起滅'"，師豁然大悟。自是室中鋒不可觸，密印恨相得之晚。會圓悟自南歸成都昭覺，乃遣師往省，因隨衆入室。圓悟舉"從上諸聖以何法接人"，師舉起拳。圓悟曰："此是老僧用者，孰爲從上諸聖用者？"師即揮拳，圓悟亦舉拳相交，大笑而罷。圓悟嘆異之[三]，曰："是子他日必類我。"師留昭覺三年，密印猶在中峰，以堂中第一座致師。師辭，密印大怒曰："我以法得人，人不我傳，尚何以説法爲？"欲棄衆去。衆惶恐，亟趨昭覺，羅拜致懇[四]，圓悟亦助之請，始行。道望日隆，學者爭歸之，雖圓悟、密印二師不能掩也[五]。

久之，南游，見潙山佛性泰[六]、福嚴月庵果[七]、疏山草堂清[八]，皆目

[一]《起信》：《大乘起信論》之省。馬明菩薩造，有梁代真諦譯本，一卷；唐代實叉難陀譯本，二卷。

[二] 巖頭：唐代泉州人，俗姓柯，名全豁，又寫作"全奯"。少禮清原宜公落髪，往長安寶壽寺稟戒。自杭州大慈山造於臨濟，後謁仰山，參德山。住洞庭卧龍，後居唐年山，以山而立號"巖頭"。光啓三年（八八七）丁未四月初八，因盜以刃相逼，大叫一聲而終，壽六十。則逆推生於八二八年也。唐僖宗諡其爲清嚴大師，賜其塔之號爲"出塵"。傳記詳《景德傳燈録》卷一六、《宋高僧傳》卷二三、《五燈會元》卷七。此處所引公案，即見《五燈會元》。

[三] "異"下，《渭南文集》有"之"字。

[四] "致懇"，與蔣本同，《渭南文集》作"懇請"。

[五] "圓""密"，原脱，與蔣本同，據《渭南文集》補，更便於理解。◎"掩"，蔣本作"揜"，義同。

[六] 佛性泰：俗姓李，漢州人，《嘉泰普燈録》卷一四《潭州大潙佛性法泰禪師》云："習南山教，久而游方，機契五祖。後於圓悟語下頓明大法。出住鼎之德山、邵之西湖及谷山、道吾。敕居大潙，賜號佛性。"

[七] "嚴"，原作"巌"，與蔣本同，據《渭南文集》改。按，此福嚴，乃寺名，在潭州（今長沙）衡山。《嘉泰普燈録》卷一七《潭州大潙月庵善果禪師》稱其南嶽第十五世，"繼補道吾、福嚴"，道吾寺亦在潭州，月庵果禪師又是南嶽傳人，所住應是潭州福嚴寺。◎月庵果：信州鉛山人，俗姓余。卒於紹興壬申（一一五二）正月十三，壽七十四，逆推可知生於一〇八九年。事迹詳《嘉泰普燈録》卷一七。

[八] 疏山：《明一統志》卷五四《撫州府·山川》"疏山"條云："在金谿縣西北五十里。唐有何仙舟棄官隱居，讀書于此，因號書山，其書堂遺趾尚存。中和中，創爲禪刹，賜額白雲。南唐改爲疏山。"◎草堂清：即泐潭草堂善清禪師，南雄保昌人，俗姓何，元豐四年（一〇八一）試經得度，初謁大潙喆禪師，次趨晦堂之席。政和乙未（一一一五），出住黄龍。後居曹、疏二山，復移泐潭。卒於紹興壬戌（一一四二），享年八十六，逆推可知生於一〇五七年。事迹詳《嘉泰普燈録》卷六、《續傳燈録》卷二二。

擊而契。或以第一座留之，師潛遁以免。最後至徑山，見大慧呆。大慧問曰：“上座從何處來？”師曰：“西川來。”大慧曰：“未出劍門關，與汝三十棒了也。”師曰：“不合起動和尚。”時徑山衆千七百，雖耆宿名衲，以得栖笠地爲幸。顧爲師獨掃一室，堂中皆驚。大慧南遷，師亦西歸焉。

始住臨邛鳳凰山，舉香嗣密印。歷住廣漢崇慶、武信東禪、成都龍華、眉山中巖，復還成都，住正法。道既盛行，士大夫亦喜從之游。築都不會庵，松竹幽邃。閑日[一]，名賢畢集[二]。聞師一言，皆自謂意消。稍或間闊，輒相語曰：“吾輩鄙吝萌矣。”其道德服人如此。

俄復下峽，抵金陵。應庵華方住蔣山[三]，館師於上方。白留守張公燾[四]，舉以代己。師聞，即日發去。會陳丞相俊卿來爲金陵[五]，以保寧延師[六]。俄徙京口金山，學者傾諸方[七]。金山自兵亂後，雖屢葺莫能成，至是始復大興，如承平時而有加焉。異時，居此山鮮逾三年者，師獨安坐十五夏[八]。潭帥張公孝祥延以大潙山[九]，師與張公雅故，念未有以却。而京口之人自郡守以降力爭之，卒返潭使。魏惠憲王牧四明[十]，虛雪竇

[一] "閑"，蔣本作"間"，《渭南文集》作"暇"。

[二] "賢"，蔣本、《渭南文集》作"勝"。

[三] 應庵華：釋曇華，俗姓江，字應庵，湖北黃梅人。卒於隆興元年（一一六三）六月十三，享年六十一，逆推可知生於一一〇三年。《南宋元明禪林僧寶傳》卷三正云"北宋徽宗崇寧癸未，生於楚黃江氏"。傳記詳《嘉泰普燈錄》卷一九、《南宋元明禪林僧寶傳》卷三。◎蔣山：即鍾山。《元和郡縣圖志》卷二五云："鍾山，在（上元）縣東北十八里。按《輿地志》，古金陵山也，邑縣之名皆由此而立。吳大帝時蔣子文發神異於此，封之爲蔣侯，改山曰蔣山。宋復名鍾山。梁武帝於西麓置愛敬寺，江表上已常游於此，爲衆山之傑。"

[四] 張公燾：《宋史》中有兩張燾，此處指德興人字公饒者。紹興二十五年（一一五五）知建康府，兼行宮留守。傳見《宋史》卷三八二。

[五] 陳丞相俊卿：陳俊卿，字應求，興化人，傳記見《宋史》卷三八三。此人淳熙二年（一一七五）後判建康。

[六] 保寧：保寧寺。《景定建康志》卷一六云："鳳凰里在今保寧寺後。考證：宋元嘉十四年（四三七），大鳥二集秣陵民王顗園中李樹上，大如孔雀，頭足小高，毛羽鮮明，文綵五色，聲音諧，從衆鳥如山雞者隨之行三十步頃，東南飛去。揚州刺史彭城王義康以聞，改鳥所集永昌里爲鳳凰里，今保寧寺是其處。"

[七] "應庵華方住蔣山……學者傾諸方"，原作"徙京口金山"，因襲蔣本而脫誤，據《渭南文集》補。

[八] "如承平時而有加焉……師獨安坐十五夏"，原脫，與蔣本同，據《渭南文集》補。

[九] "孝祥"後，《渭南文集》有"嘗"字。

[十] 魏惠憲王：即趙愷，宋孝宗次子。傳見《宋史·宗室三》。據《宋史》，魏王愷判明州在淳熙元年（一一七四），淳熙七年（一一八〇）卒於任。後文稱淳熙七年住徑山，且住雪竇山四年，則別峰住雪竇山始於一一七七年。

來請。師度不可辭，乃入東，凡住四年。樂其山林，有終老之意。而名益重，被敕住徑山，淳熙七年五月也。

七月，至行在所，壽皇降中使[一]，召入禁中。以老病足蹇，賜肩輿於東華門內。賜食於觀堂，引對於選德殿，特賜坐，勞問良渥。師因舉古宿云："透得見聞覺知，受用見聞覺知，不墮見聞覺知。"上悅，曰："此誰語？"師曰："祖師皆如此提唱[二]，亦非別人語。"上爲微笑。時秋暑方熾，師再欲起。上再留，使畢其說乃退。後十餘日，又命開堂於靈隱山，中使賫賜御香，恩禮備至[三]。

十年二月，上製《圓覺經注》，遣使馳賜，且命作序。師乃築大閣秘奉，以侈上恩[四]。師老，益厭住持事。門人懼其遠游不返，相與築庵於山北，俟其歸[五]。今上在東宮，書"別峰"二大字榜之。

十五年冬，奏乞養疾於別峰，得請。明年，上受內禪，取向所賜宸翰，識以御寶，復賜焉[六]。

紹熙元年冬十一月，忽往見住山智策告別[七]。策問行日，師曰："水到渠成。"歸取幅紙，大書曰"十二月七日夜雞鳴時"。如期而化，奉蛻質返寺之法堂。留七日，顏色精明，鬚髮皆長，頂溫如沃湯。是月十四日，葬於別峰之西岡。壽八十有二，臘六十有四。

得法弟子梵牟、宗性、道奇、智周、慧海、宗燦等，得度弟子智穆、慧密等[八]，百四十有七人。有慧綽者，山陰陸氏子，當以蔭得官，辭之，從師祝髮，又得記莂，遁迹巖岫，終身不出。師既示寂[九]，上爲敕有司定謚，曰慈辯，且名其塔曰智光，庵曰別峰，極方外之寵。師說法數十年[十]，所至，門人集爲《語錄》。晚際遇壽皇，被宸翰，咨詢法要，皆對

[一]"壽皇"，與蔣本同，《渭南文集》作"至尊壽皇聖帝"。
[二]"唱"，與蔣本同，《渭南文集》作"倡"。
[三]"使賫賜御香，恩禮備至"，原脫，與蔣本同，據《渭南文集》補。
[四]"師乃築大閣秘奉，以侈上恩"，原脫，與蔣本同，據《渭南文集》補。
[五]"懼其遠游不返""俟其歸"，原脫，與蔣本同，據《渭南文集》補。
[六]按，此段全脫，與蔣本同，據《渭南文集》補。
[七]"見"後，《渭南文集》有"今"字。
[八]"密"，原作"宗"，因襲蔣本而誤，據《渭南文集》改。
[九]"又得記莂……師既示寂"，原脫，與蔣本同，據《渭南文集》補。
[十]"庵曰別峰，極方外之寵。師"，原脫，與蔣本同，據《渭南文集》補。

使者具奏。將化，說偈尤奇偉，已別行於世，此不悉著[一]。

三年三月，法孫宗愿走山陰鏡湖，囑游銘師之塔[二]。游與師交最久，嘗相約還蜀，結茅青衣喚魚潭上。今雖老病，義不可辭。銘曰：

圓悟再傳，是爲別峰。坐十道場，心法之宗。
淵識雄辯，震驚一世，矯乎人中龍也。
海口電目，耄期稱道，卓乎澗壑松也。
叩而能應，應已能默，渾乎金鐘大鏞也。
師之出世，如日在空。升於暘谷不爲生，隱於崦嵫其可以爲終乎？

※通天大師塔銘

明王在公東吳[三]

大師諱明徹，號通天，乃陝西同州潘氏子。父名申，母鄭氏。母夢日從懷中出，遂有娠。以語申，申曰："日乃照明之意。若生子，定不凡也。"氏曰："若生子，送之出家。"後果生師。

師少時穎悟，不雜言，好禮佛。家貧，師見僧必欲布施，施得一錢以爲喜。年十四，一日，語母曰："慈母愛我，何不自愛？"[四]母曰："何爲自愛？"[五]師曰："曾許子出家，今正是時。子恐母成妄語耳。"母頷之，父亦無難色。遂送至五臺九龍岡，禮翠峰和尚爲師。薙髮秉律，笑語不苟，識者已知其爲法器也。

師以十事律身：一誓願悟道，二誓固净戒，三誓不攀緣，四誓目不視美好，五誓滴水同餉，六誓脅不著席，七誓不慢後學，八誓不畜餘物，

[一] "晚際遇壽皇……此不悉著"，原脱與蔣本同，據《渭南文集》補。
[二] "游"，與蔣本同，《渭南文集》作"某"。後一"游"字《渭南文集》亦作"某"。
[三] 王在公：字孟鳳，江蘇崑山人，萬曆甲午（一五九四）舉人，授高苑知縣，後遷濟南知府。"署府事歲餘，以廉辦聞。一日，忽語蒼頭，欲謝去，遂投劾歸。抵吳門，竟不過家，至徑山、天目，渡錢塘，游天台、雁宕。已又從廬山溯江入蜀，往峨眉一載。還吳，悅吳之石孟山，結廬以居，十餘年卒。"詳道光《蘇州府志》卷三小傳及《梅花草堂集·皇明崑山人物傳》卷一〇。又據《明詩紀事·庚籤》卷三〇之下"朱鷺"小傳注文，王在公號芥庵。
[四] "自愛"，與光緒本同，蔣本互倒。
[五] "何爲自愛"，與光緒本同，蔣本作"自何可愛"。

九誓修净土，十誓老不改行。師之十事，終身無遺。師一日告翠峰和尚曰："阿練若處飯僧[一]，可乎？"峰曰："可。"師曰："願充此役。"即於金閣嶺接待雲水，不憚勞瘁。入京都，跪門化糧供衆。一日，見僧從鎮州來，有飢色。師問曰："鎮州時儉乎？"僧曰："然。"師遂以金閣嶺接待囑知事者，辭大衆，束裝復至地名黃䩄[二]，聚糧飯僧。久之，忽思苦行以集福[三]，非慧因也。一日，隻杖單瓢遍歷諸方，參詢知識殆十餘年。

聞神仙山有鐵山和尚[四]，特往參之。山曰："子何之？"曰："行脚。"山曰："何不息脚？"師曰："常行常息。"山肯之，遂授以衣法，囑曰："此正法眼藏，自臨濟至我，歷二十五代，授受相資，如燈續焰。子今得之，宜韜光匿迹，保養聖胎，直得天龍推挽，方可出也。"翌日，師拜辭，入終南山。誅茅以居，不蔽風雨，食青松三載。乃往南嶽，賣柴供衆，禮五祖。上雲南雞足山，大理府有士夫眷屬參師，師不介意，不下單。士夫怒，遂白於郡，目爲妖僧，將置之法。適中丞唐公正睡，夢一老僧項帶鐵索，謂公曰："可釋我？"公覺而偵之，師正被窘，即言於郡釋之。留住，建叢林，師以因緣不在彼，即行。後往小西天[五]，行至曬經關[六]，山中積雪不開，寒極，落一足指。復往汾地，髮長不翦，面垢不洗，和光混俗。或爲乞丐於窰中，或作頭陀於樹下，或卧幽壑深林，或坐嶮巖古洞。數十年間，了却大事。是時，懸巖撒手，嘯月吟風，無欲無依，得法自在。

隆慶戊辰，從滇南出蜀，禮普賢大士。默祝曰："若與此山有緣，晝示攝光[七]，夜現聖燈。"是日，二事皆果。師遂歷閱巖巒，至千佛頂前，

[一] 阿練若：同"阿蘭若"，省稱"蘭若"，義爲寂靜處、空閒處，後來指佛寺。詳《佛學大詞典》。
[二] "黃"，原作"王"，據蔣本改。按，此地名甚小，莫可詳考。
[三] "苦"，蔣本無。按，無"苦"字，則"行"理解爲離開。
[四] 神仙山：《明一統志》卷七〇《夔州府・山川》"神仙山"條云："在開縣治東。相傳昔有仙人，衣朱衣，乘白馬登此山。唐天寶初，敕置壇，號神仙官。"在今重慶開縣。同書卷一五《太平府・山川》亦有神仙山，在蕪湖縣北；同書卷六九《重慶府・山川》"羽人山"條注文，稱羽人山也名神仙山。未知此處所指爲何山，所謂鐵山和尚，亦難詳考，從時間上看，應非元代之鐵山瓊禪師。
[五] 小西天：《蜀中廣記》卷三四云："通謂之烏思藏六番也，以其地連天竺，有大西天、小西天之域焉。"
[六] 曬經關：《明一統志》卷七三《四川行都指揮使司・關梁》"曬經關"條云："在越巂衛城北二百八十里。"在今雅安漢源縣曬經鄉。
[七] "示"，蔣本作"日"。

卜隙地栖焉。吊影孤單，宴坐終日[一]，老熊作伴，烟霧爲鄰。

萬曆癸酉，就天門石下構一海會禪林以安衆。師持水齋十年，色力愈壯。一日，夜游光相寺，見聖燈飛熒者，種種變幻。復游雷洞坪之巖下，路難措足，懸膝而下。過二宿[二]，帶一法孫，幼，有懼意。師曰："此道非險。汝不修行，三途之路實爲懼也。"師臨返，以瘦瓢、三衣懸之巖下爲記。半月後，石崩如雷，衣、瓢復至師所。事甚異，師匿而不傳。然是後道日增新，等心利物，海内英賢參叩不絶。有内貴王公慈舟、蒼明隱公等，同謁師，執弟子禮，披緇祝髮，皆蒙法印。二公回燕都，聞於宮禁。

萬曆丁亥，賜紫衣袈裟及《龍藏》一部。復遣太監本張公，持送帑金，莊嚴經閣，以鐵爲瓦，敕賜額曰"護國草庵寺"。爲今之圓覺庵，即初時安衆地也。梵刹凡八，草庵寺之外，有大佛寺、慈聖庵、回龍庵、蓮華庵、十方院、太子坪、法慧庵，師之餘蔭也，皆無窮師葺之。常聚禪侶千百餘，法道大盛。五竺梵僧，聞風踵至。

辛卯歲，成都亢旱。當道以肩輿迎師，師甫及界，雷雲大作，霖雨如瀉。師曰："置我雨中，待雨充足而返耳。"衆慇之，異師回。師至山中，築壇説戒。自成戒衣五百副，隨成隨授，不憚勞苦。侍者曰："師過勞矣！"師曰："世尊尚不舍穿針之福[三]，我何人斯，而敢言勞耶？"一生無妄語，蓋其生而性成，不假誓願而然，七十六年如一日。法臘六十二，於萬曆辛丑年十一月初二日示微疾，呼法衆悉集，謂曰："我有十事律己，終身無改。當此末法，汝等依行二三，即吾徒也。"説偈云："七十六年幻化身，東西南北苦勞生。今朝惹得虛空笑，大地原來不是塵。"擲筆而逝。弟子以龕貯之，聞於内，特遣中貴雲骨公齎金五百緡[四]，修建骨塔。三年後啓龕視之，師容如常。外加以漆，不掩龕。塔於圓覺庵左，匾曰"證涅槃門"，時常放光云。銘曰：

深山大澤，實產龍蛇。當其未奮，如井底蛙。

[一]"宴"，蔣本作"晏"，義同。

[二]"二"，原作"三"，與光緒本同，據蔣本改。

[三]"福"，蔣本作"工"。

[四]"緡"，原作"兩"，據蔣本改。

師之生也，天植其性。師之來也，大法日盛[一]。
慧刃當權，愚癡絕命。匿迹韜光，弗求弗競。
時節既至，盛德已彰。聲動慈宮，恩寵異常。
帑金不惜，莊嚴特勝。接物利生，人天恭敬。
世緣既謝，素志已償。幻泡一擲，如棄敝囊。
嗟嗟末世，尚有典型[二]。師其寂矣，孰不懷欽。
我聞法身，無來無去。遺蛻禪龕，千秋永賁。

※別傳禪師塔銘

明陳以勤 大學士[三]

余幼聞別傳禪師聲迹訇然，爲蜀人士所歸仰。今年秋，游大峨，自白水登絕頂，睹樓殿像設崇雄絢爛，多師所經營。歸而問道左宿草之塋，師舍利藏焉，爲停輿瞻嘆久之。已而僧維峨、維静持軸請曰："此禪師功行之略，幸憐而賜之一言，以詔法胤。"余既早慕師，師滅度且三載，石塔之文闕如有待，而余游適與會，似與師有少緣，因不辭而銘之。

禪師諱慧宗，字別傳，姓汪氏，湖廣德安府雲夢縣人。祖贊，父崇義，世嗜善不倦。師生而至性凝簡，不墮世相，見者識爲龍象器。七歲，投白鶴寺僧通徹剃度。正德戊寅，入蜀綦江縣海印石門永壽寺，從師宗寶具戒。嘉靖甲午，游峨眉，睹普賢瑞像，圓明殊勝，因敬生悟。更從僧宗寶學究竟法，印契西來密旨。蓋師所參叩，而宗寶爲之印正云。

峨頂舊止鐵瓦殿一，歲久浸圮。登游回向之徒，無所栖止[四]。師惻然曰："此震旦第一奇勝覺場，忍令隕墜乎？"[五]丁酉八月初，於大士像前發信願，毅荷擔法門爲任。乙巳歲，於雙飛橋飯僧，結十方净緣。自是減衣鳩食，銖積寸纍，以圖興葺。會刑部徐君讜至，檄師募化遠邇，

[一]"大法日盛"，蔣本作"大事以竟"。
[二]"型"，蔣本作"刑"，同。
[三]陳以勤：明代南充人，字逸甫，號松谷，一號青居山人。嘉靖丁酉（一五三七）中舉，辛丑（一五四一）第進士。先後授翰林院檢討、禮部右侍郎、吏部左侍郎等，傳記見《本朝分省人物考》卷一〇八。
[四]"止"，蔣本作"定"。
[五]"隕"，蔣本作"實"。

乃克集事。遂飾新舊宇，創建新殿，瓦以銅者一。前爲板殿七，後爲板屋五，環以廊廡，鑄普賢銅像一，銅佛六十五，咸奉峨頂。又於白水建伽藍殿一，鑄銅佛大像三，費數千金。先後鑄銅鐘三，一置白水、永壽[一]，一置老寶樓。樓鐘最巨，重以斤計，二萬五千。丙寅，鑱闢雙飛橋路，闊一丈，長二里許。隆慶丁卯，植松、柏、杉、楠十萬八千株，蔭覆巖岫。蓋師安住峨眉者且四十年，諸所崇飾洞天名藍之勝，願力慧利，不可思議矣。

己巳始出山，游京師，法譽彌振。內給賜金萬歲牌一座，洎旛幢法物、《華嚴經》二十四部。萬曆甲戌，渡海禮觀音大士。雲氣中涌出金蓮，白衣冉冉示現。同航者五十人，獨師及成都僧翠峰見之。師鎸三石像巖端，以報慈貺。曾於松江建大法會。戊寅，游五臺，駐錫老焉。後雖至京師[二]，仍入五臺[三]。己卯十二月五日[四]，無疾示化。朝延遣內璫張暹、劉䪻監視茶毗。弟子鎮滄負骨還峨，以辛巳夏瘞今瑩，在四會亭下。世壽八十一，僧夏七十五云。

師平居獨持戒律，不喜作頌贊歌曲。嘗曰："吾宗本無言説，三藏法寶尚係糟粕，更饒舌何益？"告寂三日前，忽云："吾將西歸。"澡後更衣，結跏澄息，誦佛號不輟。至期升座，召諸弟子曰："吾素不留文字，今不能無言。"因唱偈曰："生本無所生，死亦何所有。這具臭皮囊，今朝成腐朽。"師目瞑，諸弟子鳴鐘而泣。鐘止目開，續唱曰："一聲吼破太虛空，爍爍禪光橫大有。"恬然而逝。

嗚乎[五]！當此剎那頃，前後際斷，妙機瞥發，不覓津航，直登覺岸。其視三界空華，如烟消冰釋，了無罣礙，豈膠著教相者可同年語耶！或疑叢林古德，蒲團枯坐，墮體刳心，棒喝縱橫，吻乾舌敝，尚隔真乘，渺無階漸。師於此等若不措意[六]，建創莊嚴，如救頭燃，何其大事了脱，自在乃爾？余意師體內融，證入親切，懸解密詣，誰得而窺之？又或夙根種智，早得玄珠，特乘願輪而來，了菩提未盡緣耳。且夫大乘法門，

［一］按，此處文義不暢，或"一"當作"二"，或"永壽"前脱"一置"。
［二］"雖"，蔣本無。
［三］"仍"，蔣本作"竟"。
［四］"己卯"後，蔣本有"冬"字。
［五］"嗚乎"，蔣本作"於戲"。
［六］"措"，蔣本作"厝"。

理事不二，即境融心，則大地山河通達無礙；以心涉渡，觀空息想，亦屬塵勞。則願心內弘，莊嚴外度，以無爲之正覺，顯妙有之機用，豈可猥云有漏之因少之？今世衲子，持鉢東西，竪拂闡道，人增疑慢。師所至，王公大人下及四衆，洗心傾嚮，投施山積。無量淨業，隻手支撐；塵沙之役，咄嗟立辦。斯其福慧機神感通人天，誠有不可以意想測者。師之種樹峨山也，內江趙文肅公贈之氆氇衣[一]。其航南海，觀音大士示現雲間，陸宗伯爲作偈言[二]。二公近世名卿，精諳內典者，契許若此，可以觀師矣。鎮滄，師上首，能歸骨數千里外。峨、靜，又滄高弟，拳拳於撰德耀後，咸可謂錚錚者已。銘曰：

巍巍勝峰山，東旦名第一。慧日現光明，普照大千界。
師來瞻禮初，頓生敬信心。誓告大士前，願廣人天福。
鑄作黃金相，百寶騰祥光。鎔範一鼓銅，洪鐘懸萬石。
崇新大道場[三]，丹臒一何須，儼如兜率天。
劚巖成砥道，萬樹栴檀蔭。疑師乘願輪，來畢淨土緣。
弘此大方便，妙力無邊際。所以彈指頃，莊嚴具足備。
我聞真圓體，一切空萬幻。空有亦皆捐，況乃世間相。
問師何以然，法無有二故。假相以明空，心境了無礙。
有爲則有漏，無著即上果。師傳佛心印，不涉有情見。
行游與坐卧，無非真實諦。居不閱竺典，頌贊未嘗作。
不出廣長舌，棒喝呈伎倆。或疑所修爲，行高而解少。
問師何以然，言語道斷故[四]。達磨自西來，直指心體妙。
一法無亦無，何用三藏教。師秉正法幢，峨峰顯慈迹。
緣訖五臺山，先期自知化。雙趺坐説偈，文字豈不諧。
不落蹄筌故，忍發獅子吼。去住本無心，瞥爾法自露。
靈骨歸名區，舍利晶光浮。我贊師功德，鐫之無縫塔。

[一] 趙文肅公：即趙貞吉，《明史》卷一九三本傳云其字孟靜，內江人，嘉靖十四年（一五三五）進士。
[二] 陸宗伯：陸樹聲，《明史》有傳。此人有《禪林餘藻》，收入《四庫全書存目叢書·子部》第一六三冊。其中有《書慧宗緣疏》，乃別傳在松江建法會時，陸樹聲爲其所作者，陸氏即松江人。又有《三一嚴贊並序》，即此處所稱爲其見觀音聖像而作者。
[三] 按，從文義與對仗來看，此句之後或脱五字。
[四] "道"，蔣本作"徑"。

峨月有缺圓，峨雪萬古在。師名皎如雪，法同圓月輪。
性則超太虛，不起亦不滅。

萬曆十年壬午十一月望日

※無瑕禪師塔銘[一]

明邊維垣[二]

無瑕禪師名廣玉，資縣人，生而沉靜古朴。年三十餘遇異人，遂別家至大足縣寶頂寺祝髮受戒。戒師問曰："僧在甚處來？"玉曰："師在甚處問？"師曰："慧燈高照起看。"玉曰："威音飛進鐵圍城，洞游蹋破無生地。"[三]師笑曰："原是大手。"

玉去，游峨眉山。九老洞中見白牛師[四]，師曰："誰也毛頭，將禪杖過來我打！"玉曰："雖在亦非在，真人超天外。這杖打空中，枉自辱四大。"師曰："如是如是。"

玉又至鎣華山，依慧堂禪師[五]，大悟宗旨。一日，與大衆登絕頂，望見天彭九峰之勝。自負熟麵三斤，徑詣九峰，栖息聖燈巖洞中。跌坐四旬，采南星苗食之。夜常有一老熊，驚跳巖前。玉方攝念，熊不敢近。頃之，一虎至，咆哮躑躅，玉定寂如故，虎移時遁去。由是名振四遠，

[一] 按，此文又載《補續全蜀藝文志》卷五一、天啓《新修成都府志》卷五七等，今以《補續全蜀藝文志》及蔣本參校。據文中所敘，此塔銘大約作於萬曆甲申（一五八四）。

[二] 邊維垣：四川彭縣人，字師甫。康熙《衡州府志》卷九、嘉慶《蕉湖縣志》卷七等稱其字少微。據嘉慶《四川通志》卷一二七，此人嘉靖二十五年（一五四六）中舉；又據同書卷一二七，嘉靖三十五年（一五五六）中進士。天啓《新修成都府志》卷二一有小傳。歷任開封府同知、平陽府通判、福州知府、雲南按察使、廣西兵備副使、分守河北道參政、浙江右參議、江西布政司右布政使、江西巡撫、南京工部右侍郎等職。

[三] "蹋"，蔣本作"踏"。按，蔣本之"踏"字，印光等皆改作"蹋"，後文此字不再出校。

[四] "牛"，原作"老"，與蔣本同，據《補續全蜀藝文志》改。按，《釋鑑稽古略續集》卷三"武宗毅皇帝"下之"無聞禪師"條，其弟子有白牛禪師，當即此人。

[五] 慧堂禪師：據《釋鑑稽古略續集》卷三，無聞禪師弟子亦有名慧堂禪師者，應即此人。

沙門從外方來者咸頂禮師事[一]。檀越爲之創寺，名曰雷音。數百里內，向風虔拜。不問老幼賢愚，有病者，手爲捫摩，或取頂帽敝縞丸之令服，無不立效焉。

萬曆癸未十二月朔，自言十二日當化去。其徒泣留之，弗果。至甲申二月望日，又曰："三月初一是吾涅槃期矣。"遠近聞者，登山爭睹，且與其徒苦留之。乃以初七日之晨，沐浴剃髮，趺坐道偈云："反身登臺化樂天，隻手單拳不用船。百萬人天獅子吼，空中還有不二禪。"及昧爽即雷電風雨大作，山谷震動若崩。端坐而化，至今容體儼然若生，髮亦漸長，如未剃時。四方來觀者，無不驚異云。

青霞外史邊維垣曰："余聞之先師云：'朝聞道，夕死可矣。'[二]夫死生亦大矣，而以繫於旦夕之間。故冥然而生，匪生也；全歸而死，匪死也。士號稱仲尼之徒者，類能力排佛老。而昧三戒之旨，叛五常之懿，寄蝸牛於蘧廬[三]，滅蟭螟於蚊睫者[四]，何限？以今觀於玉公，慧德龍潛，沖形蟬蛻[五]，其視生死旦暮，若過客之在逆旅。行止去留，一任其便。蓋飄飄然太虛之風雲也，是誠得道也與哉？"[六]

※無窮大師塔銘

明王在公東吳

古語云：吾有大患[七]，爲吾有身。是六十二見之根蒂[八]，八萬四千塵勞之窟宅，世間無有一人不受其沉錮者！智者觀之，如同幻泡。

[一] "外方"，原互倒，與蔣本同，據《補續全蜀藝文志》乙正。
[二] 按，此語出《論語·里仁》。
[三] 蘧廬：驛館。《莊子·天運》："仁義，先王之蘧廬也，止可以一宿，而不可久處。"郭象注："蘧廬，猶傳舍。"
[四] 蟭螟：寓言中的一種小蟲。《列子·湯問》："江浦之間生麼蟲，其名曰焦螟。群飛而集於蚊睫，弗相觸也；栖宿去來，蚊弗覺也。"
[五] "慧德龍潛，沖形蟬蛻"，原脱，與蔣本同，據《補續全蜀藝文志》補。
[六] "誠得"，蔣本及《補續全蜀藝文志》作"或一"。
[七] "吾"，蔣本作"人"。按，《老子》第十三章云："吾所以有大患者，爲吾有身。"
[八] 六十二見：古代印度外道所持之六十二種錯誤見解，具體所指不一，見《長阿含經》卷一四、《瑜伽師地論》卷八七等。

無礙菩薩曰："見身實相者，不起見身；及見滅身，身與滅身無二無分別。於其中不驚不懼者，是爲入不二法門。"[一]嗟，嗟！白衣無論，既號爲釋子，乃不知實相，不識因果，往往著此不净之軀，破戒造業，無所不至。況求其能行道乎？末世中，忘身爲法者，得一人焉，無窮師是也。

師爲重慶銅梁縣田氏子，諱真法，無窮其號也。於萬曆癸酉，忽悟人世無常，頓棄妻子，徑至大峨山，禮通天和尚，祝髪受具。繼禮五臺，燃三指。回山日，倍增精進，絶人我，忘形骸。或汲水以代勞，或肩糧以供衆。後爲侍者，持巾瓶數年。一日，長跪於和尚前，請開示。和尚曰："若問修行事，也奇特，也平常。制心一處，無事不辦。"師點頭禮謝，即向齋厨作務，運柴執爨，不憚勞苦。衆食畢乃食，僅糠粃而已。一日，損一碗，遂不辭而下山。至嘉州，沿門募化，得碗三千而還。早晚佛前發弘誓，身心俱竦，觀者斂容。乃燃身燈四十八炷，用表四十八願。《法華經》中藥王焚身燒臂，智者大師誦至是，云[二]："真精進，是名真法供養如來，即獲旋陀羅尼[三]。見靈山一會，儼然未散。"

復往九老洞，住年餘。除持鉢外，趺坐不發一語，心若死灰，形如槁木，恬然不以爲意。又詣荆南，栖一禪寺，每日持《華嚴三品》以爲常課[四]。師不善書，發心出血，請僧書《華嚴經》一部，以報四恩[五]。書畢，曰："未也。"又出血，復書一部，見者無不囑指。有廣元王捐金造滲金大士三尊[六]，奉師供養。師復於楚、蜀二地募造大悲千手觀音像

[一] 按，此處引文見《維摩詰所説經》卷二。所謂無礙菩薩，即心無礙菩薩。

[二] "云"，原脱，據蔣本補。

[三] 旋陀羅尼：《佛學大詞典》云："《法華經·勸發品》所説三陀羅尼中之第一旋陀羅尼。即旋轉凡夫執著於諸法有相之心，使達於空理之智力。"又，此處所引之文，見《五燈會元》卷二"天台山修禪寺智者禪師"。

[四]《華嚴三品》：《華嚴經》中之《净行品》《梵行品》《入不思議解脱境界普賢行願品》。

[五] 四恩：四種恩惠。不同的經典有不同的説法。如《法苑珠林》卷五〇，以母恩、父恩、如來恩、説法法師恩爲四恩；《大乘本生心地觀經》卷二以父母恩、衆生恩、國王恩、三寶恩爲四恩。

[六] 按，據《欽定續文獻通考》卷二〇八，萬曆十三年（一五八五）襲廣元王者乃朱術坰，萬曆三十七年（一六〇九）薨，無子，國除。此處所敘捐造大士像之事在萬曆辛卯（一五九一）之前，乾隆《峨眉縣志》卷四"大佛寺"條則明言乃萬曆戊子（一五八八）募造千手大悲像，則此廣元王應爲朱術坰。

一尊，法身高三丈餘，載至峨眉。值李令公以像嵬峨，乃卜東關隙地，置像作鎮焉。

萬曆辛卯，同孫性寬至北都，奏請慈宮，出帑金若干兩，敕建大佛寺及大悲正殿。前三門，進五層，巨棟雕梁，爲宇内壯觀。後建藏經閣以貯大藏，及水陸聖像一堂，規模嚴飾。又於萬年寺側創建慈聖庵一所，樓高五級，接待雲水，以作光相寺之化城也。前後欽賜五大典一十二部，百吉幡二幢，聖母親持《華嚴經》一部、《法華經》一部，皆宮錦裝成，非人間所有。有梵僧持金書貝葉經一函，非中華物也。後聖母復齎金若干兩，置莊田百畝，以充兩常住飯僧費，皆重師故。復賜師紫衣。

師於癸卯年進北都謝恩，住京師之延壽寺，示寂焉。世壽六十七歲，法臘五十一。時朝廷差内使姜公、蘇公發送靈骨回山，瘞於鉢盂山之麓。今法子森然，二刹規繩秋毫無改，皆師忘身爲法、制心一處之明效也。銘曰：

大道玄同，孰知其然。一相無相，乃法之源。

處世百年，猶若閃電。止因顛倒，妄著身見。

師念最重，無過度生。何以表願？燃此肉燈。

肌膚焦灼，觀者爲恫。師顏不動，如燒虛空。

四恩未報，日夜籌量。惟憑法力，庶可酬償。

兩書《華嚴》，刺血爲墨。六相十玄，總在一畫。

圓融行布，剖破疑團。重重法界，現一毫端。

有爲無爲，原無分別。入此法門，紅爐鍛雪[一]。

造像建刹，寵賁煌煌。承前啓後，法道以昌。

報緣既盡，怡然示寂。遺範若斯，山川增色。

明萬曆四十七年己未冬日[二]

[一]"鍛"，蔣本作"煅"，義同。

[二]"明萬曆四十七年"，蔣本作"萬曆"。

※貫之和尚塔銘

清宋肄樟[一]

　　從上古德，載《傳燈》者多，人列散聖者亦不乏。蓋其辦一片實心實行，自然上契諸佛鼻孔，固不在源流拂子討活計也[二]。峨山爲大行菩薩道場，非實行不能住。即勉住，亦不能著行迹、彰聲施。惟以行承行，契菩薩心，其人始傳。通天大德而後，再見貫之和尚焉。師之法嗣曰可聞，得法於昭覺丈老人[三]，受付囑，以師行由囑予爲塔銘。余雖未獲睹師道貌，而耳食其名已久。重以可聞禪師命，烏敢辭！

　　謹按，師生於上川南犍爲邑。父姓王，諱清，母王氏[四]。師甫離襁褓，穎慧過人。年十二，遭父喪，雖日讀儒書，而厭塵勞爲苦海。每聽僧説法，怡然自得，出所有以供養之。三次白母，願出家修大乘法，報雙親恩。母聽之，遂送嘉州金碧庵[五]，禮三濟和尚剃染，名以性一，字

[一] 宋肄樟：據康熙《四川叙州府志》卷二，此人乃康熙五年（一六六六）舉人，宜賓人。據嘉慶《宜賓縣志》所載舊志纂修姓氏，宋肄樟字西山。又據《佛冤禪師語録》之序，文末署題爲"時康熙丁卯中秋日同門法弟宋肄樟法名徹中題于玉壘山房"，則宋肄樟在一六八七年時乃昭覺寺僧。

[二] 源流拂子：祖師流傳下去，付囑給得法弟子的拂塵，以作傳法信物。《五燈全書》卷六四《淨名抱朴蓮禪師》云："師轉身便出，傳以源流拂子付之。"

[三] 丈老人：昭覺寺丈雪通醉。《重修昭覺寺志》卷二有其小傳，云："内江李氏子，夢僧入室而生。五歲時，母携入寺，見金像，問曰：'此何人也？'母曰：'此佛也。'師曰：'他日我必效此。'於是懇求剃染。母歸，謂父曰：'此子有出塵志。'明辰送入古字山，禮清然落髮，法名通醉……劫運消滅，重闢昭覺，乃恢復焉。時康熙二年（一六六三）癸卯，師五十四歲……晚年休息於佚老關。癸酉十月，沐浴跌坐，作《真歸告》，示寂。有《語録》十卷，《里中行》一卷，《青松詩集》一卷，《雜著文》二卷行世。世壽八十四，坐臘七十八。"丈雪生於萬曆三十八年（一六一〇）無疑議，但其卒年與享壽，此處稱卒於癸酉（康熙三十二年，一六九三），享年八十四；同書卷七載梁顯陛所作《塔銘》，則稱"忽丙子冬，老人微疾，辭世時年八十有七"。丙子指康熙三十五年（一六九六），倒推生年亦爲一六一〇年，但享年爲八十七年。楊曾文先生《明末清初丈雪通醉禪師及其禪法略論》（載《西南民族大學學報》二〇一〇年第十二期）據《昭覺丈雪醉禪師年録》等，亦定其生卒年爲一六一〇至一六九六，但《年録》所載内容實止於八十四歲時，則楊先生所據或亦是此《塔銘》也？另外，王路平先生《明末清初貴州禪宗大師丈雪和尚評傳》（載《貴陽師範高等專科學校學報》二〇〇三年第一期）則言通醉卒於康熙三十四年，惜未提所據爲何。我們認爲，當以卒於康熙三十五年爲確。

[四] "王"，原作"某"，據蔣本改。

[五] "碧"，本卷後文《可聞源禪師塔銘》作"壁"，暫無旁證，未知孰是。

以貫之。自後窮研內典，遇十方雲水之衲，殷勤恭敬，虛心請益。聞一妙諦，如獲至寶，其勇猛精進如此。

年三十，值三濟師圓寂，師於辛巳歲就鳳明法師受沙彌戒。甲申蜀亂，隱於銅河獅子山，結茅以居，接待禪客，堅修淨業。師逆知大兵之後必有凶年，躬率屬衆，墾耕積食。逮丙戌、丁亥，果薦饑饉，斗米值金三十，市竟乏糶，轉溝壑者無限。師盡出所貯飯諸方大衆，全活甚夥，毫無德色，其先見而能博濟如此。

戊子歲，詣嘉城，請澄江和尚授具戒。庚寅歲，因峨山諸刹兵燹之餘香火荒凉，虎狼窟穴，行人絕迹，食窘僧饑，師以爲憂。竭囊糴米，運供峨山之僧，僧咸德之。因而四峨山印宗、瞿如二禪師，謀於通山耆宿，以伏虎名勝久廢，請師開建。師謙讓未遑，敦懇乃諾。辛卯之春，命衆誅茅。甫至橋邊，白額遂傷一人。師乃親率僧俗以往，闢草萊，覓舊址。殿基傍有臥虎驚出，搖尾而去，不敢爲害，其道德足感異類如此。自是結茅山麓，爲虎溪精舍，殫心盡力，接待諸方，歷十餘載。凡登峨宰官，莫不高其願力，勸修伏虎叢林。始興工結構，歷廿餘載乃就。創建前後左右殿堂樓閣共百十餘間，巍然煥然，爲峨眉第一大觀，俾朝山游旅賓至如歸矣。蓋師之踐履純熟，用心堅固，以利人爲志[一]，以濟物爲懷，不惜身命，成此因緣。故不須說法而無處非法，不必安禪而無時不禪也。

康熙辛酉三月廿八日，示微恙。四月初三日子刻，命諸職事及大衆，課誦畢請入方丈序列。索紙筆，書偈云："年經七十六，自愧無長處。弘誓深如海，道心高似佛。生生任我行，世世人天路。萬物常圍繞，那些隨分足。"令衆齊念大悲名號百餘聲，擲筆端坐而逝。法屬舁至影堂，供養旬日，顏色如生，異香滿室。茶毗之日，白氣冲霄。塔靈骨於寺右五里許，名紅珠山，與大峨同不朽云。銘曰：

乘悲願來，原爲斯人。七十六載，勞形苦身。

濟人利物[二]，廣結淨因。不打口鼓，念念發真。

心奉塵刹，以報佛恩。果然伏虎，搖尾吟呻。

說偈坐逝，無減無增。紅珠山下，白毫日新。

[一] "人"，蔣本作"他"。
[二] "人"，蔣本作"他"。

※可聞源禪師塔銘[一]

清王廷詔翰林編修[二]

　　登峰者必造其極，而不能御風以行[三]；探幽者必窮其奇，而未必一蹴可至。證道有所從入[四]，高遠有所自始，其理一也。峨眉爲普賢道場，銀色世界，清標震旦，鵝首井絡，輝耀南宗[五]。天下之魁慕名山者[六]，莫不摩頂踵、息妄緣，間關險阻，思一登覽其勝[七]，而不可即至。何幸於叠嶂層巒之下，憩息有階[八]；紗杳空冥之中，得蒙指示！伏虎禪林，實始基之。且住錫其中者[九]，非具大智慧因，不能導引群迷、解塵網而開覺路也。虎溪靜衲，代有名耆[十]。今之紹衍宗乘[十一]，指南衲子者，惟可聞大師其人焉[十二]。

　　師，金陵太平當塗趙氏子。父欽，母王氏，世篤清修，屢兆祥符。將誕之夕，母夢白蓮華放，以語欽。欽曰："蓮華净潔，不被污淤泥。若生子，定不凡。"果生師，賀者聽啼而知爲英物。髫齡，天姿穎異，善根夙具。一日，白椿萱出家，頷之。

　　辛巳歲，送青山，禮慶齋，祝髮披緇。癸未秋，因護送普賢大士香像峨山供奉。齋衆禮畢，甲申春，慶師甫事言旋，值世運滄桑，兵火流

[一] "源"，因襲光緒本而脱，據蔣本補。

[二] 王廷詔：雍正《四川通志》卷三一稱其爲康熙庚戌（一六七〇）科進士，同治《嘉定府志》卷二六稱其爲康熙丙午（一六六六）科舉人。民國《夾江縣志》卷七作"王庭詔"，稱其官湖南江華縣知縣。嘉慶《四川通志》卷一八七著録其所作《耕餘嘯集》，稱其字宣子，號遁庵。《玉泉其白富禪師語録》卷下所附塔銘，作者自署，又作"澴江賜進士弟子遁庵王庭詔"。其餘事迹不詳。

[三] "而不能御風"，原作"則不辭仰嵐"，因襲光緒本，據蔣本改。按，光緒本翻刻舊時，此文或漫漶過甚，無法辨識，故每多臆補。

[四] "必一蹴可至證"，原作"始不窮其奥大"，因襲光緒本，據蔣本改。

[五] "輝耀南宗"，光緒本臆補作"耳戒南宗"，印光等覺得光緒本不通，遂改作"爲南戒宗"，今據蔣本改。

[六] "魁"，原作"仰"，因襲光緒本之誤，據蔣本改。

[七] "險阻思"，原作"峻嶺之"，因襲光緒本，據蔣本改。

[八] "憩息有"，原作"拾級升"，因襲光緒本，據蔣本改。

[九] "基之且"，原作"於晉歷代"，因襲光緒本而妄補"代"字，據蔣本改。

[十] "耆"，原作"者"，因襲光緒本，據蔣本改。

[十一] "今之"，蔣本作"至"。

[十二] "惟"前，蔣本有"則"字。

離，惟有遙望青山而嘆道阻耳。寓嘉陽金壁庵，未幾而慶師圓寂，塔師禮備。見是庵近市，朱紫混淆，難久居住。因知貫之和尚住洪椿，閱三車[一]，涵養純粹，願輪深廣。通山耆舊以大清定鼎，全川蕩平，伏虎爲登峰首刹，久委榛莽，請大師開建，接待遐邇緇素。但奈規模弘敞，幅員遼闊，籌量至再，欲得擔荷煩劇，相與有成，而難其人。師竊有志，願殫心力，因禮爲師，更名海源，號可聞，毅然預勞，董監院事。尋當年基址，漸次開闢。朝昏竭蹶，鳩工庀材，繼以規矩準繩。辛卯歲，結茅屋，蔽風雨。庚子夏，修建紺殿瓊樓，璀璨輝煌[二]。塑大佛三尊、諸菩薩金像，皆莊嚴妙好。禪堂、齋所、僧寮、雲水、廚庫、倉浴、橋亭、三門[三]，局次有序，積年告成。又於路旁竪立茶房，待行人飢餐渴飲。五十年來而工始竣，悉賴本省文武護法宰官捐金布施，檀那善人共襄盛舉。誠峨山叢林之大觀，師苦心擔荷之勛德也。

徒寂玩，勤修密行，見購棟梁之艱難，發願，寺之前後左右廣栽杉、楠、柏樹，準《法華經》[四]，一字一株，待將來興作之需。倏爾樹林陰翳，禽鳥和鳴，勁節萬竿，鳳集飲露矣。第獨是山志未修，缺然於懷。壬子秋，幸逢華陽虎臣蔣太史解組來峨，隱寺之蘿峰庵，與師同梓里，有乳水之合。因得其旁搜博采，纂輯成編，付之剞劂，播傳海內，師夙志遂矣。

辛酉歲，貫和尚西逝，師從治命繼席。迨參昭覺丈雪和尚[五]，昭問："何處來？"師云："峨眉。"昭云："來時龍門洞水滿也未？"師云："湛湛地。"昭云："是汝湛湛地？龍門湛湛地？"師以坐具搣一搣，云："老老大大，作這個語話。"昭留累月，徵詰多番，乃書偈付囑曰："萬歲池深係岸固，從來不許人輕掏。俄分一滴與願王，遍界爲霖灑甘露。"弘臨濟正脉，慧日法流，隨機設教。禪衲踵至，客過留贈。師沉厚謹慎，達官長者、縉紳文學，特加禮重，遠近不殊焉。

[一] "車"，原作"載"，因襲光緒本，據蔣本改。按，三車，比喻三乘。以羊車喻聲聞乘（小乘），以鹿車喻緣覺乘（中乘），以牛車喻菩薩乘（大乘）。見《法華經》卷二《譬喻品》。這裏泛指佛教經典。

[二] "輝"，蔣本作"煇"。

[三] "三"，蔣本作"山"。

[四] "法華"，蔣本作"大乘"。

[五] "治命繼席迨"，原作"遺命繼至省"，印光等或因光緒本作"治命繼至省"，文義不通，遂臆改也，今據蔣本改。按，治命指死者臨終前頭腦清晰時留下的遺命，並無錯誤。

嗣於甲子歲，走門人與峨，赴江浙募藏經。承命向往，言行真實，人無間言。故立談之頃[一]，莫不歡喜成就。數月之間，印刷梵本大藏五千餘卷[二]，並方册全藏二部載歸[三]。語云"佛化有緣人"，信不虛也。續賴大參憲傅、大參戎佟[四]，捐貲崇樓以貯經櫝。壬申，接俗籍來書，情詞敦切。念及自孩至長，雙親撫育無窮，不能忘情於懷。南旋故園，祭奠考妣先塋，焚香百拜，薦冥福幽用，報罔極之恩。從而禮補怛，歷名勝，大暢宗旨，仍返虎溪。走門弟子明宗赴吳越，八載苦行，募裝彌勒大佛、阿彌陀佛、大悲菩薩、護法關聖，繪水陸諸聖像全堂，皆備極莊嚴。由舟迎歸，水不揚波，安穩到寺。非大願力，焉能如意若斯耶？

寺有紙錢街、高家堰、乾壩、鴨子池四處齋僧田畝，得供饕飧。列護法給示蠲差在案[五]，永護常住於不朽矣。蓉城北關有古剎，名曰金繩，創自五代。獻逆焚劫，僅存瓦礫。大中丞于公肇建招提[六]，爲選佛之場。修書遣使，請師卓錫開法。辭未應命，再使敦請。情不容已，飛錫進院，氣象一新，風幡重展，德教愚蒙，齒頰皆香。禪衲追隨杖履，仰承益智增慧者，摩肩接踵。兩更寒暑，靜念頓生，倦省會繁華擾擾，何異塵勞？翻然退院，歸老虎溪。寸絲粒粟，悉歸常住。付囑法孫靈樞承接住持，耳提面命："當自磋磨[七]，方可報上憲護持佛教德意！"尤足見善於繼志述事[八]。遂扶杖辭歸，意願窮巖遁跡，長謝故人，露頂趺坐，曠志怡懷，然尚未得從心所欲。

庚辰中元，修盂蘭會。初七日，命懸水陸聖像。午後，示微恙。次日初八，曰："生寄死歸，時節已至。"集衆雁堂，與峨、正安等侍側，叮囑身後常住諸事畢，盥洗搭衣，書偈，端坐示寂。偈曰："七十年來，

[一]"頃"，蔣本作"傾"。

[二]"印刷"，蔣本互倒。

[三]"部"，蔣本作"口"。

[四]按，此處所指之"傅"，應是傅作楫；佟，可能是指峨邊營游擊佟國弼，見雍正《四川通志》卷三二。

[五]"列"前，原衍"列"字，沿襲光緒本之誤，今刪。按，蔣本在"列"前空一格，乃爲"列護法"而敬空，並不缺字，光緒本臆補，謬矣。

[六]于公：于養志。據大中丞在清代指巡撫一職，查雍正《四川通志》卷三一，于姓巡撫僅于養志。此人爲遼陽監生，康熙二十九年（一六九〇）以都察院右副都御史任四川巡撫。

[七]"磋"，蔣本作"着"。按，着磨，義即捉摸、摸索，無誤。

[八]"足"，蔣本作"是"。按，作"是"文義晦澀。

波波挈挈[一]。推倒普賢，喚惺彌勒[二]。正恁麼時，天空海闊。"畀供影堂，色笑猶生。緇素奔赴者，日有千衆，羅列座前，焚檀頂禮，慟哭填咽。建窣堵於雙峰之陽。師生於崇禎辛未，世壽七十，法臘六十。今已三周，法嗣與峨照裕以塔銘未修，師德無聞，請銘於余。余與大師道契夙因，能知平生爲人[三]，光明洞達，弘慈濟世。誼不敢辭，因援筆而爲之銘。銘曰：

金陵間氣，篤生奇英。來禮願王，不遠道程。
貫翁高足，頡頏經綸。開建伏虎，擔荷營營。
五十年來，巋然告成。紺殿凌空，日月倒影。
一見昭覺，水滿龍門。以是夙緣，雲集千人。
苦心開法，妙舌婆心。直指人性，臨濟上乘。
道德彰聞，傾動中丞。金繩酬對，爲世典型。
退休逸老，去來分明。唱還鄉曲，彌勒惺惺。
解脫真脫，破人疑情。蘆花江上，月皎風清。
雙峰之陽，窣堵堅精。舍利斯藏，萬祀垂馨。

附：伏虎寺開學業禪堂緣起[四]

明釋海明破山[五]

此文於教育後進、振興叢林，大有關係。故附於高僧之後，俾住持叢林、教育後進者，知所本焉。

蓋聞佛法無主，要假人弘。得人則興，失人即廢，所以達人不可無。

[一] 波波挈挈：言急切奔波。波波，奔波。《岑嘉州詩箋注》卷三《閺鄉送上官秀才歸關西別業》："風塵奈汝何，終日獨波波。"挈挈，急切。《柳宗元集》卷三四《答韋中立論師道書》："愈以是得狂名，居長安，炊不暇熟，又挈挈而東，如是者數矣。"
[二] "惺"，此處義同"醒"。
[三] "道契夙因能知平"，原作"夙契有年知其一"，因襲光緒本，據蔣本改。
[四] 按，此文載《破山禪師語錄》卷二〇，題作《開禪堂緣起》；蔣本卷一〇與此處題名同。蔣本所載與《破山禪師語錄》差異較大，當是響應破山之號召，故因其文而略作更動也。爲免繁瑣，僅以蔣本參校。
[五] 海明：四川大竹人，俗姓蹇，乃明人蹇義之後，諱海明，號破山。生於一五九七年，卒於一六六六年，享年七十歲。十九歲出家，先後住嘉興府東塔、湖北破頭山、梁山縣萬峰山、雙桂堂等，弟子知名者爲丈雪通醉。劉道開撰有塔銘，又有年譜，附於《破山禪師語錄》之後。

是人也，非生而知之者。吾教建叢林，立規矩，意在養育賢才，陶鑄後學，繼往開來，如日月光明乎天下。奈何海內叢林悉忘此意，予不得不犯天下所忌，敢以古今興廢試一論之。

上古叢林聚衆，朝夕激揚，使悟本心，冀各爲一方眼目，輾轉傳化，續佛慧燈。以故古時穎脫者不知其數，此佛法得人所以興也。邇來叢林雖在，古法盡亡，招賢弘教，杳絕無聞，自愚愚人，輾轉蒙昧。致使初學有志者無處栖泊，蹉跎白首，不知佛義，此佛法失人所以廢也。不思叢林者何所取義？如來無量劫中，修行難得無上菩提，演布三藏，欲後人講誦參討，自見本心。古人知此，所以建禪堂以安學者，使用力於此，代出高人，如林內具諸棟梁材，故曰叢林。豈如今日驅賢養愚，忘本務末，以了叢林之事？此非木之叢，實草之叢也！況諸施中，法施爲最。如來爲法降生，爲佛子者不知本末先後，謂之倒置，致佛日不明者，誰之咎歟？故知達人必出叢林，興廢關乎主者。唯主人權柄在手，指呼是從。苟是位不行是道，佛祖寧不皺眉耶？

明自參學以來，經歷多載，見今思古，每自傷嘆。何今古相反若是耶？古亦人也，今亦人也。古人何增，今人何減？特因昧本忘恩，不思不行而已矣。若海內叢林一一皆能體佛心而行佛事，則天下咸成佛國。何今古之間然？況今教、禪、律流各執一邊，互相矛盾，鮮窺大全。詎知無上妙道，出於口爲教，契於心爲禪[一]，軌乎身爲律，三法本一人所行[二]。今乃分疆自畫，去佛法遠矣。明不揣薄劣，憂佛道之不行，慮人心之忘古。

值峨眉伏虎寺貫之禪師[三]，建一學業叢林，集有志緇流，究性相之深詮，窮離文之妙旨；破目前之堅礙，消歷劫之固執。融五教十玄於毛孔中[四]，會六相五宗於揚眉處[五]。通變自在，迥異常情。達磨不向東來，

[一]"契"，蔣本作"運"。
[二]"所"，蔣本無。
[三]"值"，蔣本作"時"。
[四]五教十玄：五教，指華嚴宗判教爲五，分別爲小教、始教、終教、頓教、圓教，詳《華嚴經探玄記》卷一；十玄，亦爲華嚴宗之核心教義，又稱十玄門、十玄緣起。包括同時具足相應門、一多相容不同門、諸法相即自在門、因陀羅網境界門、微細相容安立門、秘密隱顯俱成門、諸藏純雜具德門、十世隔法異成門、唯心回轉善成門、托事顯法生解門，詳《華嚴一乘十玄門》。
[五]六相五宗：六相，指總相、別相、同相、異相、成相、壞相，見《華嚴一乘教義分齊章》卷四；五宗，禪宗慧能一系分化爲臨濟宗、溈仰宗、曹洞宗、雲門宗、法眼宗。

釋迦未曾出世，以斯先覺，復教後覺。內外典籍，貴以貫融，罷參者休心無事，初進者勵志向前，不計歲月，以徹爲期，圓性達人必從此出。心包法界，體合真空。即一切，非一切，雖度生而無生可度；佛即我，我即佛，雖成佛而無佛可成。佛法之興，安有涯量？故欲佛法興莫先於得人[一]，得人莫先於整叢林以教後學[二]。舍此而欲佛法興者，吾莫知也。由是觀之，無賢主則不出達人，無達人則不興佛法。反覆推尋，主人爲最，此位任大，毋自抑小。宜去高去慢，虛心待物，視此身爲天下學人之父母，視天下學人皆我一家之子弟。內則爲之聚糧、辦衣、供油，以資歲月朝夕之需；外則爲之請出世名宿以作模範，熏之陶之，日益日損，方不失爲主人之實。明耳之快然，研墨運楮以助其喜[三]。

昔世尊以佛法付囑國王、大臣[四]，誠有見於末法之弊，非主持世道者不能弘揚吾教。願今舉世宰官、達士，世道既平，亦宜傍興佛法。蓋三寶乃世間福田，下得一種，收得一斛。諺云："山中無老衲，朝中無宰相。"安知滿朝文武非昔修行苦行僧耶？惟冀不忘前因，各出手眼，共報佛恩，使天下叢林俱興佛法。賢者進而愚者化，佛教則煥然一新，王道亦不教而善。此二教兼化，並行而不相悖之大義也[五]。願與同志共勖之。

附錄：馮楫、范文光、蔣超三居士傳略

宋馮楫，遂寧人，號不動居士，由太學登第。初訪道禪林，晚年專崇净業，作西方禮大彌陀懺儀。歸鄉郡作净土會，感香爐中白光亘天、舍利隱現。靖康兵厄，名山藏經多毀。楫積俸資造大藏經四十八藏，小藏四大藏。後以給事中出帥瀘南，率道俗作繫念會。及刺史邛州，預知死日，於廳事設高座，著僧衣登座，謝官吏，橫拄杖於膝上，説偈而逝。

[一]"欲"，蔣本作"曰"。
[二]"於"，蔣本無。
[三]"墨"，蔣本作"煤"。
[四]"昔世尊"，蔣本作"如來昔"。
[五]"之大義"，蔣本無。

按，華嚴寺馮守誦《華嚴經》感玉女饋餐，即此也[一]。

明范文光，字仲闇，内江人。以孝廉官郎中，詩文名世。初栖心禪學，晚年棄官歸。值明末蜀寇亂，避於峨眉山中，約蓮社，修淨土業[二]。

清蔣超，字虎臣，金壇人。始生時，其祖母夢峨眉老僧托生。及長，亦自言夢身是僧，常於山溪濯足。早年成進士，入翰林。後督學北直，事竣假歸，即溯峽游峨眉。食長蔬，寓伏虎寺經年。輯《峨眉志》，甫脱稿，以疾至成都就醫藥。一日索紙筆，寫詩八句，趺坐念佛而逝。詩曰：「翛然猿鶴自相親，老衲無端墮孽塵。妄向鑊湯來避熱，那從大海去翻身。功名傀儡場中物，妻子骷髏隊裏人。只有君親無報答，生生常自祝能仁。」[三]

此三居士，歸依三寶，清净自居。身雖在家，心不染塵，徹悟禪宗，篤修净業，現宰官身，行菩薩道。是火裏之青蓮，爲佛門之外護。故附於《高僧》之後，以其志同道合也。

峨眉山志卷五終

[一] 按，此傳見蔣本卷五，又見《佛祖統紀》卷二八。《北磵集》卷四《江東延慶院經藏記》亦提及馮氏捐造藏經之事。又，《北磵集》卷六有《不動居士馮濟川像贊》，則濟川應是其字。又據《佛祖統紀》卷四七，馮楫圓寂之時爲紹興二十三年（一一五三）十月。

[二] 按，此傳見蔣本卷五，《小腆紀傳》卷三四亦有傳記。

[三] 按，此條亦見蔣本卷五，乃宋聿樟等所增補者，非蔣超原書之文。所引詩歌，與《欽定盤山志》卷一六、《孫徵君日譜録存》卷三四相同，而與《堅瓠集·秘集》卷一"蔣虎臣"條、《聊齋志異》卷八"蔣太史"條略異。

峨眉山志卷六

第七、王臣外護初、歷朝敕賜，二、護法名文。

昔世尊以建立正法、護持三寶付囑國王、大臣。誠以三寶雖爲人天眼目、度世津梁，倘無有力大人發心維護，則魔外必加摧殘，而衆生失其怙恃矣。故歷朝來，佛法之隆替與夫世運之升沉，大可於護法一門卜之。故志外護。

初、歷朝敕賜

唐僖宗敕建黑水寺，賜額"永明華藏"。又賜住持慧通禪師藕絲無縫袈裟一領，以黃金、白玉爲鈎環，及諸供器。今失[一]。

宋太宗、真宗、仁宗，敕賜萬年寺亦名白水寺御書百餘軸、七寶冠、金珠瓔珞、袈裟、金銀瓶鉢、奩爐、匙箸、果罍、銅鐘、鼓、鑼、磬、蠟茶、塔、芝草之類。又有仁宗御賜紅羅紫綉袈裟、寶環，上有御書發願文曰："佛法長興，法輪常轉。國泰民安，風調雨順[二]，干戈永息。人民安樂，子孫昌熾[三]。一切衆生，同登彼岸。又嘉祐七年福寧殿御扎。"[四]頒賜經藏，經紙俱碧硾紙，銷銀書。卷首悉有銷金圖畫，各圖一卷之事。經縑織輪相[五]、鈴杵、器物及"天下太平""皇帝萬歲"等字於花葉中。又有徽宗崇寧中所賜錢幡及織成紅幢。後三經回祿，無存。

[一] 按，此則資料來自本書卷四"黑水寺"條。
[二] "風調雨順"，蔣本卷八及《吴船録》卷上作"風雨順時"。
[三] "熾"，蔣本及《吴船録》作"盛"。
[四] "又嘉祐七年福寧殿御扎"，蔣本及《吴船録》作"嘉祐七年十月十七日福寧殿御扎記"。
[五] "縑"，蔣本及《吴船録》作"簾"。

明英宗敕賜峨眉山靈巖寺藏經敕書："皇帝聖旨：朕體天地保民之心，恭承皇曾祖考之志，刊印大藏經典，頒賜天下，用廣流傳。茲以一藏，安置大峨眉山靈巖禪寺，永充供養，聽所在僧衆看誦贊揚。上爲國家祝釐，下與僧民祈福，務須敬奉守護，故諭。天順四年五月初四日。"[一]

明神宗敕賜海會堂金綉千佛袈裟、紫衣及丁雲鵬所畫八十八祖像，今失。惟佛牙一具與頒賜藏經敕書尚存[二]。

明神宗敕賜圓通庵慈寧宮皇太后手書佛號綉金長旛一對，及烏思藏金銀書番經三本，今俱失。惟九層沉香塔尚存。

明神宗敕賜峨眉山白水寺藏經敕書："敕諭峨眉山白水寺住持及僧衆人等：朕發誠心印造佛大藏經，頒施在京及天下名山寺院供奉，經首護敕已諭其由。爾住持及僧衆人等，務要虔潔供安，朝夕禮誦，保安眇躬康泰，宮壼肅清，懺已往愆尤，祈無疆壽福，民安國泰，天下太平。俾四海八方同歸仁慈善教，朕成恭己無爲之治道焉。今特差御馬監右少監、漢經廠表白王舉齋請前去彼處供安，各宜仰體知悉，欽哉故諭！萬曆二十七年閏四月二十四日。"[三]

明神宗敕賜峨眉山慈延寺藏經敕書："皇帝敕諭四川峨眉山敕賜慈延寺住持本炯：朕惟自古帝王以儒道治天下，而儒術之外復有釋教相翼並行。朕以冲昧，嗣承大統，迄今廿有七祀[四]，天下和平，臣民樂業。仰思天眷，祖德洪庇，良由大公同善之因。況國初建置僧録司，職掌厥事。蓋仁慈清净，其功德不昧；神道設教，於化誘爲易。祖宗睿謨，意深遠矣。佛氏藏經，舊刻六百三十七函。聖母慈聖宣文明肅貞壽端獻恭熹皇太后，續刻四十一函。朕既恭序其端，而又因通行印施序其前。後敕諭護持，所以錫孝類、流慈恩也。茲者朕嘉善道之可依，念傳布之未廣，爰命所司，印造全藏六百七十八函，施舍在京及天下名山寺院，永垂不朽。庶表朕敬天法祖之意、弘仁普濟之誠，使海宇共享無爲之福。先民有言：'一念思善，和風慶雲；一念不善，灾星厲氣。'[五]夫善念以有感

[一]"天順"前，蔣本卷七有"明"字。
[二]按，此條及下一條皆見蔣本卷八。
[三]"萬曆"前，蔣本卷七有"明"字。
[四]"廿有七祀"，原作"已四十年"，據蔣本改。按，此處當是印光等據敕書之末署款而改，但却係誤改，故仍據蔣本改回，説詳後文注釋。
[五]"氣"，原誤作"烈"，據蔣本卷七及《黃山志定本》卷三《敕賜徽州府歙縣黃山護國慈光寺藏經聖諭一道》、《普陀山志》卷一三《三賜全藏經敕》改。

而興，無感而懈。是以皇極敷言，不厭諄懇；聖哲所貴，善與人同。古今相傳，其揆一也。且善在一人，尚萃一家敦穆和氣[一]，若億兆向善，豈不四海太和！此經頒布之處，本寺僧衆人等，其務齋心禮誦，敬奉珍藏。不許褻玩，致有毀失。特賜護敕，以垂永久，欽哉故諭！萬曆四十年六月十五日。"[二]

明神宗敕賜峨眉山永延寺藏經敕書："敕諭四川峨眉山萬佛金殿敕建護國聖壽永延寺住持僧福登及僧衆人等：朕發誠心印造佛大藏經，頒施在京及天下名山寺院供奉，經首護敕已諭其由。爾住持及僧衆人等，務要虔潔供安，朝夕禮誦，保安眇躬康泰，宮壼肅清，懺已往愆尤，祈無疆壽福，民安國泰，天下太平。俾四海八方同歸仁慈善教，朕成恭己無爲之治道焉。今特差御馬監張然齎請前去彼處供安，各宜仰體知悉，欽哉故諭！萬曆四十二年月日。"[三]

清聖祖康熙四十一年壬午季春，在京暢春苑，皇上親賜《金剛經》《藥師經》《心經》各一部，"臥雲庵"三大字，於伏虎寺僧照裕。又賜《藥師經》一部、"慈燈普照"四大字，於光相寺僧普震。是年十一月二十五日，皇上欽差內大臣海青[四]、五格[五]、德其內，欽奉聖旨，峨眉山降香。齎捧御書、法寶、匾額、僧詩，頒賜伏虎寺僧照裕，金字《心經》《金剛經》《藥師經》各一部，"離垢園"三大字，字幅僧詩一軸："宿世身金粟，

[一] "敦穆"，蔣本作"和氣"。
[二] "萬曆"前，蔣本有"明"字。按，此署款或有誤。前文明言"朕以冲昧，嗣承大統，迄今廿有七祀"，則應爲萬曆二十七年（一五九九）；《黃山志定本》《普陀山志》所載敕書，署款亦爲萬曆二十七年。作萬曆四十年，或前有脫文。印光等不查同時敕書之署款，而改正文之"廿有七四"作"己四十年"，謬矣。
[三] "萬曆"前，蔣本有"明"字。
[四] "海青"，原作"海清"，音同形近而誤，據蔣本卷首及《清聖祖實錄》《國朝耆獻類徵初編》卷二七九本傳、雍正《四川通志》卷三九改。《國朝耆獻類徵初編》稱其爲滿洲鑲黃旗人，姓戴佳氏。父噶祿，順治五年（一六四八）襲其叔色赫騎都尉世職。累遷內務府總管，聖祖仁皇帝特授世管佐領。卒後，以海青襲。海青甫十餘歲即任侍衛，入直御前，洊擢一等侍衛。《清聖祖實錄》卷二〇七，康熙四十一年正月"己酉，命乾清門近御侍衛海青、五格往四川峨眉山進香，回時乘便監視西安官兵騎射，并往華山進香"，兩個"海青"當即一人。康熙下令之日，當公元一七〇二年二月二十三日。海青等人抵達峨眉山則當公元一七〇三年一月十二日。
[五] "五格"，原作"五哥"，音近而誤，據蔣本及前引《清聖祖實錄》改。按，《清聖祖實錄》卷二三一，康熙四十六年（一七〇七）十月"壬午，遣鎮國公、散秩大臣暖拖合，一等侍衛五格，至喀喇沁多羅杜楞郡王扎什墓前奠酒"，作"五格"。雍正《四川通志》卷三九敘及此事，亦作"五格"。

初因社白蓮。瞻依神八萬，接引路三千。果結菩提樹，池分阿耨泉[一]。無生能自悟，雨似散花天。"[二]

伏虎寺寓僧德果，字幅二句："到處花爲雨，行時杖出泉。"[三]

善覺寺僧元亨，《金剛經》一部。

大峨寺僧常舒，《金剛經》一部，字幅二句："洗鉢泉初暖，焚香曉更清。"

洪椿坪僧圓瑞，《金剛經》《藥師經》各一部，"忘塵慮"三大字，字幅二句："錫飛常近鶴，杯渡不驚鷗。"[四]

白龍洞僧祖元，《金剛經》一部，字幅二句："挂衲雲林静，翻經石榻涼。"

毗盧殿僧德敬，《金剛經》《藥師經》各一部，字幅四句："釣艇去悠悠，烟波春復秋。惟將一點火，何處宿蘆洲。"[五]

雷洞坪僧慧植，《金剛經》一部，"靈覺"二大字。

銅殿藏經閣僧照乾，《金剛經》一部，"玉毫光"三大字，字幅二句："絕頂來還晚，寒窗睡達明。"[六]

卧雲庵僧照玉，"野雲"二大字，字幅僧詩八句："何所問津梁，行

[一] 阿耨泉：阿耨達池，佛教傳説中此池在雪山頂上，乃四大河之源。《長阿含經》卷一八云："阿耨達池側皆有園觀浴池，衆花積聚，種種樹葉，花果繁茂，種種香風，芬馥四布，種種異類，諸鳥哀鳴相和。阿耨達池底，金沙充滿。其池四邊皆有梯陛，金枕銀陛，銀枕金陛，琉璃枕水精陛，水精枕琉璃陛，赤珠枕馬瑙陛，馬瑙枕赤珠陛，車璩枕衆寶陛。繞池周匝皆有欄楯，生四種花，青、黄、赤、白，雜色參間，華如車輪，根如車轂，花根出汁，色白如乳，味甘如蜜。阿耨達池東有恒伽河，從牛口出，從五百河入于東海。阿耨達池南有新頭河，從獅子口出，從五百河入于南海。阿耨達池西有婆叉河，從馬口出，從五百河入于西海。阿耨達池北有斯陀河，從象口中出，從五百河入于北海。阿耨達宫中有五柱堂，阿耨達龍王恒於中止。"《大唐西域記》卷一亦提到此池，所出四河名字不同，而出於池北面之徙多河，舊稱爲中國之河源，可參看。

[二] 按，此條言康熙時之御賜之事，及後文諸多賜予情况，皆本自蔣本卷首。

[三] 按，此二句出唐人錢起《送鬢法師往上都》，見《錢仲文集》卷五及《全唐詩》卷二三七。◎杖出泉：用峨眉山傳説，詳蔣本卷二"神水池"條。但錢起本義果否如此，不敢妄斷。◎又，此處稱爲伏虎寺僧所領，但乾隆《峨眉縣志》卷四則稱此詩爲賜善覺寺者。

[四] "渡"，原作"度"，據蔣本改。按，此二句出《題玄武禪師屋壁》，《杜詩詳注》卷一一等作"渡"。杯渡者，《太平御覽》卷六五六引《高僧傳》，有此僧事迹，稱"嘗以木杯渡水，因以爲名"。

[五] 按，所題乃唐人張喬《夜漁》詩，見《御選唐詩》卷二七。

[六] 按，所引詩句出朱熹《十六日下山各賦一篇仍迭和韻》，見《朱熹集》卷五。

行到上方。天香飄廣殿，山氣宿空廊。石潄泉聲細，林穿鳥路長。疏鐘沉夜雨[一]，坐定俗情忘。"

峨眉開山近二千年，歷代皇帝所有敕書及所賜物，多難勝記。世遠人亡，湮没殆盡。今但撿拾少分，以示端倪云爾。

二、護法名文

※峨眉山普光殿記[二]

明朱申鈘蜀王[三]

普光殿，在峨眉山之絶頂。峨眉乃普賢大士示現之所也，峨眉之勝聞天下。其山周匝千里，八十四盤於青雲之端。有石龕百餘，大洞十二，小洞二十八。又有雷洞坪、飛來鐘、玉泉石、金剛臺之境。峰巒倚天，彩錯如畫，與岷山相對，實吾封內之巨鎮也。山之上，天霽則圓光大現；山之下，雲開則聖燈夜明，誠爲佛之境界。

成化二年，舊殿厄於回禄。寺之住山了鑑以事聞於予，予因憫古佛道場不可廢毁，捐資命工重爲修建。越三年己丑而工畢，峻傑弘麗，於舊尤加。殿中以銅鑄天地水府、天君侍者、雷電、山王之神像，以爲百千萬年之香火也。

夫天地之理，生生不息。成毁也，代謝也，理勢相因而然。後人不繼前人之爲而爲之，則其迹化爲草莽之區矣。成而毁，毁而成，亦生生不息之意也。斯殿一新，因前人之爲而爲之。四方睹佛者，登斯山，上斯殿，當知普賢願王應變無窮而行澤無盡也[四]。殿之規制，兹不一一焉。是爲記。

[一]"夜"，蔣本作"片"。
[二]按，此文載蔣本卷九及《全蜀藝文志》卷三八，今以蔣本參校。
[三]"申鈘"，原作"懷園"，據《明史》改。按，據《明史·太宗諸子·蜀王椿傳》，"子懷王申鈘嗣，成化七年（一四七一）薨"，即本文作者也。後文稱成化二年（一四六六）普光殿火，越三年己丑（一四六九）工畢，正懷王在位時。
[四]"行"，蔣本作"利"。

※峨眉大佛寺碑記[一]

明范醇敬 禮部侍郎[二]

西來旨意[三]，大空諸有，要以超出色界、普度衆生，即言一已多，何有於千言？心已寂，何有於手目乎？然觀世音大士神通設教，夫豈其獨具千手千目而并千其心？惟其心空，故妙於神應。所謂一以貫之，即萬億可也，何千之足云？世人紛擾爾心，役爾手足，四大爾色身。即左持右攬，必有妨誤；前瞻後顧，必有遺脫。由不能無，故不能一；不能一，故不能千，此衆生相也。大士心若虛空，手目無有。惟其無有，是以廣有。隨應隨妙，運而不宰；不煩攝持，不相罣礙。斂入毛孔，散滿沙界，一切衆生，咸歸濟度。以方於吾儒萬殊一本之義，豈有異耶？諦觀大造中形形色色，別生分彙，果物物而雕之哉？又奚疑於大士之多變也？然以一覓佛，執矣，而乃千之；以千神佛，幻矣，而乃象之。何以故？彼見相尋宗，因無彰有，下乘不廢。而所謂報佛恩者如是，寧詎贅哉？矧大光明山，震旦選佛道場[四]，範金櫛比，獨大悲缺如，事應有待。

我皇上乘輪覺世，德布人天。聖母金粟如來，褒揚法指，宮闈儉素之餘，施此名山，作大悲果。於是知縣臣李應霖[五]、臣魏世軫[六]，前後奉命來令兹土[七]，實司此山。仰承慈懿，祗襄勝事。有僧真法者，六塵不著，五戒肅如，荒度招提，謹如願意，莊嚴卒業，爰壽貞珉。小臣不

[一] 按，此文載蔣本卷九，以之參校。據本卷後李長春《峨眉大佛寺落成頌并序》之署款，可知此文作於萬曆三十三年（一六〇五）。

[二] 范醇敬：明代嘉定州人，字葆元。萬曆《嘉定州志》卷三小傳云："范醇敬，蒙之孫，爾知之子。壬午（一五八二）鄉試，癸未（一五八三）進士，改庶吉士。授檢討，升左贊善、洗馬兼修撰、右諭德、左庶子，俱兼侍讀、少詹事、正詹事，俱兼學士、南京禮部右侍郎。"

[三] "旨"，蔣本作"指"，義同。

[四] "佛道"，蔣本無。

[五] 李應霖：據天啓《滇志》卷八，此人乃萬曆己卯（一五七九）科舉人，大理府太和縣人。又據民國《新纂雲南通志》卷一〇七，此人後於鷄足山出家，法名廣融。《千頃堂書目》卷七著錄此人於萬曆癸巳（一五九三）所修《峨眉縣志》，則其任峨眉縣令當在此年前後。

[六] 魏世軫：據順治《襄陽府志》卷一三，此人爲光化縣貢生。其任職峨眉知縣時，在一六〇五年前後。

[七] "奉"後，蔣本有"一"字。

佞，拜手稽首，爲作頌曰：

栩栩衆生，沉迷苦海。生死輪迴，與化俱改。
爾時世尊，閔念衆生。神通願力，惟觀世音。
顯諸神變，現千手眼[一]。撐持世界，永無增減。
法際虛空，諸相冥杳。究竟慈悲，萬億猶少。
白馬之東，峨眉大雄。不逢曇華，曷構琳宮？
用奉塵刹[二]，皈依寶相。法力如天，功德無量。
坤維永奠，乾運遐昌。天子萬年，奉我慈皇。

※重修會福寺記[三]

明宿進刑部員外，漹江[四]

寺之顯於世者，有以哉！水之潤，近沃而遠汔；火之光，近焯而遠微。故天下名藍屬都城孔道者，得受歷朝恩待。既藏且額，而又舉有僧行者嗣而尸之。其他宗散四遐荒忽之地，毋慮數萬，則固不能是數數也。然一再之，非夫寺之真有殊尤爽塏之境、嚴苦高卓之僧與諸收肯清業貴達之門，蓋亦難至乎爾也！

考之令甲，宋賜藏書，普覺三十[五]，福嚴五十[六]，景祐二百二十[七]。

[一] "顯諸神變，現千手眼"，蔣本作 "散諸舍利，遍滿千眼"。
[二] "用"，蔣本作 "爾"。
[三] 按，此文載蔣本卷九，以之參校。關於此寺修建之時及此文撰寫之時，文末云興工於弘治癸亥（一五〇三）八月，竣工於正德辛未（一五一一），作記於一五一一年三月十六。
[四] 宿進：明過庭訓《本朝分省人物考》卷一〇九列其小傳云："宿進，字孺忠。夾江人，進士，歷刑部員外郎。逆瑾擅權，以直言受杖卒。嘉靖初贈光祿寺少卿，縣有祠。"民國《夾江縣志》卷八有詳傳，卷一一則有劉黻《敕贈光祿寺少卿故刑部員外郎宿君進墓表》、程啓充《明光祿寺少卿宿公進配安人傅氏合葬墓志銘》。◎漹江：在夾江，同治《嘉定府志》卷一〇有漹江書院，在夾江縣南。
[五] 普覺：《明一統志》卷五六《吉安府·寺觀》"普覺寺"條云："在泰和縣治東，宋元豐中有以真宗、仁宗宸翰凡三十軸及仁宗飛帛四軸送此寺，黃庭堅有藏經云。"
[六] 福嚴：《明一統志》卷五六《衡州府·寺觀》"福嚴寺"條云："在衡山縣雲居峰，舊有唐梵經、太宗御書五十卷。"
[七] "祐"，原作 "佑"，與蔣本同，皆誤，據《明一統志》卷八五《潯州府·寺觀》"景祐寺"條改。其注文云："在貴縣南山，宋咸平初，嘗賜太宗御書二百二十軸，藏於此。"

其賜額也，梁於廣利、八聖者二[一]，唐於月華[二]、水西[三]、能仁[四]、大慈者四[五]。宋於法雲[六]、慧日[七]、光孝[八]、慈恩[九]、寶積[十]、菩提[十一]、普安[十二]、覺報[十三]、明心[十四]、開福[十五]、普化[十六]、興聖[十七]、景德[十八]、

[一] "二"，原作"三"，因襲光緒本之誤，據蔣本改。◎廣利：《明一統志》卷四六《寧波府·寺觀》"阿育王寺"條云："在阿育王山中，晉義熙初建。一名廣利寺，梁武帝賜今名。"◎八聖：《明一統志》卷四〇《湖州府·寺觀》"八聖寺"條云："在德清縣東三十六里，梁青州節度使沈子真堂前井起光八道，遂舍宅爲寺，武帝賜名八聖。"

[二] 月華：《明一統志》卷七九《廣州府·寺觀》"月華寺"條云："在新會縣西四十里，唐元和中賜額。"

[三] 水西：《明一統志》卷三九《嘉興府·寺觀》"水西寺"條云："在府治西北二里，舊名資聖院。唐會昌中建，宣宗避武宗，嘗隱於此，有所書寺額尚存。"

[四] 能仁：《明一統志》卷五六《衡州府·寺觀》"能仁寺"條云："在府治東南，唐時賜額。"

[五] 大慈：《明一統志》卷六七《成都府·寺觀》"大慈寺"條云："在府治東，唐至德間建，玄宗書'大聖慈寺'四字尚存。"

[六] 法雲：《明一統志》卷七四《福州府·寺觀》"法雲寺"條云："在閩縣治東南，後唐時建，宋賜今名，本朝宣德中重建。"

[七] 慧日：《明一統志》卷八《蘇州府·寺觀》"慧日寺"條云："在常熟縣治西北，梁建，宋賜今額，本朝永樂中重修。"

[八] 光孝：《明一統志》卷八三《桂林府·寺觀》"報恩光孝寺"條云："在湘山之陽，乃無量壽佛道場。舊名景德寺，宋賜今額。"

[九] 慈恩：《明一統志》卷五六《衡州府·寺觀》"慈恩寺"條云："在泰和縣治東，舊名福星，宋賜額。"

[十] 寶積：《明一統志》卷五四《撫州府·寺觀》"寶積寺"條云："在宜黃縣北三十里，唐僧本寂駐錫處，宋賜今額。"

[十一] 菩提：《明一統志》卷七二《嘉定州·寺觀》"菩提寺"條云："在威遠縣治東，宋開寶中賜額。"

[十二] "安"，原作"庵"，與蔣本同，皆音同而誤，據《明一統志》卷五四《撫州府·寺觀》"普安院"條改。其文云："在崇仁縣西，唐建，宋賜今名。"

[十三] 覺報：《明一統志》卷五六《衡州府·寺觀》"恩褒覺報寺"條云："在府東北，宋周必大入政府時所賜額。"

[十四] 明心：《明一統志》卷五六《衡州府·寺觀》"明心院"條云："在府城南，宋仁宗御書'大雄寶殿'四字。"

[十五] 開福：《明一統志》卷一六《池州府·寺觀》"妙音寺"條云："在青陽縣治東北，唐建。""開福寺"條云："在石埭縣西二里，唐建。已上二寺，宋太平興國間賜額。"則宋代賜額者還有妙音寺，本文未羅列。

[十六] 普化：《明一統志》卷五八《南安府·寺觀》"普化寺"條云："在府城東三十五里，舊名龍山，宋賜今額。"

[十七] 興聖：《明一統志》卷三九《嘉興府·寺觀》"興聖寺"條云："在府治東北，本嘉興縣丞廨，宋孝宗誕育於此。嘉定間賜額興聖院，理宗御書'流虹聖地，興聖之寺'八字，碑刻尚存。"

[十八] "景"，原誤作"境"，與蔣本同，據《明一統志》卷一六《池州府·寺觀》"景德寺"條改，《明一統志》無所謂"境德寺"。其文云："在府治北，舊名祝聖，唐貞觀間建，宋景德初賜額。"

仙林[一]、龍德[二]、南禪者十有六[三]；國朝列聖累下敕典如故事。然寺實祝釐禳祭之有所繫加之意[四]，若大天界[五]、大興隆[六]、大報恩[七]、大龍興[八]、正覺[九]、寶塔[十]、靜海[十一]、華林[十二]、普慧[十三]、永壽[十四]、光福[十五]、

[一] 仙林：《明一統志》卷三八《杭州府·寺觀》"仙林寺"條云："在府治北，宋紹興中建，理宗書額並製鐘銘。"

[二] 龍德：《明一統志》卷四二《金華府·寺觀》"龍德寺"條云："在龍峰山下，宋寧宗御書其額。"

[三] 南禪：《明一統志》卷九《松江府·寺觀》"南禪寺"條云："在府治南，宋紹興間建，賜額演教。"

[四] "祭"，原作"祭"，與蔣本同，乃形近而誤，文義不通，據文獻用例改。如《冊府元龜》卷一四五："（明宗天成）二年正月，司天奏：今年歲日五鼓後，東方有青、黑雲，主歲多陰雨，宜行禳祭禱祠，從之。"宋庠《元憲集》卷一六《孝治頌》云："烈風迷雨，不禳祭而時若。"

[五] 大天界：《明一統志》卷六《應天府·寺觀》"大天界寺"條云："在聚寶門外，晉建，元文宗改為龍翔寺，在會同橋北。本朝洪武中徙建於此，賜今名。"

[六] 大興隆：《明一統志》卷一《順天府·寺觀》"大興隆寺"條云："在府西南，舊名慶壽。寺內有'飛虹飛渡二橋'石刻六大字，極遒勁，相傳金章宗書。又有金學士李晏碑文。寺前有海雲、可庵二塔。本朝正統間重建，改今名，僧錄司在焉。"

[七] 大報恩：《明一統志》卷六《應天府·寺觀》"大報恩寺"條云："在聚寶門外。吳赤烏間，有康居國異僧領徒至長干里結茅行道，能致如來舍利。孫權爲建塔奉焉，名寺曰建初，實江南塔寺之始。梁名長干寺，宋改名天禧。本朝永樂初悉徹其舊而斥大之，賜今名。"

[八] 大龍興：《明一統志》卷七《鳳陽府·寺觀》"大龍興寺"條云："在盛家山南，本朝洪武初敕建，有御製碑及御書'第一山'三大字刻于碑。"

[九] "正覺"前，原衍"化"字，與蔣本同，據《明一統志》卷六一《德安府·寺觀》"正覺寺"條刪，《明一統志》中無所謂"化正覺寺"。其文云："在應山縣北二十里，舊名寶林寺，洪武間賜今名。"

[十] 寶塔：《明一統志》卷三六《臨洮府·寺觀》"寶塔寺"條云："在府治東元舊址，本朝永樂中重修，賜今名。"

[十一] 靜海：《明一統志》卷六《應天府·寺觀》"靜海寺"條云："在府北二十里，洪熙元年（一四二五）賜額。"

[十二] 華林：《明一統志》卷七四《福州府·寺觀》"華林寺"條云："在府城越王山下，舊名吉祥寺。本朝宣德中重建，正統中賜今額。"

[十三] "慧"，原作"惠"，與蔣本同，音同而誤，據《明一統志》卷八八《畢節衛·寺觀》"普慧寺"條改。其文云："在衛城東，前有福泉，舊名福泉寺。正統十四年（一四四九）賜今名。"《明一統志》卷三一《汝寧府·寺觀》下雖有普惠寺，但僅云"在光州治西"，並無相關恩賜。

[十四] 永壽：《明一統志》卷五九《武昌府·寺觀》"永壽寺"條云："在興國州西六十里，正統八年（一四四三）賜額。"

[十五] 光福：《明一統志》卷七三《四川行都指揮使司·寺觀》"光福寺"條云："在都司城南一十里，唐天祐間建，舊名瀘山寺，本朝正統間賜今名。"

通善[一]、顯通[二]、興樂[三]、靈雲[四]、廣惠諸寺[五]，或頒藏經，賜御額，而至嘉之獲顯於世也。雖靈巖天下維四[六]：一姑蘇，一雁蕩，一南安，而峨山之靈巖實荷恩待之重也！天順庚辰[七]，賜藏經若護敕。成化乙酉[八]，賜額"會福"。豈非以靈巖爲峨山第一境耶？抑亦以有僧行者出，而又得人以張之耶？

先是，隋稱寶掌，濫觴是寺。第傳之弘義、圓通、了貴，傳之本興、本印。本興寂，本印領祠部牒，再嗣之，寨禪枝而斟定水者四十年。遹念寺久傾圮，衲粗蔬澹，不逾閩以自礪。復田若干畝，捐資銓度，鳩工庀材，建天王、地藏殿，修敕賜經閣、大雄寶殿、伽藍、祖堂、庖廩、方丈若干楹。後殿貌諸佛像，又募緇流本欽、益崇、福容、淳泰、真裕等，爲法堂石橋各二，穹墉巘樹，聯輝竟爽。經始於弘治癸亥八月，訖工於正德辛未二月。落成，通途之屬罔不集觀稱願，皆曰："靈巖殊尤爽塏之境，印師嚴苦高卓之僧！"

其清葉貴達之張之也，如萬公安者，顧可少乎哉？會夾江典史王翼，礱石來請記，亟辭不獲。本印別號理源，恭州永川，遂碑。

正德六年辛未春，三月既望。

[一] 通善：《明一統志》卷六《應天府·寺觀》"通善寺"條云："在府西南二十里。以上八寺，俱正統間賜額。"可知另有七寺亦有賜額，分別爲：寧海寺、弘濟寺、德壽寺、廣惠寺、普德寺、廣緣寺、翼善寺。廣惠寺見後文。

[二] 顯通：《明一統志》卷一九《太原府·寺觀》"顯通寺"條云："在五臺山，本朝永樂初敕於舊靈鷲、華嚴、寶積寺舊基建。"

[三] 興樂：《明一統志》卷二〇《平陽府·寺觀》"興樂寺"條云："在襄陵縣城西南，天順二年（一四五八）賜額。"

[四] "雲"，原誤作"聖"，與蔣本同，據《明一統志》改。按，《明一統志》卷一《順天府·寺觀》"靈雲寺"條云："在府南十里，天順元年（一四五七）賜額。"

[五] 廣惠：《明一統志》卷六《應天府·寺觀》"廣惠寺"條云："廣惠寺，在府東南三十五里……以上八寺，俱正統間賜額。"

[六] 按，《明一統志》有四處靈巖寺。卷八《蘇州府·寺觀》云："靈巖寺在靈巖山，梁建，本朝永樂中重修。"此即姑蘇靈巖。卷四八《溫州府·寺觀》云："靈巖寺在雁蕩山，宋太平興國中建。寺擅奇絕，爲雁山第一峰。"此即雁蕩靈巖。卷五八《南安府·寺觀》云："靈巖寺在府城東北二十里，據秀峰之勝，唐建。"此即南安靈巖。第四靈巖，味文義，當指峨眉山靈巖寺，然《明一統志》并無峨眉靈巖。其書卷二二《濟南府·寺觀》云："靈巖寺在長清縣方山上，世傳佛圖澄卓錫之地。有立鶴泉、佛日巖、辟支塔、十里松。"此即長清靈巖，連此在內，《明一統志》共著錄四個靈巖寺。

[七] 天順庚辰：指明英宗天順四年（一四六〇），本書卷四"靈巖寺"條云："天順四年，頒賜《龍藏》。"

[八] 成化乙酉：指明憲宗成化元年（一四六五），本書卷四"靈巖寺"條云："明成化元年又改爲會福寺。"

※敕賜會福寺碑文[一]

明萬安 大學士，眉山[二]

距峨眉縣西一舍許，有山曰大峨眉山。山畔有睹佛臺，臺右有寺曰靈巖，傳自隋唐間創建。宋紹興五年，太尉王陵，朝請大夫、知漢州軍事王陟，施資重修，改曰光林。朝奉大夫、通判軍事王訪，贖田以贍寺用。其界東至魚洞山背，南至卷洞溪，西至鏾板山坡，北過石佛龕嶺，中連響水灘，下抵高橋河口，載在古碑如此。元季，寺毀於兵。國朝洪武、永樂間，僧弘義、圓通相繼主寺，重建之，仍曰靈巖。時佛宇方丈，僅存香火，庇風雨而已。其田半爲居民所侵。景泰間，了貴號寶峰者來主寺事。辛勤勸募，始建三世佛殿。殿前爲明王樓[三]，殿東爲伽藍堂，西爲祖師堂。凡禪堂、齋堂、僧房、庖庫及賓客之位，咸以次成，而田至是悉歸寺矣。寺之興盛，殆非昔比。

寶峰每顧其徒曰："我佛教言悉具藏經，不丐於朝，曷以得觀？"天順五年，詣闕以請之，復荷璽書護持。越四年，爲成化元年，寶峰來疏曰："聖朝於天下名山古刹俱有錫額。竊惟大峨名山，靈巖古刹，幸一體賜與。"[四]上念英宗睿皇帝嘗寵賚茲寺，遂更名會福。明日，寶峰謝恩訖，乃狀寺始末，徵言刻石，用侈上賜於悠久。予以峨眉吾州之案山，亦因以名寺，累荷國恩覃及[五]，豈容默默無紀耶？夫寺有興替，由所主者有賢愚，抑亦所據之地有顯有晦也。峨眉顯名天下，與四嶽伍[六]。寺實遠離闤闠[七]，又得寶峰戒行精專、不私所有者主之，寺能不興，良有以焉。

[一] 按，此文載蔣本卷九，以之參校。
[二] 萬安：明代眉州人，字循吉，正統十三年（一四四八）進士，改庶吉士，授編修。成化初，屢遷禮部左侍郎；五年（一四六九），命兼翰林學士，入內閣參機務；九年（一四七三），進禮部尚書；久之，改戶部；十三年（一四七七），加太子少保；俄改文淵閣大學士，《明史》有傳。
[三] "王"，原作"玉"，因襲光緒本而誤，據蔣本改。按，明王乃佛教中由如來大智顯現之教令輪身，有不動明王、馬頭明王等。
[四] "與"，蔣本作"予"。
[五] "累"，原作"榮"，因襲光緒本而誤，據蔣本改。
[六] "四"，原作"五"，據蔣本改。按，所謂四嶽，當是指佛教四大名山，峨眉山不在五嶽之內也。
[七] "遠離闤闠"，蔣本作"宅闤闠間"。按，印光等殆以爲此寺在山間，不當稱"宅闤闠間"而改也。但結合後文，萬氏是將靈巖寺與處於海隅之寺相對比，故其說不誤。

不然，彼佛氏爲學者所在往往，其寺廟又被海隅，曾幾何能永迓恩寵重賁若是耶？既謹述寺之始末如右，復繫之以詩云：

蜀江之西，大峨崇峙。巖巖梵刹[一]，實宅其域。
創自隋唐，興於有宋。富有贍田，助之者衆。
歷元乃廢，今復興之。其興伊誰？自寶峰師。
維彼寶峰，克振宗風。緬懷教旨，具載經中。
乃來懇求[二]，先皇時允。璽書護持，龍光煇煇[三]。
聖人踐祚，爰念先志。錫之嘉號，恩榮斯極。
而徒遭值，厥慶無疆。受斯慶只，莫或敢忘。
而率而徒，晨鐘夕鼓。心心稱誦，孰其予侮。
上祝國釐，下祈民福。河嶽效靈，皇圖永固。

※大峨山永明華藏寺新建銅殿記[四]

明 王毓宗 翰林檢討

太上在宥六合[五]，誕育蒸人，嘉與斯世，共臻極樂。遣沙門福登，齎聖母所頒《龍藏》至鷄足山。登公既竣事，還禮峨眉鐵瓦殿。猛風倏作，棟宇若撼。因自念塵世功德，土石木鐵，若勝，若劣[六]，若非勝，若非劣；外飾炫燿，內體弗堅，有摧剝相，未表殊利。惟金三品，銅爲重寶。瞻彼玉毫，皦以金地，中坐大士，天人瞻仰，眷屬圍繞。樓閣臺觀，水樹花鳥，七寶嚴飾，罔不具足。不越咫尺，便見西方。以此功德，回施一切衆生。從現在身，盡未來際，皆得親近供養一切諸佛菩薩，共

[一]"巖巖"，蔣本作"言言"。按，言言，高大貌。《詩·大雅·皇矣》："臨衝閑閑，崇墉言言。"毛傳："言言，高大也。"
[二]"乃"，蔣本作"道"。
[三]"煇煇"，蔣本作"輝輝"。
[四]"永明華藏寺"，原脫，據拓片補。按，此文載蔣本卷九，蔣超所據定非原碑，應該是據伏虎寺所藏抄錄之文或翻刻之碑而來，所以文字脫漏、錯誤較多。原碑今存，故今同時參校蔣本及拓片。
[五]"太"，原作"今"，據拓片改。
[六]"若勝，若劣"，原脫，據拓片補。

證無上菩提。既歷十年所，願力有加。潘王殿下，文章河間之瑰奇[一]，獻憲東平之樂善[二]。聞登公之願，以四方多事，痌瘝有恤，久之，乃捐數千金[三]，拮据經始，爲國祝釐。會大司馬王公節鎮來蜀[四]，念蜀當兵祲之後[五]，謂宜灑以法潤，洗滌陰氛。乃與稅監丘公各捐祿以助其經費[六]。已中使銜命，宣慈旨[七]，賜尚方金錢，置葺焚修、常住若干[八]，命方僧端潔者主之。庀工於萬曆壬寅春，成於癸卯秋。還報，王顔其寺曰"永明華藏"云[九]。遐邇之人來游來瞻，嘆未曾有。登公謁於九峰山中，俾爲之記。

惟我如來，弘開度門，法華會中，廣施方便。檀相薈雲遍周沙界，竹林布地上等色天，所以使人見像起信，而爲功德之母，萬善所由生也。法界有情，種種顛倒，執妄爲真，隨因成果[十]，墮入諸趣。當知空爲本性，性中本空，真常不滅。六塵緣影，互相磨盪，如金在鎔，爐冶煎灼，非金之性。舍彼鎔金，求金之性，了不可得。十方刹土，皆吾法身。一切種智，或浄或染，有情無情，皆吾法性。大覺聖人起哀憐心，廣説三乘，惟寂智用，渾之爲一。然非因像生信，因信生悟，欲求解脱，若濟河無筏，無有是處。故密義内熏，莊嚴外度，爰闢廟塔以爲瞻禮，馨潔香花以爲供養，財法並施以破貪執，皆以使人革妄歸真、了達本體而

[一] "文章河間之瑰奇"，原作"文雅如河間"，據拓片改。按，河間指前漢河間獻王劉德，"好儒學，被服造次必於儒者，山東諸儒多從之游"，詳《史記・五宗世家》。
[二] "獻憲東平之樂善"，原作"樂善如東平"，據拓片改。按，東平指後漢東平憲王劉蒼，《後漢書》本傳云："日者問東平王：'處家何等最樂？'王言：'爲善最樂。'"
[三] "聞登公之願，以四方多事，痌瘝有恤，久之，乃捐數千金"，原作"以四方多事，痌瘝有恤，久之，聞登公是願，乃捐數千金"，據拓片改。
[四] 王公：據《明神宗實録》卷三五五，萬曆二十九年（一六〇一）正月壬戌，"升巡撫宣府右副都御史王象乾爲兵部右侍郎兼右僉都御史，總督川、湖、貴州軍務，巡撫四川"，應即此人，詳本書卷五"妙峰"小傳注文。
[五] "祲"，原作"侵"，據拓片改。
[六] "禄"，原作"資"，據拓片改。◎丘公：丘乘雲，本爲御馬監太監，據《明神宗實録》卷三三一，萬曆二十七年（一五九九）二月甲戌"遣内監丘乘雲督原奏千戶翟應泰等徵稅開礦於四川"。《明史》之《周嘉謨傳》《宦官二・梁永傳》及《酌中志》卷一四《客魏始末紀略》皆有此人事迹。此人播虐蜀地，民憤極大，天啓元年（一六二一）才召回。
[七] "宣"前，原衍"奉"字，據蔣本刪。
[八] "置葺"，原互倒，據拓片乙正。
[九] "顔"，原作"命額"；"云"，原作"寺"，據拓片改。
[十] "成"，原作"感"，據拓片改。

己[一]。正遍知覺，善思念之[二]。登公號妙峰，力修梵行，智用高爽，法中之龍象，山西蒲州萬固寺僧也。乃系以贊曰[三]：

世尊大慈父，利益於眾生。功德所建立，種種諸方便。
後代踵遐軌，嚴飾日益勝。如來說諸相[四]，皆是虛妄作。
云何大蘭若，福遍一切處。微塵刹土中，塵塵皆是佛。
眾生正昏迷，深夜行大澤。覿面不見佛，冥冥罔所睹。
忽遇紅日輪，赫赫出東方。三千與大千，萬象俱悉照。
亦如陽春至，百昌盡發生[五]。本自含萌芽，因法而溉潤。
亦如母憶子，形神兩相通。瞻彼慈愍相，酌我甘露乳。
唯知佛願弘，聖凡盡融攝。熒熒白毫相，出現光明山。
帝網日繽紛[六]，寶珠仍絢爛。欄楯互周匝[七]，扇戶各洞啟。
天龍諸金剛，擁護於後先。既非圖繪力，亦非土木功。
於一彈指間，樓閣聳霄漢。星斗為珠絡，日月成戶牖。
即遇阿僧劫[八]，此殿當不壞[九]。願我大地人，稽首咸歸依[十]。
一覽心目了，見殿因見性。若加精進力，了無能見者。
佛法難度量，贊嘆亦成妄。諸妙樓觀間，各有無量光。
各備普賢行，慎勿作輕棄。我今稽首禮，紀此銅殿碑。
佛佛為證盟，同歸智淨海。

萬曆三十一年癸卯九月之吉[十一]

[一]"體"，原作"性"，據拓片改。
[二]"正遍知覺，善思念之"，原脫，據拓片補。
[三]"乃系以"，原脫，據拓片補。
[四]"諸"，原作"法"，據拓片改。
[五]"昌"，原作"卉"，據拓片改。按，百昌指各種生物。《莊子·在宥》："今夫百昌，皆生於土而反於土。"
[六]帝網：帝釋天所居忉利天宮中所懸珠網，有寶珠無數。《華嚴五教止觀》卷一云："然帝釋天珠網者，即號因陀羅網也。然此帝網皆以寶成，以寶明徹遞相影現涉入重重。於一珠中同時頓現，隨一即爾，竟無去來也。"
[七]"匝"，原作"遮"，據拓片改。
[八]"過"，原作"遇"，據蔣本及拓片改。
[九]"當不壞"，原作"常不毀"，據拓片改。
[十]"歸"，蔣本及拓片皆作"三"。
[十一]"三十一年"，蔣本及拓片皆無。◎"之吉"，原脫，據拓片補。按，此句之後，拓片還有署款，備注於此："賜進士第、翰林院檢討、漢嘉龍鶴居士王毓宗頓首撰。晉右軍將軍王羲之書。雲中朱廷維鐫，吳郡吳士端集。峨眉山銅殿法派：普行澄清海，智鏡常照明；閑思修心德，覺遍性圓融。"

※峨眉山普賢金殿碑[一]

明 傅光宅 四川提學，聊城[二]

余讀《華嚴經》[三]，佛授記震旦國中有大道場者三：一代州之五臺，一明州之補怛，一即嘉州峨眉也。五臺則文殊師利，補怛則觀世音，峨眉則普賢願王。是三大士各與其眷屬千億菩薩常住道場，度生弘法。乃普賢者，佛之長子；峨眉者，山之領袖。山起脉自崑崙，度葱嶺而來也。結爲峨眉而後，分爲五嶽，故此山西望靈鷲，若相拱揖，授受、師弟、父子，三相儼然。文殊以智入，非願無以要其終；觀音以悲運，非願無以底其成。若三子承乾，而普賢當震位；蜀且於此方爲坤維，峨眉若地軸矣。故菩薩住無所住，依山以示相；行者修無所修，依山以歸心。十方朝禮者，無論緇白，無間遠邇[四]，入山而瞻相好、睹瑞光者，無不回塵勞而思至道。其冥心入理、舍愛棲真者，或見白象行空，垂手摩頂，直游願海，度彼岸，住妙莊嚴域，又何可量、何可思議哉！

顧其山高峻，上出層霄，鄰日月，磨剛風。殿閣之瓦以銅鐵爲之，尚欲飛去。榱桷棟梁，每爲動搖。宅辛丑春暮登禮焉，見積雪峰頭，寒冰澗底。夜宿絕頂，若聞海濤震撼，宮殿飛行虛空中。夢驚，嘆曰："是安得以黃金爲殿乎？太和真武之神，經所稱毗沙門天王者，以金爲殿久矣[五]，而况菩薩乎？"

居無何，妙峰登公自晉入蜀，携潘王所施數千金[六]，來謀於制府。

[一] "普賢金殿碑"，原作"金殿記"，據拓片改。按，此文載蔣本卷九，但蔣超之錄文與原碑有出入，故今同時參校蔣本及拓片。

[二] 按，此題名，碑文實作"賜進士第、中憲大夫、四川等處提刑按察司副使、奉敕提督學校、前河南道監察御史、聊城傅光宅撰"。《本朝分省人物考》卷九六有傳，大略云：傅光宅字伯俊，號金沙，聊城人。隆慶庚午（一五七〇）舉人，萬曆丁丑（一五七七）進士，授靈寶知縣。後遷南兵部郎中，補工部郎中。萬曆辛丑（一六〇一）調成都，改督學政，卒於萬曆甲辰（一六〇四）。

[三] "華嚴"，拓片作"雜花"。按，《雜華經》爲《大方廣佛華嚴經》之別稱。後文所謂三道場者，五臺即清涼山，峨眉即光明山，見《華嚴經》卷四五《諸菩薩住處品》；補怛即普陀山，見《華嚴經》卷一六《入不思議解脫境界普賢行願品》。

[四] "遠邇"，與蔣本同，當係清人避違礙而改者，拓片作"華夷"。

[五] 按，《明一統志》卷六〇《襄陽府·寺觀》"太嶽太和宮"條云："在太和山天柱峰，銅殿，金飾。"

[六] "王"，與蔣本同，亦係清人所改，拓片實作"國主"。

濟南王公委官易銅於鄜都、石柱等處，内樞丘公復捐資助之。始於壬寅之春，成於癸卯之秋。殿高二丈五尺[一]，廣一丈四尺五寸[二]，深一丈三尺五寸。上爲重檐雕甍，環以綉櫺瑣窗。中坐大士，傍繞萬佛。門枋空處，雕畫雲棧、劍閣之險及入山道路逶迤曲折之狀。滲以真金，巍峨晃漾，照耀天地。建立之日，雲霞燦爛，山吐寶光。澗壑峰巒，恍成一色，若兜羅綿。菩薩隱現，身滿虛空。

嗚呼，異哉！依衆生心成菩薩道，依普賢行證如來身，非無爲，非有爲，非無相，非有相。大士非一，萬佛非衆。毗盧遮那如來坐大蓮華千葉之上，葉葉各有三千大千世界[三]，各有一佛説法。則佛佛各有普賢爲長子，亦復毗盧遮那如來由此願力成就普賢大願[四]。即出生諸佛，賓主無礙，先後互融。十方三世，直下全空，亦不妨歷有十方三世[五]。《華嚴》理法界[六]，事法界，理事無礙法界，事事無礙法界，此一殿之相，足以盡攝之矣！大矣哉，師之用心也！豈徒一錢一米作福緣，一拜一念爲信種哉！

師山西臨汾人，受業蒲之萬固。後住蘆芽梵刹[七]，興浮圖，起住上谷，建大橋數十丈。兹殿成，而又南之補怛，北之五臺，皆同此莊嚴，無倦怠心，無滿足心。功成拂衣而去，無係吝心。是或普賢之分身，乘願輪而來者耶？宅敬信師已久，而於此悟大道之無外、願海之無窮也。歡喜感嘆，而爲之頌曰：

峨眉秀拔，號大光明。有萬菩薩，住止經行。

普賢大士，爲佛長子。十願度生，無終無始。

金殿凌空，上接天宫[八]。日月倒影，鈴鐸鳴風[九]。

[一]"殿"前，拓片有"而"字，此處因襲蔣本。
[二]"五"，原作"四"，與蔣本同，據拓片改。
[三]"大千"下，原衍"一一"，因襲蔣本而誤，據拓片删。
[四]"遮那"，拓片無，此處因襲蔣本而來。
[五]"世"，拓片與蔣本皆作"界"，此處乃印光等有意改之。
[六]"華嚴"，蔣本及拓片皆作"雜花"。
[七]蘆芽：五臺蘆芽山，在萬曆時正潘王轄地。《楞嚴經正脉疏懸示》云："次年春，安慶賢王招住城西南隅報恩堂，栖遲十載。其間人事及内外講期一切不發，而注經朝夕亦無少輟，至萬曆丙申（一五九六）冬而疏成。次年丁酉仲春，潘藩國主命五臺蘆芽山飯僧，遂於蘆芽度夏。"
[八]"上接天宫"，原脱，據拓片補。
[九]"鈴鐸鳴風"，原脱，據拓片補。

萬佛圍繞，莊嚴相好。帝網珠光，重重明了。
西連靈鷲，東望補怛。五臺北拱，鐘磬相和。
是一即三，是三即一。分合縱橫，彰顯三密[一]。
示比丘相，現宰官身。長者居士，國王大臣。
同駕願輪，同游性海。旋嵐長吹，此殿不改。
壽同賢勝[二]，净比蓮花[三]。六牙香象，遍歷恒沙。
威音非遙，龍華已近。虛空可銷[四]，我願無盡[五]。

※峨山修改盤路記[六]

明 傅光宅

峨眉之山，四方緇白朝禮者無虛日。乃其盤道曲折險峭，登陟艱難。雖大士神力，善士之信力，往返上下，頓忘其苦；而攀援喘息，汗溢氣竭。有望山而懼、半途而止者，又有聞而心駭、欲行而不果者。至於縉紳士夫不能徒步，肩輿拽扶為難尤倍。布帛米鹽，來自檀施；負戴顧值，浮於本價。居山者一衣一食，豈能易得[七]？則路之當修治改移也審矣！顧工劇而費廣，誰其任之？

有覺嚴居士者，登此山，遂發弘願。歲在壬寅，遇制府司馬王公、司禮太監丘公，皆乘夙願，莊嚴此山。始攜資鳩工，遍幽深，窮高遠，而得其捷徑寬衍處修治之。起自伏虎寺而至涼風橋、解脫坡，次至華嚴寺前，建坊表之。至五十三步，次至中峰寺前，再建坊表之。三望坡建涼亭，為憩息所。次至白水寺，繞弓背山後上頂，重修虎渡橋。次至黑

[一]"彰"，蔣本及拓片皆作"非"。
[二]"勝"，原作"聖"，因襲蔣本而誤，據拓片改。按，《華嚴經》卷四五《諸菩薩住處品》正作"賢勝"。
[三]"净比蓮花"，原脫，據拓片補。
[四]"可"，原作"不"，據拓片改。
[五]按，此句之後，碑刻有署款云："萬曆癸卯（一六〇三）九月之吉，吳郡吳士端集唐尚書、右僕射、上柱國、河南郡開國公褚遂良書，雲中朱廷維刻。"
[六]按，此文見蔣本卷九，以之參校。據文末所言，此文作於萬曆癸卯。
[七]"得"，蔣本作"者"。

水寺，至麻子壩、蕨坪，建公館。上至雷洞坪，合舊路至八十四盤，至大歡喜。蓋自峨眉縣城至絶頂，俱無險峻艱難之苦，厥功偉矣！

夫修險爲夷，改難從易，使步者、乘者、肩荷背負者咸獲便利，使遠者、近者、居山而上下往來者咸贊嘆歡喜，使捐一錢、施一食、移一石、伐一木、持畚鍤而效力者咸增冥福而消積業，使禪者、講者、誦習者、精戒律而苦行者咸於此山發大誓願、成大因緣，功德又何可量哉！惟居士視人之苦猶己之苦，故能以己之願合衆之願。普賢大士十願，尤以恒順衆生爲第一。路之修，恒順之一事也。《易》謂"人心之險，險於山川"[一]，夫山川之險，人心爲之耳。持地菩薩但平心地則大地自平[二]，故迷則以易成險，覺則以險爲易。居士乃能依大光明山開衆生覺路，豈比夫尋常有爲功德而已？雖然，無爲者以有爲爲基，有爲者以無爲爲至，是不可限也，亦不可泯也。余登山於未修路之前，當春雪未消時，身歷其險且難者，故於居士功成，樂爲之記。

居士姓王名禮，由中貴人受戒於達觀尊者，道名法經。時莊嚴金殿則妙峰師，重修白水寺則有台泉師，居士皆從之聞法要，緣會信非偶云。是役也，工始於萬曆三十年壬寅秋，竣於癸卯冬。助緣善信皆勒名碑陰。

[一] 按，《西溪易説》卷一二《節卦》云："下體説，上體險，人心險于山川，其欲至，難節也。"《周易窺餘》卷七《習卦》亦云："天之險不可見，其不可升者，天之險也。地之險可見，山川、丘陵是也。天有險，所以神其道；地有險，所以保其富。二者，險之自然者也。人心險于山川，而王公乃總其群而有之，距絶蔽固，既无天地自然之險，則當設險以固其國。"

[二] 持地菩薩：《首楞嚴義疏注經》卷五之二云："持地菩薩即從座起，頂禮佛足而白佛言：'我念往昔普光如來出現於世，我爲比丘。常於一切要路津口，田地險隘，有不如法，妨損車馬，我皆平填。或作橋梁，或負沙土，如是勤苦，經無量佛出現於世。或有衆生於闤闠處要人擎物，我先爲擎。至其所詣，放物即行，不取其直。勤身苦己，利益多衆，經無量佛，作無畏施，福因廣也……毗舍浮佛現在世時，世多飢荒，我爲負人，無問遠近，唯取一錢。或有車牛被於泥溺，我有神力，爲其推輪，拔其苦惱。時國大王延佛設齋，我於爾時平地待佛。毗舍如來摩頂謂我"當平心地，則世界地一切皆平"。毗舍浮云："遍一切自在，平治路地，待佛經過。佛以自證法門開示，令平心地。一切皆平者，心爲萬法所依。平等含育，長養一切，故名爲地。若能平等性觀，與此相應，則一切法無不平等，自在無礙。由是佛名一切自在耳。"'"此即該菩薩自唱本因也。

※續蓮社序[一]

明 范文光 內江

大學道人，當以參悟爲極則。第無始來，業緣已深，習氣難化；念起念滅，未易剪除。故壽禪師著《宗鏡錄》百卷[二]，深入理奧，而首以念佛爲事。此净土修持，三根普被，是出世之捷徑也。余在南曹[三]，已存心向往，與山中諸上人約爲蓮社計久矣。

今登峨頂，而殿宇頹廢，佛事寥落，大不稱願王勝地。而聞達大師乃欲續舉净土社事[四]，乞余一言引之。余甚喜其發心，第事以時遷，緣可義起，今當爲學人酌行之。夫入道必須資糧，今約入社者，凡社中所費，或多或少，油、鹽、米、豆，盡一歲止，次歲照約。入社中人，去來增減各從其便，但使山中佛號不斷，即是蓮池净業長存。而其地則因寒暑之宜，夏在峰頂，餘時則在山下堂中。而六時之課，達觀老人改爲四時[五]，蓋欲休暇身心以益精進。此皆規之可從者，故併及之。

※住山説[六]

范文光

經世出世，其事兩不相謀，而古之人常兼而行之。如張子房、李鄴侯[七]，經世又復出世；陸法和、姚廣孝[八]，出世又復經世。余恒慕其爲

[一] 按，此文載蔣本卷一〇，文字全同。
[二]《宗鏡錄》：宋初吳越國慧日永明寺住持釋延壽撰，今存。延壽小傳，則見《宋高僧傳》卷二八。
[三] 南曹：明代南京各部的統稱，范文光曾任南京户部員外郎。
[四] 聞達大師：峨眉山僧，重修太子坪萬行庵，并住此庵，見本書卷三《附山道》。
[五] 達觀老人：明代高僧，俗姓沈，名真可，字達觀，晚號紫柏。生於嘉靖癸卯（一五四三）六月十一，卒於萬曆癸卯（一六〇三）十二月十七，江蘇吳江人。有《紫柏老人集》，生平詳其書末所附陸符所作之傳。
[六] 按，此文載蔣本卷一〇，以之參校。
[七] 張子房：漢代張良，字子房，受圮上老人兵法，後輔佐劉邦，晚年又辟穀修道，詳《史記·留侯世家》。◎李鄴侯：唐朝宰相李泌，早年游嵩、華，慕神仙之道，後入世，輔佐肅宗。安史之亂平定後，又隱居衡山，詳兩《唐書》本傳。
[八] 陸法和：本隱居江陵百里洲，值侯景之亂，出山擊之，梁元帝即位，以軍功封其爲郢州刺史，傳見《北齊書》卷三二。◎姚廣孝：本爲僧，號道衍，助明成祖登基，賜名姚廣孝，傳見《明史》卷一四五。

人，而才不及古人，竊有志焉。中年爲南曹尚書郎，遂乞身歸蜀。得聞達大師欲結茅勝峰之下，作終老計。而寇亂我蜀，大義乃迫，奮臂以起，裒集義旅以逐逆徒。蓋不惟草茅俱憤，即山中諸僧亦争執金剛杵以抗賊。

聞公亦周旋其間，常以慧眼觀其勢，而使我大衆三年以來事得少息，公有歇心焉。復合向巘巖之下結跏趺坐，畢此僧臘，爲余道其事。然昔日之余可同公，而今余則未能也。公且往，先於孤峰絕頂處，以一莖草始其事，而其傍留一蒲團地以待道人。錦江公所謂現天大將軍身而爲説法者[一]，公可以意逆之[二]。經世出世皆男子事[三]，三世諸佛不過一血性男子。錦江公當亦有忻然者矣。

※峨眉山伏虎寺碑記[四]

清 江皋 四川督學，龍眠

周峨眉山，寺以百數。由山麓而登，則自伏虎始。寺踞山之口，虎溪環注。沿溪一徑折而入，山谷盤紆。後一山，橫枕雄峙，高出寺背，蹲伏如虎，寺因以得名。或曰山昔多虎，宋僧士性於寺左溪上建尊勝幢壓之，虎患遂息，寺名其徵也。寺創自宋，明末毀於兵。可聞禪師隨其師貫之禪師來，結茅居之，漸圖興復。垂四十餘年，規模始備，其建造亦云勞矣。

先是，寺基逼山趾，庫隘不稱，殿宇、僧寮盡委荆棘。可禪師鑿山數丈，拓其基，建大殿一區，表山冠林。翼以岑樓複閣，因地勢高下，曲折深邃，隨所扳躋。人游其上，如置身縹緲，萬壑千峰遙相拱揖。又闢寺左爲藏經閣，募僧走江南，出瞿塘三峽，單舸往返萬餘里，得藏經

[一] 錦江公：未詳。◎天大將軍：《首楞嚴經義海》卷一七"若諸衆生，愛統鬼神，救護國土，我於彼前現天大將軍身而爲説法，令其成就"，疏云："天大將軍，即帝釋所管將也，分住三十二天，各領鬼神，鎮護四方。"

[二] "逆"，蔣本作"語"。

[三] 第一"世"字，蔣本無。

[四] 按，此文見蔣本卷九，以之參校。據本書卷三《附山道》及卷五《可聞源禪師塔銘》，伏虎寺重建在順治庚子（一六六〇），彼時江皋尚未任職四川。又據蔣本卷一〇《峨山伏虎寺藏經樓碑記》，提及藏經樓建成在一六八四年，而江皋此文也提到了"闢寺左爲藏經閣"，可知此文顯非作於伏虎寺重建剛完成時。聯繫江皋《游峨眉山記》，此文亦當作於一六八五年。

置其上[一]。又前爲長廊廣廡[二],栖十方雲水。單寮、丈室、齋厨、浴堂,清净莊嚴,爲兹山所未有,真大歡喜休歇地也。然師之所以殫力於斯者,有三義焉:一曰天啓其緣[三],二曰人弘其願,三曰地致其靈。非此三者之相需而應,則四十餘年之經營規畫,豈易觀厥成哉?事之興廢各有其機,卒然相值,若或使之。非人力所與,則因緣之自致也[四]。

峨眉梵刹之盛,經千餘年陵谷變遷[五],蕩爲灰燼;獨此栴檀片址猶然[六]。薙草開林,法雲垂蔭,從棘榛荒翳中望如兜率天宫。自此拈花聚石,大振獅音,莫不由莖草以倡之。此因緣響應,豈非天哉!世傳普賢願王以三千眷屬示現兹山,直欲遍大千世界,游願海,超彼岸。白毫光中,瀰漫普照,其願力勇猛,固如是也。當師之一念堅忍,不怵於利害,亦既有成。揆其所願不盡,峨眉之祇林精舍同歸清净化城不止。且山川靈氣因時而發,鎮雄峰[七],奠坤維,其靈奇清寂多爲仙真禪逸之所鍾,近則精靈亦稍間矣。於此有人焉,栖身巖壑,其精神氣魄日與山林相符合。安知非英華所結[八],藉斯人以泄其奇哉?不然,以渺焉杖笠之身,際兵戈震蕩之會,雖坐冰崖[九]、嚙霜雪,誰爲拓給園[十]、林鷲嶺耶?固知非緣不立,非願不成,非靈不效也。予感兹三者,因寺之成而重念師之勞也,爲之銘:

瞻彼峨眉,乃號佛窟。祇樹叢生,香滿山谷。
伏虎始登,千峰在抱。雙溪潺潺,塵迹如掃。
劫火憑陵,琳宫寂滅。金粟再來,津梁重設。
發願王心,具勇猛力。莖草插地,香雲變色。
樓閣凌虛,鐘磬振響。夕露朝霞,盤旋沃蕩。
爰栖雲水,十方雲集。龍象威儀,蕭然杖笠。

[一]"得",與光緒本同,蔣本作"奉"。
[二]"前",原脱,印光等蓋因光緒本作"值",文義不通而删,今據蔣本補。
[三]"其",原作"奥",因襲光緒本而誤,據蔣本改。
[四]"緣",原作"師",與光緒本同,據蔣本改。
[五]"餘",蔣本無。
[六]"址",蔣本作"地"。按,印光等蓋因光緒本誤作"扻"而改爲"址"。
[七]"鎮",蔣本作"震"。
[八]"所",與光緒本同,蔣本作"萃"。
[九]"崖",蔣本作"岸"。
[十]"拓",蔣本作"招"。

瑞相光明，普遍銀海。香象行塵[一]，慈容儼在。
因緣自天，應時則合。維山萃靈，注茲老衲。
方石渌池，實崇相教。磨巖不刊，過溪長嘯。

※重建峨眉峰頂臥雲庵接待十方禪院記[二]

清 哈占 兵部侍郎 [三]

海內山之多，莫若蜀；即山之奇，亦莫若蜀。千巖萬崿，虎踞虬連，其爲謝屐之所難窮，郭《經》之所未載者[四]，指不勝屈。要其聳秀特起，礙日干霄，巍巍屹屹，俯群巒而兒孫之，則惟峨眉爲坤維具瞻云！夫峨眉之名何昉乎？考之輿圖記[五]，曰兩峰對峙，宛若蛾眉。或又曰脉自岷山而來，至此穹窿突峻，其勢峨峨然也。二者之説未知孰是，然皆取象形之義，亦如水之似巴名巴，峽之類巫號巫云爾，無足深論。大約其體勢夐者則神靈必尊，其奧窔深者則呵護必遠，豈徒仙梵之窟宅，實爲神皋之重鎮，不可得而褻也！

今上御極十有一年，特遣一等侍衛吳公祭告如禮[六]，兼命繪圖以進，藏之內府，不時上備睿覽。猗歟重哉！余曩者專督陝右時，側聞峨眉之勝爲域中第一奇觀，心竊嚮往久之。然地非所轄，禮不越境，則亦付諸少文之臥閱名山、青蓮之夢游天姥已耳。庚申冬[七]，朝廷特頒璽書，命臣兼制川陝，秉鉞專征。惟曰："自川北以暨三巴，由川南以達六詔，長

[一] "塵"，蔣本作"空"。
[二] 按，此文載國家圖書館藏蔣本卷九，印光等所據爲光緒本，脱文太多，今以蔣本參校。此文作於哈占從雲南曲靖回師之後，據《欽定八旗通志》卷一七六本傳，當在康熙二十年（一六八一）六月之後。康熙平定三藩時，哈占主要督運糧餉，戰功無幾，反而因早先固守西安延誤戰機，遭康熙訓責。本文雖美康熙之功且兼及其他將士，然亦自夸以邀功也。
[三] "占"，原作"點"，據蔣本改。
[四] 謝屐：謝靈運之游山屐。◎郭《經》：郭璞作注之《山海經》。
[五] 按，此處所謂"輿圖記"乃泛指，《元和郡縣圖志》卷三一"峨眉大山"條云："兩山相對，望之如峨眉，故名。"《太平寰宇記》卷七四引《益州記》云："峨眉山在南安縣界，兩山相對，狀似峨眉。"
[六] 吳公：此一等侍衛應是吳丹，見《清聖祖實錄》卷三九。但目前并未見到此人致祭峨眉山之其他文獻記載。
[七] 按，此後之文原缺，據蔣本補。又，此庚申，指康熙十九年（一六八〇）。

鯨短狐，爾實殲之，便宜剿撫[一]，毋廢朕命。"自欽承天語之後，每念軍國樞機，任大責重，用是櫛風沐雨，戴月披星，庶幾滅此朝食，以仰副聖天子南顧之至意。而至於攬勝洞天，邀靈福地，雖近在境內，尚有志而未逞也。

乃者用兵以來，人懷敵愾，士奮同讎，俘彭賊於鷙寨而宕渠靖，繫譚孽於桃洞而夔門安，收何、吳諸寇於夜郎而渝州定[二]，摧枯拉朽，敢自謂算無遺策與！何雕戈所指，向風披靡，無有抗我顏行者？是奚以故？及其南抵永寧，孤城之風鶴初定，四野之鴻雁未歸，轉輸既艱，軍需易匱。且也毒烟瘴雨，疫癘時行，黃面雞骨，呻吟載路。當此之時，人痛馬瘏，雖解鞍息甲，猶或難之。而凜遵尺一之詔，黽勉萬里之程，凡我將士，靡不力疾荷戟，捐軀銜枚。或捫蘿而陟峻嶺，或刳木而渡深溪，驚飛鳶之站站，衝霾霧之慘慘。雖《采薇》雨雪、《東山》破釜之勞[三]，不烈於此矣。最其難者，所經烏蒙、烏撒一帶，匪我族類，深入不毛，疆索尚阻於王會[四]；觸目椎髻，版圖未隸於職方。使其依恃叢箐，負固作梗，前則柞棫難通，後則饋餉莫繼。懸軍至此，鰓鰓焉殆有隱憂[五]。而起視岡蠻，且崩角稽首嘻嘻然而來矣。簞食者，壺漿者，運芻菱者，執插而除塗者，負弩而前導者，接踵相望，絡繹不絕。稍一噢咻而慰勞之，雖窮谷婦子，亦無不跂足跳舞而奔命之恐後。遂使我徒我御，安行逭往，絕無有違惑離拆、稽留後期之足爲我患者，是又何以解焉？謂非聖天子懷柔百神、河嶽效順之力不及此。

[一] "宜"，原作"直"，形近而誤，今據文義及文獻用例改。按，便宜剿撫，謂當剿則剿，應撫則撫，便宜從事，不俟上命。如《綏寇紀略》卷一云："請用故總兵杜文煥攝承恩鎮西將事，兼督延綏、固原兵三千，便宜剿撫，報可。"光緒《湖南通志》卷八三云："時殘苗吳不爾等遁入箄子坪，結生苗龍不登等攻劫湖廣五寨及白崖諸寨，爲患滋甚。詔聽授便宜剿撫，不從中制。"

[二] 按，此處所指四人，乃吳三桂叛亂時從其應亂者，彭指彭時亨，譚指譚宏，或寫作"譚洪"，何指何繼祖，吳指吳世璠，康熙時有《平定三逆方略》一書詳載平亂經過，《清史稿》之《王承業傳》《葉臣傳》等亦有記載。

[三] 按，此處用《詩經》之典，前一句用《小雅·采薇》"昔我往矣，楊柳依依；今我來思，雨雪霏霏"，後一句用《豳風·東山》，但此詩並無"破釜"字樣。

[四] 疆索：疆域，出《左傳·定公四年》："聃季授土，陶叔授民，命以《康誥》而封於殷虛，皆啓以商政，而疆以周索。"◎王會：諸侯、四夷朝貢天子之聚會，《逸周書》有《王會篇》。

[五] 鰓鰓（xǐ）：恐懼貌。《漢書·刑法志》："故雖地廣兵彊，鰓鰓常恐天下之一合而共軋己也。"顏師古注引蘇林曰："鰓，音'慎而無禮則葸'之葸。鰓，懼貌也。"

今日者，滇雲底定，膚功告成，取道黔中，全旅凱旋。朝廷乃俯念微勞，馳溫綸於軍前，褒獎溢美，異數優加。其在從征將士，亦各紀叙有差。赫赫明命，皇哉唐哉！而余於是重有念矣。古之人建大功於蜀中者，莊蹻略地於牂牁[一]，相如通道於邛筰[二]，全斌畫疆於瀘水[三]，韋固振威於吐谷[四]，類無不逾越險阻以成功名。余之功名固不敢遠擬古人，然而備歷險阻，兼資神人以無隳臣子之職分，則又何敢厚自誣焉。夫無其事而夸之者，誕也；有其實而掩之者，乖也。銅柱不有題乎[五]，燕然不有銘乎[六]，磨巖不有記乎[七]？而祕聖明之德威於弗著，置師武臣之勤勞於弗彰，忘山川明神之顯祐於弗谷[八]，其安之也？

余方班師渝郡，適有峨眉之卧雲庵元净上人飛錫持疏而至。問其意，則欲於峨眉之巔爲普賢大士莊嚴道場。余固有志於峨眉者也，聞其請而即可之。首自倡捐，文武同事諸公總共捐八百餘金，委布政司劉藩伯[九]、行嘉定州馬刺史固請伏虎寺可聞和尚修建[十]。功圓，付與邗江僧照玉住持。請記，則見經費者有人，督修者有人，而住持者亦有人焉。琳宫綺疏，肇輪奂於崇朝；鴛瓦虹梁，懸崔嵬於象外。頓見招提巨麗照耀丹丘，洵足以標三川而雄兩劍矣。

[一] 莊蹻：楚國將領，楚莊王之後，《史記·西南夷列傳》稱"楚威王時，使將軍莊蹻將兵，循江上略巴蜀、黔中以西"。

[二] 相如：司馬相如，《史記·西南夷列傳》稱"蜀人司馬相如亦言西夷邛筰可置郡。使相如以郎中將往喻，皆如南夷，爲置一都尉、十餘縣，屬蜀"。

[三] 全斌：王全斌，《宋史》有傳，宋太祖時，任西川行營前軍兵馬都部署，奉命平蜀，詳《宋史·太祖紀》。

[四] 按，此處不知是原碑即作"韋固"還是録文有誤？若原作"韋固"，當是哈占用典有誤。唐代破吐蕃者，乃韋皋，非韋固，詳兩《唐書》本傳。韋固者，僅筆記小説中傳其娶命定之妻的故事，見《太平廣記》卷一五九"定婚店"條。

[五] 銅柱：《安南志略》卷一云："交阯安陽國，漢馬伏波平交阯，立銅柱爲漢界。唐馬總爲安南都護，又建二銅柱，以總爲伏波之裔。昔傳欽州古森洞有馬援銅柱，誓云：'銅柱折，交阯滅。'交人每過其下，以瓦石擲之，遂成丘。"

[六] 燕然：漢竇憲破匈奴，班固爲作《封燕然山銘》記其功，文見《後漢書·竇融傳附竇憲》及《文選》卷五六，此銘在今蒙古杭愛山，二〇一七年八月，内蒙古大學蒙古學研究中心與蒙古國成吉思汗大學合作考古，發現此銘文。

[七] 磨巖：燕然山之銘文亦可稱磨巖而刻者，古來磨崖刻碑以記功者多矣，未知此處所指爲何。

[八] 按，"谷"字於此未安，或有誤。

[九] 劉藩伯：據雍正《四川通志》卷三一，康熙十九年（一六八〇）在任布政使乃劉顯第，遼陽東寧衛貢生。

[十] 馬刺史：據雍正《四川通志》卷三一，康熙十九年在任嘉定州知州爲馬震。

說者謂普賢大士誓立萬行，曾與辟支尊者現相瓦屋之頂。彼固出世者也，向出世者而告以武功之成，謝其護持之勤，得無非類乎？曰否！大士以慈悲爲主，余之行兵也，禁嚴秋毫，不踐一禾，不毁一廬，不殺一牲、無辜，所至安堵如故，謂非慈悲之相合乎？往回萬有餘里，不折一弓，不亡一鏃，不損一戰將，所至成功無恙，又安知非慈悲與慈悲之相濟乎？教不類耳，心則類矣。況峨眉雖名山，遠鄰西域，不經封禪，不列岳望，然而卧雲福地爲南界之宗，世傳此山爲銀色界。考諸釋部，普賢大士道場，震旦名勝，委無有并而崢之者。余今直以普賢爲峨眉之主人，以梵宇爲峨眉之居亭，以瞿曇、比丘爲峨眉之守望，故修蘭若即所以壯岡阜，廣瓣香即所以表山靈，勒貞珉即所以昭神瑞壯觀云乎哉！於是本余奉命出師之始，以及次第廓清之由，備紀峰巔片石，敬告成事。俾後此輶軒之使登高覽眺，掃苔讀文而嘆曰"聖明之德威遐揚也有如此，師武臣之勤勞丕殫也有如此，山川明神之顯祐勿替也有如此"，則余心愜甚！若曰儐比於昔人之銅柱、燕然、磨巖之勝舉，故爲鋪張而揭厲之，則吾豈敢。

維時碩畫弘獻、居中肆應、固根本以壯聲靈者，大中丞杭公也[一]；握奇布算、坐鎮帷幄、兼攻守以奠封疆者，大司馬署戎楊公也[二]；長駕遠馭、殫心力以立戰功者，川北鎮高都督孟也[三]；雄才壯略、用奇正以定反側者，重慶鎮王都督潮海也[四]；總匯持籌、勞心計以資飽騰者，布政司劉藩伯顯第也；風紀司直、游餘刃以兼督輸者，按察司胡廉使昇獻也[五]。無偏無私、持大體以恪職業者，則有若驛糧道黃副使道行[六]；實

[一] 杭公：杭愛，雍正《四川通志》卷三一稱其爲滿洲人，康熙十九年（一六八〇）以都察院右副都御史任四川巡撫，《清史稿》有傳。
[二] 楊公：楊茂勳，雍正《四川通志》卷三一稱其乃遼東人，康熙十九年以太子少保、兵部尚書兼都察院右副都御史任四川總督。
[三] 高都督孟：高孟，雍正《四川通志》卷三二稱其爲陝西甘州衛人，康熙十九年任川北鎮總兵。乾隆《甘州府志》卷一一有傳。
[四] 王都督潮海：王潮海，雍正《四川通志》卷三二稱其爲陝西臨洮府人，康熙十九年任重慶鎮總兵。乾隆《隴西縣志》卷八有傳。
[五] 胡廉使昇獻：胡昇獻，《清聖祖實錄》卷八八，康熙十九年升此人爲四川按察使，雍正《四川通志》卷三一誤爲康熙二十二年（一六八三）。嘉慶《山陰縣志》卷一五有傳，此人字允大，乃順治四年（一六四七）進士。
[六] 黃副使道行：黃道行，《欽定八旗通志》卷二三六有小傳，稱其爲漢軍鑲黃旗人，康熙二十四年（一六八五）分守福建延建邵道，但雍正《四川通志》無此人事迹。

心實政、歷艱苦以迅飛輓者，則有若松威道王僉事隤[一]；有為有守、恤民隱以應軍實者，則有若川東道王參議孫蔚[二]；必躬必親、跋踄而指畫畢周者，則有若永寧道劉僉事德弘[三]；惟勤惟謹、盤錯而供億無誤者，則有建昌道傅僉事作楫。若夫密邇幕府、宣明軍令、不避艱險、不辭勞瘁、朝夕左右以光贊捷勳者，則惟本標中軍祁副將徹白[四]，例得并書，餘詳姓名如左。銘曰：

於爍王師，如霆如雷。軍環太乙[五]，將列河魁[六]。

鑿凶而出，疾走銜枚。棘門灞上，笑彼嬰孩[七]。

算多斯暇，謀定寡猜。殲厥狐蝘，芟乃蒿萊。

詎曰黷武，湯火是哀。蜀禍爰息，滇路載開。

委心置腹，異類悅來。間關萬里，仗我群才。

直逼鯨穴，昆明之隈。實惟廟謨，克淨氛埃。

薄言振旅，鐃吹北回。磨石紀績，陟彼崔嵬。

峨雲鬱鬱，高映三台。於萬斯年，庶事康哉。

永培邦本，稼穡無災。

[一] 王僉事隤：王隤，雍正《四川通志》卷三一稱其康熙十九年（一六八〇）任分巡松茂道，同書卷七下小傳云："王隤，山東福山人。順治乙未（一六五五）進士，康熙十九年分巡松茂道。時蜀中甫定，廣為招徠，又築都江堰堤以溥水利，士民頌之。"

[二] 王參議孫蔚：雍正《四川通志》卷七下小傳云："王孫蔚，字茂衍，陝西臨潼人，順治壬辰（一六五二）進士。由刑曹累官福建布政司，左遷川東兵備道。孫蔚精刑名，每視事，握朱、墨二筆，判決如流。著有《輶香集》。"

[三] 劉僉事德弘：劉德弘，雍正《四川通志》卷三一稱其為遼東正紅旗廕生，康熙十九年任分巡永寧道。康熙《敘州府志》卷二稱其字穀公，任永寧道在康熙十八年（一六七九）。

[四] 祁副將徹白：祁徹白，雍正《陝西通志》卷二三稱此人為滿洲正藍旗人，康熙十四年（一六七五）任陝西掌印都司，十九年任督標中營副將。

[五] 太乙：兵法之名，《漢書·藝文志》作《太壹兵法》，則此處所謂太乙軍者，當指嫻習兵法之軍隊。《楊炯集》卷二《出塞》云："二月河魁將，三千太乙軍。"

[六] 河魁：古時列戰陣，主將所在方位為河魁。《說郛》百二十卷本卷二八載宋張淏《雲谷雜記·玉帳》云："戌為河魁，謂主將之帳宜在戌也。"

[七] 按，此二句用周亞夫典。《漢書·周勃傳附弟亞夫》稱，文帝時，以劉禮為將軍，軍霸上；徐厲為將軍，軍棘門；以河內守亞夫為將軍，軍細柳。文帝勞軍，過霸上、棘門二營，出入甚易。至細柳營時，"軍士吏被甲，銳兵刃，彀弓弩持滿。天子先驅至，不得入。先驅曰：'天子且至軍門。'都尉曰：'軍中聞將軍之令，不聞天子之詔。'有頃，上至，又不得入。於是上使使持節詔將軍曰：'吾欲勞軍。'亞夫乃傳言開壁門，壁門士請車騎曰：'將軍約，軍中不得驅馳。'於是天子乃按轡徐行。至中營，將軍亞夫揖曰：'介冑之士不拜，請以軍禮見。'天子為動，改容式車，使人稱謝：'皇帝敬勞將軍！'成禮而去。既出軍門，群臣皆驚。文帝曰：'嗟乎，此真將軍矣！鄉者霸上、棘門，如兒戲耳！'"

※峨山伏虎寺藏經樓碑記[一]

清傅作楫 四川巡道，三韓[二]

　　峨眉山麓有刹曰伏虎，蓋以山形得名也。余雅慕其名勝，適癸亥年有采木之役，偕撫軍、藩臬諸公，於倥偬中入寺一游，未遑流覽也。至甲子夏，又奉檄履繪川西南一帶輿圖。叱馭峨眉，在所必登。及攀躋巉巖，舍籃輿而徒步者十之七。至峰頂，則見大地山河，一望收之。言旋，途復經伏虎寺，可聞禪師遲余憩蘭若。時維宿雨初晴[三]，苔青石澀，著屐徐登，山門內外徘徊久之。陟殿，謁普賢大士。歷禪堂，造方丈，觀其殿宇莊嚴自在，岑樓遠眺，蒼翠紛來，飄飄然不啻置身兜率天也。師謂余曰："此先師貫之和尚所創修，而山衲竭蹶以終乃事。開堂會講有年矣，皆諸檀越之德。今寺中所缺惟全經一藏，已使徒與峨之金陵購取，會至則如願矣。"遂飽伊蒲[四]，臥禪榻，翌晨始就道。

　　泊事竣，歸署拜家慈太淑人前。詢游狀，余舉以此。因命余曰："吾有素願，汝知之乎？"蓋從兵戈搶攘而默有所期許也。于焉卜期辦香供，往叩願王。至則見殿之西偏有若經營始基者，知爲謀構藏經樓也。家慈即命捐俸以玉其成。值與峨自金陵負經至矣，樓工已竣，即以貯之。

　　噫！寺此樓何異石室、金櫃也哉？余因之有感云[五]。人謂普賢示現事屬虛渺，而余謂不然。蓋動念事佛[六]，事神如在，感應之理，誠有不可揜者。況峨眉爲坤維重鎮，插空萬仞，拔萃群峰，吐納烟雲，蔽虧寒暑，所謂銀色世界、七重洞天者，非盡悠謬[七]。使非有神靈呵護、法力

[一] 按，此文載蔣本卷九，以之參校。關於作記之時，文中明言在康熙甲子（一六八四）夏，作者奉命測繪川西南輿圖，此文當在其年或稍後寫成。

[二] 傅作楫：據蔣本所收序文，此人字濟川。雍正《四川通志》卷三一《皇清職官・分巡建昌道》云："傅作楫，鑲白旗廣寧廕生，康熙十九年（一六八〇）任。"廣寧，今遼寧北鎮縣。

[三] "時維"，蔣本互倒。

[四] 伊蒲：齋食。《升庵集》卷七三"仁祠"條云："《漢書・明帝紀》'以助仁祠伊蒲之供'，仁祠，僧寺也；伊蒲，供齋食也。"

[五] "云"，蔣本作"矣"。按，此句後之文，光緒本誤置於本文開篇之前，印光等抄錄失察，遂致脫去，誤接於本卷《峨眉山萬年寺真武閣碑記》之"癸酉秋日矍矣"句之下，今將原文移至此處，并據蔣本參校。

[六] "事"，蔣本作"即"。

[七] "悠"，蔣本作"幽"。

維持,其何以至此?憶當戡定之會,戎馬生郊,烽烟四望,老稚殲於干戈,村廬化爲灰燼,有目所不忍觀者。而峨山附近何獨保全者尚多乎?即以余論,方督飛挽於崎嶇鳥道間,勍敵在前,羽檄嚴迫,袵金革而習鉦鼓,不遑朝食矣。微惠聲靈,功成肆靖,得侍太君膝下,而尸饔無缺,子舍承歡,安知非冥冥然默佑得有今日哉!況吾太淑人天性仁慈,喜施樂善,其爲願王所篤祐,又可知矣[一]。

閣成[二],請記於予。因略叙其事勒之石[三],庶此樓此經永垂無斁也歟[四]!

※重修光相寺碑記[五]

清張德地 四川巡撫,三韓

余性嗜山水,嘗覽西蜀峨眉紀,謂伯仲崑崙,爲震旦第一山,是以李白詩云"蜀國多仙山,峨眉邈難匹"。每一遐想,不禁神往坤維,憾不能扶筇一探峰頂烟雲之勝也。迨今上甲辰歲,余奉命撫蜀。凡境内名山大川,應舉祀典以昭聖天子格百神而及河嶽之意,或可藉此以慰夙好。但稽考往牒,峨之孤據西南也,髳、盧暆處[六],歷代以來祀典鮮聞。雖古今仰止者多,而登躋或寡。蓋以峨眉高標巀嶭,似於山爲逸,不欲供人耳目近玩。若紅塵俗吏,吾知其岸然不屑也。況封疆肩鉅,奚暇遂觀之願?

逾年餘,適有嘉陽閱城之役。峨眉處在道左,始獲一登眺焉。數十年寤寐之思,一旦得識面目,胸次爲之豁然。乃攀援奇險,遍歷名勝,眞宇内大觀。至鳥道中,珠林錯置,凡仙掌瓊峰到處營建,不下數十百

[一]"又可",蔣本作"抑又何可"。
[二]"閣",蔣本作"樓"。
[三]"因"前,蔣本有"予"字。
[四]"此樓此經",原作"此閣徑",文義不通,或係刊刻脱誤,據蔣本改。
[五]按,此文載蔣本卷九,以之參校。據正文稱甲辰歲奉命撫蜀、逾年餘適有嘉陽閱城之役,則張德地康熙三年(一六六四)任四川巡撫,次年登峨眉并重修光相寺。此文之作亦當在康熙四年。
[六]髳、盧:古代西南少數民族名。《書‧牧誓》:"及庸、蜀、羌、髳、微、盧、彭、濮人。"孔穎達疏:"此八國皆西南夷也。"

所，皆題雕越繪[一]，禪栖清潔。山雖幽危而不荒寞，竊嘆化工點染之妙。及陟峰頂[二]，光相寺高出雲表，四維絶巘，俯視大千，渺如蟻蛭。懸巖萬丈，彩毫五色，是即普賢大士現身法界，放玉毫光、布兜羅綿之福地也！無何，而荏苒屢遷，寖至傾圮[三]。楹桷支離，欄柵朽腐，予爲悵然久之。

夫峨眉以名勝甲天下，匪直巑岏矗起，輪囷磅礴[四]，培塿太華已也。若乃雷霆初霽，蕩滌清虛，俯仰之間，毫髮無隱。西瞻靈鷲插天，遥對如相拱揖。空濛沕杳，光怪陸離，遂成銀色世界。如此神異，奈何苾芻僧惟丈室是營，而游人過客亦惟以飯僧莊嚴作果？此光明希有之凈域，任其頹覆，何異子姓蕃昌，忍令父祖落寞？衫履麗楚，岸幘不冠；本末倒植，源流罔顧，莫此爲甚！余爰捐俸金若干，及諸有司相率而助者共若干，委峨眉邑令李莊年及縣尉彭昌德督工修葺之[五]。

閱三月告成，重修正殿三楹，立門二重，各顏匾聯。復增禪室，以居守僧。外置臺欄數十武，新建一坊，以標眡佛臺之故迹。但見日映璇題，雲封雪嶺，人天胥有攸賴，瞻拜得所皈依。此一役也，將以彰聖人之德，所以格百神而及喬嶽！彼峨山者，豈能終逸於遐荒異域，負沉鬱詭異之概，寞處蠻髳而不與諸嶽協供乃職也哉？衆請余言以垂不朽。余愧不敏，爰書所見以記其勝云。

※重修萬年寺碑記[六]

清 張德地

今上龍飛四葉，歲在乙巳。九秋，余因閱嘉陽城垣之役，適望峨山

[一] 題雕越繪：題，物體之前端。《淮南子·本經訓》："乃至夏屋宫駕，縣聯房植，橑檐榱題，雕琢刻鏤。"高誘注："題，頭也。"越，或當講作連詞，義即"與、和"。

[二] "陟"，蔣本作"跻"。

[三] "寖"，蔣本作"駸"。

[四] "囷"，蔣本作"囧"。按，"輪囷"不詞，或以爲乃"囷輪"倒文，語出《莊子·大宗師》"浸假而化予之尻以爲輪，以神爲馬，予因以乘之，豈更駕哉"，但又不合文義，疑誤。

[五] 李莊年：乾隆《峨眉縣志》卷六云："李莊年，岐山人，貢監。蒞任，遷修文廟，董治堰堤，作古于署。"◎彭昌德：康熙《嘉定縣志》卷一〇云："彭昌德，字可謂，廣東韶州府翁源縣人，十一年（一六七二）任（典史）。"當即此人。

[六] 按，此文載蔣本卷九，以之參校。

處在道左，遂一登眺。所歷諸刹名勝不一，多由新構。獨光相、萬年二寺，一爲普賢大士現光之所，一爲中道止宿，前代敕建梵宫，實峨山首善之地。奈何傾圮有年，卒無修葺者，無殊乎養一指而失肩背耳。余遂捐俸，及諸有司共襄約八百餘兩。半給光相寺，委峨眉尉彭昌德董之；半給萬年寺，委洪雅尉陳國斌董之[一]。閱數月告成，光相寺已書數言誌之矣。兹萬年寺僧亦以記事請，余因而有感焉。

海内名山如五嶽視三公，主以五帝，蓋以其吐納雲雨、施德廣大，有功於民也。峨眉山或爲仙域，或爲佛都，敷雲渙雨，不在五嶽下。予獨怪登覽者徒摭其林壑陰森、岡巒岯遼以藻繪游圖，而梵刹成毁，漠不關情。山靈有知，亦應所不許。況萬年寺適處峨眉之中，上而插天奇峻，歷八十四盤，閱七十二洞，登天門石、太子坪，謁銅、錫諸殿，由此拾級，實爲瞻禮階梯；下而亂山屏簇，兩峰相對，黑、白二水纏綿如帶，猪肝洞、牛心寺於此分途，又爲風氣所團聚。是以創自唐慧通禪師，至宋敕賜白水普賢寺，明萬曆又改爲聖壽萬年寺。原建有藏經閣、旋螺磚殿，堅緻絶倫，巍峨壯麗，甲於天下。内有銅鑄普賢騎象像一尊，高二丈。其前爲毗盧殿，適當闔寺之主，實爲普賢下院。安可任其頹廢而不修葺耶？況普賢大士以法王子守護如來教，現身於此，以密引世人入光明藏海，證菩提覺性，其爲德乾山甚大[二]。兹山屹然，鎮巨蟹坤維[三]，文章、滋味之府[四]。又爲歷代敕建，非等閑淫祠者比[五]。顧名思義，將以祝聖壽於無疆，奠磐石於永固。豈同怡情山水、藻繪紀游者爲哉？遂以是爲記。

[一] 陳國斌：乾隆《銅陵縣志》卷七云："康熙四年（一六六五）任四川洪雅縣尉，署峨眉、洪雅兩縣事，升馬湖府經歷。"
[二] "爲德乾山"，原作"功德關係"，印光等蓋因原文晦澀而臆改，今據蔣本改。按，乾山應理解爲西北之山，峨眉起自岷山，而普賢道場在峨眉，故可稱有功於西北之山。
[三] 巨蟹：古代以黄道十二宫配天下諸州，雍州適當巨蟹宫。《春秋分記》卷二九《秦地總說》云："《周禮·職方》，正西曰雍州，在天文鶉首之次，東井、輿鬼之分，辰居未，宫曰巨蟹。其封域，東阻崤函之險，桃林之塞，表以大河；西有隴坻之隘，岐、梁之地，繞以汧、渭；南則終南、太一，連岡乎蟠冢；北則高陵平原，踞倚乎涇、洛。"
[四] 文章、滋味之府：本書卷一《星野》云："值坤，故多文章；值未，故尚滋味；德在少昊，又尚辛香也。"
[五] "淫祠"後，蔣本有"佞佛"。

※峨眉山萬年寺真武閣碑記[一]

清朱國柱峨眉知縣[二]

聞之古君子，權輿造化，蕩移陰陽，諸凡耳目所界，興廢因之，而補燮存焉[三]。邇者黃岡梧陽劉公奉命來按西川[四]，百廢具舉。事竣，乃以便道躋峨，則癸酉秋，日躔鶉火之次[五]，亦巡行柴、望之禮云。識者逆其鏨飾創闢，應不作尋常觀，可爲普賢大士篤山靈祐。已而徘徊登眺，泠然御風，隨眼抄眉，雲別開生面。睇其間，是甃創欄，匠使尋尋相繼，蓋攖祝融鋒也。公愴然籌焉，謂憑天結峰，依斗橫嶂，削峙罡曜，盡屬炎威。因取《洪範》相制之理，選形萬年刹經藏東隅，建閣以祀玄帝。曾稽帝本淨樂國王太子，誕而神靈。逢紫虛元君授道秘，游東海，獲寶劍，入太和山飛升。奉玉帝敕，鎮北方。被跣竪一纛，攝玄武位[六]。

夫建此何爲者？豈以益州界天地之西，於五行屬金，而用其所生以置黑精歟？大都以壬癸司權[七]，丙丁易位，玄冥宣化，熒惑消芒，視前人改峨庵爲三雲二水壓伏赤熛之旨，更爲深切。爰擇釋子，領貨庀材，平貿版柱。不漁民間一椽一竹，而崢嶸落星，頡頏井幹，奐然樂成。捐金鑄像，香火精虔，而玄帝儼鎮峨山矣。

[一] 按，此文載蔣本卷九，以之參校。據文末署題，此文作於崇禎七年（一六三四）。

[二] 朱國柱：乾隆《池州府志》卷三一記載，貴池縣儒學教諭有朱國柱，乃臨安縣舉人，崇禎間任，或即此人。若果係此人，則據康熙《建水州志》卷一五小傳，此人殉難於常德知府任上，乃明代人。此處稱清人，或誤。

[三] 補燮："補燮調"之省。燮調，謂調和陰陽。補燮調，則言以人力補天地造化之不足。《文苑英華》卷五八三《代集賢崔相公謝賜官誥表》云："難勝黼黻之文，何補燮調之任。"《秋澗集》卷一九《賀士常侍御授吏部尚書》云："除重不知黃散目，翰誠思補燮調功。"皆其用例。

[四] 劉公：據雍正《四川通志》卷三〇，當指劉宗祥。乾隆《黃岡縣志》卷九有小傳，稱其字梧陽，天啓乙丑（一六二五）進士，先授金壇知縣，後巡按江西、四川。

[五] "躔"字至文末，原誤接《峨山伏虎寺藏經樓碑記》"余因之有感"後之文，據蔣本改補。◎鶉火之次：指丁亥日。《古今律曆考》卷四三《十二宮日躔》云："丁亥日，柳三度，亥初三刻入午宮，鶉火之次。"

[六] 按，道教神靈北方玄武大帝，宋代避諱，改稱真武大帝。北方屬水，故真武大帝有壓制火災之職能。其成神經過，載《嵩陽石刻集記》卷下之《元始天尊說北方真武經》。

[七] 壬癸：古代以十干配五行，五行配五方、五帝，東方甲乙木爲青帝，南方丙丁火爲赤帝，西方庚辛金爲白帝，北方壬癸水爲黑帝，中央戊己土爲黃帝。

邵子曰："三才通於一心，理所扼者，氣就其統；氣所伏者，數循其紀。幹旋之下[一]，鬼神合德。"峨自此邀庇於帝，大麓無迷，雷風不薄，盤盤囷囷，檐牙鬥角。則名峰之補燮，惟公游觀時一出手眼，有以臻厥成也。允矣！嵩山同鎸不朽，不辭蠡測，而用誌其盛焉。

崇禎七年甲戌夏日

※海會堂八十八祖真像總贊[二]

王僧芥

達法非今古，傳燈無後先。不會如來意，安得祖師禪？諸祖像貌盡棱棱，看來都是無心人。法界本無人共我，性海誰論妄與真？水中月，鏡中華，認得分明也大差。開口驀然成隔礙，揚眉早已涉周遮。這般關棙子[三]，大地無人識。除非伶俐漢，動著有得失。古人振衣千仞岡，懸巖撒手獨承當。可憐漫覓西來旨，不知當下已亡羊。纔取舍生朕迹[四]，大火焰中安不得。個個能操殺活機，婆心時露真消息。咄！玄路絕行踪，翻飛不在翼。幻士跨泥牛，空手荷鋤立。任爾想像百千般，到此多應描不出。

※鐵羅漢頌並序[五]

宋黃庭堅

峨眉山之下，蟆頤津之淵，有百煉剛鑄成二怖魔開士[六]，人物表儀，隨世尺度。其中空洞，不留一物，扣之鏗然，應大應小。香塗刀割，受供不二。沉之水則著底，投之火則熾然，水火事息，二老相視而笑。涪

[一] "幹"，疑當作"斡"，形近而誤。按，此處所引稱出邵子，當指宋代邵雍，但暫未見他書有相同記載。

[二] 按，此文載蔣本卷一二，以之參校。

[三] "棙"，蔣本作"捩"，義同。

[四] "纔取舍生朕"，原作"過去現在未來"，與光緒本同，據蔣本改。

[五] 按，此文見《黃庭堅全集·正集》卷二三、蔣本卷一二。

[六] 開士：《漢語大詞典》釋為菩薩，又用以敬稱僧人，從此處文義來看，也指羅漢。

翁曰："吳兒鐵人石心[一]，吾不信也。二老者，真鐵石耳！"乃爲之頌曰：

人言怖魔像，非金亦非鐵。若作世金鐵，開士亦不現。
禪坐應念往，一鉢千家供。順佛遺敕故，不宣示神通。
有爲中無爲，火聚開蓮花。無爲中有爲，甘露破諸熱。
魔子自怖畏，我無怖畏想。或欲坏鎔之[二]，爲己富貴梯。
賴世主慈觀，虎兕失爪角。或得遇佛書[三]，文字不能讀[四]。
罪垢若消滅[五]，字義皆炳然。却來觀六經，全是顛倒想。
今世青雲士，慎莫疑此解[六]。

※息心所頌[七]

明 熊過 翰林，富順

我聞普賢菩薩摩訶莎[八]，於大光明山坐蓮華藏獅子之座[九]，普照十方，爲說法[十]。以後於閻浮提界[十一]，有一居士，現宰官身，了一切法。即與善緣，與其同學而入此山，見諸辟支無學居於一室[十二]。其室方丈，

[一] "吳兒"，原作"世人稱"，與蔣本同，據《黃庭堅全集》改。
[二] "坏"，原作"壞"，與蔣本同，據《黃庭堅全集》改。
[三] "遇佛"，蔣本及《黃庭堅全集》作"野狐"。
[四] "文字不能讀"，蔣本誤作"不字不可讀"，《黃庭堅全集》作"有字不可讀"。
[五] "罪垢若消滅"，蔣本及《黃庭堅全集》作"狐涎著其心"。
[六] "疑"，蔣本及《黃庭堅全集》作"作"。
[七] 按，此文載《南沙先生文集》卷八、蔣本卷一二。
[八] "摩訶莎"，原脫，與蔣本同，據《南沙先生文集》補。
[九] "獅子"，原作"白象"，與蔣本同，據《南沙先生文集》。按，文殊騎青獅，普賢騎白象，但座騎與所坐之處不同。《大智度論》卷七："佛爲人中獅子，佛所坐處，若床若地，皆名獅子座。"《淨土決》卷一《三大聖人現身勸修淨土》云："照入寺，至講堂，見文殊在西，普賢在東，各據獅子之座，說法之音歷歷可聽。"
[十] "法"，原脫，與蔣本同，據《南沙先生文集》補。
[十一] "以後於"，蔣本及《南沙先生文集》作"已於後"，則"已"字屬上文。
[十二] 辟支無學：《楞嚴經箋》卷一注云："梵語辟支迦，華言獨覺，亦云麟角。此人斷自成煩惱，證生空涅槃。作七十七智觀、四十四智觀。觀無明即空，達諸行無作。有二種：一利根者，出增劫，種無佛因，出無佛世作佛。燈後焰纔見，佛出世來，故大慈光，爍陀睹光將謂劫減，便向盤陀石上，內化智火焚身。身與智，一時撥喪無餘，同太虛空。二鈍根者，種有佛因，出有佛世。是部行者，有部類而行，或五十，或一百，經舉鈍根無學者，證無學位，簡聲聞居有學位。"

有一長者，善爲説法息心[一]。居士稽首而説偈云："善哉諸衆生，皆涉有爲法。菩薩入三昧，遮那之願力。身相如虛空，不涉善惡念[二]。是名息心所，菩薩方便力。憫念於衆生，無住而生心。遂有種種法，流浪生死際。唯願諸處者，遠離一切覺，餘者皆非是。"[三]

※峨眉大佛寺落成頌並序[四]

明 李長春 禮部尚書[五]

蓋聞震旦國中有道場三：曰峨眉，曰五臺，曰普陀，鼎立宇内，爲人天津梁。顧五臺、普陀距神州甚邇，人士趾錯肩摩，朝禮殆無虛日。獨峨眉在西南徼，非乘軺建旄者，與單瓢隻履之衲，不能一涉其巔。故人望之宛在虛無縹渺間，視中土遼邈逖矣。

邇歲，皇上奉聖母慈聖宣文明肅貞壽端獻皇太后命，凡宇内名山奧區，並頒布大藏，以闡揚教典。峨眉獨蒙賜金，命鑄千手大悲觀世音像，特繕殿閣以覆之，功德最爲鴻鉅。於是令尹魏世輎，囑比丘真法法主鳩工庀材，選地於邑之東關外。甫逾年，而範冶精好，結構雄麗。煌煌哉，三峨之麓逾益增嚴助勝矣！

蜀以近西域故，佛化漸摩，歆嚮恒切。茲睹聖人作爲，咸思檄蔀啓迷，刮垢澄礙，以無墮障礙沉淪之習。而以觀世音力，冥扶默相，上之斂福宸極，綿壽慈闈；下之錫祐蒸黎，垂庥方域。即大千未爲多，萬劫未爲永矣！臣忝禮官，欣聞茲事，乃拜手稽首而作頌曰：

"我聞大士，與佛齊肩。退處菩薩，自貶位權。

以大悲故，發弘誓願。閻浮衆生，普度億萬。

事理無礙，機相盡融。耳觀非哲，目聽非聰。

由音有聞，由聞有覺。聞實無聞，覺實無覺。

[一]"心"，蔣本及《南沙先生文集》作"身"。

[二]"涉"，蔣本及《南沙先生文集》作"攝"。

[三]"者"，與光緒本同，蔣本及《南沙先生文集》作"二"。

[四]按，此文載蔣本卷一二，以之參校。

[五]李長春：據雍正《四川通志》卷八，乃富順人，字棠軒，隆慶戊辰（一五六八）進士，歷官禮部尚書。但乾隆《富順縣志》卷九小傳，稱其字元甫，號棠軒，當是。《蒼霞續草》卷一〇有《資善大夫禮部尚書兼翰林院學士棠軒李公墓志銘》，可參看。

兩目兩臂，散爲大千。心無思慮，隨感應焉。
言觀世人，心爲形役。涉境迷真，顛倒思索。
雖一手目，猶桎梏存。況乃千變，攫攘何煩？
惟是圓通，了無滯累。如谷受響，如鏡懸視。
慈悲靈感，沙界畢周。若光明山，尤號神丘。
於皇聖后，爲萬姓母。坤德攸載，乾祚斯久。
爰乘願力，廣度生靈。經函法像，遍施四溟。
繄茲峨眉，獨沾渥澤。範金爲容，結宇爲宅。
芯芴踴躍，龍象歡呼。楊枝初拂，立現珊瑚。
稽首大悲[一]，願佑我后。如月常明，如山常壽。
慶澤誕毓，天子萬年。熙熙化日，蕩蕩皥天。
乃溉餘波，微塵國土。聿登春臺，共樂寧宇。
天壤有盡，功德無垠。敢用作頌，永戴皇仁。"
萬曆三十三年乙巳仲冬[二]

※海會堂募置飯僧田偈[三]

明曹學佺 四川廉使[四]

大峨山萬年寺碑文，予友聊城傅伯俊作也。序述此經費煩鉅，聖恩優渥，出內帑金錢無算。時惟中貴人料理，勿及子民。而其時當事地方，善於奉行，得以告成功者，則實仗大司禮丘公、少司馬王公之力也。寺外有海會堂一區，以處僧眾。有常住田畝，以資供養。庶乎居者、行者皆獲給足，斯知森然備矣。

[一] "首"，蔣本作 "手"。按，古籍中亦多有 "稽手"，義同，如《劍南詩稿校注》卷七一《雷雨》："稽手謁龍公，願言終有秋。"

[二] "三十三年"，蔣本無。

[三] 按，此文載蔣本卷一二，以之參校。此文所叙相關碑文及修建事，可參傅光宅《峨眉山普賢金殿碑》。又，此文可補曹學佺文集之缺，但暫未見他書收錄此文，其偈子部分疑有脫誤。

[四] 曹學佺：福建侯官人，字能始，號石倉。萬曆二十三年（一五九五）進士，授戶部主事。萬曆三十七年（一六〇九）任四川右參政，萬曆三十九年（一六一一）升任四川按察使。有《蜀中廣記》《石倉集》等。事跡詳《明史·文苑四》本傳及陳超《曹學佺研究》。

予壬子歲與比丘惟净坐夏，具詢之。乃知堂衆日增，田疇尚闕。蓋丘、王二公向欲完滿此緣，機猶有待。予亟合掌，贊嘆宣揚，是役之不容已也[一]。竊不自揣度，捐資百金，使惟净藉手而乞二公，欣然樂成之，且令予友伯俊發爲至論[二]，因述以偈云：

"《大方廣佛華嚴經》，普賢菩薩爲上首。
正覺世間器世間，有情世間皆聚會。
三世一切諸如來，國土莊嚴劫次第。
如是皆於佛身現，佛身毛孔發智光。
其光處處演妙音，説法利益無邊際。
口門放光何因緣？普賢長子佛所説。
《普賢品》説平等因，如來所説平等果。
往昔無量劫海中，願常供養一切佛。
隨願所行得圓滿，桃李先花後果成。
普慧雲興二百問，普賢瓶瀉二千酬[三]。
凡説一法一切法，理事圓融法門中。
善財童子菩提心，五十三參差別盡[四]。
文殊囑令見普賢，法解已圓須行證。
普賢十願等虛空，禮敬諸佛及回向。
十方三世微塵刹，一一微塵皆佛所。
及有菩薩摩訶薩，重重海會而圍繞。
我以普賢行願力，現諸上妙爲供養。
華鬘音樂衣蓋雲，塗香末香燒香聚。
一一燈炷須彌山，一一燈油大海水。
以如是等最勝具，皆悉如法而供養。
虛空衆生煩惱盡，我此供養無有盡。

[一] "役"，蔣本作"後"。按，印光等或疑其有誤而改也，作"後"，可理解爲後來人，不誤。

[二] "發爲至論"，蔣本作"不爲戲論"。

[三] 按，此二句所言見《大方廣佛華嚴經》卷三六《離世間品》。其中所載，"普慧菩薩知諸菩薩大衆雲集，問普賢菩薩言：'佛子！何等爲諸菩薩摩訶薩依果……'"共二百問。普賢菩薩則問一答十，故有"二千酬"。

[四] 五十三參：《大方廣佛華嚴經·入法界品》中載，善財童子向五十三位善知識虛心求教，最末一位爲普賢菩薩。

十願之中功德海，一皆綸貫悉無餘。
所有與我同行者，願持諸佛微妙法，光顯一切菩提行。
世間所有衆福業，一切皆是佛光照。
海會堂中福田利，所有功德亦如是。
予今施助一供養，悉使修行至於果。
一法門中無量門，無量千劫如是說。
我以無量音聲海，普願功德皆圓滿。"

※第八、仙隱流寓[一]

舊《志》特闢神仙一門，似覺以神仙爲高貴。其實修仙者不過存想固形，多延歲月。即眞得仙者，雖能升騰變化，究是識神作用，並非斷惑證眞之了生死法。但其看空世事、浮雲富貴、襟懷高尚、樂我天眞，與唯取自適、不計其他之隱士，同足以針砭世俗囂競之風。故合志之，爲仙隱流寓。

《列仙傳》："周陸通者，楚狂接輿也。好養生，食橐盧木實及蕪菁子[二]。游諸名山，住蜀峨眉山上[三]。人世世見之，歷數百年也。"費士戣《歌鳳臺記》云："按皇甫謐《高士傳》、葛洪《神仙傳》、宋劉孝標《世說注》，皆以接輿避楚王聘，夫妻入蜀，隱於峨眉，不知所終也。"[四]

《青神志》云："漢光武時有史通平者，自會稽來蜀，詣峨眉，謁天皇眞人，得授三一之法及五行之訣。廬於縣之北平山頂，煉大丹，龍虎成形，餌之白日升舉。"[五]

《列仙傳》："丁次卿欲還峨眉山，語主人丁氏云：'當相爲作漆。'以罌十枚，盛水覆口，從次唾之。百日乃發，皆成漆也。"[六]

[一] 按，此部分所引人物傳記，皆見蔣本卷五，故以之參校。
[二] "橐"，原作"橐"，因襲光緒本而誤，據蔣本改。
[三] "上"，原作"土"，因襲光緒本而誤，據蔣本改。
[四] 按，此條又見《蜀中廣記》卷一一，文字小異；《蜀中廣記》卷七四亦有相關記載，則不言出處。
[五] 按，此條又見《蜀中廣記》卷七四、《明一統志》卷七一、《萬姓統譜》卷七四等。
[六] 按，此條不見於今本《列仙傳》，僅《太平御覽》卷三八七、卷七六六及《蜀中廣記》卷七四所引，題出處爲《列仙傳》。

《寰宇記》："瞿君字鵲子，後漢犍爲人。入峨眉山四十年，得仙，乘白龍還家，於平岡治白日上升。"[一]

《續仙傳》[二]："許碏，自稱高陽人。周游五嶽名山洞府，到處於石巖峭壁人不及所題云：'許碏自峨眉山尋偃月子到此。'"

紫陽真人，姓周諱義山，字季通，汝陰人也，漢丞相勃之七世孫。登峨眉山，入空洞金府，遇甯先生[三]，授《大丹隱書》《八稟十訣》[四]。退登岷山，遇陰先生[五]，授《九赤班符》[六]。又退鶴鳴山，遇陽安君[七]，授《金液丹經》《九鼎神丹圖》[八]。

左慈字元放，號烏角先生，隱峨眉山。後游鄴下，曹操出郊，慈齎酒一升，脯一斤，親手斟酌，衆官皆醉飽。操怪，行視諸壚，悉亡其酒。操怒，欲因座上殺之。慈却入壁中，或見於市。慈眇一目，操令人捕之，便見市中眇一目者無數。後又遁群羊中，旋殺旋活，終不能害[九]。

《神仙傳》："宿山圖，隴西人，采藥於峨之隴寧山[十]，服之仙去。"[十一]

陳方慶[十二]，漢季好道，隱東武山，後入峨眉，不知所終。即子昂始

[一] "上升"，原誤倒，據蔣本及《太平寰宇記》卷七五《蜀州·新津縣》下"瞿君祠"條乙正。按，瞿君亦非其本名，其名爲瞿武也，《歷世真仙體道通鑑》卷七有小傳。
[二] "續"，原作"神"，據蔣本及五代沈汾《續仙傳》卷上改。
[三] 甯先生：即甯封子，《列仙傳》卷上有傳。
[四] 《大丹隱書》：即《道藏》中之《洞真太一帝君太丹隱書洞真玄經》。◎《八稟十訣》：《漢武帝內傳》云："今雖得其真形，觀其妙理，而無……《子午卯酉八稟十訣》……凡缺此十二者，當何以召山靈、朝地神、攝總萬精、驅策百鬼、束虎豹、役蛟龍乎？子所謂適知其一，未見其他也。"《雲笈七籤》卷一〇六《紫陽真人周君內傳》將此二經當成一書，非也。
[五] 陰先生：指陰長生，《神仙傳》卷五有小傳。
[六] 《九赤班符》：即《道藏》中之《太上九赤班符武帝內真經》。
[七] 陽安君：《道典論》卷一云："青靈陽安君，形長五千萬丈。冬三月，頭建三精芙蓉晨冠，衣雲紋丹錦飛裘，足履九色獅子，佩流金火鈴，交帶七元，身生七變之光，煒曄玉清之上。"
[八] 《金液丹經》：《道藏》中有《太清金液神丹經》。又按，此條《譯峨籟·玄覽紀》相同，相關內容雖然本自《雲笈七籤》之《紫陽真人周君內傳》，但並非原文，乃承襲《蜀中廣記》卷七四改寫之語而來。
[九] 按，此處敘左慈事迹，與《後漢書·方術下》本傳及《神仙傳》卷八等所載略異，或是據《三國志通俗演義》卷一四"魏王宮左慈擲杯"改寫。
[十] 隴寧山：《太平寰宇記》卷七四《嘉州·羅目縣》下云："隴寧山，在縣東南七里。"
[十一] 按，此條云出《神仙傳》，蓋承襲《太平寰宇記》卷七四之語也。而今本《神仙傳》並無此人傳記，但《列仙傳》卷下有"山圖"者，與此內容基本吻合，當即一人。
[十二] "方"，原作"芳"，音同形近而誤，據蔣本及《陳子昂集注》卷六《府君有周文林郎陳公墓志文》改。

祖，得《墨子五行秘書》[一]，通《白虎七變法》[二]。

唐天后朝大旱，有敕選洛陽德行僧徒數千百人，於天宮寺誦《人王經》以祈雨澤[三]。有二人在衆中，鬚眉皓白。僧曇林遣人謂曰："罷後可過某院。"既至，問其從來，曰："予伊、洛二龍也。"林曰："誦經求雨，二聖知乎？"答曰："焉得不知？然雨者須天符乃能致之，居常何敢自施！"林固求之，二老曰："有修道人以章疏達天，某始可效力。"林乃入啓。則天發使嵩陽，宣孫思邈入內殿飛章，其夕大雨。思邈亦不自明，退詣經筵，問曰："吾修心五十年，不爲天知，何也？"因請林代問，二老答曰："非利濟生人，豈得升天？"於是思邈歸青城山，撰《千金方》三十卷。既成，白日升舉。

《酉陽雜俎》："唐明皇幸蜀，夢孫思邈乞武都雄黃，乃命中使齎雄黃十斤送於峨眉頂上。中使上山未半，見一人幅巾披褐，鬚鬢皓白[四]，二童青衣丸髻夾侍[五]，立屏風側。以手指大磐石，曰：'可致藥於此。上有表，錄上皇帝。'中使視石上朱書百餘字，遂錄之。隨寫隨滅，寫畢，石上無復字矣。須臾白風漫起，忽然不見。"

宋成都府有僧，誦《法華經》有功，雖王均、李順兩亂於蜀，亦不遇害。一日，忽見山僕曰："先生來晨請師誦經，在藥市奉迎。"至則已在，引入溪嶺，數里烟翠。見一跨溪山閣，乃其居也。僕曰："先生請師誦經。老病起遲，若至《寶塔品》，乞見報。"師報之，先生果出。野服藜杖，兩眉垂肩，默揖焚香，側聽而入。齋則藤盤竹箸，秋飯杞菊，不調鹽酪，美若甘露。飯訖，下襯一鋌。僕曰："先生寄語，遠來不及攀送。"僕即送行，僧於中途問曰："先生何姓？"曰："姓孫。""何名？"僕即於僧掌書"思邈"二字，僧嗟駭。僕忽不見，凡尋三日，竟迷路踪。歸

[一] "秘"，原作"祕"，據蔣本改。按，《墨子五行秘書》當即《抱朴子內篇》卷一九所謂《墨子五行記》，共五卷。

[二]《白虎七變法》：即《抱朴子內篇》卷一九之《白虎七變經》。

[三] "人王"，原作"大雲"，據蔣本及《獨異志》卷上改。按，所謂《人王經》，應即《仁王經》，全稱《佛説仁王護國般若波羅蜜經》。印光等或以爲祈雨當講《大雲經請雨品》而改，此又失於迂闊，僧人求雨所念之經多矣，觀《法苑珠林》卷七九《祈雨篇》可知，不必定是《大雲經請雨品》也。

[四] "鬢"，原作"髻"，據蔣本及《酉陽雜俎》卷二改。

[五] "二"，原作"一"，據蔣本及《酉陽雜俎》改。按，後文既云"夾侍"，則作"一"顯誤。

視襯金，乃金錢一百。由茲一饍，身輕無疾。至宋天禧中，一百五十歲。長游都市，後隱不見[一]。一説係王蜀時大慈寺僧事，並錄俟考。

王蜀時，有僧居成都大慈寺，恒誦《法華經》。嘗入青城大面山采藥，沿溪越險，忽然雲霧四起，不知所往。少頃，見一翁，揖之叙寒暄。翁曰："莊主人欲屈君一往，可否？"僧曰："甚願。"少頃雲散，見一宅宇陰森。既近，翁曰："且先報莊主人。"僧入門，睹事皆非凡調。問曰："還齋否？"曰："未。"遂焚香，請念所業。此僧朗聲誦經，翁令誦徹部。所餽齋饌皆大慈寺前食物。齋畢，青衣負竹器，以香草薦之，乃施錢五貫，爲師市胡餅之費。翁合掌送出。問人，或云："孫思邈先生。"此僧到寺，已經月餘矣。其錢將入寺，則黃金貨泉也。王主聞之，收金錢，別給錢五百貫，其僧散施之。後嘉州羅目縣復有人遇孫山人，賃驢不償直，訴縣乞追攝。縣令驚怪，出錢代償。其人居山下，及出縣，路見思邈先生，取錢二百以授之，曰："吾原伺汝於此，何遽怪乎？"[二]

牟羅漢，眉山人，名安。以廂兵隸倅廳，如岷山，陟上清坂[三]。苦飢，忽遇髯者顧笑曰："汝飢，何不食柏子耶？"摘柏子投其口，顧髯者，不復見矣。遂不火食，亦往往通《老》《莊》。偶一日，江水暴漲，舟不可行。或戲指其笠曰："乘此渡，可乎？"牟遂置笠水面，趺坐其上，截江以濟，觀者異之。

宋陳摶，號希夷，普州人。初隱華山，藝祖即位，召對。後遠遁峨眉，自號峨眉真人。今大峨石"福壽"二大字乃出其筆。

《感遇傳》："宋文才，眉州人。少時與鄉里數人游峨眉山，上及絕頂，偶遺其所齎巾履，步求之。去伴稍遠，見一老人，引之徐行，皆廣陌平原，奇花珍木。數百步乃到一宮闕，玉砌瓊堂，雲樓霞館，非世人所睹。老人引登萼臺，顧望群峰，棋列於地。有道士弈棋，青童采藥，清渠瀨石，靈鶴翔空。文才驚駭，問老人：'此何處？'答曰：'名山小洞，有三十六天，此峨眉洞天，真仙所居第二十三天也。'揖坐之際，有人連呼文才名，老人曰：'同侶相求，未可久住，他年復來可耳。'命侍童引至

[一] 按，此條又見《湘山野錄》卷下。
[二] 按，此條又見《宋高僧傳》卷二二、《蜀中廣記》卷七四。印光等因光緒本文字有誤，而做了些許改動，與蔣本略有差別，然大致無誤，故不詳校。
[三] "坂"，原作"坡"，據蔣本及《蜀中廣記》卷七四、《明一統志》卷七一等改。

門外，與同侶相見，回顧失仙宮所在。同侶云：'相失已半月矣！每日來求，今日乃得相見。'文才具述所遇，衆異之。"[一]

漢竇誼，居蜀峨眉山，放浪不羈。月夜子規啼竹，誼曰："竹裂，吾可歸矣。"其夕竹裂，遂遁去。武帝三徵不起[二]。

譙秀，南充人，周之孫。隱居高尚，李雄徵之不應，逃入峨眉山中[三]。

唐仲子陵，峨眉人。讀書大峨石，通后蒼、大小戴《禮》[四]，以文義自怡，家惟圖書及酒數斛而已。

唐胡玢[五]，不知何許人，嘗隱廬山。李隤弓旌之[六]，逃入峨眉，隱九老洞。

宋杜鵬舉[七]，崇慶人。喜游，嘗奉親挈家，遍訪名山。愛峨眉之勝，因家焉。

[一] 按，此條與《譯峨籟·玄覽紀》大致相合，又見《神仙感遇傳》卷一。

[二] 按，此條又見《譯峨籟·玄覽紀》、《蜀中廣記》卷一〇一、《萬姓統譜》卷一〇〇，文字小異。

[三] 按，此說又見《譯峨籟·玄覽紀》。《晉書·隱逸》有傳，然暫未見更早著作言譙秀逃入峨眉山一事，本傳等僅稱其隱居宕渠。

[四] 后蒼：《漢書·儒林》之本傳云："后蒼，字近君，東海郯人也。事夏侯始昌，始昌通五經，蒼亦通《詩》《禮》，爲博士，至少府。"◎大小戴：指戴德、戴聖，《漢書·儒林·孟卿傳》中言二人從孟氏學《禮》，分別撰有《大戴禮記》《小戴禮記》。

[五] "玢"，原作"份"，據蔣本及五代王定保《唐摭言》改。按，雍正《江西通志》卷九六《寓賢·南康府》下引《唐詩紀事》亦作"胡份"，《全唐詩》卷七六八作"胡玢"，但夾注云一作"胡汾"。作"份""汾"或涉形近而誤。《唐摭言》卷一〇云："胡玢，不知何許人，嘗隱廬山，苦心於五七言。《桑落洲》一篇曰：'莫問桑田事，但看桑落洲。數家新住處，昔日大江流。古岸崩欲盡，平沙長未休。想應百年後，人世更悠悠。'又《月》詩云：'輪中別有物，光外更無空。'玢與李隤舊交，隤廉問江西，弓旌不至。"

[六] "隤"，原作"騰"，與《唐詩紀事》卷六五所載"胡玢"小傳相同，今整理本已據《唐摭言》改，故此處亦改之。按，作李隤是。宋人洪遵所編《翰苑群書》卷六錄《丁居晦重修承旨學士壁記》云："李隤，咸通七年（八六六）三月二十四日自太常少卿、弘文館直學士入，二十七日加知制誥，七月遷中書舍人，十月二十五日三殿召對，賜紫；九年（八六八）五月十六日除浙西觀察使。"當即此人也。◎又按，同治《嘉定府志》卷三六《流寓》下將此人之時代歸爲"晉"，出處爲《峨山志》，則本自張子家之書明矣。但此人顯爲唐人，非晉人，亦暫未見他書言其曾"逃入峨眉，隱九老洞"，則張子家此言或不可信。

[七] 宋杜鵬舉：當即《蜀中廣記》卷二八據宋代石刻而言"有流連二三日者，如崇慶杜鵬舉奉親挈家來游"之杜鵬舉也。此人乃崇州人，非唐時京兆杜鴻漸之父、安州都督杜鵬舉也。同治《嘉定府志》卷三六《流寓》、嘉慶《峨眉縣志》卷七據《志餘》（即蔣超《峨眉山志》之末卷）定其爲唐人，且考證云此人與唐時之盧藏用相善，同隱居白鹿山，累官至安州刺史，則所言亦是京兆之杜鵬舉，非崇州人也。不知何以錯謬如此？又，此條亦見《譯峨籟·玄覽紀》，蔣本卷一八《志餘》并無此人。

宋梁鼎[一]，字凝正，華陽人。入峨山，著《隱書》三卷。

　　明巖下老人，不知姓名。宣德間，自廬山往峨眉各巖下，每一二宿，輒遷他所。有時微吟，以指畫空，人咸以巖下老人呼之。

　　明韓懋[二]，號飛霞道人。博極群書，善歌詩。游京師，大學士楊公禮重之[三]。聞於武宗，召見。與語，大悦。時逆瑾有異謀，懋爲醫藥，保御頗有力，賜建飛霞宮。後乞還峨眉。今錦江滸有竹窩，乃嘉定安、彭諸公以居懋者[四]。

　　峨眉山志卷六終

[一] 按，此條又見《譯峨籟·玄覽紀》。《宋史》卷三〇四有傳，但不言其嘗居峨眉山。
[二] 韓懋：《古今醫史》卷七《續增明》有小傳，稱其爲瀘州人。《八千卷樓書目》卷一〇著録其《醫通》二卷，《本草綱目》多引之。至於其號，此處作"飛霞道人"，《古今醫史》則作"飛道人"。
[三] 楊公：明代姓楊且爲大學士者較多，此處所指應是蜀人楊廷和，楊慎之父也，歷仕憲宗、孝宗、武宗、世宗四朝，《明史》有傳。
[四] 安、彭：謂安磐、彭汝實。

峨眉山志卷七

第九、古今藝文附賦、詩。

文具載道傳心、承先啟後之據，則文之所在，即聖賢、佛菩薩道之所在。否則縱令詞義華美，亦屬無益于身心世道之閑言語矣。舊《志》藝文門，備載游山諸作。今取其要者，歸于外護等各門。而擇其有關事實者數篇爲此門，賦與詩悉附焉。然祇存十之三四，以表聖境。故志藝文。

※《譯峨籟》自序[一]

明 胡世安 大學士，井研

歲閱己未、甲子、己卯[二]，峨游者三，所雜著彙成帙，題曰《譯峨籟》，蓋一家言也。每思自有此山，有前余游者，有後余游者。其有目擊，不過陰晴之變態，祠宇之廢興。而斯山真面目，不隨蓬海三淺[三]；高明廣大，伯仲崑崙，所從來矣。人具手眼，領略各殊，即余三游，且不能比而强同。固知山靈富蘊，資取日新。茲秋季入夢者[四]，更超宿賞。

[一] 按，此文載蔣本卷一〇，以之參校。
[二] 按，己未，指萬曆四十七年（一六一九）；甲子，指天啟四年（一六二四）；己卯，指崇禎十二年（一六三九）。
[三] 蓬海三淺：《神仙傳》卷三《王遠傳》云："麻姑自說：'接待以來，已見東海三爲桑田。向到蓬萊，水又淺於往昔，會時略半也，豈將復還爲陵陸乎？'"
[四] 按，此處所言，據胡世安《紀夢游》詩自序"時丁亥秋七月廿七之辰"句，在順治四年（一六四七）。

陳子實庵[一]，津津臥游，至欲竭力筆墨，不令山有遁美。且囑余述所已經[二]，此何異逸少馳想[三]？余不憚覼縷顯概，先之以范《紀》[四]，竊附於逸少今昔之感。又博采兹山藝文及余舊近稿未入前録者，復彙是帙，集衆解以貌峨，以庶幾一得，以無負陳子津津臥游之志。

憶昔癸酉春，陳明卿先輩過余[五]，叩峨眉之勝。爲述移時，促膝竟聽，不覺撫掌大叫曰："奇哉！真宇内大觀。君贈我以峨眉，我當酬君以雁宕。"亦述移時。臨别，仍訂各驅副墨子卿，以助臥游，竟未果。今遂能副實庵之命，筆墨因縁，祕闈有候[六]，亦斯山之有以神詔與？題曰《譯峨籟續集》，續之靡窮，不敢薄待後來更無一得者。

※志竹變[七]

胡世安

峨山竹品甚繁，龍竹、月竹、千歲竹，詳《方物》矣。有所謂墨竹者[八]，生三年而色全墨，竹色如點漆，俱可充器具。桃枝竹皮滑而黄，可簟亦可書筒，太白"桃竹書筒綺綉文"是也。棕竹幹實，有文理，可杖。濮竹節長。孟竹以孟月苗萌。鳳尾竹、畫眉竹以形似，籜小，葉茸

[一] 陳實庵：陳于鼎，字爾新，號實庵，江蘇宜興人。崇禎元年（一六二八）進士，官至南明弘光朝翰林院左春坊左庶子掌院事。《文獻》一九九一年第二期載柯愈春《〈北西廂古本〉校訂者陳實庵》一文，同年第三期復刊孫金振《陳于鼎生平事迹證補》一文，可參看。

[二] "經"，蔣本作"徑"，義同。

[三] 逸少馳想：《法書要録》卷一〇録王羲之《與周益州書》，有句云："要欲及卿在彼，登汶嶺、峨眉而旋，實不朽之盛事，但言此，心以馳於彼矣。"

[四] 范《紀》：范成大於淳熙丁酉年（一一七七）五月二十九日離開成都，由水路東下赴杭州，途中所見所聞者，記於《吴船録》中。明代何鏜輯《古今游名山記》之卷一五，楊慎修《全蜀藝文志》之卷六三，將《吴船録》卷上之游峨眉山部分抄出單行，題名《峨眉山行紀》，即此處所謂范《紀》。

[五] 陳明卿：陳仁錫，字明卿，《明史·文苑四·焦竑傳》下有附傳。崇禎六年（癸酉年，一六三三），"即家起南京國子祭酒，甫拜命，得疾卒"。

[六] "祕"，蔣本作"秘"，義同。

[七] 按，此文載蔣本卷九，以之參校。

[八] "墨"，原誤作"紫"，據蔣本改。

細娟媚。筋竹堅韌，鋒之，以桐油淬煉，可代矛用。笋欲籜時，可揉作弩弦。箭竹一名石竹，中實若老藤。小者可矢，大者仍可扶老。凡此產各有所，至若斑竹、慈竹、苦竹、冷竹、刺竹[一]、澹竹、白夾竹類，處處有之。以故峨笋富於他山，僧人乾之、餅之以供餉遺。

崇禎元年之春，峨山上下周遭竹大小各種一時俱葤，求一菉菁者不可得。至次年，枯笴盤根漸就腐朽，人競薪采幾盡。入望寒沙蕪莽而已，不復冀籜龍包絲、直節返魂，斯亦物理之有據者。三年春，斤斧未赦之區，忽射地叢出，自蜩腹、蛇蚹至尋丈，其興也勃焉。雖園畝移藝，不若是之迅以齊。抑有冥司之不介而孚與？其幽巖邃谷所存枯竿，盡浮筠矣。再越歲，蓊林還昔觀，僧復無怏怏餉遺之資。噫！黃楊厄閏[二]，豈亦此君陽九所罹不可逃之數耶？徵所聞，志竹變。

※題喻廣文《峨眉山志》[三]

胡世安

己卯之峨，索山志舊著，罕有存者。有友人以喻廣文《山志》脫稿見示，搜羅博而未精，考核詳而不要，去取臆而附會多。前九卷得失參半，猶可節取。莫劣於《山史》一卷，其言曰："自有天地，已有此山，於普賢何與？願以峨眉還峨眉，普賢還普賢。"倏而陽排陰佞，又詭其說，謂"佛教原空一切，普賢亦不願人以此歸之"。辨駁多端，不越斯旨。夫峨眉既不以普賢顯，亦何必黜普賢以顯峨耶？今有第宅，氏甲則甲，氏乙則乙。昔曰天真皇人，吾與之為天真皇人。今曰普賢，吾亦與之為普賢。而峨眉自在，初未嘗易名曰普賢山也，又何必坐普賢以獨據？信其

[一] "刺"，原作"束"，殆因"刺"可寫作"朿"，形近而誤也，據蔣本改。
[二] 黃楊厄閏：《蘇軾詩集》卷一一《監洞霄宮俞康直郎中所居四詠‧退圃》"園中草木春無數，只有黃楊厄閏年"句自注云："俗說黃楊一歲長一寸，遇閏退三寸。"《詩傳名物集覽》卷一二云："黃楊木性堅緻難長，俗云歲長一寸，閏年倒長一寸，謂之厄閏。然考之《爾雅》，桐、茨葂皆有厄閏之名，不獨黃楊也。"
[三] 按，此文載蔣本卷一二，以之參校。

説，遇匡廬、茅山、焦山類，將作何攻擊耶？

至物産，有昔無而今有，或顯於前而蔑没於後者，何可勝紀？如卞玉、楚珩[一]、魯璠璵[二]，以及劉寄奴[三]、丁公藤[四]、虞美人草，諸屬生植，雖不識所始，而名至今存，未聞廣文有所糾正。今於菩薩石、普賢茶、普賢竹、普賢綫之稱謂，欲一手以障道路口，何恕古而苛今乎？善乎，侍御馬訒齋如蛟有云[五]："記游可也，記峨眉不可也。"而況乎僅駁普賢以志峨？然峨眉當文獻凋殘後，有以鏡往昭來、討論什一，則廣文之用心勤，而功亦未可盡泯矣。書以貽見廣文胡江石同年，他時晤喻廣文，面訂之。喻，同郡内江人，名志祥。

己卯孟秋既望日[六]

[一] 楚珩：楚地所產白珩。《國語·晉語二》云："亡人之所懷挾纓纕以望君之塵垢者，黃金四十鎰，白玉之珩六雙。不敢當公子，請納之左右。"《國語·楚語下》："王孫圉聘於晉，定公饗之，趙簡子鳴玉以相。問於王孫圉曰：'楚之白珩猶在乎？'對曰：'然。'簡子曰：'其爲寶也幾何矣？'"《禮書》卷一九云："蓋玉之貴者莫如白。"注云："晉以白珩賂秦，而楚寶白珩以聞於晉，則白玉之貴可知。"

[二] 魯璠璵：《左傳·定公五年》云："六月，季平子行東野。還未至，丙申，卒于房。陽虎將以璵璠歛，仲梁懷弗與，曰：'改步、改玉。'"注云："昭公之出，季孫行君事，佩璵璠，祭宗廟。今定公立，復臣位，改君步，則亦當去璵璠。"

[三] 劉寄奴：本指南朝宋高祖劉裕，其小名即寄奴，後指一種草藥。《南史·宋武帝紀》云："後伐荻新洲，見大蛇長數丈，射之傷。明日復至洲裏，聞有杵臼聲。往覘之，見童子數人，皆青衣，於榛中擣藥。問其故，答曰：'我王爲劉寄奴所射，合散傅之。'帝曰：'王神何不殺之？'答曰：'劉寄奴王者，不死不可殺。'帝叱之，皆散，仍收藥而反。"《本草綱目》卷一五云："劉寄奴一莖直上，葉似蒼术，尖長糙澀，面深背淡，九月莖端分開數枝，一枝攢簇十朵小花，白瓣黃蕊，如小菊花狀。花罷有白絮如苦蕒花之絮，其子細長，亦如苦蕒。"

[四] 丁公藤：又名南藤。《本草綱目》卷一八云："今江南、湖南諸大山有之，細藤圓膩，紫綠色，一節一葉。葉深綠色，似杏葉而微短厚。其莖貼樹處有小紫瘤疣，中有小孔，四時不凋，莖葉皆臭而極辣。"

[五] 馬訒齋如蛟：乾隆《江南通志》卷一五六小傳云："馬如蛟，字騰仲，和州人。天啟壬戌（一六二二）進士，授浙江山陰令，清操矙然。崇禎元年（一六二八），徵授御史，以彈劾著直聲。出按四川，預平安邦彥之亂。八年（一六三五）冬，獻賊犯和州。如蛟方里居，傾貲募士，與知州黎弘業登陴固守。麾壯士出擊賊，兩戰皆捷。會風雪晝晦，守者皆潰，賊遂入城。如蛟率士巷戰，力竭被殺。兄鹽運司判官如虬、弟諸生如虹及家屬十四人皆死，詔贈太僕少卿。"《明史·忠義四·黎弘業傳》有附傳，稱其崇禎元年出爲四川巡按御史。

[六] 己卯：指崇禎十二年（一六三九）。

※游峨眉山記[一]

清丁文燦乙丑進士[二]

　　四大名山，峨居其一。其山高聳奇特，曲折回環，攀援而上，約有百里餘。沿途琳宮瓊觀，絡繹不絕。水從崖谷中千支百派而出，澎湃洶濤，如長虹，如瀑布，奇矯異常。及至危巔，峰巒疊翠，扼要峥嶸，令人目不暇賞。東望則嘉陽、凌雲，二川溶溶，形如長帶，盤繞於山麓。南則羅目、馬湖諸山，鬱鬱葱葱，回環擁護。西則雪山挺峙，半插雲天，嶙峋峻拔，有迥乎其不可上之勢。北則錦城、翠屏，若隱若現，令人慨然想見諸葛武侯之忠義、杜子少陵之氣節焉。豈非宇宙間一大觀哉！且一日之內，俄而陰雲密布，時而氣爽天清；佛光偕紅日齊煇[三]，聖燈與明星並曜[四]。風從地起，聲吼如雷；濛雨連朝，寒巖幽谷。即炎天酷暑，亦凜慄不能久留。

　　予聆前賢所傳，疑信參半。今身歷其境，以所見印所聞，洵不我欺也。然吾因而感之。夫峨山發脉崑崙，其靈秀之氣鬱結磅礴，誕生賢哲爲王國楨者，政不乏人。而騷人逸士游覽於兹，睹此精英霞彩，與夫百鳥之奇聲雜出，烟雲之變化無窮，其有裨於詠歌文章之妙者，又不少矣。他如仙侶高僧，棲真洞府，通玄徹奧，白日飛升，悟道參宗，因成正覺，稽古前代，何時無之？豈真"有仙則名"？抑亦地靈人傑耳！故其神化所洽，廣敷遐邇，上自王公大人，下及愚夫愚婦，皆不憚登山涉水，敬禮願王[五]。即不肖之徒，一詣靈臺，舉平昔魑魅魍魎之狡習，不知消歸於何有。是峨山靈秀之氣因乎人之類而默啓之，而人亦各得其轉圜之妙

[一] 按，此文載蔣本卷九，以之參校。據文末署題，可知此文作於一七六八年九月十八日。

[二] 丁文燦：嘉慶《四川通志》卷一五四小傳云："丁文燦，字翰儀，乾隆乙丑（一七四五）進士。歷官安徽亳州、霍邱諸縣，所至以興學衛民爲任。内擢後，累遷至兵部員外郎。著有《游峨詩文集》若干卷。"同治《霍邱縣志》卷八小傳又稱此人字瀛洲，一七六三至一七六六年任知縣。又據民國《太和縣志》卷七小傳，此人乾隆二十年（一七五五）至二十五年（一七六〇）任太和知縣。民國《潛山縣志》卷九，稱此人乾隆三十五年（一七七〇）署知縣，數月後升任而去。

[三] "煇"，蔣本作"輝"。

[四] "並"，蔣本作"普"。

[五] "敬禮願王"，蔣本作"樂善不倦"，此處乃印光等所改。

用[一]，以爲身心之助。山靈歟？人心歟？其理一而已矣。人之登斯山者，豈徒快游觀而已哉？

乾隆戊子中秋[二]

※朝大峨山記[三]

清釋徹中

諸作皆言游，唯此言朝。游則忽主而重賓，朝則略境而尊德。一字之間，心志全彰，功過自判。欲培福慧者，不可不注意焉。此篇末後，記伏虎寺現燈三夜，爲最希有之事。因備錄之，以爲朝山者鑑。

大峨之勝甲天下。余每泛舟平羌江上，遥矚雲端，咨嗟不克赴者廿載。乙丑春，自成都昭覺寺發足，專禮普賢。至嘉陽，舍舟即陸，望峨而趨。顧騷人墨客往來言游[四]，四方緇素懷瓣香重繭遠進則言朝。余爲老衲，言朝不言游。

三月二日壬戌，自嘉行。出瞻峨門，十五里渡雅江。又十里許，宿蘇稽東坡亭。故爲蘇頲讀書處，即眉山始祖。後人建東坡亭於上，今廢，有茅刹。

癸亥，行四十里，宿峨眉縣東郭大佛寺。

甲子，過邑城，經十方院，望西坡寺，至了鴞樓。有銅鐘、銅塔，甚精工。實名聖積寺，昔禪僧寶公所建，人呼爲老寶樓，因訛了鴞。再進爲會宗堂。復二里，關聖堂。進抵伏虎寺，山基於此，樓閣四達，殊壯麗。

憩乙丑、丙寅二日。故事，登山者多倩籃輿[五]，約伴侶。輿夫捷足，上下迅速，遇佳境，目不再盼。或欲尋幽，則以險辭。侶不同心，行止

[一]"圜"，原作"圓"，據蔣本改。按，此處"圜"音huán，不能講作與"圓"同音同義者。

[二]"乾隆戊子中秋"，蔣本作"時乾隆戊子中秋月朔八日"。

[三]"朝"，蔣本無。按，此文載蔣本卷九，以之參校。蔣本無序，此序乃印光等所補。此文作於康熙乙丑（一六八五），作者釋徹中，昭覺寺僧，其實就是修訂蔣本的宋肄樟。

[四]"來"，蔣本作"往"。

[五]"籃"，與光緒本同，蔣本作"藍"，皆可。

齟齬，多弗盡興。余力不能倩輿，亦不欲倩。適乏侶，僅偕一侍僧、二傭人，戴輕笠，衣短褐，策杖躡履而上。緩急去留咸自由，得以盡山之性情形體，一木一石，不輕失之。

　　三月七日丁卯，自伏虎登陟。初欲雨，少頃霽。過解脫橋，上解脫坡。或謂自山出者從此解脫險阻，明曹能始先生曰："余烏知乎入解脫、出解脫耶？"[一]余則謂於斯解脫塵勞[二]，纔得登山耳。稍上爲華嚴寺，進爲純陽殿。過五十三步，昔蜀獻王於此下車行，因即所行步數名之。俯瞰澗中，有石如船，名普賢船。進爲大峨石，郭青螺先生大書"靈陵太妙之天"六字[三]，每字一碑。左爲神水，出石穴中，匯方池，澄潔可愛。陳希夷先生大書"福壽"二字，呂洞賓真人大書"大峨"二字，俱在石。進數十武，爲歌鳳臺，楚狂接輿故廬。前數武，道傍有石，形類鷄公。進爲中峰寺，古明果道場，滅妖蟒於此。又傳黃帝於此問道廣成子。進爲方廣院，俗呼龍神窟[四]。下數百武爲雙飛橋，兩虹並峙。每橋各受一水，急湍奔流溜入石渠數十丈，聲震山谷，至前會合。有石狀如牛心，砥柱中流，因名牛心石，近有豎碑更名洗心石者，地極幽異。此處分二道：一上萬年寺造頂，一循溪入洪椿坪。余徘徊於兹，欲先往洪椿坪。遇一僧，謂曰："宜及晴明達頂睹佛光。"余然之，遂上古德林。林木皆楠，別傳和尚手植以培風水，如《法華經》字數。每唱一字，一禮拜，始植一本，誓勿剪伐，老僧苦行如此。明直指馬公如蛟賦詩於石[五]，曰："鬱葱佳樹拂慈雲，幻出槎枒避斧斤。老衲得知山是佛，令人同誦《法華》文。"[六]過林爲白龍洞，刹亦新潔。稍上即萬年寺，寺之輔翼曰慈聖庵、海會堂、白衣殿。其後殿曰雪螺，結磚爲之，形如螺，一名磚殿。再後爲新殿，即古之白水寺。此地稍寬衍，諸刹若簇錦然。余宿海會堂。

　　戊辰，晨起，睹佛牙，炷香禮諸刹。上觀心坡，山路紆徐，至萬年寺止；山路陡峻，自觀心坡始。一名頂心坡，謂登壁之狀，足膝齊心也。

[一] 按，此語見曹學佺《辛亥游峨記》。
[二] "謂"，原作"過"，與光緒本同，據蔣本改。
[三] 郭青螺：明郭子章。可參本書卷一《峨眉山圖說·十九、會燈寺至大峨寺圖說》之"'靈陵太妙之天'六字，明督學郭子章書"句注文。
[四] "窟"，蔣本作"岡"。
[五] 按，此後所錄詩歌，亦載蔣本卷一五。
[六] "誦"，蔣本作"譯"。

直上數千武纔得隙地，名息心所。舊有庵，今廢。緣山脊而上，如行馬鬣中。寬者丈餘，狹僅數尺。左右皆峻坂，賴竹樹蓊鬱蔽行者目，得無畏。行十里許爲初殿，一説乃鷲殿訛稱。又二十里許爲蓮華石，有石如蓮，刹即在左，以鐵爲瓦。自此始，復下數十武，乃山脉斷續處。始再上，號鵓鴣鑽天、蛇倒退，其險可知。此際踵無停步，息無停喘，傭者掖余如升天然。上爲洗象池，相傳普賢浴象於此。又數十武，爲上象石。再數里許，爲木皮殿，蓋以木爲瓦云。實名化城寺，謂普賢於此設化城，同大衆三千人居之。余窮日之力抵是，暝色亦至，遂宿。寒甚，擁爐而坐，夜分乃寐。

己巳，上梅子坡，積雪深數尺。進爲雷洞坪，懸巖萬仞，不可俯視。相傳雷伏洞下，聞人語輒震。舊有鐵碑禁語，今廢。巖下傳有伏羲、九老諸洞，人迹罕至。再進爲接引殿，遂上八十四盤，俗呼三倒拐，盤盡爲太子坪、回龍寺。至此陡峻既訖，紆徐達頂。過沉香塔，即敕賜護國草庵寺，通天大師舊栖也。閲老僧樹，樹空，昔僧入定其中。進天門石，巨石劈開如門，深廣丈許。至七天橋，謂峨山爲七重天，故名。至此値濃霧，咫尺不見人物。寺僧留住，擁爐火。距頂僅數百武，寓此有二便：清流引厨，所飲水優於絶頂；風不甚猛，遂因其留而留之。

庚午，大霧竟日，至夜雪降。

辛未，晨起，玉山照人，濕甚，不能出戶。有數僧持《楞嚴》相質，爲之解説。是日晚霽。

壬申，晴明，上頂進香。過天仙橋，首詣光相寺禮普賢。寺前爲睹佛臺，倚欄俯眺無際。右爲金殿，殿以銅成，高二丈五尺，廣一丈四尺，深一丈三尺。重檐雕甍，綉櫺鎖窗。中坐大士，傍繞萬佛，滲以真金，極人工之巧。四隅列銅塔四座，有銅碑紀事，文字悉佳，其碑可鑑鬚眉。稍下數武爲藏經樓，前爲銅瓦殿，再前爲錫瓦殿、楞嚴閣、臥雲庵，並列於光相寺之後。藏經樓之右，峨頂如箕形。東爲懸巖絶壁，西爲斜坂。光相寺臨巖而東面，餘刹皆西面。是日烟雲盡净，西望瓦屋、曬經、象嶺、雪山諸峰，如在几席，實則相距或千里，或數千里。東望平疇渺茫，山如垤，川如白練。或有雲覆處，如人有物蓋足然。自太子坪以上，草木竹石與下界大異。有桫欏花遍山谷，紅白相雜。地多細石，極潔，無蛇虺、蚊蚋、蟻蟲之屬。稍有穢物，雷電輒掃除之，洵稱佛境。自華嚴寺至頂，蓋一百二十里云。午餘，有兜羅綿雲布滿巖前，號銀色世界。雲中隱隱現一圓相，寺僧曰：「此名水光，尚非正光。」仍歸，宿七天橋。

癸酉，晨飯後復由天門石、沉香塔至學士堂，謁通天塔。蓋通天大師肉身存此，跌坐塔內，身皆貼金。林中多靜室，爲住靜之僧所居。左行二里許爲淨土庵，傍有白龍池，源泉清淺。沙彌攜銅盤盛水，舉手於石下取置盤中，云白龍子。細視，似蜥蜴。是日，各剎進香畢，仍上光相寺。人云佛光曾三現，悵然而返。

甲戌，天陰，上光相寺默禱普賢，祈三日内賜晴示光。是日濃霧，寒風謖謖，遂於普賢座右禪定半晌。少頃，持筆楮向金殿側露坐，錄銅碑文，忘寒忘霧。

乙亥望日，大晴，詣光相禮普賢。倚欄立，或邀茗飲，余却之，必候睹光。近午，初現於巖石，閃爍不定。漸移虛空，現兜羅綿雲上。其圓似鏡，紅、紫、綠、白數層。僧鳴鐘，觀者雲集如堵。惟見己影在光中，舉手動身，無不相映，並立者彼此不見其影，謂之攝身光。光上有白虹，謂之金橋。僧屬賀，謂有候至旬餘不遇光而去者，蓋非有緣弗現云。時沒時現，自巳至未，各作禮而退。余旋七天橋，沙彌報光現於此。往視，較睹佛臺之光大數倍。中有小紅鏡，外列五色，七層金橋高布，至酉始沒。《志》稱張無盡至清涼山[一]，佛光隨之而現。余何人斯，獲此奇遇耶！

丙子，下山，宿海會堂。

丁丑，憩雙飛橋。

戊寅，上後牛心寺，昔孫思邈修真於此。下壑循溪行十里許，度三橋，二以板，一以石，俱屋覆之。溪盡，上數百武，爲洪椿坪。樓閣四達，周匝攢簇如城者二，結構工密，境區奧僻。蓋以幽勝，於峨有别是一天之意。此刹爲德心禪師開建，法嗣接踵，歷廿載落成。大衆昔以千計，今寥寥。但律儀不廢，視他處惟謹。己卯、庚辰，俱憩此。

辛巳，仍出雙飛橋，循舊道，遇微雨。午餘，還伏虎寺，蓋三月廿一日也。是夜，僧報聖燈現。憑閣觀之[二]，空中隱躍，得數十燈。有數

[一] 按，《欽定清涼山志》卷一七收張商英《神燈傳》，可參看。張商英，字天覺，號無盡居士，四川新津人，《宋史》有傳。

[二]「憑閣」，原作「余即」，與光緒本同，據蔣本改。

燈最明，上下相承。又有漸飛至寺前者。伏虎聖燈罕現，余不及於峰頂睹燈，今補觀於此，尤屬異數。連現三夜，余憩五日而後行。

藝文：賦附

※慈竹賦[一]

唐喬琳[二]

維竹稱慈，幾乎有知。九族敦敘，孝友威儀，是竹必滋；五服相殘，骨肉攜離，是竹必衰。苟自家而刑國，亦觸類而增思。苯䔿固護[三]，檀欒櫛比[四]。如束之稠[五]，如插之密[六]。勁節中聳，攢根內實。聲唯夏風，影不透日。類宗族之親比，同朋友之造膝。至若暮歲窮律，霜凝雪霏；陶鈞無發生之理，松柏有後凋之期。是竹也，業篁劈開，牙笋怒長；紫籜連披，青筠紛上。有偕老之情[七]，感饋親之養[八]。如受制於籬界，不旁侵於土壤。雨露之澤，謝爾衆芳。細葉未吐，貞心已長。恥高標而迥

[一] 按，此文載蔣本卷一二、《文苑英華》卷一四六等，今以蔣本參校。

[二] 喬琳：《舊唐書·喬琳傳》《新唐書·叛臣下·喬琳傳》皆稱其爲太原人，曾貶巴州司户參軍，歷知果州、綿州、遂州等，應即此人。

[三] "苯䔿(zǔn)"，原作"莽䔿"，據蔣本改。按，《說文·草部》"䔿"字云："叢草也。"《文選·張衡〈西京賦〉》："苯䔿蓬茸。"

[四] 檀欒：本指秀美貌，此處借指竹。《古文苑》卷三《梁王菟園賦》云："修竹檀欒，夾池水，旋菟園，並馳道。"

[五] 如束：《晉書·王戎傳》："謂裴頠拙於用長，荀勗工於用短，陳道寧譊譊如束長竿。"《全唐詩》卷四七七李涉《葺夷陵幽居》："負郭依山一徑深，萬竿如束翠沉沉。"

[六] 如插：謂如人工栽插一般。《開元天寶遺事》卷四"義竹"云："太液池岸有竹數十叢，牙笋未嘗相離，密密如栽也。帝因與諸王閒步於竹間，帝謂諸王曰：'人世父子兄弟尚有離心離意，此竹宗本不相疏。人有生貳心、懷離間之意，睹此可以爲鑒。'諸親王皆唯唯，帝呼爲竹義。"

[七] 有偕老之情：慈竹母子并生，又名孝竹。《述異記》卷上云："漢章帝三年（七八），子母笋生白虎殿前，時謂爲孝竹。群臣獻《孝竹頌》。"《竹譜》卷四亦云："慈竹又名義竹，又名孝竹，兩浙、江、廣處處有之。高者至二丈許，叢生，一叢多至數十百竿，根槃盤結，不引他處。四時出笋，經歲始成竹。子孫齊榮，前抱後引，故得此名。"

[八] 感饋親之養：《太平御覽》卷九六三云："《楚國先賢傳》曰：'孟宗字恭武，至孝。母好食笋，宗入林中哀號。方冬，爲之出，因以供養。時人皆以爲孝感所致。'"

出，斯裊曲而不揚[一]。匪趨時於律候，寧隨韻於笙篁。保無用而以道自將，愧不才而與物俱昌。苟成陰於隙地，作盛景之清凉。

重曰：夫綿綿瓜瓞兮[二]，知有子母。邕邕鴻雁兮[三]，如次弟兄。於家則疏附禦侮，於國則磐石維城。田氏不分庭之荆[四]，陳家則應天之星[五]。莫不鬱映棠棣[六]，急難鶺鴒。斯竹也，共根連茹[七]，一本千莖。年深轉密，歲晚彌榮。一可以厚骨肉，一可以敦友生。於靈臺而莫非盡性，彰慈孝而感通神靈。

藝文：詩再附

※登峨眉山[八]

唐 李白 太白

蜀國多仙山，峨眉邈難匹。
周流試登覽，絕怪安可悉。
青冥倚天開，彩錯疑畫出。
泠然紫霞賞，果得錦囊術[九]。
雲間吟瓊簫，石上弄寶瑟。

[一]"不"，原作"悠"，與光緒本同，據蔣本改。
[二]綿綿瓜瓞：《詩·大雅·綿》："綿綿瓜瓞，民之初生。"
[三]邕邕：和鳴。《藝文類聚》卷三引宋謝琨《秋夜長》云："燕翩翩以辭宇，雁邕邕而南屬。"
[四]田氏：《藝文類聚》卷八九引周景式《孝子傳》曰："古有兄弟，忽欲分異。出門，見三荆同株，接葉連陰。嘆曰：'木猶欣聚，況我而殊哉！'還爲雍和。"
[五]陳家：《異苑》卷四云："陳仲弓從諸子侄造荀季和父子，於時德星聚。太史奏五百里內有賢人聚。"
[六]棠棣：《詩·小雅》有《棠棣》，乃頌揚兄弟友愛之詩。有句云："脊令在原，兄弟急難。"此"脊令"即後文之鶺鴒。
[七]連茹：《易·泰》："拔茅茹以其彙，征吉。"王弼注："茅之爲物，拔其根而相牽引者也。茹，相牽引之貌也。"
[八]按，此詩至其後白約之詩，皆載蔣本卷一三。此詩又見《李太白全集》卷二一，《李白全集編年注釋》認爲此詩作於開元八年（七二〇）。
[九]錦囊術：成仙之術。王琦注云："《武帝内傳》：'帝以王母所授《五真圖》《靈光經》及上元夫人所授《六甲靈飛十二事》，自撰集爲一卷，及諸經、圖，皆奉以黃金之箱，封以白玉之函，以珊瑚爲軸，紫錦爲囊，安著柏梁臺上。'"

平生有微尚，歡笑自此畢。
烟容如在顏，塵累忽相失。
倘逢騎羊子，携手凌白日。

※聽蜀僧濬彈琴[一]

李　白

蜀僧抱緑綺[二]，西下峨眉峰。
爲我一揮手，如聽萬壑松。
客心洗流水[三]，餘音入霜鐘[四]。
不覺碧山暮，秋雲暗幾重。

※峨眉山月歌送蜀僧晏入中京[五]

李　白

我在巴東三峽時，西看明月憶峨眉。
月出峨眉照滄海，與人萬里長相隨。
黄鶴樓前月華白，此中忽見峨眉客。
峨眉山月還送君，風吹西到長安陌。
長安大道横九天，峨眉山月照秦川。

[一]"濬"，原脱，與蔣本同，據《李太白全集》卷二四補。《李白全集編年注釋》將此詩作年定爲天寶十二載（七五三），認爲此蜀僧濬即《贈宣州靈源寺仲濬公》之仲濬公。

[二]緑綺：司馬相如之琴，此處泛指珍貴的名琴。《太平御覽》卷五七七引傅玄《琴賦·叙》云："齊桓有鳴琴曰號鐘，楚莊王有琴曰繞梁，司馬相如有緑綺，蔡邕有焦尾，皆名器也。"

[三]流水：比喻琴音。《韓詩外傳》卷九："伯牙鼓琴，鍾子期聽之。方鼓琴，志在山，鍾子期曰：'善哉鼓琴，巍巍乎如太山。'志在流水，鍾子期曰：'善哉鼓琴，洋洋乎若江河。'"

[四]霜鐘：《山海經》卷五："豐山……有九鐘焉，是知霜鳴。"郭璞注云："霜降則鐘鳴，故言知也。物有自然感應，而不可爲也。"

[五]"晏"，原作"宴"，據蔣本及《李太白全集》卷八改。按，《李白全集編年注釋》認爲此詩作於上元元年（七六〇）。

黄金獅子承高座[一]，白玉麈尾談重玄[二]。
我似浮雲滯吳越，君逢聖主游丹闕。
一振高名滿帝都，歸來還弄峨眉月。

※贈別鄭煉赴襄陽[三]

唐 杜甫

戎馬交馳際，柴門老病身。
把君詩過目，念此別驚神。
地闊峨眉晚，山高峴首春[四]。
爲於耆舊內，試覓姓龐人[五]。

※寄司馬山人十二韻[六]

杜　甫

關內昔分袂，天邊今轉蓬。

[一] "承"，《李太白全集》卷八作"乘"，據校勘記，別本有作"承"者，故不改。◎獅子：佛爲人中獅子，故佛所坐之處皆稱獅子座。《釋氏要覽》卷二引《智度論》云："問：'云何名獅子座？爲佛化作爲實獅子，爲金、銀、木、石作耶？'答云：'是號獅子座，非實也。佛爲人中獅子，凡佛所坐，若床、若地，皆名獅子座。夫獅子，獸中獨步無畏，能伏一切。佛亦如是，於九十六種外道一切，人、天中一切，降伏得無所畏，故稱人中獅子。'"
[二] 白玉麈尾：《世説新語·容止》云："王夷甫容貌整麗，妙於談玄。恒捉白玉柄麈尾，與手都無分別。"
[三] "煉"，原作"練"，與蔣本同，據《杜詩詳注》卷一〇改。按，《杜詩詳注》稱此詩作於寶應元年（七六二）。
[四] 峴首：峴山，在襄陽，又名峴首山。《太平寰宇記》卷一四五云："峴山在縣十里。羊祜嘗與從事鄒湛等共登峴山，慨然嘆息曰：'自有宇宙，便有此山。由來賢達勝士登此遠望如我與卿者多矣，皆湮滅無聞，使人悲傷。如百年後，有知魂魄，猶應登此山也。'湛等對曰：'公德冠四海，道嗣前哲，令聞令望，必與此山俱傳。若湛等，乃當如公言耳。'後以州人思慕，遂立羊公廟，并立碑于此山。"
[五] 姓龐人：龐德公，隱居襄陽鹿門山。《册府元龜》卷七八七云："龐德公，襄陽人。諸葛孔明每至其家，獨拜床下。德公初不令止，荆州刺史劉表數延請，不能屈。後携妻子登鹿門山，采藥不返。"《藝文類聚》卷六三云："《襄陽耆舊傳》曰：'龐德公在沔水上，至老不入襄陽城。'"
[六] 按，此詩又載《杜詩詳注》卷一三，黃鶴認爲作於廣德二年（七六四）。

驅馳不可說，談笑偶然同。
道術曾留意，先生早擊蒙[一]。
家家迎薊子[二]，處處識壺公[三]。
長嘯峨眉北，潛行玉壘東。
有時騎猛虎[四]，虛室使仙童[五]。
髮少何勞白，顏衰肯更紅？
望雲悲轗軻，畢景羨沖融。
喪亂形神役，淒凉信不通。
懸旌要路口，倚劍短亭中。
永作殊方客，殘生一老翁。
相哀骨可換[六]，亦遣馭清風。

※漫成[七]

杜　甫

江皋已仲春，花下復清晨。
仰面貪看鳥，回頭錯應人。
讀書難字過，對酒滿壺頻。
近識峨眉老，知余懶是真。

[一] 擊蒙：发蒙，启蒙。《易·蒙》："上九，擊蒙。不利爲寇，利禦寇。"王弼注："擊去童蒙，以發其昧。"
[二] "迎薊"，原作"通蘇"，蔣本作"迎蘇"，皆形近而誤，據《杜詩詳注》改。按，此人事迹見《後漢書·方術下·薊子訓傳》。
[三] 壺公：神仙名，曾授費長房仙術，《神仙傳》卷九有傳。
[四] 騎猛虎：《太平廣記》卷六"東方朔"條云："還遇一蒼虎息於路。初，兒騎虎而還，打捶過痛，虎嚙兒脚傷。"
[五] "使"，原作"似"，與蔣本同，據《杜詩詳注》改。《雲笈七籤》卷五〇云："十八年，詣上清宫，受書佩符，役使玉童、玉女各十八人。"
[六] 骨可換：《漢武帝內傳》云："靈者，神也；寶者，精也。子但愛精握固，閉氣吞液，氣化爲血，血化爲精，精化爲神，神化爲液，液化爲骨，行之不倦，神精充溢。爲之一年易氣，二年易血，三年易精，四年易脉，五年易髓，六年易骨，七年易筋，八年易髮，九年易形。形易則變化，變化則成道，成道則爲仙人。"
[七] 按，此詩又載《杜詩詳注》卷一〇，乃《漫成》二首之二，作於上元二年（七六一）。

按，子美避地西川，咫尺峨眉，未經展齒一過，識者以爲千古缺陷。今特録公詩及此山者三首，亦見此老胸中傾倒極至，但爲戎馬間隔，未遂右軍汶嶺之願耳。

※題華嚴寺瓊公禪房[一]

唐岑參

寺南幾十峰，峰翠晴可掬。
朝從老僧飯，昨日巖口宿。
錫杖倚枯松，繩床映深竹。
東溪草堂路，來往行自熟。
生事在雲山，誰能復羈束。

※峨眉東脚臨江聽猿懷二室舊廬[二]

岑參

峨眉烟翠新，昨夜秋雨洗[三]。
分明峰頭樹，倒插秋江底。
久別二室間，圖他五斗米。
哀猿不可聽，北客欲流涕。

※江行夜宿龍吼灘[四]，臨眺思峨眉隱者，兼寄幕中諸公

岑參

官舍臨江口，灘聲人慣聞。

[一] 詩題原作"望峨眉"，據蔣本及《岑嘉州詩箋注》卷一補。又，此詩所寫之華嚴寺在長安，與峨眉無關，實不當收録。
[二] 按，此詩又載《岑嘉州詩箋注》卷一，箋注者定此詩作年爲大曆二年（七六七）秋。
[三] "秋"，原作"風"，與蔣本同，據《岑嘉州詩箋注》改。
[四] 龍吼灘：《岑嘉州詩箋注》卷三未詳所指，《三體唐詩》卷六題注稱"俗呼龍爪灘，在眉州"；嘉慶《洪雅縣志》卷一八則云："龍吼灘，今名龍吟灘。"恐難指實。按，此詩亦載蔣本卷一三。

水烟晴吐月，山火夜燒雲。
且欲尋方士，無心戀使君。
異鄉何可住，况復久離群。

※峨眉山[一]

唐鄭谷

萬仞白雲端，經春雪未殘。
夏消江峽滿，晴照蜀樓寒。
造境知僧熟，歸林認鶴難。
會須朝闕去，祇有畫圖看。

※送譚遠上人[二]

唐賈島

下視白雲時，山房蓋樹皮。
垂枝松落子，側頂鶴聽棋。
清净從沙劫，中終未日敲[三]。
金光明本行，同侍出峨眉。

※送僧入蜀過夏[四]

唐曹松[五]

師言結夏入巴峰，雲水回頭幾萬重。

[一] 按，此詩又載《鄭谷詩集箋注》卷三，箋注者改詩題爲《峨眉雪》，不可從。
[二] "譚遠上人"，原作"卧雲庵僧"，與蔣本同，據《長江集新校》卷六改。
[三] "未日"，原誤倒，與蔣本同，據《長江集新校》乙正。
[四] "送僧入蜀過夏"，原作"送峨僧歸"，與蔣本同，據《萬首唐人絕句》等改。按，此詩見《萬首唐人絕句》卷六七、《唐詩品彙》卷五四、《蜀中廣記》卷一一等。
[五] 曹松：字夢徵，舒州人，小傳詳《唐才子傳校箋》卷一〇。

五月峨眉須近火，木皮嶺上祇如冬。

※峨眉聖燈[一]

唐 薛能[二]

莽莽空中稍稍燈，坐看迷濁變清澄。
須知火盡烟無益，一夜闌邊說向僧[三]。

※贈行如上人[四]

唐 唐求[五]

不知名利苦，念佛老岷峨。
衲補雲千片，香焚篆一窠[六]。
戀山人事少，憐客道心多。
日日齋鐘罷[七]，高懸濾水羅[八]。

[一] 按，此詩又載《萬首唐人絕句》卷四八、《全蜀藝文志》卷一四等，以蔣本參校。
[二] 薛能：字太拙，汾州人。會昌六年（八四六）登第，咸通五年（八六四）攝嘉州刺史，詳《唐才子傳校箋》卷七。
[三] "闌"，蔣本作"欄"，義同。
[四] "行如上人"，原作"伏虎僧"，與蔣本同，據《唐求詩集》改。
[五] "求"，原作"球"，據蔣本及《唐才子傳校箋》卷一〇改。按，唐求乃唐末四川青城人，今存詩集宋刻本一卷。
[六] "焚篆"，《唐求詩集》作"燒印"，蔣本及此處所引與《茅亭客話》卷三、《唐詩紀事》卷五〇等相合。
[七] "罷"，《唐求詩集》作"後"，蔣本及此處所引與《唐詩紀事》卷五〇相合。
[八] 濾水羅：僧人鉢中所置絹，以過濾水中生物，避免殺生。《翻譯名義集》卷七云："鉢里薩羅伐拏，此云濾水羅。《會正記》云：'西方用上白氈，東夏宜將密絹。若是生絹，小蟲直過。可取熟絹四尺，捉邊長挽，兩頭刺著，即是羅樣。兩角施帶，兩畔直絢，中安橫杖尺六，兩邊繫柱，下以盆承。傾水時，罐底須入羅內，如其不爾，蟲隨水落，墮地墮盆，還不免殺。僧祇蟲細者三重濾，毗尼母應作二重濾水囊。若猶有，應作三重。不得夾作，恐中間有蟲難出。當各作卷，逐重覆却，方護生也。"

※峨眉山[一]

宋蘇軾

峨眉山西雪千里，北望成都如井底。
春風日日吹不消，五月行人凍如蟻。

※白水寺[二]

蘇 軾

但得身閑便是仙，眼前黑白漫紛然。
請君試向巖中坐，一日真如五百年。

※寄眉峰[三]

蘇 軾

膠西高處望西川，興在孤雲落照邊。
瓦屋寒堆春後雪，峨眉翠掃雨餘天。
治經方笑《春秋》學，好士今無六一賢。
且待淵明賦《歸去》，共將詩酒趁流年。

[一] 按，蘇軾並未曾登峨眉山，也無所謂題作《峨眉山》之詩。此處所引，乃《雪齋》之前四句，且有刪改。雪齋者，杭州僧人法言在法惠院所作東軒之名，蘇軾作詩以紀之，首四句以峨眉之景而起興耳。原文云："君不見峨眉山西雪千里，北望成都如井底。春風百日吹不消，五月行人如凍蟻。"故此詩亦不當收錄，今略加申説而已，不做校改。

[二] 按，此詩早見於萬曆九年《四川總志》卷一五"爛柯巖洞"條，原文並不明言作者爲蘇軾；萬曆《嘉定州志》卷八題作《書爛柯洞》，作者定爲蘇軾。無論是否爲蘇軾作，此詩皆非詠峨眉山之白水寺者，而是詠凌雲山之爛柯洞者，故實不當收錄。乾隆《峨眉縣志》卷一〇、嘉慶《峨眉縣志》卷八皆題《白水寺》，當係踵襲舊誤，不可據也。

[三] 按，此詩又載《蘇軾詩集》卷一四。《蘇軾詩集》題作《寄黎眉州》，乃寫給熙寧八年（一〇七五）時眉州知州黎錞者，與峨眉山並無直接關係，亦不當收錄。

※送賈訥倅眉[一]

蘇　軾

當年入蜀嘆空回，未見峨眉肯再來。
童子遙知頌襦褲，使君先已洗樽罍。
鹿頭北望應逢雁，人日東郊尚有梅。
我老不堪歌《樂職》，後生試覓子淵才。

※光相寺[二]

宋范成大

峰頂四時如大冬，芳花芳草春自融。
苔痕新晞六月雪，木勢舊偃千年松[三]。
雲物為人布世界，日輪同我行虛空。
浮生元自有超脫，地上可憐悲攓蓬[四]。

※游峨眉十一首之八[五]

宋馮時行[六]

巖巒皆創見，草木半無名。

[一] 按，此詩又載《蘇軾詩集》卷二七，乃送賈訥到眉州任職，與峨眉山並無直接關聯，不當收錄。
[二] "光相寺"，原作"峰頂卧雲庵"，與蔣本同，據《范石湖集》卷一八改。
[三] "木"，原作"石"，與蔣本同，據《范石湖集》改。
[四] "悲"，原作"怒"，與蔣本同，據《范石湖集》改。◎攓蓬：《莊子·至樂》："列子行食於道從，見百歲髑髏，攓蓬而指之曰：'唯予與汝知而未嘗死，未嘗生也。'"此處反用其義，言為世間未脫離生死者而感到悲傷。
[五] "游峨眉十一首之八"，原題"峨眉山"，與蔣本同，據《縉雲文集》卷三改。
[六] 馮時行：《欽定四庫全書總目》卷一五八《縉雲文集》提要云："時行字當可，璧山人。紹興乙卯（一一三五）、丙辰（一一三六）間為丹稜令。罷歸後，出守蓬、黎州，終於提點成都刑獄公事。嘗居縣北縉雲山授徒，因以為號。"其游峨眉山，在丹稜縣令任上的可能性較大。

翠削山山玉，光摇树树瓊。
嶺雲隨客袂，谷響答僧行[一]。
清絕渾無寐，空山月正明。

※雙飛橋[二]

馮時行

巨木架虹梁，橫跨驚湍上。
有如排世難，出力貴用壯。
行人知寶地，非此欲何向。
因懷濟川功，作詩鑱絕嶂。

※游峨雜詠二首

宋白約[三]

樹倒因成路，林開忽見村。
鳥音傳木杪，梵語出雲根。
雪色連春夏，風聲接曉昏。
徘徊幽興極，回首謝煩喧。

文公太華游[四]，惆悵無與共。
翁從二三子，泉石恣披弄。
草木被芳鮮，山巖若飛動。
朝市足紛華，不入幽人夢。

[一] "行"，原作"聲"，與蔣本同，據《縉雲文集》改。
[二] 按，此詩不見於《縉雲文集》。
[三] 白約：同治《嘉定府志》卷四〇稱其爲宋仁宗皇祐五年（一〇五三）進士，榮州人，其餘事迹不詳。
[四] 文公：韓愈，曾游華山，登絕頂，度不可下，慟哭。《唐國史補》卷中云："韓愈好奇，與客登華山絕峰，度不可返，乃作遺書，發狂慟哭。華陰令百計取之乃下。"

※寄寶曇禪師二首[一]

明太祖

斷巖知是再來身[二]，今日還修未了因。
借問山中何所有，清風明月最相親。

山中靜閱歲華深，舉世何人識此心？
不獨峨眉幻銀色[三]，從教大地變黃金[四]。

※贈廣濟禪師[五]

明蜀獻王[六]

高僧飛錫去人間，弘誓何年不出山。
有地盡成銀色界，無心常似白雲閑。

※送峨眉歸雲聰長老還山

蜀獻王

山僧談笑見天真，杯渡滄溟萬里身[七]。

[一] 寶曇：見本書卷五。據宣統《峨眉縣續志》卷九，此處所引"二詩係普興場普賢寺中碑文，現存"。據同書卷二，普興場在峨眉縣北四十里，即今峨眉山市普興鄉。又，自此詩至其後江皋《寄懷可聞和尚二首》，皆載蔣本卷一四。

[二] 按，本書卷五稱此僧爲斷巖和尚後身，故有此句。

[三] 幻銀色：歷來以爲峨眉山爲普賢道場，銀色世界；與之相對，五臺山爲文殊道場，金色世界。本書卷五《可聞源禪師塔銘》云："峨眉爲普賢道場，銀色世界。"

[四] 大地變黃金：《釋氏稽古略》卷一《十祖脇尊者》："持化至華氏國，憩一樹下，告衆曰：'此地變金色，當有聖人入會。'言迄，地變金色。"

[五] 廣濟：見本書卷五，此人與朱元璋有私交。按，此詩載蔣本卷一四。

[六] 蜀獻王：朱椿，明太祖第十一子，洪武二十年（一三八七）就藩成都，詳《明史·諸王二·蜀王椿傳》。

[七] 杯渡：本指有神迹之名僧杯渡和尚，《太平御覽》卷六五六引《高僧傳》云："杯渡者，不知姓名。嘗以木杯渡水，因以爲名。不修細行，神力卓越，世莫測其由來。"此處喻指聰長老修行高深。

老愛林泉心自足，風流寧讓虎谿人[一]。

※峨眉高一首奉蜀王令旨題峨山圖

明釋夢觀[二]

峨眉高，高插天，百二十里烟雲連。
盤空鳥道千萬折，奇峰朵朵開青蓮。
黃金獅座聳岌岌，白銀象駕來翩翩。
晨鐘暮鼓何喧闐，風林水鳥皆談玄。
千巖陰霧見玉佛，六時天樂朝金仙。
月輪挂樹光團團，平羌影落秋波寒。
目前勝景不可狀，畫圖仿佛移巖巒。
吾王此地受封國，大法付囑從靈山。
願憶靈山當日語[三]，五十四州均花雨[四]。
花雨慈雲滿錦城，佛刹王宮同按堵。
峨眉高，高萬古。

[一] 虎谿人：指騎虎跨過溪流之晉代高僧慧通，小傳見蔣本卷四，此處代指居於峨眉山之歷代高僧。

[二] "觀"，原誤作"鋧"，與蔣本卷一四同，據《石倉歷代詩選》卷三六六、《列朝詩集·閏集》卷二改；《御定歷代題畫詩類》卷二七署名僧大圭。按，釋大圭，名守仁，號夢觀。《列朝詩集》小傳云："守仁，字一初，號夢觀。富陽人，發迹四明延慶寺，住持靈隱。洪武十五年（一三八二）徵授僧錄司右講經，甚見尊禮。三考，升右善世。母没，奉旨奔喪，賜醍醐殮。洪武二十四年（一三九一）主天禧，示寂於寺。"《全閩詩話》卷一一"僧大圭"條引《閩書》云："釋大圭，晉江人。博極儒書，兼精內典。常曰：'不讀東魯論，不知西來意。'自號夢觀。有《夢觀集》及《紫雲開士傳》。"

[三] "靈山"，原作"雲山"，與蔣本同，據《石倉歷代詩選》等改。《五燈會元》卷一："（釋迦牟尼）說法住世四十九年，後告弟子摩訶迦葉：'吾以清淨法眼、涅槃妙心、實相無相、微妙正法，將付於汝，汝當護持。'"按，朱元璋曾爲僧，此處以之喻佛祖，以帝都喻靈山，則蜀獻王自是迦葉之比。此句乃贊美蜀王能承帝命，化治蜀郡。

[四] 五十四州：蜀地之代稱。《書經大全》卷三"華陽黑水唯梁州"注云："梁州即今全蜀之地。成都、潼川、興元、利州、夔州等路，五十四州之地是也。"《升庵集》卷一《藥市賦》亦云："布濩天府之區，蔓衍坤維之域。八萬四千之人烟，五十四州之謠俗。"

※華嚴寺[一]

明 方孝孺

栖身丹壑總忘歸，水閣頻登趣不稀。
雨脚斜侵耕叟笠，苔花青匝定僧衣。
山餘積雪寒猶壯，巖墮流星曉更飛。
卜築吾將依此地，玉堂清夢任教違[二]。

※白水寺二首[三]

方孝孺

寺幽名白水，金碧絢中天。
池面臨三四，峰頭對百千。
斷碑文字缺，重譯貝多全。
老衲忘塵事，栖雲日晏眠。

一琴隨處住，半榻爲僧分。
林放到池月，風驅入户雲。
鹿眠行去見，鶴唳坐來聞。
底事吟詩苦，翻令思糾紛。

[一] "華嚴寺"，與蔣本卷一四同，《遜志齋集》卷二四作"登歸雲寺閣"。按，此詩不但詩題與方孝孺別集不同，正文亦有較大出入，故僅出校説明，不做更動。
[二] 此聯，《遜志齋集》作"卜築何當依此地，玉堂金馬任相違"。◎玉堂金馬：玉堂殿和金馬門的並稱。《漢書·李尋傳》："食太官，衣御府，久汙玉堂之署。"顏師古注："玉堂殿在未央宫。"《史記·滑稽列傳》："金馬門者，宦者署門也，門傍有銅馬，故謂之曰'金馬門'。"
[三] 按，此二詩不載於《遜志齋集》。

※游峨眉[一]

方孝孺

楚客求丹梯[二]，溯流三峡逾五溪[三]。
浙僧访佛祖，一锡凌空向西土。
江左儒生寻谪仙[四]，相逢共上峨眉巅。
峨眉山高气磅礴，万朵莲开青插天。
天高地远望无极，海东日出扶桑赤[五]。
气冲衲衣举，光摇角巾明[六]。
眼底汪洋巨鳌动[七]，耳边仿佛天鸡鸣[八]。
龙宫对月窟[九]，曾闻谪仙游。
霞光凝不散，履迹今尚留。
千岩崩摧势欲堕，羽流缁侣参差坐。
七宝岩留供佛灯，万松窟起烧丹火。

[一] "游峨眉"，原作"光相寺"，与蒋本同，据《逊志斋集》卷二四改。按，此诗乃仿李白《梦游天姥吟留别》而作，但又未全部遵循原诗格式。"风霆荡潏，云树模糊，虎豹接迹，猿猱斗呼"之上，当有两句六言，李白原文为"云青青兮欲雨，水澹澹兮生烟"。蒋本偶有误字，故从《逊志斋集》。

[二] "求"，原作"随"，据蒋本改。按，从浙江到四川，沿长江而上，需经过楚地，故方孝孺自称楚客。

[三] 五溪：雄溪、樠溪、無溪、酉溪、辰溪。一说指雄溪、蒲溪、酉溪、沅溪、辰溪。汉属武陵郡，为少数民族聚居地，在今湖南西部和贵州东部。《水经注·沅水》："武陵有五溪，谓雄溪、樠溪、無溪、酉溪、辰溪其一焉。"

[四] "左"，原作"尤"，因袭蒋本而误，据《逊志斋集》改。

[五] 扶桑：《楚辞补注》卷二《九歌·东君》："暾将出兮东方，照吾槛兮扶桑。"王逸注："日出，下浴于汤谷，上拂其扶桑，爰始而登，照耀四方。"

[六] 角巾：方巾，有棱角的头巾。为古代隐士冠饰。《晋书·王导传》："则如君言，元规若来，吾便角巾还第，复何惧哉！"

[七] 巨鳌动：传说中大地由巨鳌承载，故鳌动则云海波涛翻滚。《博物志》卷一云："天地初不足，故女娲氏炼五色石以补其阙，断鳌足以立四极。"

[八] 天鸡：《述异记》卷下："东南有桃都山，上有大树，名曰桃都。枝相去三千里，上有天鸡。日初出照此木，天鸡则鸣，天下鸡皆随之鸣。"《梦游天姥吟留别》亦云："半壁见海日，空中闻天鸡。"

[九] 月窟：指边远之地。《李太白全集》卷二二《苏武》："渴饮月窟水，饥飧天上雪。"

風霆蕩漾，雲樹模糊。
虎豹接迹，猿猱鬥呼。
星漢當頭手可摘，靈芝甘露無時無。
雲漏日兮光一綫，金蓮白象兮紛紛而來見。
萬籟動兮天樂和，仙之人兮夜經過。
忽神驚而目眩，豈事幻而說頗[一]？
睹謫仙而無有，杳鳳管與鸞車[二]。
塵心未斷懷鄉土，青鞋復踏來時路。
行行回首語青山，石室無鎖門無關，重來有日當躋攀。
肯效趑趄囁嚅邀名勢，坐令塵土凋朱顏。

※峰頂臥雲庵二首

明 楊慎 翰林修撰

青靄紅塵此地分，飛巖削壁迥人群。
穆王馬迹何曾至[三]，望帝鵑聲絕不聞。
春夏未消千古雪，陰晴常見一溪雲。
支筇石上寧辭倦，採藥名山喜共君。

峰頂散朝陽，憑高眺渺茫。
山嵐銀色界，寶氣白毫光。
天闕塵氛淨，烟霄草木香。
須知來此地，處處見空王[四]。

[一]"頗"，原作"破"，因襲蔣本而誤，據《遜志齋集》改。
[二]"車"，原作"珂"，與蔣本同，據《遜志齋集》改。
[三]穆王：周穆王駕八駿西巡天下，見西王母，其事載《穆天子傳》。
[四]"須知來此地，處處見空王"，蔣本卷一四作"不知西極外，何處有空王"，此處乃印光等有意改之者。

※桫欏坪

明余承勳翰林學士[一]

采藥峨眉大士家,鳥呼佛現共驚呀。
靈光孕石千年雪,寶樹敲雲五色花。
濤涌嵐光開法界,日浮象影踏恒沙。
由來勝地多奇迹,樂奏天池兩部蛙[二]。

※入山[三]

明趙淵[四]

夢裏尋山路不迷,瑤華珠樹與雲齊。
黃金世界參龍藏,白玉光輝照虎溪。

[一]"承",原誤作"成",據蔣本卷一四改。按,余承勳爲楊慎妹夫,字懋昭,號方池。《升庵集》卷一六有《寄余懋昭》,題注"名勳",脱一"承"字耳。雍正《四川通志》卷三八之一列其小傳云:"青神人,進士,官至翰林修撰。嘉靖間議大禮,被杖。錦衣百户王邦奇又假以建言邊情,誣兵部主事楊惇。惇子與承勳友善,復置誣被逮。後復職,還家著書三嚴山中四十餘年。前後撫按屢爲薦剡,卒不起。今三嚴深處猶有方池道院云。"

[二]兩部蛙:指峨眉山八音池之蛙鳴,蔣本卷九陳文燭《游峨眉山記》、袁子讓《游大峨山記》皆有描述。

[三]按,此詩又載《譯峨籟·詩歌紀》。

[四]趙淵:萬曆《紹興府志》卷四一《人物志七》列其小傳云:"趙淵,字澤民,會稽人。洪武初領薦,授陽穀令。遷山西按察使,繩贓吏,興學校,卓有時譽。及解官歸,結茅先隴之側,箪瓢誦讀,無異布衣,鄉人賢之。"據《明世宗實錄》卷八,正德十六年(一五二一)十一月"升……行人司正趙淵爲四川按察司僉事",此詩當作於是年之後。

※宿大峨峰頂二首[一]

明趙貞吉大學士[二]

平生懷隱約，寤寐想南圖[三]。
此日登臨壯，春風興不孤。
諸天銀色界，萬里玉光鋪。
疑有仙人到，相隨種白榆。

太息大峨峰，巍巍獨擅雄。
誰騎六牙象，來坐七天中。
雪壓巫廬瘴，山吹于闐風。
凌晨觀日出，極目海雲東。

※伏虎寺

明王詠太子中允[四]

爲愛招提數過回，喜逢僧侶卧層堆。
瑞分雙璧仍前合[五]，社結東林今又開。
清引佛香時入院[六]，法傳心印獨登臺。

[一] 按，此詩又載《譯峨籟·詩歌紀》，《趙文肅公文集》卷三無"二首"。
[二] 趙貞吉：《明史》卷一九三本傳云其字孟靜，內江人，嘉靖十四年（一五三五）進士。此人別集名《趙文肅公文集》，有萬曆十三年（一五八五）刊本，收入《四庫全書存目叢書·集部》第一百冊。
[三] 南圖：《莊子·逍遙游》云："而後乃今培風，背負青天而莫之夭閼者，而後乃今將圖南。"
[四] 王詠：萬曆《嘉定州志》卷三稱其爲嘉靖癸丑（一五五三）進士，"會試第八名"；檢《明清進士題名碑錄索引》，位居第三甲第二百五十一名，《嘉定州志》所稱不確。《明世宗實錄》卷三九八稱，此人於嘉靖三十二年（一五五三）五月丁未改庶吉士，送翰林院讀書。同書卷四二七，嘉靖三十四年（一五五五）十月己巳，授王詠湖廣道監察御史。萬曆《保定府志》卷七稱此人於嘉靖三十五年任職於保定府巡鹽察院。道光《濟南府志》卷二五稱其字于詩，嘉靖三十五年任濟南巡鹽察御史。《明世宗實錄》卷四四四載，嘉靖三十六年二月，升王詠爲河南按察司僉事。乾隆《陳州府志》卷一三稱其嘉靖三十七年任陳州巡鹽監司。同治《嘉定府志》卷三四小傳稱王詠曾官江西右參議，但時間不詳。
[五] "璧"，原作"壁"，或形近而誤，據文義及嘉慶《峨眉縣志》卷九改。
[六] 佛香：灌佛香湯。高適《贈杜二拾遺》："佛香時入院，僧飯屢過門。"

維摩丈室窺如許[一]，無著、天親次第來[二]。

※贈靈巖寺僧

明 尹覺[三]

白業南州有秀師[四]，遠分新札住峨眉。
歸途桑下無三宿[五]，到日松間禮六時。
雲板放參山鹿過[六]，魚開靜鉢老龍知[七]。
思君結社仍留偈，更遣臨岐別賦詩。

※華嚴寺次尹櫟亭先生韻[八]

明 安磐 給事中[九]

小橋支木度回溪，萬竹青青有鳥啼。

[一] 維摩丈室：維摩詰所居之方丈。《蘇軾詩集》卷一三《張安道樂全堂》：「樂全居士全於天，維摩丈室空翛然。」王文誥注：「《維摩經》言：'舍利佛來見，見此室中，無有床坐。維摩現神通力，須彌燈王遣三萬二千獅子座來，入維摩丈室。'」

[二] 無著、天親：印度佛教哲學家，長爲無著，弟爲天親，又稱世親。二人事迹，天親見《大唐西域記》卷四，無著見《大唐西域記》卷五。

[三] 尹覺：據民國《樂山縣志》卷八《選舉·舉人》，尹覺乃正德丁卯（一五〇七）年舉人，官至户部員外郎。《譯峨籟·詩歌紀》録有尹氏《華嚴寺》詩，安磐和詩題作《華嚴寺次尹櫟亭先生韻》，知尹覺别號櫟亭。

[四] 白業：佛教語，善業。《法苑珠林》卷七一《罪福篇·業行部》云：「所謂罪行，諸經或説名黑黑業及不善業。凡夫福行，諸經或説名白白業及以善業。」

[五] 歸途桑下無三宿：《後漢書·襄楷傳》：「或言老子入夷狄爲浮屠。浮屠不三宿桑下，不欲久生恩愛，精之至也。」

[六] 雲板：佛教法器名。鐵鑄雲彩狀之板，擊以報時。《江湖後集》卷一二《游承天寺偶成》：「雲板聲中僧出定，月臺影裏佛觀空。」◎放參：指佛門中放免晚參，即晚上坐禪。放參須敲鐘三下，謂之放參鐘。《石倉歷代詩選》卷一八八林希逸《和後村口占一首》：「緣溪竹杖時行散，面壁蒲團漸放參。」

[七] 魚：木魚。此句謂敲響木魚，讓藏在鉢盂中的老龍知道佛法。《岑嘉州詩箋注》卷二《太白胡僧歌·序》云：「太白中峰絶頂有胡僧，不知幾百歲，眉長數寸。身不製繒帛，衣以草葉，恒持《楞伽經》。雲壁迥絶，人迹罕到。嘗東峰有鬥虎，弱者將死，僧杖下解之。西湫有毒龍，久而爲患，僧器而貯之。」

[八] 「華嚴寺次尹櫟亭先生韻」，原作「伏虎寺」，蔣本卷一四作「伏虎寺次韻」，據《譯峨籟·詩歌紀》改。按，《譯峨籟》有尹覺《華嚴寺》詩：「屨隨康樂步青溪，路轉藤蘿猿狖啼。秋影横山傍樹密，泉聲飛雨落花低。不妨税駕來呼鶴，纔向登壇莫厭雞。咄咄白雲歸未盡，晴烟宿霭客心迷。」與安磐之詩韻脚正同。

[九] 安磐：字公石，嘉定州人。據乾隆《峨眉縣志》卷首尹宗吉之序，有「安子松溪磐氏有郡邑志」一語，可知安磐號松溪。弘治十八年（一五〇五）進士，改庶吉士，正德時歷吏、兵二科給事中。事迹詳《明史》本傳。

未到上方三界闊，已看幽壑萬雲低。
短簫吹客疑鳴鳳，破衲栖禪類木鷄。
欲去又遲今夜月，滿山空翠醒人迷。

※宿峰頂

安　盤

元氣開青碧，雲耕落紫烟。
笑登天九萬，別有界三千。
片月依檐度，群龍對客眠。
坐深清淨理，明日望寒川。

※解脫坡

明 彭汝實 給事中[一]

登山常是愛新晴，竹杖芒鞋獨野行。
望外青蒼皆佛寺，花開喧和有溪聲。
偶驚谷響聞猿嘯，欲共僧閑定鶴盟。
步入遠門尋覺路[二]，曇花引入趙州城[三]。

※雨宿西坡寺

明 程啓充 御史[四]

竹裏瀟瀟雨，清凉入夢新。

[一] 彭汝實：字子充，嘉定州人。正德十六年（一五二一）進士，授南京吏科給事中。屢次上諫，斥責奸臣，針砭時弊，後因議大禮奪職還鄉。《明史》有傳。
[二] 遠門：廬山慧遠之門，慧遠者，與陶潛等結蓮社之人。
[三] 趙州：趙州從諗，《五燈會元》卷四《南泉願禪師法嗣·趙州從諗禪師》："趙州觀音院從諗禪師……師之玄言，布於天下。時謂趙州門風，皆悚然信伏矣。"
[四] 程啓充：字以道，嘉定州人。正德三年（一五〇八）進士，除三原知縣，入爲御史。卒於隆慶初，贈光祿少卿。《明史》本傳稱，程啓充在正德十一年（一五一六）後丁憂歸家。

向來投老計，今作問禪人。
野徑休愁滑，山靈未洗塵。
凌晨登絕頂，雲海寄閑身。

※游靈巖寺

明張寄庵[一]

空堂燒柏子，共坐話無生。
雷雨千巖化，風泉萬樹鳴。
夢清人境絕，禪寂法心明。
諸有皆成幻，浮雲笑此行。

※峨山

明舒觀生廣濟[二]

西極坤維勢壯哉，峨眉天半列崔嵬。
虎從仄徑溪邊渡，人自層巒石罅來。
樹內有僧常在定，山頭無鳳亦登臺。
凭欄光相綿雲裏，神水靈巖辨劫灰[三]。

[一] 張寄庵：張鵬，字起溟，號寄庵，明代洪雅縣人，弘治辛酉（一五〇一）舉人，乙丑（一五〇五）進士，曾任河南道監察御史、浙江道監察御史等職。嘉慶《洪雅縣志》卷二〇有程啓充所作《中憲大夫張公墓表》。

[二] 舒觀生：乾隆《廣濟縣志》卷一三小傳云："舒觀生，默子。明季亂，田園廬舍大半爲豪家奪。觀生與兄並生、芝生惟讀書繼先世業，而不爲訟爭。有鄰人潛入內室竊衣服什物，觀生覺，曉之曰：'汝爲飢寒迫，然非丈夫事也。'以所竊物給之。後鄰人強耕織，至溫飽，語人曰：'舒君成我也。'兄弟三人俱以詩、古文雄江漢間，時人稱之。"

[三] "巖"，蔣本卷一四作"崖"。

※寄懷可聞和尚二首[一]

明 江臯 陝西平慶道

天半峨眉路，孤筇憶舊游。
雲深春更冷，花散雨空留。
僧老前朝話，人銷濁世愁。
幾年幽壑夢，飛不到峰頭。

蜀棧連秦塞，邊鴻陣久虛。
誰尋蓮社約，忽枉雪峰書。
老較禪心切，貧嫌官況疏。
欲拋妻子累，來傍遠公居。

※大峨峰頂[二]

明 張鵬 山西巡撫

一到絕頂上，泠然可御風。
山川幻銀海，天地見洪濛。
四海超然外，三生偶爾中。
巖前有靈洞，呼出白髯翁。

※桫欏花

明 廖大亨 四川巡撫

昨夜空王轉《法華》，上方龍女散天葩。

[一] 按，國家圖書館藏本《峨眉山志》卷一四之後補三葉，其中即有江臯組詩共四首，此處所收爲第一首與第四首。
[二] 按，自此詩至其後董明命《登峨説》，皆見蔣本卷一五。

火齊晃綵凌朝旭[一]，玉樹搖風薄晚霞。
只合伊蒲充供佛，不隨薝葡過山家[二]。
塵人那得拈微笑，銀海茫茫五色遮。

※峰頂

明袁昌祚四川參議[三]

傑閣平臨北斗邊，芙蓉片片裊寒烟。
珠光近向燈輪轉，谷響遙從塔鐸傳。
靜夜松濤千嶂合，崇朝雨色四天連。
茫茫下界空回首，結社何年托白蓮。

※雙飛橋

明富好禮兵備副使[四]

天柱峰頭水，驚飛樹杪來。
山中奔日月，地底激風雷。
嵐氣千巖暝，秋聲萬壑豗。
泠然心獨賞，何處有塵埃。

[一] 火齊：本指一種寶珠，見《梁書·諸夷·中天竺國傳》；此處應是比喻峨眉山上之放光石，又稱菩薩石，見蔣本卷六及本書卷八。

[二] "葡"，原作"蔔"，據蔣本改。按，薝葡即梔子花。《長物志》卷二"薝葡"條云："一名越桃，一名林蘭，俗名梔子，古稱禪友。出自西域，宜種佛室中。其花不宜近嗅，有微細蟲入人鼻孔。齋閣可無種也。"

[三] 袁昌祚：道光《廣東通志》卷二八一有傳，略云：袁昌祚，原名炳，字茂文，東莞人。弱冠，舉嘉靖三十四年（一五五五）乙卯鄉試第一，隆慶五年（一五七一）辛未成進士，遷戶部員外郎，擢廣西提學僉事，轉四川參議。今按，據《明神宗實錄》卷一二八，袁昌祚由廣西提學僉事轉四川參議，在萬曆十年（一五八二）九月。

[四] 富好禮：字子超，號春山，華亭人，嘉靖癸巳（一五三三）任重慶府知府，後任四川按察司副使，提兵建昌。《雲間志略》卷一一有《富憲副春山公傳》，可參看。

※峨眉山

明黄輝翰林[一]

劍外名山聚，峨眉不可名。
祇疑盤古雪，化作佛光明。
我且歌鳳去，誰當騎象行？
兜羅空世界，説法了無聲。

※白水寺[二]

明舒其志四川副使[三]

寶刹千年寺，深山四月花[四]。
客來憑短竹，僧供出胡麻[五]。
白水澄空界，青蓮問《法華》[六]。
夜深寒月上，鐘磬落恒沙[七]。

[一] 黃輝：《明詩紀事·庚籤》卷一六列其小傳云："輝字昭素，一字平倩，南充人。萬曆己丑（一五八九）進士，改庶吉士，授編修，歷中允、諭德、庶子、少詹事，兼侍讀學士。有《鐵庵集》八十卷，《平倩逸稿》三十六卷。"《明史·文苑四·焦竑傳》後有附傳。

[二] 按，此詩又載《譯峨籟·詩歌紀》及《湖北詩徵傳略》卷二〇，文字略異，以之參校。

[三] 舒其志：康熙《廣濟縣志》卷九稱其號玄渚，乾隆《廣濟縣志》卷九稱字玄渚。廣濟人，萬曆辛卯（一五九一）舉人，乙未（一五九五）進士，遷工部郎，擢四川參政。萬曆《嘉定州志》卷二稱其分守上川南道，駐節嘉定州。康熙、乾隆《廣濟縣志》卷九及康熙《江西通志》卷二七等有詳傳。

[四] 按，《湖北詩徵傳略》卷二〇作"古寺春來晚，山深未見華"。

[五] "供"，《湖北詩徵傳略》作"飯"。

[六] "問"，《湖北詩徵傳略》作"雨"。

[七] "落"，《湖北詩徵傳略》作"出"。

※送峨山僧清源請香檀佛像，所鏤甚精[一]

明袁宏道[二]

師從峨眉來，往返經幾宿。
茲山聞最高，幾許到天竺。
師行遍天下，無乃是神足？
竦身入梵宫，鏤此栴檀佛。

※峨眉山歌金陵爲松谷上人作[三]

明曹學佺四川參政

峨眉山上月，千里若爲看。
峨眉山上雪，萬古逼人寒。
山青如黛雪如粉，明月鏡中何隱隱。
雙峰縹緲誰畫眉，挂在長空不可盡。
西域雪山絶嶙峋，此中應見西方人。
普賢菩薩行具足，三千徒衆皆應真。
始信峨眉自惆悵，不作巫山神女身。
八十四盤桫欏樹，花開如繪復如素。
一間板屋千重嶺，正值行人問山路。
登山路轉難，投寺日已晚。
古苔如髮長，新松學蓋偃。
冰窟炊不成，雷洞眠難穩。
真僧入定久，行脚乞食遠。
鉢裏龍形小，巖前鳥聲囀。

[一] 詩題原作"送清源師詩"，且題注云"爲師請栴檀香佛像歸山，所鏤甚精妙"，據蔣本改。《袁宏道集箋校》卷一題作《送峨嵋偕清源，時源請有檀香佛，刻鏤甚精》。

[二] 袁宏道：字中郎，公安人，與兄宗道、弟中道並有才名，時稱三袁。萬曆二十年（一五九二）進士，歷任吳縣知縣、禮部主事、吏部驗封司主事、稽勳郎中、國子博士等職。事迹詳《明史·文苑四》本傳。

[三] "金陵"，原脱，據蔣本補。◎"爲松谷上人作"，原爲注文，今改爲正文。按，此詩又載《蜀中廣記》卷一一、《石倉詩稿》卷二，以蔣本參校。

雨氣沉如墨，雲光疾似電。
應有千化身，故作百寶現。
橋梁宛虹架，樓臺疑蜃變。
大士皆騎象，星光盡散燕。
奕奕九微燈，棻棻五色縫[一]。
人人爲攝受，各各睹顔面。
欲知色是空，色即空中滅。
世事如幻影，詎必嘆奇絶。
依舊峨眉山，明月照清徹。
君來白門秋，山月幾圓缺。
浩浩江水流，尚帶峨眉雪。

※聖燈

明 尹伸 河南布政[二]

曠望不辭夜，燈從上界傳。
流光時渡壑，焰影欲連天。
祇訝繁星墜，還從法力圓。
迷雲開暗谷，處處見金仙。

※洪椿坪

尹　伸

南行每迂回[三]，不識山深淺。
但見懸淙盡，忽復登絶巘。

[一] "棻棻"，原作"芬芬"，形近而誤，據蔣本改。
[二] 尹伸：字子求，宜賓人，萬曆二十六年（一五九八）進士，授承天推官，屢遷南京兵部郎中、西安知府、陝西提學副使、蘇松兵備參政等職，事迹詳《明史·忠義七》本傳。
[三] "南"，原作"溪"，據蔣本改。按，此句是説出了峨眉縣南門登峨眉山，路徑迂回。改作"溪"於文義不合。

松竹互攢映，樓閣何燀燀[一]。
聞有西天僧，鑿山度幽緬[二]。
雲根破混沌，耳目曠舒展。
從來集法侶，猛心研教典。
設林舌吐花，靜者意如繭。
津梁未云倦，心迹堪雙遣。
迷悟吾何知，頗覺輕蟬冕[三]。

※神水

明邵捷春 四川巡撫[四]

一盂乳滴大峨胸，聞道泉源與楚通。
未必千山同此竅，世間萬法盡歸宗。

※神水

明李一鰲 川南道[五]

泉聲響應松風細，谷月穿嵐對客明。
坐到忘言僧又去，熱腸一副似冰清。

[一] 燀燀（chǎn）：突然升起的樣子。《國語·周語下》："水無沉氣，火無災燀。"韋昭注："燀，焱起貌。"

[二] 幽緬："緬"可訓"遥遠"，《穀梁傳·莊公三年》："改葬之禮緦，舉下，緬也。"范甯注："緬，藐遠也。"同義替換，"幽緬"義同"幽遠"。

[三] 蟬冕：同"蟬冠"，有蟬形裝飾并插有貂尾的冠，此處比喻高官厚祿。

[四] 邵捷春：《明史》本傳云："邵捷春，字肇復，侯官人。萬曆四十七年（一六一九）進士，累官稽勳郎中。崇禎二年（一六二九），出爲四川右參政，分守川南，撫定天全六番高、楊二氏。遷浙江按察使，大計坐貶。久之，起四川副使，以十年（一六三七）秋抵成都。"後抵禦張獻忠有功，擢巡撫。

[五] 李一鰲：明代陝西南鄭縣人，康熙《陝西通志》卷二一小傳稱其字虹西，萬曆庚戌（一六一〇）進士，先任大名縣令，後歷官布政使。而據《明熹宗實錄》卷五七，天啓五年（一六二五）三月，升"清軍驛傳道南京吏部考功郎中李一鰲爲陝西按察司副使"；同書卷五九，天啓五年五月辛酉，"改新升山西按察使司副使岢嵐道李一鰲於四川上川南道"；同書卷八〇，天啓七年（一六二七）正月乙未，"加升四川分巡上川南道按察司副使李一鰲爲布政使司右參政，改川西分巡道"。可知此人在嘉定州任職時爲天啓五年五月至七年正月。

※訪通天國師

明 周光鎬[一]

一住峰頭四十年，茹芝飲水是真緣。
客來晨磬諸天净，坐對明燈白日懸。
繞户慈雲浮貝葉，千山空翠響流泉。
遠公話到無生處，滅盡空華吐白蓮。

※題八十八祖像

龔懋賢 光禄卿[二]

西方尊者東土師，我聞其語未臨儀。
大峨之半阿練若，八十八祖南羽寫。
禪悦精神眉聚端，救世婆心口角寬。
妙真如性本常覺，圓陀陀底各珊珊[三]。
祖宗開創多神智，所願兒孫能解事。

[一] 周光鎬：廣東潮陽人，萬曆《臨洮府志》卷一二稱其字國雍，號耿西。康熙《潮陽縣志》卷一四有傳，稱此人隆慶辛未（一五七一）進士，任寧波節推，歷南户曹，轉南吏部，出守順慶府，擢四川副使等。據《明神宗實録》卷一七六，萬曆十四年（一五八六）七月戊申，"升四川順慶府知府周光鎬爲四川副使"。康熙《潮陽縣志》稱周光鎬"心儀左司馬汪南溟公，爲《左傳節文注略》"，此書今存萬曆十二年（一五八四）刻本，則可推知其出守順慶府，應該在萬曆十二年。又據《明神宗實録》卷二五〇，萬曆二十年（一五九二）七月辛巳，"升四川右參政周光鎬爲陝西按察使，備兵臨鞏道"，可知周氏任職四川在萬曆十二年至二十年。

[二] 龔懋賢：四川内江人。天啓《新修成都府志》卷二一載其小傳云："龔懋賢，字晋甫，内江人。性敏學博，有倚馬才。隆慶丁卯（一五六七），與兄懋賞同舉於鄉；戊辰（一五六八），進士。令廬陵，奏最，選授御史。按東粤，懲貪訓廉，海忠介公深服之。京師大旱，詔求直言。乃上五少三多疏，謂天下任事之臣少，皇上心膂之臣少，兵少，財少，公論少，爲五少；天下刑獄多，冗費多，議論多，爲三多。疏入，報聞，尋觀察河南。爲忌者所中，遂堅意求歸。著書有《明發堂稿》《學業通》《古本參同注疏》，皆卓可傳云。"但嘉慶《四川通志》卷一八六著録其《明發堂稿》，已不明卷數，則或已失傳矣。

[三] 圓陀陀底：同"圓陀陀地""圓陀陀的"，形容渾圓之貌。《宏智禪師廣録》卷四云："上堂云：'藏山於澤，藏舟於壑。一真不可藏，怕爾滿寥廓。傳家清白有風規，圓陀陀地無稜角。"

丁子絕繪非等閑，生平盡在三名山。
但遣白雲固封鑰，莫教一像走塵寰。

※解脱橋

明胡世安大學士

靈卉飾丹梯，雪淙流活活[一]。
到此利名心，一回一解脱。

※梅子坡有序

胡世安

始，白雲禪師道行偶渴，索水不得。望前坡有梅樹，擬此纍纍梅實可以回津。至其地[二]，無一梅樹而渴已止矣。今建有茶庵，後人援以名坡，漫作一偈[三]。

既渴始求梅，非梅亦梅指。
寧知舌本中，原自有梅子。

※峰頂

胡世安

梵天色界幻瑤京，修月仙工琢不成。
鳥鼠餐霞腸已換，昆蟲臥雪體俱明[四]。

[一] 活活：水流聲。一説水流貌。《詩·衛風·碩人》："河水洋洋，北流活活。"馬瑞辰通釋："《傳》：'流也。'當爲流貌，形近之訛。《説文》：'活，流聲也。'亦當作流貌。"
[二] "其"，蔣本作"地"。
[三] "一"，蔣本作"二"。按，蔣本收兩首詩歌，印光等只收一首，故改"二"作"一"，姑仍之。
[四] 按，上句之鳥、鼠，指峨眉山上之佛現鳥與禮鼠；下句之蟲則指峨眉山冰雪中之雪蛆。

鯨鐘音寂千巖答，寶塔光凝白日行。
到此聖凡無二諦，何須海外問蓬瀛。

※題胡菊潭纂峨眉山紀十首之七[一]

明王鐸禮部尚書[二]

瓦屋山無盡，諸番限此疆。
七天通氣冷，三殿引雲長。
枳朮資僧業，烟雲厚客裝。
携君觀邃古，廣樂遠鏗鏘。

※睹光臺

明梁應龍[三]

昔賢嗟未到，而我得奇觀。
不陟高寒處，安知天地寬。
佛光隨鳥現，優鉢散花繁。
大士因相契，無心可與安。

[一] 詩題，原作"光相臺和舊游"，據蔣本改。
[二] 王鐸：河南孟津人，字覺斯，號癡庵、嵩樵等，天啓壬戌（一六二二）科文震孟榜進士，崇禎十七年（一六四四）擢禮部尚書，未赴任。順治二年（一六四五）降清，三年，以禮部尚書管弘文院學士。工書善詩，有《擬山園選集》八十二卷，但不載此序。事迹詳《清史列傳》卷七九本傳，今人張升有《王鐸年譜》。
[三] 梁應龍：明末清初有兩梁應龍，一爲遼東人，見雍正《陝西通志》卷二三，但此人似未宦蜀。另一人乃潮州饒平縣人，康熙《饒平縣志》卷八、乾隆《潮州府志》卷二等皆有小傳。略云："梁應龍，號霖海，宣化都人。崇禎丁卯、戊辰（一六二八）聯捷進士，筮仕太平府推官……再補四川保寧府，預築梁山、土地二關以扼流賊之衝。蜀疆別陷，朝旨切責。蜀帥侯良柱冒上捷功一千九百餘級，遮殺行人以足其數，衆人譁。龍奉御史符按之，亂始戢。未幾，逆闖破安籠、潼川等處二十餘城，保寧震動。龍已內召，猶日與士大夫調度戰守，五閱月賊解，然後去。由兵部調户部員外郎，升分巡福建福寧道……"應即此人，其游峨眉亦當在崇禎時任職保寧府期間。

※登峨説

明董明命 川南道[一]

人情山水易爲眩，今信峨眉名獨擅。
滿空雲海起蛟龍，萬仞峰頭看冠弁。
攀躋逡巡愧巨虛[二]，籃輿憑御作舟牽。
絶頂一日幾陰晴，彩霞嘗結罿罍面。
城郭依稀大如掌，翠微隱約小於鈿，
山腰另貯一重天，晴走風雷人不見。
極目齊州九點烟，坤維至此稱永奠。
聞師住山六十年，閱盡興亡爲余撰。
曾記當年全盛時，琳宮貝闕山林遍。
寇盜相尋劫亂仍，此山亦受烽烟煽。
余聞此語倍心酸，世間名境直如電。
君不見，白衣蒼狗何渺茫；又不見，桑田滄海亦更變。
至道無毀亦無名，良哉不型與不煉。

※宿峰頂眺望二首[三]

清羅森 左司馬、中丞[四]

凌烟達上方，花散雨微茫。
澗助廣長韻[五]，譚滋禪悅香。

[一] 董明命：明末清初合江縣人，雍正《四川通志》卷一八上稱此人順治十八年（一六六一）時署永寧兵備道，《峨山圖志》稱此人康熙十一年（一六七二）官御史，重建聖積寺大雄寶殿。

[二] 巨虛：駿馬名，見《駢雅》卷七。

[三] 按，自此詩至其後史在鎡《峨山頂二首》，皆載蔣本卷一六。

[四] "清"，原誤作"明"，據史實改。按，羅森爲順治四年（一六四七）進士，傳記見《清史列傳》卷八〇。

[五] 廣長：佛菩薩説法之舌。《冷齋夜話》卷七"東坡廬山偈"條云："東坡游廬山，至東林，作偈曰：'溪聲便是廣長舌，山色豈非清净身。夜來八萬四千偈，他日如何舉似人。'"

留仙一夕枕，選佛七天場[一]。
海嶠擎霞起，光明遍大荒。

萬象高寒外，喧豗子夜風。
鯨音開半偈，虎嘯霽長空。
梵宇金輪滿，法雲篆綉工。
恍然身與世，變現此山中。

※過萬年寺懷紫芝禪師[二]

羅　森

武林憶附袁公驥[三]，艷説峨眉老衲異。
性中龍藏徹諸天，指下雞丸成福地。
我今信宿此精藍，杖頭白雲向何處。
水田百氎淨軍持，五衲一笠隨去住。
尋勝或赴舊游緣，采真倍得瞿曇意。
法嗣俱堪續一燈，白石泉流不斷清。
剪燭深話驚雷莢，秋圃還登玉版羹[四]。
紫芝眉宇應重睹，爲拭十年牛馬塵。

[一] 選佛七天場：《五燈會元》卷五"鄧州丹霞天然禪師"條："本習儒業，將入長安應舉。方宿於逆旅，忽夢白光滿室。占者曰：'解空之祥也。'偶禪者問曰：'仁者何往？'曰：'選官去。'禪者曰：'選官何如選佛？'曰：'選佛當往何所？'禪者曰：'今江西馬大師出世，是選佛之場，仁者可往。'"
[二] "師"，蔣本作"人"。
[三] 袁公：或指袁一相，字輔宸，奉天人，順治十七年（一六六〇）任浙江左布政使，小傳見乾隆《杭州府志》卷七九。武林即指杭州，以武林山而得名。
[四] 玉版：笋之別名。《冷齋夜話》卷七"東坡戲作偈語"條云："又嘗要劉器之同參玉版和尚，器之每倦山行，聞見玉版，欣然從之。至廉泉寺，燒笋而食。器之覺笋味勝，問：'此笋何名？'東坡曰：'即玉版也。此老師善説法，要能令人得禪悦之味。'于是器之乃悟其戲，爲大笑。"

※虎溪贈可聞禪師

何温然[一]

嵐光四照最宜人，寶閣岩嶢次第新。
客向上方先問渡，僧超初地已無塵。
偶拈花竹禪中韻，夙定風旛悟後身。
愧我華顛名未净，靈山可許一逋臣。

※送張玉甲之官眉雅

明吴偉業祭酒[二]

岷峨悽愴百蠻秋，路折邛崍九坂愁。
城裏白雲從地出，馬前黑水向人流。
松番將在看高卧，雪嶺僧歸話遠游。
欲問辟支諸佛土，貝多羅樹即關頭。

※登峨眉

明劉道開翰林[三]

山水平生癖，烟霞到處緣。
峨眉垂老至，勝覽讓誰先。
披衲辭公府，騎騾踐野田。

[一]"何温然"，原作"羅森"，誤，據蔣本改。按，此人事迹不詳，蔣本稱其爲吴郡明經，作此詩時已七十三歲。

[二]吴偉業：《清史稿·文苑一》本傳稱其順治十三年（一六五六）遷祭酒。而據雍正《四川通志》卷七之下張能鱗小傳，張氏於順治十八年（一六六一）分巡四川上南道，駐嘉定州，則此詩當作於是年。

[三]劉道開：《明詩紀事·辛籤》卷二一小傳云："劉道開，字非眼，巴人。崇禎壬午（一六四二）舉人，有《各夢草》《自怡軒集》《擬寒山詩》。《蜀詩》：'非眼入國朝，總督李國英重其爲人，欲官之。走，耕於野，晚授徒漢中。注《楞嚴經》，自號了庵居士。'"嘉慶《四川通志》卷一五三、民國《巴縣志》卷一〇有詳傳，可參看。

入溪青嶂合，上嶺翠微穿。
歌鳳人何在，降龍迹久湮。
一山稱最勝，雙玉挂飛泉。
觸石喧豗響，爭流排擠遄。
驚心觀濺沫，駭目送潺湲。
擘路洪椿去，幽林古德傳。
繁柯蔭仄徑，密葉罨生烟。
奔走疲終日，歡呼息萬年。
於時方紀夏，坐此滌煩煎。
墨敕先朝賜，朱函佛骨鮮。
清供脫粟飯，老漢作家禪。
舊事譚離亂，新恩賴貸蠲。
坡高無馬走，殿聳似螺旋。
詰旦支筇出，危坡壓屋懸。
十梯方仰脅，百息始窮巔。
回視聯床處，依然柱杖前。
喜歡初有地，蒼秀迥無邊。
木磴經霜滑，行童任挽牽。
雲堂香寂寂，金界草芊芊。
雷洞人緘口，梅坡鳥憚騫。
沿巖鑿路險，削木蓋房堅。
絕壁現還隱，修篁斷復連。
緩拖雲脚重，倒挂日輪偏。
太子坪初到，先生倦欲眠。
圍爐燒楁柮，鼾榻擁青氊。
曉起衝濃霧，徐行致肅虔。
桫欏繁似錦，杉樹密還妍。
最愛天門石，疑經鬼斧鐫。
曬經如斗拔，瓦屋似屏聯。
遂禮龍淵樹，環觀金薤篇。
不辭三日苦，乃造七重天。

大士元無住，凡夫自倒顛。
朝山來路遠，禮佛念頭專。
以眼觀白象，將心測普賢。
喟然長嘆息，策杖再搜研。
鐵瓦鄰銅殿，金繩護寶蓮。
登臺輕世界，俯檻小山川。
五嶽皆培塿，三巴在几筵。
方期暘杲杲，詎意雪翩翩。
光相緣猶待，神燈願未圓。
奇觀留後日，拙句染新箋。

※大峨神水

明董明命 上川南道

石以山爲名，水從石竅生。
暗通阿耨潤，遠入玉泉清。
有客曾歌鳳，無人解濯纓。
誰教塵念冷，遥步向空明。

※萬年寺

明張純熙 松潘兵備道[一]

齋罷經行有數遭，仰瞻紺宇萬年牢。

[一] 張純熙：《清秘述聞》卷一二《學政類四·廣東省》稱此人字晦光，直隸正定人，順治丙戌（一六四六）進士，順治十三年（一六五六）任廣東提學。雍正《畿輔通志》卷六六稱其爲順治乙酉（一六四五）舉人。光緒《正定縣志》卷三八有小傳，稱其字"晦先"，據楊思聖《且亭詩》卷四《嘉陵晤張晦先即送其之龍安任》，卷五又有《送張晦先按粤》《送晦先巡威茂》，可知作"晦先"是。◎"松潘兵備道"，原作"四川提學"，誤，據雍正《四川通志》卷三一稱此人順治十七年（一六六〇）任松潘兵備道改。按，據《四川通志》同卷，順治十七年四川提學爲席教事。《清世祖實錄》卷一三一"順治十七年正月己巳"條亦云："升……禮部郎中張純熙爲四川按察使僉事，分巡松龍兵備道。"可見此處署職官爲四川提學有誤。

法王座處琉璃净，香象騎來瓔珞高。
汰盡河沙餘白水，當空華月照秋毫。
塵緣未得撥金篦[一]，悵悵迷津嘆二毛。

※老僧樹

冀應熊 成都太守[二]

樹以僧爲心，僧將樹作體。
樹且借僧生，僧豈依樹死？
僧樹不相離，生死若相倚。
久經春復秋，飽歷風和雨。
千年面目存，萬古靈光起。
不滅亦不生，老僧自知止。

[一] 金篦：《周書·孝義·張元傳》："及元年十六，其祖喪明三年，元恒憂泣，晝夜讀佛經，禮拜以祈福祐。後讀《藥師經》，見盲者得視之言，遂請七僧，燃七燈七日七夜，轉《藥師經》行道。每言：'天人師乎！元爲孫不孝，使祖喪明。今以燈光普施法界，願祖目見明，元求代闇。'如此經七日，其夜，夢見一老公，以金篦治其祖目，謂元曰：'勿憂悲也，三日之後，汝祖目必差。'元於夢中喜躍，遂即驚覺，乃遍告家人。居三日，祖果目明。"

[二] 冀應熊：康熙《漢陽府志》卷七小傳稱此人字渭公，河南輝縣人，崇禎壬午（一六四二）舉人，康熙八年（一六六九）時仍在成都府知府任上。至於其任職成都知府之始，雍正《四川通志》卷三一、嘉慶《四川通志》卷一一六等皆稱康熙六年（一六六七），顯誤。因爲雍正《四川通志》卷二三《山川志·成都縣》"洗墨池"條注文明言"康熙二年（一六六三）知府冀應熊建草亭、木橋"。同治《重修成都縣志》卷二"重修昭覺寺碑記"條注文更稱"康熙元年冀應熊書，布政使金儁撰記"，但檢同書卷一四《重建昭覺寺法堂碑記》，文中提及康熙己酉，則碑記作於康熙八年，所謂"康熙元年書"之說不可信。又據《蜀龜鑑》卷五，康熙九年，遵義武生劉琯京控訴欽差勘問武舉半官籍，巡撫張德地及成都知府冀應熊等革職，可知此人離任在康熙九年。

※病中贈離指和尚[一]

明楊思聖 四川布政[二]

病廢苦奄然，來求避世方。
峨眉何處是，爲我散清凉。
險路巴山遠，塵心旅夢長。
皈依如不棄，瓶鉢任徜徉。

※步題伏虎寺文峰回文韻

清程仲愚[三]

西巖叠翠聳高峰，谷邃回流墜葉紅。
題就白雲飛靉靆，畫成鋪雪積虛空。
栖烏夜起猿聲遠，落照晴留樹影重。
犀劈玉胎蟾抱潤，溪澄醮筆彩從龍。

[一] 離指和尚：民國《巴縣志》卷一〇《劉道開傳》中提及此僧，稱其住保寧府，"名德冠緇流，道開遙迹從之，和僧示以《楞嚴合轍》及《交光正脉》等書，遂盡通其旨"。劉道開所著《楞嚴經貫攝》之序文亦提及此僧。《華嚴聖可禪師語錄》卷三"機緣"提到聖可也曾參草堂離指禪師，則此僧後又住成都草堂寺。楊思聖《且亭詩》卷五有《過草堂贈離指上人》，可知此僧的確住成都草堂寺，不住峨眉山。以《峨眉山志》之體例，此詩或不當收入，不能僅以詩中有"峨眉"二字即認爲與峨眉山有關。又，《且亭詩》不收此詩，是《峨眉山志》之載可補別集之遺，則又自有其文獻價值矣。

[二] 楊思聖：雍正《畿輔通志》卷七五小傳云："楊思聖，字猶龍，鉅鹿人。順治丙戌（一六四六）進士，選庶吉士，授編修。歷升侍讀學士，簡任山西按察使。老吏挾獄詞前立，挑燈披覽，不三月了積獄三百六十案，無濫無枉，人服其神。擢四川左布政使。蜀當新闢，百事草創，思聖首以招徠爲務，綱舉目張，僉然從之。入覲還，辛於途。贈工部侍郎，祭葬如例。康熙四年（一六六五）祀鄉賢。"又據《東華錄·順治二十九》，順治十四年（一六五七）十一月癸丑"轉楊思聖爲四川左布政使，由河南右布政使轉"。《國朝畿輔詩傳》卷四小傳，稱其號雪樵，有《且亭詩》。《國朝文錄續編·聰山文錄》有申涵光所撰《楊方伯傳》，《四庫全書存目叢書·集部》第二一三冊收《且亭詩》六卷（原書雖未標明卷次，但以詩體分類，每一類均重新編排頁碼，則自是每一體各爲一卷，共六卷），卷首亦載申涵光所作傳記，可參看。

[三] 按，此人事迹不詳，從後面所收諸詩來看，應該是康熙時人，與可閒和尚及蔣超都有交游。

※感貫之和尚於蘿峰皆供虎臣太史之席[一]

程仲愚

元亮何緣兩薦馨[二]，雲巖覺到資多情。
夜猿哀月猶三嘯，曉磬鳴泉起九京。
鉢裏楊枝開次第，庭前柏樹語分明。
靜然歇滅還支遁，買得名山風日清[三]。

※登峨眉

張注慶巡按[四]

萬叠憑虛上，塵坌悉可捐。
穿雲睇白水，側足倚青天。
幽咽泉聲遠，陸離樹色鮮。
光明徹下界，盡日坐危巔。
直入萬山去，身心好棄捐。
亂峰疑拔地，層閣只窺天。
松駁僧眉老，夏寒石髮鮮。
願王無私照，巖月自娟娟。

[一] 詩題，原作"感貫之和尚與虎臣太史同席於蘿峰作而致感"，據蔣本改。
[二] 按，此句指刺史王弘爲了見到陶淵明，多次在林間設酒食等候，詳《晉書·隱逸·陶潛傳》。
[三] 買得名山：《世説新語·排調》："支道林因人就深公買印山，深公答曰：'未聞巢、由買山而隱。'"
[四] 張注慶：保寧府閬中縣人。道光《保寧府志》卷四二小傳云："張注慶，字元長。順治乙未（一六五五）進士，爲蜀獲雋之首。授監察御史，巡按廣東，以明察平允稱。解組歸，值吳逆之變，逼使受職。注慶祝髮，號寄衲，抗節終不屈。"

※丁卯春覲旋泛錦江瞻眺峨眉

張官紀 叙州別駕[一]

棹籜飛來自錦官，峨眉隱隱出雲端。
身經雪浪流光疾，心嚮琳宮世網寬。
禹帝導江丹嶂豁，願王説法彩霞盤。
塵勞可許歸蓮座，化境神光飽一看。

※夢登峨山作望峨吟

張官紀

欲乘五嶽最高岑，偶到三峨意轉深。
名勝有緣天巧合，風塵無礙佛同心。
杪櫾燦爛空邊色，梵刹煇煌雪作琛。
若論聖凡真妙諦，山靈應笑我知音。

※天門石

何永駿 牧伍[二]

靈根分劈自崑崙，並峙巖頭獅象蹲。
不是願王開覺路，何由此處説天門。

[一] 張官紀：康熙《叙州府志》卷二云：“張官紀，字方山，浙江仁和人。由例監康熙壬戌年内莅任（通判）。”可知此人於一六八二年任職叙州，此詩作於一六八七年。

[二] 何永駿：安徽安慶府桐城人，嘉慶《洪雅縣志》卷九稱此人康熙十九年（一六八〇）署洪雅知縣。康熙《安慶府志》卷一五小傳云：“何永駿，字龍牧，號牧伍。方伯如申之孫，黄州太守應珏之子也。以明經除洪雅縣令。洪故偏遠邑，兵燹之後，士荒於嬉，民疲於役。駿甫下車，課文章，勸耕織，士習民風頓變。王師入東川，例應洪民解餉陸路。駿禱於江神，旋川水大發，舟楫輸送，省費千餘金。久之，升辰州府司馬，連署府事，案無留牘，園扉草滿，辰人咸德之。母老，乞歸養，自是不復仕宦，以耆德居鄉里。邑令高攀柱舉行鄉飲酒禮，固請，始出應焉。”

※解脫坡

何永駿

偶過山間尋勝迹，忽從坡上發深思。
縱饒解脫虛空外，終是塵緣未了時。

※蓮花社

何永駿

蓮嶽曾經詠削成，如何僧社亦擅名？
祇因菡萏峰頭見，泰華雖高不與爭。

※石船子

何永駿

隱踞雲溪障紫瀾，高呼船子渡溪難。
可知普濟當年行，留得慈航待我看。

※佛光

清何式恒

鳥語初來報，雲綿幾度鋪。
佛從當面現，光向半空盱。
色相何嫌有，聲聞豈礙無。
臨皋徒復臥，殘墨未能濡。

※佛燈

何式恒

梵王栖息地，向夜寶燈懸。
一點初疑葉，紛熒竟似蓮。
辟支成古供，勝迹賴今傳。
冉冉靈巖下，光明徹大千。

※贈與峨上人金陵請藏回山[一]

房星著峨眉令[二]

萬里歸來道已東，千函貝葉一帆風。
須知游戲仍三昧，方信靈修具六通。
飛錫疑從天上落，曇花應向篋中窮。
西川自此聞真諦，不憚時時謁誌公[三]。

※出勝峰門道中望聖積、伏虎諸刹

樊星煒[四]

策蹇窮高廣衍中，雲烟罨藹隱花宮。

[一] 與峨：伏虎寺可聞和尚之弟子，康熙甲子（一六八四）歲受命往金陵請經，當年即回，得"梵本大藏五千餘卷，並方冊全藏，二口載歸"。可聞圓寂後，與峨任伏虎寺住持。詳本書卷五《可聞源禪師塔銘》。

[二] 房星著：乾隆《峨眉縣志》卷六云："房星著，字子明，山東益都人，丙午（一六六六）鄉科。莅任，入甲子（一六八四）內簾，纂修縣志，因老乞休。"雍正《四川通志》卷三一稱此人康熙二十二年（一六八三）任峨眉知縣，則此人所作之詩非蔣超原本《峨眉山志》所有也。

[三] 誌公：南朝時僧寶誌之別號，事迹詳《南史·隱逸下·陶弘景傳附釋寶誌》。因此僧常駐南京，故此聯謂從南京取回藏經之後，就不需要時時到南京去拜謁他了。

[四] 樊星煒：嘉慶《宜賓縣志》卷三八小傳云："樊星煒，字紫景，明季選貢。嘗受業於樊我劬、尹子求，少有德器，鄉先達咸呼為樊景星。流賊入蜀，團練鄉勇以保鄉族。國初，屏迹山林，太守張利賓敦請不就，顏其居曰'先輩典型'。所著有《介景堂集》並《隨筆》共二十餘卷。"

好將一派符文水，洗却十年塵土胸。
伏虎流淙聲瀝瀝，騎羊往迹事匆匆。
計程幾頓登山頂，光相臺前禮大雄。

※老僧樹偈

楊其光宛平縣令[一]

四大身軀皆幻，毛髮爪甲自長。
老僧化去樹生，僧樹是一是兩。
本來一物不存，豈向無情滋養。
蟬蛻已付槁木，肉皮不相痛癢。
漫道樹爲僧榮，色空空色非相。
啐！一脚躍倒虛空，打破沙鍋自䫉[二]。

※桫欏花

彭元吉縣尉

桫欏原是佛前花，開遍峨山爛若霞。
不信佛身常住世，見花如見佛無差。

※登峨山

楊維孝[三]

梵宮開勝地，紺殿結殊因。

[一] 楊其光：四川富順縣人，乾隆二十五年《富順縣志》卷一一小傳云："楊其光，字錦步，天啓丁卯（一六二七）舉人。任宛平知縣，有政譽，升南京兵部主事。時未仕，李自成破京都，不屈遇害。後弘光蔭恤。"
[二] 䫉（kui）：《廣韻·寘韻》："䫉，大視。"
[三] 楊維孝：光緒《奉節縣志》卷二六稱其爲歲貢，任峨眉訓導。

校飾兼三品，莊嚴化億身。
洗池神象浴，飲鉢毒龍馴。
不是靈山子，誰乘大願輪。

※銅塔

王曰曾江左進士[一]

明萬曆陳皇后購青銅鑄成，計十五層。每層內分五層，每一層金佛數百尊，共計萬尊。每層俱刻金字經卷，諸經畢備。峨眉山門一座，山頂七座。

一塔凌霄會萬靈，經傳大藏又分身。
劫來不礙無邊法，各現慈悲度世人。

※巨鐘

王曰曾

萬金鎔鑄自何年，長作龍吟散曉烟。
留鎮三門開覺路[二]，聲聲震醒世沉眠[三]。

[一] 王曰曾：乾隆《鎮江府志》卷三六小傳云："王曰曾，字偉度，號省齋。初以進士授中書，充史官，分曹比部，雪冤慎獄。轉儀部，分巡大名，絕苞苴，除墨吏，風稜嶄然。調建南，撫輯土蠻，川民祀焉。督糧江西，請歲免脚費銀二十餘萬。部議駁詰，曰曾條抉諸弊，始報可。戶尚張鵬翮題薦天下道員清廉第一，升湖南布政。命下，已卒，祀江西名宦。著有《省齋詩文集》。"按，傳中"清廉"原誤作"青廉"，今據文義改。又據同書卷三〇，此人乃康熙五年（一六六六）舉人；據同書卷二九，此人乃康熙九年（一六七〇）進士。又據雍正《四川通志》卷三一，此人康熙三十年（一六九一）分巡劍南道，駐嘉定，則所收此人諸多詩歌當作於康熙三十年之後。

[二] "三"，蔣本作"山"。

[三] "震醒世沉眠"，蔣本作"高徹大峨巔"。

※過伏虎寺贈可聞和尚

王曰曾

靈山隨地起，覺路自天開。
客興披雲到，梵花促雨來。
有僧翻貝葉，携我上蓮臺。
正擬登峰去，偏留話劫灰。

※解脫坡

王曰曾

誰教伏虎接飛虹，天半峨眉路不窮。
解脫欲歸何處去，看來還在此山中。

※祇樹林 舊名古德林

王曰曾

萬壑雲空祇樹林，霜天長見綠陰深。
偶來一憩聞清籟，領略禪門自在心。

※銅殿

王曰曾

皇家崇勝事，法象得煇煌[一]。
玉局三霄誥，金宮百和香。
塔鎔大貝乘，鐘吼老龍王。
碑篆風霜古，規模起晉唐。

[一]"煇"，蔣本作"輝"。

※還憩伏虎寺

王日曾

浮沉宦海無歸著，天半峨眉覺路寬。
忽過山腰探伏虎，從登峰頂欲栖鸞。
經聲直向層霄徹，雪色長留群玉看。
我亦前身緱嶺客，憑誰指點得心安。

※千手佛[一]

明吴昌求[二]

願王法力果如何，指點迷津念普陀。
人向蓮臺齊合掌，羨他益善是多多。

※銅塔

吴昌求

洪鑪巧鑄現精靈[三]，寸寸金剛不壞身。
十五浮圖經萬卷，功成還賴世間人。

※萬年寺

竇絅 中州[四]

風回蘿磴散幽芬，幾處勾留已夕曛。

[一] 按，此詩及下一詩皆唱和王日曾之作。
[二] 吴昌求：蔣本稱此人字薇洲，古長洲人，其餘事迹不詳。長洲在今蘇州境內，《新唐書·地理志五》稱長洲爲武則天萬歲通天元年（六九六）析吴縣置。
[三] "鑪"，蔣本作"爐"。
[四] "絅"，原作"絧"，形近而誤，據蔣本改。後二字逕改，不再出校。按，此人事迹不詳。乾隆《柘城縣志》卷九載此人清代例貢，字天衢，竇容恂之子。光緒《柘城縣志》卷一〇著錄此人有《蜀道百詠詩》《樸齋詩稿》。

出嶺暮鐘邀客屐，洗闗花雨静塵棼。
四圍烟繞山腰寺，一面窗收谷口雲。
白夜試尋明月畔，此中清景許誰分？

※桫欏花

賨 絅

老幹何年種，空靈自作花。
助妝應有雪，栖樹已無鴉。
艷冷穿雲出，英繁帶月斜。
七重天上見，猶覺是飛霞。

※聖燈

賨 絅

烟鎖高臺望不分，流光冉冉破氤氲。
螢飛亂點千巖火，星墜輕摇萬壑雲。
祇合梵宫窺色相，未應人世照塵棼。
我來峰頂窮奇幻，故把靈膏夜夜焚。

※聖燈[一]

賨 絟

飛自峭崖東，飄來點點紅。
回翔分遠近，掩映入空濛。
焰冷千年火[二]，光摇半壁風。
夜深人静後，挂滿梵王宫。

[一] 按，此詩原次於圜悟克勤詩之下，以爲作者乃伏虎寺僧釋心誠，誤矣。今據蔣本卷一六移置此處，作者爲賨絅之弟也。
[二] "焰"，蔣本作"烟"。

※大佛殿

丁文燦 乙丑進士

巍巍大佛鎮峨城，丈六金身慧眼明。
放大毫光看世界，色空空色兩無名。

※伏虎寺即事

丁文燦

無端牽惹果何因，百感紛紜亂性真。
大道原從靜裏得，毒龍怕向鬧中親。
一塵不染方爲寶，萬象歸源即是珍。
銀色兜羅成世界，靈心返照屬誰人？

※彌勒殿樓頭訪志靈和尚，見壁詩，依韻和之

丁文燦

層層叠叠萬重山，識透禪機不許關。
一點慧心常自照，源頭活水非人間。

※贈伏虎寺瓶水禪師

丁文燦

劈開迷障作沙門，一信無隳是有根[一]。
六欲頓除抛幻海，七情净盡悟宗源。

[一]"是"，蔣本作"定"。

泥塗軒冕慧心遠，補衲袈裟道念純。
徵夢已知仍佛器[一]，機關莫向俗人論。

※觀心坡

丁文燦

心是菩提覺是路，澄觀返照性流通。
眼前高下非空境，常守靈珠不語中。

※息心所

丁文燦

觀心坡上息心所，朵朵雲飛意甚閑。
天籟無聲沉百慮，俗情多欲苦千般。
放懷著眼看將去，特地返躬復轉還。
我語世人休妄戀，坡前回首自牢關。

※佛光[二]

丁文燦

雲成五色現奇光，形似尼珠不可方。
更有一樁奇異事，人人影在個中藏。

[一] 此句下，蔣本有夾注云："師先太夫人夢大士賜花瓶而生。"
[二] "佛光"前，蔣本有"睹"字。

※觀聖燈

丁文燦

山南山北盡雲烟，忽見聖燈飛萬千。
仰望峰巒同月耀，俯觀巖壑勝金燀[一]。
合來朵朵朝蓮座，分去飄飄向普賢[二]。
此是靈山真妙諦[三]，阿誰領悟在機先[四]。

※峨山頂二首

史在箾[五]

峰頂高千仞，嘉邛指顧中。
側身鄰日月，倚杖破鴻濛。
玉壘寒光逼，羌江樹色空。
謫仙人去後，游興有誰同？

金氣孤峰結，坤維獨鎮雄。
崖松無歲月，人語逼蒼穹。
老雪凝千古，殷雷起半空。
超然塵世外，直欲御天風。

[一] 燀：《廣韻·仙韻》收此字，注音"尺延切"，則音chán，爲平聲。《漢語大詞典》取上聲，則爲仄聲。然義皆同，釋作火焰升起貌。
[二] "飄飄"，蔣本作"襳襳"。按，襳襳（xiān）義同"褼褼"，本指衣服飄揚貌，此處喻指飄逸飛翔之貌，見《集韻·仙韻》。
[三] "諦"，蔣本作"景"。
[四] "阿誰"，蔣本作"回頭"。
[五] 史在箾：事迹不詳，嘉慶《什邡縣志》卷四八之三，收有此人所作《方亭西圃記》，首句云"署西偏有軒曰露青"，則此人或曾任職什邡縣。

藝文：僧詩[一]

※贈密印安民首座入峨眉中峰[二]

宋 釋克勤 圓悟

休夸四分罷《楞嚴》，按下雲頭徹底參。
莫學亮公親馬祖[三]，還如德嶠訪龍潭[四]。
七年往返游昭覺，三載翱翔上碧巖。
今日煩充第一座，百花叢裏現優曇[五]。

※寄虎溪可聞[六]

清 釋海明 破山

瓦礫石頭皆放光，無偏無正絕商量。
有時變作巖前虎，威距峨眉白象王。

[一] 按，以下所收僧詩，皆見蔣本卷一七。

[二] 按，此處詩題作《贈密印安民首座入峨眉中峰》，不知所據為何？據《圓悟佛果禪師語錄》卷二〇《舉民公充座元有偈曰》、《羅湖野錄》卷三、《五燈會元》卷一九之華藏安民禪師傳記，可知此文為偈子，非詩；且此偈子乃圓悟克勤聘安民禪師為昭覺寺首座時作，非所謂送僧入峨眉中峰也，偈子中"今日煩充第一座"可為本證。

[三] 亮公親馬祖：《大慧普覺禪師語錄》卷二四"示道明講主"云："昔馬祖問亮座主曰：'聞汝大講得經論，是否？'曰：'不敢。'祖又問：'將甚麼講？'曰：'將心講。'祖曰：'心如工技兒，意如和技者，又爭解講得經？'曰：'心既講不得，莫是虛空講得否？'祖曰：'却是虛空講得。'亮不肯，拂袖便行。祖遂喚云座主。亮回首，豁然契悟，遂作禮而去，直入西山。"按，亮公，即西山亮公，蜀人，住洪州西山，曾參馬祖道一。《景德傳燈錄》卷八、《教外別傳》卷五有小傳，其侍者編有《西山亮禪師語錄》一卷。

[四] 德嶠訪龍潭：《禪宗頌古聯珠通集》卷二三云："鼎州德山宣鑑禪師，簡州周氏子。在蜀常講《金剛般若經》，時謂之'周金剛'。遂將青龍疏鈔出蜀，至澧陽路，徑造龍潭。到法堂曰：'久嚮龍潭，及乎到來，潭又不見，龍又不現。'潭曰：'子親到龍潭。'師無語，遂栖止焉。"按，德嶠即德山宣鑑禪師，事迹詳《景德傳燈錄》卷一五；龍潭即澧州龍潭崇信禪師，事迹詳《景德傳燈錄》卷一四。

[五] 按，此詩之下原有《聖燈》詩，誤題作者為釋心誠，實則乃實絵作，非僧詩，今已移至本卷前文。

[六] 按，《破山禪師語錄》卷一四，此詩題作《示遍拙禪人》，此處題作《寄虎溪可聞》，不知何據？然"遍拙禪人"亦不知是誰，莫可詳考。

※睹光臺

清釋行密澹竹[一]

覿面明明猶不識，馳求象外亦非真。
白雲幾度空撈摸，杜宇頻啼春草深。

※送華陽山人游峨眉[二]

清釋通醉丈雪

萬里瞿塘杖挹春，峨眉天半一閑身。
俯觀沙界如棗葉[三]，猶是游人眼上塵。

※觀心坡

釋通醉

行人雙眼幸圓明，下視閻浮等一塵。
到此一步是一步，灼然何必更觀心。

※臥雲庵

釋通醉

七重天末號峨眉，樹裏老僧下榻遲。
八十四盤行欲盡，青山涌出象王兒。

[一] 澹竹行密：又稱澹竹密禪師，內江姚氏之子。居天童山八載，後回蜀，於佛恩寺參破山海明。後住嘉州水蓮庵，晚年重闢大隋山白鹿寺。卒於一七二七，享年五九，可推知生於一六六九年。事跡詳《錦江禪燈》卷一〇。

[二] 按，蔣超在康熙十一年（一六七二）入峨眉，則此詩當亦作於其時。

[三] 沙界如棗葉：佛教譬喻語。《大般涅槃經》卷四云："善男子，復有菩薩摩訶薩，住大涅槃。斷取十方三千大千諸佛世界，置於針鋒，如貫棗葉，擲着他方異佛世界。其中所有一切眾生，不覺往返為在何處，唯應度者乃能見之，乃至本處亦復如是。"

※過太子坪聞達和尚舊隱

釋通醉

杖藜午日蹈龍池，無限青山展笑眉。
瓦上曬經乾也未？令人常憶聞達師[一]。

※山居

釋行喜雲峨[二]

雲埋絕頂幾經霜，懶與願王較短長。
秋至但觀黃葉落，春來唯覺白花香。
罷游猿止洞中臥，爭食禽宣嶺外狂[三]。
篤愛山居閑我老，從他塵世利名忙。

※雙飛橋

清釋長白宗正

寒響下高巔，孤橋斷復連。
龍分雙澗壑，雲散一溪烟。
眺聽聲光外，徘徊翠影邊。
塵心從此盡，儗證四空禪。

[一]"聞達"，原誤倒，據詩題乙正。
[二]雲峨行喜：資陽陳氏子，生於萬曆四十八年（一六二〇）正月二十四日。十歲時，因觀死尸臭爛，遂生諸行無常之感，立志出家。晚入天台，參林野奇和尚，得印可，住通玄院。順治己丑（一六四九）後，開法普濟寺；又住龍池、法興。順治十三年（一六五六），住河南汝州風穴山之風穴寺。事跡詳《佛祖正傳古今捷錄》卷一。後人輯有《雲峨喜禪師語錄》，其書卷二有《次本師天台山居韻二首》，此處所引即第一首。以是觀之，乃唱和林野奇和尚之作，所謂山居，居天台山也，恐與峨眉無關。
[三]宣：用同"喧"。《新校元刊雜劇三十種‧關漢卿〈關張雙赴西蜀夢〉》第一折："一個鞭挑魂魄去，一個人和的哭聲回。宣的個孝堂裏鬧美髯，紙幡兒漢張飛。"

※山居

清釋永宣化機

九日柴門雨亂飛，禪心無住客來稀。
西風不管黃花夢，林鳥山雲各自歸。

※洪椿坪

釋永宣

穿蘿覓徑入椿坪，樓殿層層鶴篆清。
因共雨花看貝葉，漫隨山色聽溪聲。
慈燈冉冉金沙映，寶月團團梵響沉。
開士幽居成古刹，祇今龍象話三生。

※牛心寺避雨

釋永宣

幽徑荒苔寂，千嶂古木橫。
雲來迷洞口，雨過濕流鶯。
殿僻涼生遠，溪深霧到輕。
松陰聊對座，返照起新晴。

※古德林

清釋性藏紫芝

近日生涯興漸闌，了無個事足追歡[一]。

[一]"追"，蔣本作"迫"。

但將一柄竹笤帚，古德林中掃破烟。

※偶題

清釋廣善 別潭[一]

懶散疏狂一拙僧，年來老去百無能。
雖然有個閑身在，吃飯穿衣似未曾。

※贈天峰禪師隱靈巖

清釋海輿 克成

荆秀蔚藍巔，幽人避地偏。
茶烹松吼渌，香藹鶴騰烟。
危坐消陰劫，清眠樂梵天。
從教深立雪，無物與君傳。

※宋王坪回文

清釋性通 機微

西窗綠映錦屏空，早挂殘霞帶日紅。
題筆綵傳新賦客，耀臺靈繪巧圖工。
栖鸞鳳處溫山繞，出聖賢時協氣通。
畦半落星明月夜，溪清倒影現玲瓏。

[一] 廣善：或即《錦江禪燈》卷八之太平府八峰山廣善寺寶月潭禪師，爲明代人。此處以爲清人，不知何據。

※峨眉早春

<small>清釋海源可聞</small>

茅廬清净地幽深[一]，景對晴巒數點新。
疏壁嘗留穿月徑，垂楊偏送隔墙春。
止居不過三間屋，坦率惟捐一點塵。
慚愧溪山無個事，虛窗高卧一閑人。

※別鄉友

<small>釋海源</small>

多年未睹南來雁，影落峨眉下翠微。
三笑虎溪留不住，乘風又望海天飛。

※登峨

<small>清釋元温瓊目[二]</small>

不到崇高處，安知壁岫懸。
路頹山霧接，橋斷野雲連。
秀目青松柏，清心冷澗泉。
半輪秋夜月，千古照巴川。

[一]"地"，蔣本作"只"。
[二]元温：清初成都萬福寺僧人，本宜賓鄧氏子。十五歲薙染，恒思此身無常，參謁諸方。聞紫芝和尚開堂，杖笠往參，充侍寮十五年，遂印可焉。後住萬福。小傳詳《錦江禪燈》卷一四。

※山居

清釋照裕 與峨

山中長快活，久已遠塵囂。
桃李開晴露，松筠擁翠條。
雲光群卉滿，鳥語萬峰饒。
多少榮枯事，如何到寂寥。

※峨嶺秋

釋照裕

西風瑟瑟暮雲寒，歸雁高飛鬥羽翰。
松吐清聲遲洞壑，池含素影蕩欄杆。
虛窗挹取林巒瘦，午夜哦成星斗殘。
黃菊籬邊秋意澹，空花不肯借人看。

※送友之峨眉絶頂

清釋福旵禪明[一]

欲上峨眉頂，化城可憩心。
千年冰度冷，五月火難禁。
樹老烟霞古，僧閑花木深。
象王今説法，子去好知音。

[一] 福旵（chǎn）：民國《貴州通志·人物志七》云："雲旵，不詳來歷。綏陽治西二十里螺水上三教寺，舊塈壁間有順治中留題手迹，其款稱'傳曹溪正派，馬度第二世'。名或作'書雲旵'，或作'雲旵'。蓋'旵'是名，'書雲'其字也。又自稱天峰道士，天峰山，一名辰山，在綏陽城西二十五里。山右雪洞之水流入百楮溪，溪即螺水，皆樂安江上流異名。天峰距螺水不遠，杖鉢往還，宜有此題壁。國初峨眉僧有福旵者，豈即其人歟？"按，此人即《錦江禪燈》卷一一目録中的"書雲旵禪師"，惜無小傳。《破山禪師語録》卷九有《示書雲法孫》，則其人為破山海明之徒孫也。乾隆《峨眉縣志》卷一一收此人《峨嶺雲》《聖燈》二詩，但《峨眉縣志》之《峨嶺雲》與本卷後之《峨嶺雲》完全不同。

※峨嶺雲

釋福昰

去則似無心，歸來全不昧。
補完萬壑烟，澹點千山霼[一]。
橫洞鎖龍眠，依僧息犬吠[二]。
恍如道者心，卓出名場內。

※山居次韻

清釋元英肖白

抱拙林泉下，安貧任意閑。
無弦琴易操，有韻句難刪。
雨過雲初曉，夢回戶未關。
故人何處見，梁月轉青山。

※登峨

清釋普佶靈樞

陟彼清幽處，浮生萬事捐。
琳宮非色相，紺殿逼諸天。
絕壁苔痕古，懸泉漱石鮮。
遙瞻西嶺雪，清净杳無邊[三]。

[一] 霼（duì）：《說文·雨部》："霼，黗霼，雲黑貌。從雨對聲，徒對切。"
[二] "息"，蔣本作"驚"。
[三] "清净杳無邊"，蔣本作"相對峨眉巔"。

※懷峨

清釋覺知屢生[一]

謁罷峨眉嶺，常懷第一峰。
臺高常見月，山靜獨聞鐘。
古雪摇瓊蝶，飛泉挂玉龍。
何時重躡屐，散步倚雲松。

※伏虎寺

清釋德堅岷樵[二]

登峨先向虎溪游，策杖雲深步更幽。
一徑鐘聲瞻玉殿，萬杉烟色繞瓊樓。
石礄水隔紅塵杳[三]，臺榭花飛綠樹稠。
入室幸聆空妙諦，繽紛華雨孰能酬。

※井絡泉

釋德堅

濛濛雨潤空山夕，浩浩泉聲走白石。
流向人間大有功，從教萬物霑膏澤。

[一] 屢生覺知：據《錦江禪燈》卷一四目録，此人亦佛冤綱禪師法嗣，惜事迹不詳。
[二] 按，據蔣本附注作者信息，此人爲浙江靈隱寺僧人。
[三] 礄：《漢語大字典》《漢語大詞典》皆釋爲地名用字，此處當用同"橋"。

※隱峨自眺

崑石遠翔[一]

最愛眉峰秀，偏煩車馬過。
層巒連瓦屋，衆水合羌波。
鶴迹餘古雪，猿聲出緑蘿。
曠觀村廓裏，烟霧晚來多。

峨眉山志卷七終

[一] "崑石遠翔"，原作"釋德堅"，顯誤，據蔣本改。按，據《錦江禪燈》卷一四目錄，此人爲可閒禪師弟子，事迹不詳。釋德堅爲浙江靈隱寺僧，不會"隱峨"。

峨眉山志卷八[一]

第十、動植物產 分十一子目：鳥、獸、花、木、果、竹、茶、菜、藥、草。附珍異。

峨眉爲西蜀最大之山，又爲普賢菩薩聖道場地。所蘊者深，故所發者必勝；所積者厚，故所流者自光。其間動物植物，何可勝數？凡來山者，須得此山一草一木，若飛若走，皆具普賢智慧德相之眼，庶可觸境明心，聞聲悟道，直下知歸，不致當面錯過也。故志物產。

鳥

佛現鳥，山頂光相寺有二隻，絕不見其生育。大如雀，形似土畫眉。佛將放光，則鳴云："佛現！佛現！"見人不驚，每向人手取食。山頂餘鳥俱不能到，唯此二鳥常報佛現。蓋菩薩變化所作，發人信心之靈禽也。萬年寺以下，則羽族俱備矣。

角雞，大於雉，頭有二毛角，好鬥。或云即鷸。

黃連雞，五彩俱備，類錦雞而色更爛然，脚黃色，產黃連處有之[二]。

王母，狀如燕，色紺翠，尾多而長，飛則尾開如兩旗。杜詩"王母晝下雲旗翻"[三]。

[一] 按，本卷所收物產與《志餘》，皆據蔣本而來，略有刪改。物產類見蔣本卷六，《志餘》則見卷一八。

[二] 按，《蜀都碎事》卷一亦載此鳥："黃連雞大如鴿，羽色黃白，食黃連葉。以其無所用，故人不捕焉。"清王士禛《隴蜀餘聞》亦有相關記載，稱雅州出此鳥。

[三] 按，《墨莊漫錄》卷一云："中官陳彥和言：'頃在宣和間，掌禽苑，四方所貢珍禽，不可殫舉。蜀中貢一種鳥，狀如燕，色紺翠，尾甚多而長，飛則尾開，顫裊如兩旗，名曰王母。則子美所言，乃此禽也。"《蜀中廣記》卷五九、一〇一亦有相關記載，但皆不言究竟蜀中何地貢此鳥。又，所引杜詩題作《玄都壇歌寄元逸人》，載《杜詩詳注》卷二。

雨道士，亦鳥名，鳴則天雨。

連點七，山溪有之，或曰即鶺鴒。有僧問洪杲："如何是連點七？"師云："屈指數不及，地上無踪迹。"[一]

護花鳥，《益州方物略》云[二]："青城、峨眉間往往有之。至春則啼，其音若云'無偷花果'，仿佛人言。"宋子京《方物略》贊曰："茜首黑裳，黄駁其羽。厥鳴嚶嚶，若禁若護。名而不情，盗者猶懼。"

桐花鳳，《邑志》："弓背山桐梓坡所産。"[三]按，《朝野僉載》："彭、蜀間有此鳥，如指大，五色備具，其冠似鳳。食桐花，每花放即來，花落不知所之。"

巖鷹，頭似貓，有翼，兩耳極大，身長二尺，一名催生。晝昏夜明，喜食貓血。鳴則人家有喪，聞者惡之。亦鵂鶹、梟、鵬之類。

㊁山雀[四]，嘴、距俱紅，章備五色。其聲宛轉悠揚可愛，唯冬月有之。

竹鷄。

黄鶺鷄[五]。

獸

貔貅，自木皮殿以上林間有之。形類犬，黄質白章。龐贅遲鈍，見人不驚，群犬常侮之。聲訇訇，似念"陀佛陀佛"。能援樹，食杉松顛並實，夜卧高籠下。古老傳名皮裘，紀游者易以"貔貅"。此獸却不猛，兩存以備考[六]。

虎、豹年年有迹於峰頂，不見其形。

[一] 按，此處因襲《譯峨籟》，其説本自《成都文類》卷三八侯溥所撰《壽量禪院十方住持記》一文，而後《蜀中廣記》卷五九、《補續高僧傳》卷二三《惟迪禪師傳附洪杲禪師》亦據之采入。鶺鴒尾長，喜上下顫動其尾，故稱"連點七"。

[二]《益州方物略》：宋祁《益部方物略記》之別稱。後文所謂"宋子京《方物略》"，亦是此書。

[三] 按，此條亦見《譯峨籟》，所謂《邑志》應是舊《峨眉縣志》。

[四] 按，以上所叙各種鳥類，皆見蔣本；除巖鷹外，又並見《譯峨籟》。此處附言"增"，應是宋肆樟在蔣超原書上所增補者，今於"增"字加圈，以與正文相區别。

[五] "鶺"，原作"鶴"，據蔣本改。

[六] 按，何芬奇、孫前撰《對大熊貓古名問題的思考（中）》（載《大自然》二〇〇九年第五期），認爲此處所載之貔貅，即大熊貓，可參看。

猿、麋、熊、麂[一]、巖驢、山牛。巖兔，似鼠無尾。毫豬。

禮鼠，似鼯，毛色深黑，馴擾親人。投以果實，則前兩足捧之立啖，若拱揖。間入厨中捕食。

花

"桫欏花，生峨眉山上，數葩合房，春開，葉在表，花在中。根不可移，故人不得爲玩。"[二]宋子京《方物略》贊曰："聚葩共房，葉附花外。根不可徙，見偉兹世。"

"木蓮華，生峨眉山谷，狀似芙蓉，香亦類之。"一云葉似辛夷[三]。"木幹，花夏開，枝條茂蔚，不爲園圃所蒔。"[四]贊曰："葩秀木顛，狀若芙蕖。不實而榮，馥馥其敷。"按《酉陽雜俎》及《老學庵》所載，忠州溪澗及臨邛白鶴山寺俱有之[五]。白樂天云："木蓮樹生巴峽山谷間，巴民亦呼黄心樹。大者高五丈[六]，涉冬不凋；身如青楊，有白文；葉如桂，厚大無脊；花如蓮，香色艷膩皆同，獨房蕊有異。四月初始開，自開迨謝，僅二十日。"邛僧云："蕊坼時，有聲如破竹。"白樂天詩："如折芙蓉栽旱地，似抛芍藥挂高枝。雲埋水隔無人識[七]，唯有南賓太守知。"又畫圖寄元微之云[八]："花房膩似紅蓮朵，艷色鮮如紫牡丹。唯有詩人解親愛，丹青寫出與君看。"宋周濂溪先生《巴嶽觀木蓮》詩有云："枝懸縞帶垂金彈，瓣落蒼苔墜玉杯。"[九]此又似是白花。明王鳳洲載《異物志》[十]。

[一] 麂（sì）：鹿兩歲曰麂，見《廣韻·止韻》。
[二] 按，此前之叙述文字，出自《益部方物略記》。
[三] "夷"，原作"彝"，清人避諱而改者，今改回。又，"一云葉似辛夷"不見於《益部方物略記》。
[四] 按，此前加引號之文及後文贊語，皆出《益部方物略記》。
[五] 按，關於《酉陽雜俎》之記載，見其書《續集》卷九；關於《老學庵筆記》之記載，見其書卷四，後文所謂邛僧云云者，即本自《老學庵筆記》也。
[六] "丈"，原作"尺"，因襲蔣本而誤，據《白居易集》卷一八改。此處所謂木蓮花，即今日習見之玉蘭花，其樹高大，不止五尺也。按，此處所引乃白居易詩題之文，有删削。後文所引"白樂天詩"云云者，即見《白居易集》卷一八，以之參校。
[七] "識"，原作"見"，與蔣本同，據《白居易集》改。
[八] 按，此處所引題作《畫木蓮花圖寄元郎中》，見《白居易集》卷一八。
[九] 按，此處引詩不完，全文見《蜀中廣記》卷一八。
[十] 按，此處題名不確。明人王世貞號鳳洲，所著有《異物彙苑》，其書卷三有"木蓮花"，應即此處所指《異物志》也。

牡丹、芍藥、草牡丹、薔薇、紫荊、蜀葵、木樨花、百合、杞菊即枸杞、蕙、萱、菊、蘭、西番菊、金錢菊。

木芙蓉，花開如碗大，樹高二丈餘。

鵝毛玉鳳花，蓬如釵股，秋開，不花而鬚[一]，狀似禽。

"錦帶花，長蔓柔纖，花葉間側如藻帶然。花開形似飛鳥，亦號鬢邊嬌。"[二]范石湖詩："妍紅棠棣妝，弱綠薔薇枝。小風一再來[三]，飄飄隨舞衣。吳下嫵芳檻，峽中滿荒陂[四]。佳人墮空谷，皎皎《白駒》詩。"[五]

錦被堆花，即薔薇。唐裴説詩[六]："一架長條萬朵春，嫩紅深綠小巢勻。只因根下千年土，曾葬西川織錦人。"范成大詩："誰把柔條夾砌栽，壓枝萬朵一時開。爲君也著詩收拾，題作西樓錦被堆。"[七]

珍珠蘭，俗名魚子蘭。

海梅，高僅三尺，冬月開花，如小桃花，結實如櫻桃。

月月紅、石竹子花、竹葉花。

野蓮華，一云野棉，外紫內白，狀如五臺、少林金蓮華。

杜鵑花，山頂最多，三四月開。

良薑花，香如梔子，秋間遍地有之。

扁竹花。

海棠，自萬年寺至山下，沿山巖壑到處有之，名野海棠。葉較人家所種者稍大，花亦澹紅色，頭皆下垂，有似深山隱士避人，不欲露其形影者。

按，《益部方物略》："海棠，有數種，又時小異。惟其盛者，重葩疊

[一] "鬚"，與蔣本及《蜀中廣記》卷六一同，《益部方物略記》作"鬘"。
[二] 按，此前之文刪節自《益部方物略記》，又見《蜀中廣記》卷六一。
[三] "小"，原作"北"，與蔣本同，據《范石湖集》卷一六、《全蜀藝文志》卷一九改。
[四] 按，《范石湖集》此詩題注云："東南甚珍此花，峽中漫生山谷。"
[五] 《白駒》：《詩·小雅·白駒》，詩《序》以爲乃刺宣王不能留賢也。此花在東南很珍貴，在峽中却不被重視，故范成大以《白駒》詩喻之。
[六] 裴説：《全唐詩》卷七二〇云："裴説，天祐三年（九〇六）登進士第，官終禮部員外郎。"此詩見《古今事文類聚·後集》卷三一、《蜀中廣記》卷六一及《全唐詩》等。
[七] 按，此詩載《范石湖集》卷一七，題作《寶相花》。二者當非一種，《竹嶼山房雜部》將寶相花與薔薇並列，稱寶相花"灌生，似金沙花，亦紅色，差大"。《遵生八箋》卷一六"寶相花"條云："花較薔薇朵大而千瓣塞心，有大紅、粉色二種。"《臺海使槎錄》卷三亦云："寶相花似薔薇，色白，瓣較多，惜不甚香。"

萼可喜[一]，無定種也。始濃稍淺，爛若錦障。北方枝强花瘠，殊不可玩，故以蜀産爲天下奇艷云。"《嘉定志》云："海棠，紫錦色者佳，餘皆棠梨耳。"[二]又云："海棠樹以梨接之，其木堅而多節，外白中赤，實如櫻桃。"此皆木本海棠，非所尚也。余所愛者，山中自生草花。除前人詠木海棠詩不録外，附録唐薛能詩一首[三]："酷烈復離披，玄功莫我知[四]。青苔浮落處，暮柳間開時。帶醉游人插[五]，連陰被叟移[六]。晨前清露濕，晏後惡風吹。香少傳何許，妍多畫半眉[七]。島蘇連水脈[八]，庭綻粒松枝[九]。偶泛因沉硯，閑飄欲亂棋[十]。繞山生玉壘，和郡遍坤維。負賞慚休飲[十一]，牽吟分失飢[十二]。明年愁不見，留此贈巴兒。"

木

楠有二種，一真楠，作柱、棟梁；二閩楠，止堪供爨具耳。

[一] "萉"，原作"苑"；"萼"，原作"蕊"，皆與蔣本同，據《益部方物略記》改。

[二] 按，此處所謂《嘉定志》，即《蜀中廣記》卷六二所引《嘉州志》之文，略有改動。《本草綱目》卷三〇"海紅"條注文引沈立《海棠記》、宋人陳思《海棠譜》卷上引沈立《海棠記》亦有相似記載。後文所謂又云者，亦見《本草綱目》及陳思《海棠譜》。

[三] 按，此詩載陳思《海棠譜》卷中、《蜀中廣記》卷六二、《全唐詩》卷五六〇等，文字小異，故以三者參校。據《海棠譜》所載詩序，此詩作於咸通七年（八六六）十二月二十三日。

[四] "玄"，原作"元"，避諱字，據《海棠譜》《蜀中廣記》《全唐詩》改回。

[五] "帶醉"，與《蜀中廣記》《全唐詩》同，《海棠譜》互倒。◎"插"，原作"狎"，與蔣本同，據《海棠譜》《蜀中廣記》《全唐詩》及下句文義改。

[六] "被"，與《蜀中廣記》《全唐詩》同，《海棠譜》作"彼"。

[七] "眉"，與《蜀中廣記》同，《海棠譜》《全唐詩》作"遺"。

[八] "島蘇"，原作"鳥疏"，與蔣本及《蜀中廣記》同，文義不通，據《海棠譜》《全唐詩》改。按，此句言水島上之蘇草與水脈相連。◎"連"，與《海棠譜》同，《蜀中廣記》《全唐詩》作"漣"。

[九] "粒"，與《蜀中廣記》《全唐詩》同，《海棠譜》作"雜"。

[十] "欲"，原作"顧"，與蔣本同，據《海棠譜》《蜀中廣記》《全唐詩》改，暫未見他書引作"顧"者。

[十一] "飲"，原作"歇"，與蔣本同，形近而誤，據《海棠譜》《蜀中廣記》《全唐詩》改。

[十二] "牽"，原作"豪"，與蔣本同，形近而誤，據《海棠譜》《蜀中廣記》《全唐詩》改。◎"飢"，原作"機"，據蔣本、《海棠譜》《蜀中廣記》《全唐詩》改。按，"牽"謂牽强，此二句言作者自己因爲欣賞海棠、爲海棠賦詩而忘記飢渴，其實是很慚愧、很勉强的。

梧桐、桐油樹、白蠟樹、椿、冬青、樟、柏。

檜，似柏，有刺，葉短而動螫人。

杉有數種，油杉、鐵杉、拋杉、層子杉。

白花槿樹、黃楊。

棕樹，見東坡送長老詩，叙云："棕笋，狀如魚，剖之得魚子，味如苦笋而加甘芳，蜀人以饌佛僧，甚貴之。今以餉殊長老。"[一]詩云："贈君木魚三百尾，中有鵝黃子魚子。夜叉剖瘦欲分甘，籜龍藏頭敢言美。願隨蔬果得自用，勿使山林空老死。問君何事食木魚[二]，只爲形同無識耳。"[三]

嘉樹，在羅目縣東南三十里陽山江漵。兩樹對植，圍各三二尺。上引橫枝，亘二丈，相援連理，陰庇百夫。其名曰黃葛，號嘉樹。蘇子由詩"予生雖江陽[四]，未省到嘉樹"即此[五]。

野漆樹，八九月生子，葉如榧樹，珠圓玉立，霜華掩映，朗潤可愛。

丁樹，夏日開花，初放白，將菱紅。

羅漢松，結實頗肖，又名塔松。狀似杉而葉圓細，生峰頂。

佛頂青，其樹葉碧翠異常，生金頂者尤具光彩。

"竹柏，生山上，葉繁，長而澤[六]，似竹，然其幹大抵類柏而亭直。"[七]贊曰："葉與竹類，緻理如柏。以狀得名[八]，亭亭修直。"

萬年松，其莖最小，藏書帙中經年，得水復活。

果

橙、橘、香櫞、指柑、香木瓜、蜜羅柑。

[一] 按，此處乃據蘇軾《棕笋》詩序刪節，見《蘇軾詩集》卷三三，今以之參校。
[二] "食"，原脱，與蔣本同，據《蘇軾詩集》補。
[三] "只爲形同無識耳"，蔣本作"烹口不能鳴固其理"，《蘇軾詩集》作"烹不能鳴固其理"。
[四] "予"，與蔣本同，《欒城集》卷一《初發嘉州》作"余"。
[五] "到"，與蔣本同，《欒城集》作"至"。
[六] "澤"，原脱，蔣本則誤作"籜"，據《益部方物略記》補。
[七] "然"，原作"修直"，據蔣本及《益部方物略記》改。按，後文有"亭直"，此處作"修直"明顯語義重複。
[八] "以"，原作"形"，據蔣本及《益部方物略記》改。

桃，出綏山者佳，今雙飛橋、清音閣小而味美。

梅、石榴、海梨、栗、枇杷。

榛，似栗而小。

葡萄、銀杏、柿。

竹

龍竹，根有二角，高節實中，可爲杖，游山者多采之。

千歲竹，生山南絕壁間[一]。盛以竹籃，培以砂石，懸之檐前即暢茂。夏三月開花，壅以土則枯死。

月竹，每月一生，又名普賢竹[二]。

對青竹，産峨山，黃魯直有賦。

紫竹，三年始變紫色。

荆竹、冷竹、刺竹。

桃竹，皮滑而黃，可爲簟席及拄杖。今山中又有桫欏樹，作筆筒更古樸可愛。李太白《酬宇文少府贈桃竹書筒》詩："桃竹書筒綺綉文，良工巧妙稱絕群。靈心圓映三江月，彩質叠成五色雲。中藏寶訣峨眉去，千里提攜長憶君。"[三]杜子美亦有《桃竹杖贈章留後》詩[四]。

"慈竹，即子母竹，性叢産，根不外引，其密間不容笴。笋生夏秋，閱歲枝葉乃茂。"[五]蜀中此竹最多，云是岷峨分來。元微之詩云[六]："慈竹不外長，密比青瑶華[七]。茅攢有森束[八]，玉立無蹉跎。纖粉妍膩質，

[一] 按，元李衎《竹譜》卷一〇稱"千歲竹生安南、七閩、兩廣"，不言蜀地産此物。《蕭林初集》卷八、《廬山記》卷一載此竹，文句與此處基本吻合，所謂"山南"，乃廬山之南。蔣超應是承襲《譯峨籟》而來，峨眉山果否有此竹，恐難知也。

[二] 按，嘉定州産月竹一說，《蜀中廣記》卷六三引《嘉州志》之文有相同記載，《天中記》卷五三、《補續全蜀藝文志》卷四六、《譯峨籟》等則不言出處，萬曆三十九年《嘉定州志》卷五《物産志·竹之屬》則云"他《志》月竹之説，原無此種"。

[三] 按，此詩載《李太白文集》卷一九。

[四] 按，此處詩題因襲《蜀中廣記》卷六三，《杜詩詳注》卷一二題作《桃竹杖引贈章留後》，《九家集注杜詩》卷八、《補注杜詩》卷八等則作《桃竹杖引》。

[五] 按，此處引自《益部方物略記》，文字小異。

[六] 按，此詩題作《和東川李相公慈竹十二韻》，見《元稹集》卷七，以之參校。

[七] "華"，原作"莎"，與蔣本同，據《元稹集》改。

[八] "茅"，原作"予"，與蔣本同，形近而誤，據《元稹集》改。

細瓊交翠柯。亭亭霄漢立，靄靄雨露多。冰碧寒夜筝，簫韶風晝羅。烟含朧朧影，月泛鱗鱗波[一]。鸞鳳一已顧，燕雀永不過。幽姿媚庭實，浩氣爽天涯[二]。峻節高轉露，貞筠寒更佳[三]。托身仙壇上，靈物神所呵。時與天籟合，日聞陽春歌。應憐孤生者，摧折成病痾。"有賦，見《藝文》。

茶

《文選注》："峨山多藥草，茶尤好，異於天下。"[四]今黑水寺後絕頂產一種茶，味佳，而色一年白一年綠[五]，間出有常。不知地氣所鍾，何以互更？

明初賜有茶園，在白水寺，植茶萬本，爲雲水常住之用。萬曆末，爲僧鬻去。至康熙初年，乃以二千兩贖還常住[六]，有碑記其事。

茶爲蜀中常產，蒙嶺在名山，霧中在大邑，俱擅古今名品。世又謂峨眉味初甘終苦，不減江南春采。又《華陽國志》："南安、武陽皆出名茶。"[七]"眉州、洪雅、昌閤、丹稜茶，用蒙頂製餅法，片甲、蟬翼，味苦而甘。"[八]白樂天云："茶中故舊是蒙山。"[九]文潞公詩云："舊譜最稱蒙頂味，露芽雲液勝醍醐。"[十]

[一] "鱗鱗"，原作"纖纖"，與蔣本同，據《元稹集》改。
[二] "浩"，蔣本及《元稹集》作"顥"。◎"涯"，原作"河"，與蔣本同，據《元稹集》改。
[三] "佳"，原作"和"，與蔣本同，據《元稹集》改。
[四] 按，此處引《文選注》，與《譯峨籟》同，皆承《蜀中廣記》卷六五而誤。然《蜀中廣記》卷六四引《蜀都賦》注文之語"岷山多藥草，椒尤好，異於天下"，則不誤矣。《文選·左思〈蜀都賦〉》"或蕃丹椒"句注云："岷山特多藥草，其椒尤好，異於天下。漸苞相苞裏而同長也。"
[五] 第一"一"字，原作"二"，據蔣本改。
[六] "二"，原作"金"，與光緒本同，據蔣本改。
[七] "南安、武陽皆出名茶"，原無，因襲蔣本而脫，文義不通，且後文所謂眉州、洪雅云云者，顯非《華陽國志》之文，故據蔣本及《華陽國志》卷三之相關記載而補。
[八] 按，《蜀中廣記》卷六五稱此條出《茶經》，但蔣超據之改寫，文義略顯蹇澀。
[九] 按，此句出《琴茶》，見《白居易集》卷二五，亦爲《蜀中廣記》卷六五徵引。
[十] 按，此句出《蒙頂茶》，見《文潞公文集》卷四。

菜

普賢菜。

羅漢菜，葉似豆苗[一]。

東風菜，生山谷間。一名斷續藤，行人渴則取汁飲之[二]。

龍巔菜，似椿樹，頭有刺，似白芥菜[三]。滿山自生，在九老洞尤佳。

緑菜，黄山谷有贊。

苦菜，即龍葵，三月生，六月花從葉出，莖直，花紫。八月實黑而落，其根復生，凌冬不枯。

甜菜。

岸邊菜。

懶菜，即黃連顛。

蕨菜，《雲仙雜記》云[四]：＂猿啼之處蕨乃多有，每一聲邊生萬莖。此物根可爲粉、爲餅飥，苗可爲蔬。＂李太白詩：＂不知舊行徑[五]，初拳幾枝蕨。＂東坡《送蜀僧去塵》詩：＂拄杖挂經須倍道，故鄉春蕨已闌干。＂[六]黄山谷亦有＂蕨芽初長小兒拳＂之句[七]。

真珠菜，生水石上，翠縷纖條，首如真珠，可蔬，醯煮可攜千里。

蘁菜，開白花，春時廣有。高力士詩：＂兩京作斤賣，五溪無人采。

[一] 按，此條又見《譯峨籟》。《欽定續通志》卷一七五《昆蟲草木略二·蔬類》云：＂羅漢菜，葉如豆苗，因靈觀尊者自江西南昌府西山持至，故名。《彙苑》云：'出蘄州三角山，雜葷烹之即無味。'＂

[二] 按，此條亦見《譯峨籟》。此東風菜，與今日習見之食用蔬菜名＂東風菜＂者顯然不同。《方輿勝覽》卷三七《新州·土產》＂異木＂條注文云：＂斷續藤，山行渴則斷取汁而飲之，號曰東風菜。＂胡世安所言當即此物也。

[三] ＂似＂，原無，且＂白芥菜＂另爲一條，皆因襲蔣本而誤，今據《御定佩文齋廣群芳譜》卷一七、《古今圖書集成·博物彙編·草木典》卷八〇＂龍巔菜＂條補。

[四] ＂雲仙雜記＂，原作＂瑯嬛記＂，因襲蔣本而誤，今本《瑯嬛記》並無此條，據此文見《雲仙雜記》卷二＂啼猿生蕨＂條改出處。

[五] ＂舊行徑＂，原作＂行徑下＂，與蔣本及《升庵集》卷五八＂小兒拳＂條同，據《李太白全集》卷二三《憶秋浦桃花舊游》改。

[六] 按，所引之詩，見《蘇軾詩集》卷四九，但亦有稱此詩爲蘇洵所作者。

[七] ＂初長＂，與蔣本及《錦綉萬花谷·後集》卷三、《升庵集》卷五八＂小兒拳＂條所引同，《黃庭堅全集·外集》卷一九《觀化十五首》之十一作＂已作＂。

夷夏雖有殊[一]，氣味終不改。"

馬蘭菜，葉似三漆而小[二]，花開似小菊，澹紫色。春時嫩葉曝乾，可代旨蓄。

巢菜，葉似槐而小，子如小豆。夏時種以糞田，其苗可作蔬入羹[三]，即薇菜也，氣味似豌豆。蜀人巢元修愛之，故名巢菜。東坡贈詩云："彼美君家菜，鋪田緑茸茸。豆莢圓且小，槐芽細而豐。"[四]公在黃州日，爲元修寄巢菜感賦也。

以上諸菜，峨眉山頂遍地有之。

歲在戊子、己丑[五]，蜀避亂山頂。僧衆絕糧，遍采山中草根、樹苔食者，有團土爲丸咽取延命者，獨不知采蕨法。余修《志》時，凡山頂有南方野菜可救饑者，皆爲入之。若論諸菜中，蕨味濃氣厚，少食不饑，住山人尤當以此爲返魂續命耳。此外，山中尚有薯蕷、南星、石苔、石花、菌蕈、木耳可食。木耳，皮厚似羊肚石，迴勝他處，山頂在處有之。其餘過萬年寺以下，薑、芋、瓜、豆、稻、麥、黍、蕎始可種蒔。稍上地寒，種多不生。山頂止可種菜，山峰石廣土少，不能多種也。芋有青、紫、白、真、連禪、野六種，唯野不可食[六]。連禪，即赤鷗，最佳，一名蠻芋。古記云："大饑不饑，爲有蹲鴟。"[七]漢卓氏致富以此。

[一] "夷夏雖有殊"，原作"花葉夏雖殊"，與蔣本同，文義不通，當是避清廷之違礙而改者，今據《萬首唐人絶句》卷二二改，《舊唐書·宦官·高力士傳》作"夷夏雖不同"。

[二] 三漆：應即三七，《本草綱目》卷一二下"三七"條注文云："時珍曰：'彼人言其葉左三右四，故名三七。蓋恐不然。或云本名山漆，謂其能合金瘡，如漆粘物也，此説近之。'"

[三] "田其"，原誤倒，與蔣本同，據《蜀中廣記》卷六四乙正。按，此條即據《蜀中廣記》改寫也。

[四] 按，此詩題作《元修菜》，見《蘇軾詩集》卷二二，此處乃節引。◎巢元修：巢谷，字元修，《宋史·隱逸下》有傳。

[五] 戊子、己丑：指順治五年、六年（一六四八、一六四九），當時蜀地未平，故明宗室朱容藩占據夔州，稱監國，南明總督呂大器興兵討之。詳《御批歷代通鑑輯覽》卷一一九。

[六] 按，此説見《重修政和經史證類本草》卷二三、《本草綱目》卷二七。

[七] 按，此語見《全蜀藝文志》卷三、《蜀中廣記》卷六四。

藥

石瓜，生峨眉山，樹端挺，葉肥滑如冬青，甚似桑[一]。花色淺黃，實長橢，殼解而子始現，以其形似瓜，故名。煮爲液，治痺。

紫荷車，藥名。范石湖有詩云："綠英吐弱縿，翠葉抱修莖。矗如青旄節，草中立亭亭。根有却老藥，鱗皴友松苓[二]。長生不暇學，聊冀病身輕。"

黃精，峨山產者甚佳。韋應物詩"靈物出西山[三]，服食采其根。九蒸換凡骨，經著上世言"云云是也。又宿進《游峨》詩："寂寥山寺停輿處，豁落風花到手時。亂石窟中翻素雪，碧雲堆裏卧青猊。巖龕鳥拜珠瓔佛，碑閣苔箋冰柱詩。拾得黃精須爛煮，飯儂明日上峨眉。"

何首烏。

南星，山中歲饑，掘得，連蒸三晝宵，可以爲糧。

天門冬、蒼朮、王不留行、威靈仙、山藥、龍膽草、益母草、茱萸。

夏枯草，煎水盥面，不皴。

白荳蔻、黃連、三七、五加皮、蒼耳、梔子、常山、茵陳、金毛狗、芍藥、馬蹄香、升麻、川烏、紫菀、沙參、吳茱萸、獨活、半夏、桔梗、草烏、青木香。

草

普賢綫，樹上苔鬚蔓引而成，長數尺，或言深谷有尋丈者。煎湯服，治心氣疼痛有效[四]。《方物略》曰仙人縧，即此物。贊曰："附陽而生，垂若文縧。大概苔類，土石所交。"余觀峨眉山是樹俱生綠苔，又有綵縋

[一] "甚"，原作"椹"，因襲蔣本而誤，據《益部方物略記》改。

[二] "皴"，原作"皱"，與蔣本同，據《范石湖集》卷一六《紫荷車》改。

[三] "山"，原作"川"，因襲蔣本而誤，蔣超又是抄錄《譯峨籟》而來，胡世安則承襲《蜀中廣記》卷六四而誤，今據《韋應物集校注》卷八改。按，韋應物詩中之西山，指滁州之西諸山，其別集卷七有《游西山》《再游西山》詩。韋應物一生仕宦亦未至蜀地，不知曹學佺因何而誤將此詩采入？胡世安、蔣超不察，亦因襲之。

[四] 按，此處關於普賢綫之描述及後文引《益部方物略記》，皆與《譯峨籟》相合，但《譯峨籟》不言此物有藥用價值。

翻綴垂至數尺者，其樹亦根蟠石上，藤蘿宵絡，不辨木石。又有一樹兩葉、異命同生者，總之山靈變釀，不可方物如此。

壁寳草，葉如螢光，或隱或現，赫日不掩。

金星草，葉似萱，背有點，雙行相偶，黃澤似金星，故名[一]，又曰金釧草。可治疽創及丹石毒，喉生乳蛾[二]，搗水飲之。

瑞草。

長生草，山陰蕨地多有之。修莖茸葉，色似柏、檜而澤，經冬不凋，故曰長生。

碧雲草，似孔雀尾，山中石上多有之。

附：珍異 不可常有，故名珍異。

《本草經》："嘉州峨眉山出菩薩石，形六棱，銳首，色瑩白明徹，若泰山狼牙、上饒水晶之類。日隙照之，有五色如佛頂圓光。"[三]俗謂菩薩光明所感，即今所謂放光石也。在峨眉山後百餘里外始產此石，彝人拾之鬻與山僧，以備游客之覓，峨山中無此石也。

《蜀郡草堂閑話》："雷威斲琴，多在峨眉、無爲、霧中三山。"[四]又《益部談資》："世傳雷威作琴[五]，不必皆桐。遇大風雪之日，酣飲，著蓑笠，獨往峨眉深松中，聽其聲，連延悠揚者伐之，斲以爲琴。有愛重者[六]，

[一] "名"，因襲蔣本而脫，文義不通，據《蜀中廣記》卷六四補。按，此條大致本自《蜀中廣記》，《蜀中廣記》又因襲自《益部方物略記》。

[二] "蛾"，原作"鵝"，因襲蔣本而誤，據《蜀中廣記》改。按，乳蛾爲喉嚨因上火而腫脹形成的病癥。《儒門事親》卷三云："《内經》之言喉痹，則咽與舌在其間耳。以其病同是火，故不分也。後之醫者各詳其狀，強立八名：曰單乳蛾、雙乳蛾、單閉喉、子舌脹、木舌脹、纏喉、風、走馬喉痹。熱氣上行，結薄於喉之兩傍，近外腫作，以其形似，是謂乳蛾，一爲單，二爲雙也。"

[三] 按，此條本自《譯峨籟》，《譯峨籟》又係據《蜀中廣記》卷六七而來。此《本草經》，指宋人唐慎微等所修之《重修政和經史證類本草》，見其書卷三，而原文又云得自《楊文公談苑》。

[四] 按，此條因襲《譯峨籟》，其說見宋人姚寬《西溪叢語》卷上，至於《蜀郡草堂閑話》爲何書，則莫可考。

[五] "作"，原作"斲"，據蔣本及《益部談資》卷上改。

[六] "者"，因襲蔣本而脫，文義不暢，據《益部談資》補。按，此說又見於舊題元伊世珍所撰之《琅嬛記》卷中，當即《益部談資》之所本。學者多以爲《琅嬛記》乃偽書，則此說殆亦不可當真也。

名以松雪。"

《嘉祐雜志》："峨眉雪蛆治内熱。"陸游云："亦産茂州雪山嶺谷中，雪時得之，能蠕動，雪消蛆亦消。"《益部談資》云："雪蛆，産岷峨深澗。形如蝟而無刺，肥白，長五六寸[一]，腹中唯水，能伸縮。取食須在旦夕，否則化矣。"

《范子計然》曰："空青出於巴郡。"[二]《本草》："空青生益州山谷，久服輕身。能化銅、鉛作金。"[三]又云："蜀名山縣有銅處，曾青出其陽[四]。青者，銅之精也。"又云："空青生越嶲山有銅處，銅精熏則生空青，其腹中空。"梁江淹《空青賦》曰："夫赤瓊以照燎爲光，碧石以葳蕤爲色。咸見珍於東國，並被貴於西極。況空青之麗寶，挺山海之不測。於是寫雲圖氣，學靈狀仙。寶波麗水，華峰艷山。陽谷之樹，崦嵫之泉。西海之草，炎州之烟。曲帳畫屏，素女綵扇。錦色霧鬱，綺質蔓延。點拂濃薄，如隱如現。山水萬象，丹青四變。咸百鎰而可珍[五]，亦千金而不賤。"故淹作《扇上彩畫賦》有"空青出峨眉之岨，雌黄出嶓冢之陰"，今無所見矣。

第十一、蔣編志餘

《志餘》一篇，係蔣虎臣輯全志之外所録之文。事寬泛而理確鑿，勵法屬而警愚頑。如蓮池、法照數段，洵長夜之慧炬、苦海之慈航。嚴武代巡等之狂悖，饑饉刀兵等之慘悽，皆足以警醒癡迷，啓牖良善，誠爲

[一] "五"，因襲蔣本而脱，據《益部談資》卷上補。按，補之則爲約數，義勝。又，關於雪蛆之記載，首見於宋人江休復《嘉祐雜志》，陸游《老學庵筆記》卷六則詳叙之，其後明人何宇度《益部談資》卷上亦載此事，《蜀中廣記》卷六〇、《譯峨籟》亦并載諸説。

[二] 按，此條見《藝文類聚》卷八一、《蜀中廣記》卷六四等。

[三] 按，此條見《重修政和經史證類本草》卷三，又見《蜀中廣記》卷六四。

[四] "曾"，原作"空"，與蔣本同，據《太平御覽》卷九八八、《蜀中廣記》卷六四引《本草經》及《本草綱目》卷一〇改。按，曾青與空青非一物。

[五] "鎰"，原作"鑑"，因襲蔣本而誤，據《江文通集彙注》卷二改。按，此處所引《空青賦》，有删節，與《江文通集彙注》個別文字有異，但與《藝文類聚》卷八一所引同，故不詳校異文。

不可缺者，悉備存之。間有考據失當、評論欠圓之處，特爲刪削，俾成完璧。又將舊《志》不便列于各門者數段附之于後，注明起訖，兩不相參，以期閱者不復致疑。故志志餘[一]。

蜀山，岷、嶓、蔡、蒙爲最大，古今聞人洽士考核最詳，然究竟不知何山爲峨眉也。古云北山皆嶓，南山皆蒙，峨眉當爲蒙首[二]。然考《禹貢》蔡注：“蒙在蜀郡青衣縣，蔡在雅州嚴道縣。二山上合下開，沫水出焉。”[三] 則蒙另是一山，非峨眉所爲。不肖曾聞之先君子云，川西皆岷，岷北流爲洮，入黄河；南流入川，爲大江。此知岷峨總是一山，只横障西南二處爲異耳。今江水果隨岷峨至嘉、眉直下，中間如嶲州之大渡、沫水，夾江之青衣，犍爲之漢水，無不凑集，至嘉定爲一都聚合之。《禹貢》"岷山導江"一語，地勢愜合，不應又牽引蒙山作首尾也。《總志》載峨眉在威州"治西五里"[四]；《廣輿記》載峨眉山在眉州城南，來自岷山，延袤三百里，至此突起二峰，如蛾眉然[五]。又曹公楷《游鍫華山記》云"此山連峨岷嶺，爲兩戒山河之首"[六]，足知二山相連即一山也。古云天下名山太華險絶，峨眉神奇；又云望遠則峨眉，登高則太華。此二山，余皆親躡其頂，嶔崎塊異，無從優劣。但華山窮日之力尚可至頂，峨眉非兩日不能至，則論高又當推峨眉耳。唯是峨眉山凡遇懸巖峭壁處俱有木棧鋪墊，躡之而行，兩傍樹木周遮，密如欄楯。又山多陰雨，白霧瀰漫，人過險處，俱坐不知。只重嶺傑驛層見叠出，雖有壯夫賈勇，亦嗟力竭。華山四圍無路，險處俱就山壁上懸鐵繩下引，游人挽之而上，往往繩斷即壓殺百數人。繩傍雖微鑿孔窨，僅容半足，緩急何濟於事？昔人稱"直行如上壁，横行如騎墻"，良不虛也。余游二山，妄斷二語云：

[一] 按，此序乃印光等所增，與蔣本所收宋肄樟序不同。雖然稱此《志餘》是蔣超所作，但蔣本所載已經宋肄樟等篡改，早非原貌；此處又經印光等所改，更不類舊矣。又，印光等删去了蔣本《志餘》的不少條目，此處不做具體説明。

[二] "蒙"，原作"冡"，形近而誤，據蔣本改。後文"則蒙另是一山""不應又牽引蒙山作首尾也"亦誤，逕改，不再出校。

[三] 按，此説見宋人蔡沈《書經集傳》卷二"蔡蒙旅平"條注文。

[四] "治"，原誤作"至"，與蔣本同，據康熙《四川總志》卷三《山川·威州》"峨眉山"條改。

[五] 按，此説乃據《廣輿記》卷一七《眉州·山川》"峨眉山"條改寫。

[六] 按，此文見《補續全蜀藝文志》卷五六、雍正《四川通志》卷四二等。作者曹楷，明代什邡人。嘉慶《什邡縣志》卷四〇有傳，稱其字少軒，號西湖外史，曾與修萬曆《什邡縣志》。

"峨眉高而不險，華山險而不高。"同行一友又增二語云："峨眉比華山高而加遠，華山比峨眉險而加峭。"亦確論也。

古今名勝之地，仙佛住現，傳至數世，亦有互相消息，不可測臆者。如五嶽俱天真道場，近來唯華山無僧寺，其餘四嶽亦駸駸乎解珪剝城矣。峨山自黃帝問道天皇真人時，未有佛祖與分席也。今則琳宮梵刹布滿巖壑，至問羽流，乃無一人。宋皇坪、軒轅觀全成虛莽，唯純陽一殿為明代巡衛陽赫公所建[一]，載有碑記，欲為天皇存餼羊之意。然今住持仍是緇流，中塑彌勒、願王等像，純陽特一寓公耳。竊意聖賢隨時度世，或為仙，或為釋，原無定迹。今日禪道盛行，諸天仙衆必是棄舍本法趨向真如，如彌遮之事提多，商那之嗣迦葉[二]，一音闡化，接物利生，皆不可知也。

蓮池大師《竹窗隨筆》云："游五臺者，曰文殊在；游峨眉者，曰普賢在；游普陀者，曰觀世音在；獨不曰西方極樂世界有彌陀在乎？又不曰三大士者徒仰嘉名，阿彌陀佛現在説法，親炙休光之為愈乎？跋涉三山，累年月而後到；信心念佛，一彈指而往生。失此不為，大可嘆也！"[三]考《净土資糧》，稱有人修西方净土者，臨命終時，見二大士隨彌陀接引。則誠心頂禮願王，西方亦決可至。大師言此，特為虛頭衲子假借朝山為名、奔走乞食者作針砭耳。

又云："或謂五臺、峨眉、普陀三山，劫火不壞，游者能免三灾，此訛也。三灾起時，大千俱壞，何有於三山？若必游此免灾，則瞽目、跛足不能登歷者，縱修殊勝功德，終成墮落。而居近三山者，即愚夫皆成解脱耶？當知無貪乃不受水灾，無瞋乃不受火灾，無癡乃不受風灾，三山之到何與？願念念開文殊智，行普賢行，廓觀音悲，則時時朝禮三山，親近大士。不達此旨而遠游是務，就令登七金、渡香水何益？"[四]按，

[一] 代巡：即巡按御史，以代天巡狩而名。◎"衛"，原作"衡"，形近而誤，據蔣本改。按，萬曆十二年（一五八四）四川巡按御史赫瀛道號衛陽子。

[二] 彌遮之事提多，商那之嗣迦葉：據《佛祖統紀》卷五《西土二十四祖紀》，佛祖滅度後，有二十四尊者傳法於後世。其中，始祖為摩訶迦葉尊者，三祖為商那和修尊者，五祖為提迦多尊者，六祖為彌遮迦尊者。諸人事迹詳《佛祖統紀》卷五傳傳。

[三] 按，此條見《竹窗三筆》之"游名山不願西方"條，收入《蓮池大師全集》第三册。蔣超所引，於第三句有改動。原文云："又不曰跋涉三山，累年月而後到；信心念佛，一彈指而往生乎？大可嘆也。"

[四] 按，此條出《蓮池大師全集·正訛集》之"三山不受三灾"。

大師此語，凡在峨眉游居者，皆當日誦一遍，以當聾鉦瞶鼓。至三灾之説，遠不能料，以目前論。獻逆流毒西川，所在屠戮，人類幾絶。峨眉一山[一]，賴菩薩慈力護持，四衆安般，如卧袵席。雖謂之三灾不壞，可也。

又云："先德示衆云：'汝等出家，未曾立脚得定，忽已過三四十年。'吾聞此語，真懇痛切，心戰毛竪。乃有都將青春壯色勤勤作有爲事業，或奔南走北，言我參禮名山；或裝塑修造，曰我興崇三寶；或聚衆起會，曰我助揚法化。此雖名色好事，非同賞玩麯糵等比，至其爲空過，一也！一朝猛省前非，已是龍鍾衰朽，悔無及矣！古云：'少年不努力，老大徒傷悲。'嗚呼！更有終身安然而不傷悲者。"[二]按，大師此語，言言熱血[三]，審知朝山作福非修行第一要務。然如今人假外勢以塞中道，叠人我以隔聖途；得法傳法，總非戒、定、慧之由生；施醫施藥，悉同饗餐仦人之輩。縱有達道者，亦莫如之何也已！不肖嘗聞古德云[四]："諸上善人，若能持六度、修萬行，了了如一個避塵之珠，萬物不相滯礙。然欲出一頭地，先發一決了漢的心。決了者，諸惡莫作，衆善奉行。"所以云："順信佛語，天神衛護。"倘或身寓法庵，心運魔行，必是六師之再來。寄語明眼，慎心防護。欲修無上菩提者，須從實地修行，不致墮身業海，猶爲彼善於此也。古偈云："修慧不修福，羅漢應供薄；修福不修慧，象身挂瓔珞。"[五]凡事不可執著，謂朝山、接衆、齋僧、造佛爲非功德，固不可[六]；謂此等即是修行極則，亦不可耳。中峰大師有云："一心爲本，萬行可以次之。"[七]至哉言也！

世人競稱文殊在五臺，普賢在峨眉，此是俗見——如今朝廷設官，各分疆界、各有職掌者然。其實菩薩神化，周遍法界[八]，何嘗以某處爲

[一] "一山"，蔣本作"山頂"，此處殆印光等有意改之者。

[二] 按，此條見《蓮池大師全集·竹窗三筆》"時光不可空過"之二。

[三] "熱"，蔣本作"蒸"。

[四] "聞古德"，蔣本作"聞佛語"，此處當是印光等有意改動者。

[五] 按，此偈子見《龍舒增廣净土文》卷九"福慧説"。

[六] "固"，蔣本無。

[七] 按，此處引中峰和尚語，見《蓮池大師全集·竹窗二筆》之"中峰示衆"條。所謂中峰和尚，指杭州天目山中峰明本禪師，俗姓孫，錢塘人，宋末元初僧人，傳記見《五燈會元續略》卷三。

[八] "周遍法界"，蔣本作"周行一四"。

我道場，某處爲彼道場耶？蜀父老相傳，宋時有僧禮五臺，不睹文殊光相。忽逢一老翁，云："菩薩出游蜀矣。今以旃陀羅身寄笮橋南，乃其化現，非有二文殊也。"僧因歸謁屠人石長者，忽化文殊，其刀化爲如意，飛出屋去。蜀人異之，因即所居爲文殊院焉[一]。此文殊之在蜀也。讀《廬山》《東林》及《衡嶽志》[二]，唐法照大師故事，曾詣五臺，親入竹林聖寺，文殊、普賢東西向坐[三]。此又普賢之在五臺也。總之，二大士志同道合，如無著、天親，無時不相往來聚會。又皆發願欲生極樂國土，故彌陀所至，同來接引。所謂"娑婆良弼，安養親臣"耳[四]。

法照大師大曆三年止雲峰寺，慈忍戒定，爲時所宗。嘗於僧堂食鉢中睹五色雲中有梵刹，當東北有山澗、石門；復有一寺，金書其題，曰"大聖竹林寺"。他日復於鉢中見雲中數寺，池臺、樓觀，萬菩薩衆雜處其中。師以所見訪問知識，有嘉延、曇暉二僧，曰："神聖變化，不可情測。若論山川面勢，乃五臺耳。"師遂與同志遠詣五臺，見寺南有光貫日。師緣光而至，徘徊四顧，一如鉢中所見。東北行五十里，有山[五]，山有澗，澗北石門傍二青衣，一稱善財，一稱難陀，引師入門。北行，見金門、樓觀，金榜題曰"大聖竹林寺"。方圓可二十里[六]，皆有金地寶塔、華臺玉樹。入講堂，見文殊在西，普賢在東，踞獅子座，爲衆説法。菩薩萬數，共相圍繞。師於二菩薩前作禮，問曰："末代凡夫，未審修何法門？"文殊告曰："諸修行門，無如念佛。阿彌陀佛願力難思，汝當繫念，決取往生。"時二大士同舒金臂以摩其頂，與之記，曰："汝以念佛力故，畢竟證無上覺。"文殊復曰："汝可往詣諸菩薩院巡禮承教。"

[一] 按，此處所言故事，改寫自《成都文類》卷三九史相《石長者院記》。
[二] 按，此處所言三種著作，由於存在省稱，難以詳考。以"廬山"名者，宋人陳舜俞有《廬山記》三卷，明人桑喬撰、清人范初續補《廬山紀事》十二卷，這兩種應是蔣超可以見到者，但暫未見有相關記載；以"東林"名者，暫不知所指爲何；以《衡嶽志》爲名者，明代彭簪撰，今有《四庫全書存目叢書·史部》第二二九册所收六卷本，亦無相關記載。
[三] 按，法照見文殊、普賢之事，可參《廣清涼傳》卷二"法照和尚入化竹林寺"條。
[四] 娑婆良弼、安養親臣：《净土資糧全集》卷一"十願求生"條云："文殊七佛之祖，普賢萬行攸宗。而净土往生，諄諄叫出一口。娑婆良弼，即安養親臣，明亦甚矣。"
[五] "東北行五十里，有山"，蔣本作"東北五里果有大山"。按，蔣本所據爲《佛祖統紀》卷二六法照小傳；印光等所改之根據則爲《宋高僧傳》卷二一《唐五臺山竹林寺法照傳》。兩個説法略異，難定是非。
[六] "方圓可二十里"，蔣本作"寺方二十里，一百院"，印光等乃據《宋高僧傳》所改。

師歷請教授，至七寶園復回，至大聖前作禮辭退。向二青衣送至門外，師復作禮，舉頭俱失所在。後與五十僧往金剛窟，即無著見大聖處，忽睹衆寶宮殿，文殊、普賢及萬菩薩、佛陀波利。師方作禮，舉首即失。夜於華嚴院見寺東巖壑有五枝燈，師曰："欲分百燈。"既而如願，復曰："願分千燈。"數亦如是，光遍山谷。又前詣金剛窟，夜半見佛陀波利引之入寺，謂之曰："汝華臺已生，後三年華開矣。汝見竹林諸寺，何不使群生共見之？"師因命匠刻石爲圖，於見處建竹林寺。既畢，謂衆曰："吾事畢矣。"數日，別衆坐逝。推波利之言，果三年矣。當大曆七年也。師於并州行五會，教化人念佛。代宗於長安宫中嘗聞東北方有念佛聲，遣使尋之。至太原，果見師勸化之盛，遂迎入禁中，教宫人念佛，亦及五會。見柳子厚《南嶽碑》云[一]。

峨眉多火災，所以前人改華藏爲黑水，普賢爲白水，牛心爲卧雲，中峰爲集雲，華嚴爲歸雲，以爲二水三雲，可禳此厄。明末代巡黄岡劉公梧陽，又於萬年築真武祠壓之，究竟祝融原未斂戢。嘗竊私議：山中寺宇上下俱鋪厚板[二]，又好作樓閣，連椽接棟，而上下止靠一梯；往來香信禮佛，好燒紙錢；山高寒重，暑月圍爐，自然易與祖龍作緣。今不在此等處講求趨避之法，多造祠廟及改題雲水，何益於事？

海内名山，不論遠近，若欲游歷，須視宿世因緣[三]，不可勉强。如王右軍，生平欲游峨眉，誓墓之後，猶云"奉使關蜀，無不從命"[四]，可見心馳汶嶺如此其至，然終不能遂此願也。杜工部避地成都，元、白俱官巴蜀，未得一登光相，留題碧落，已爲欠事。至東坡家眉州，去峨眉最近，其至峨與否，俱不可知。唯白水寺有題絶句，或少年曾一著游屐耳。觀其《寄黎眉州》云："膠西高處望西川，興在孤雲落照邊。"在密州送人《河滿子》詞云[五]："見説岷峨悽愴[六]，旋聞江漢澄清[七]。但覺

[一] 按，《柳宗元集》卷六有《南嶽彌陀和尚碑》。
[二] "宇"，蔣本作"觀"；"厚"，蔣本作"金"。此處皆印光等有意改動者。
[三] "不論遠近，若欲游歷，須視宿世因緣"，蔣本作"入手不論遠近久暫，俱有天生緣法"。
[四] 按，此説本自《蜀中廣記》卷一〇一。《晉書·王羲之傳》云："若蒙驅使，關隴、巴蜀皆所不辭。"
[五] "密"，原作"湖"，與蔣本同，乃因襲舊本東坡詞而誤，據《蘇軾詞編年校注》改。
[六] "岷峨"，原作"峨眉"，與蔣本同，據《蘇軾詞編年校注》改。
[七] "旋"，原作"還"，與蔣本同，據《蘇軾詞編年校注》改。

秋來歸夢好[一]，西南自有長城。"公雖離蜀，而垂老留連，殊有生入玉門之感。三蘇唯老泉歸葬故山，公兄弟俱隨地窀穸[二]，亦可哀也。或傳公讀書嘉定州蘇稽寺，在州西二十里，地名尖山。查寺乃唐蘇公頲遷謫於此，非東坡也。峨山坡公筆墨最少，唯縣南龍門洞有石刻"龍門"二大字，又云富春孫公雙鉤。唐太白久居峨眉，與丹丘因持盈法師善。蘇公頲爲益州長史，薦之，因入長安，官翰林。載魏顥《李翰林集序》。其後往來齊魯、吳越，不能即歸。觀其《渡荆門送別》詩"仍憐故鄉水，萬里送行舟"[三]，《送人之羅浮》詩"汝去之羅浮，我還憩峨眉"[四]，又《淮南卧病懷蜀中趙徵君蕤》詩"國門遥天外，鄉路遠山隔。朝憶相如臺，夜夢子雲宅"，皆寓懷鄉之意。不能終老故山，客死采石，命也。唯范蜀公景仁六十致仕，遨游峨眉、青城，下巫峽，出荆門，凡期歲乃還。真是高人奇遇也。

峨眉山睹佛臺，往往有舍身者，大約離三四年即有之。前歲有喇嘛僧，年五十餘，沐浴齋戒，一躍而下。此去懸巖萬丈，無從踪迹其遺骸。然亦有舍身不死者。楚人年少，至巖端坐不死，垂絕救活，事在辛亥夏。余在天臺石梁橋，聞一老僧舍身，死時頭目不損，亦無血暈。武當山昔有孝婦，姑病，發願舍身代姑。至山，擲身巖下，如履平地。後遇伊姑，携手同歸。余與寺僧覯縷此事[五]，忽有同行一友云："如我不然，剛在山下已舍身久矣。"衆以爲知言，書以紀之。然雖如是，非至人之所爲。欲入般若之户扃，必投大覺之極地。恐名舍身，終成虛語，不爲佛聖之援[六]，猶恐墮落於枉死漂沉矣。唯祈達人再思可也！

峨眉山頂，游人一到即患胸腹脹滿。人云水泉爲祟，余謂不然。聖泉、龍池，水極甘冽。所苦者，寺僧不暇遠汲，止將大木桶或古鐵鍋注天雨水煮飯食人[七]。此水累月停積，安得不病？亦且山至絕頂，嵐氣蒸人，暑六烘炙，亦有莫測。如水一法，當如華山峰頂，鑿方石

[一] "秋來"，原在"但覺"之前，與蔣本同，據《蘇軾詞編年校注》乙正。
[二] "窀穸"，蔣本作"窀厝"。
[三] "荆"，原誤作"金"；"送別"，原脱，皆與蔣本同，據《李太白全集》卷一五改、補。
[四] "我"，原作"余"，與蔣本同，據《李太白全集》卷一八《江西送友人之羅浮》改。
[五] "覯縷"，蔣本互倒，皆可。
[六] "不爲佛聖之援"，蔣本作"不爲有道之源"。
[七] "雨"，蔣本作"澍"。

坎，四處雨水[一]，引注坎中，其味渾是醍醐、沆瀣。華山羽流壽多至百歲以外，坐此故也。再或不然，山頂流泉頗多，多爲埝堰瀦蓄以資汲飲，亦易事耳。

峨眉佛地，游山者自來不敢以葷酒溷香積。近來間有縉紳携具登頂者，幸而無恙，便謂普賢大士境界毫無憎忌。不知明末有代巡劉光沛登山[二]，川南道李一鰲與州守馮某特異一豬至頂，屠宰以供厨傳。刀未下時，庖人忽被雷風擊倒，暈死竟日。蘇時問之，云："一大神身披鎧甲，威勢無比，大喝一聲，未知所事。"想即韋馱金剛護法諸神也。豬亦逸去。諸人駭然，虔誠悔過。至夜，雷聲暴發，猶傾海嶽，一衆懇苦籲禱，方止[三]。自此無敢携酒肉入山者。審歷來有犯五逆者，登陟不洗心者，多至雷殛。但既有心入山，理宜小心謹慎，不可以雷霆偶霽遂弛敬意也。

峨山老僧樹，共知爲晉遠公禪師弟慧持。近閱《嘉州志》，又云持游峨山，入定於州之道即徑山寺古樹中。"又萬曆某年，陳留取土掘出一缸，中有定僧，云即是持師出定。余鄉常州奔牛鎮，相傳宋高宗時亦有枯樹老僧入定故事，三處未知孰是。以生平好尚論，持愛清净，不似今人鋪茵放鉢，人前定帳[四]，貪圖利養，則其在峨眉絕頂無疑。或云圓寂在成都龍淵寺，然至人應世，神化不一，妙在凡人莫測矣。

樵陽子者，蜀灌縣青城山樵子也。本大足縣人，姓雷氏[五]。方誕，有跛而募於其門者，其母因以化緣呼之。甫二歲，父若母死，安縣民陳和養爲子。十餘歲，陳父母亦死。化緣屢然，托足青城山下童翁家。童翁又貧，無所得食，則入山斫柴，售灌縣人以活。灌縣人持升米或碗許

[一] "雨"，蔣本作"露"。按，印光等前文改"澗水"作"雨水"，當是以爲"雨水"不佳；此處改"露水"作"雨水"，則又以爲雨水堪用，豈能自相矛盾如是？

[二] "劉"下，蔣本有"公"字，印光等或因此人不配尊稱，故刪。後文之"李一鰲"，蔣本作"李公一鰲"，印光等亦刪"公"字。按，劉光沛，湖南湘潭人，天啓壬戌（一六二二）進士，據《度支奏議》卷二三《查覆四川三四年餉銀并優免完欠疏》"崇禎四年（一六三一）七月二十四日奉本部送户科抄出四川巡按御史劉光沛題"，可知此人崇禎四年前後任四川巡按御史。雍正《四川通志》卷三〇誤作"劉光浦"。

[三] "一衆懇苦籲禱，方止"，蔣本作"一衆措手，告香方閱"。

[四] "定"，蔣本作"走"，此處當係印光等有意改動者。

[五] "雷"，原作"雲"，因襲蔣本而誤，據明人孫繼皋《宗伯集》卷四《樵陽子傳》改。按，《明文海》卷四二〇亦收此傳，《獪園》卷四"樵陽子"條亦載其事迹。從文字比對來看，此處應是源自《宗伯集》。

來，市樵子柴盡一挑，樵子不計也。一日入山，天大雨雪，迷失道。入山益深，雪盈六七尺許。所見唯高巖萬丈，古木架陰壑，飛鳥都絕。忽一老人，鬚眉皓白，手執拂子，招樵子坐。頃之，又一老人，貌頎，腹便便，衣大袖紫衣，亦來共坐。如是累月，並有所指授，其語祕不傳。已乃導樵子大樹下，指而曰："是中爾前身所托也。"坐樵子石上，設十二拜禮，恭甚，號之曰樵陽子。以故皆稱樵陽子云。二老人既去，樵子徘徊巖谷間，隱隱聞隔巖彈琴聲或人聲，及迹之，無有也。結跏趺坐樹下凡百數十日，敗衣掩形，頹然槁木。采藥人遇而怪之，不知佛耶仙耶。因以語灌縣人，灌縣人轉相語，群走物色，識為童家兒。是兒陷雪窖一年久矣，曷不死寒餓、死虎狼？相與神其事。聞灌縣令，令景某駕至山中問狀，所對班班應古記[一]，非童子口吻也。自言："吾前身在樹中。"令便使人斫樹，樹轟若雷震者，火發其腹，劃然開，現委蛻焉。髮重覆領，指爪繞身，其貌相則樵陽子也。令驚嘆，追尋蛻坐處，掘得一石匣，匣有卷，卷有文字，亦祕不傳。有布衲，有鐵冠縧，樵陽子以自隨。有劍，劍柔繞指，今失所在。其時，令下教製龕奉樹中蛻，築庵居樵陽子。於是名一時而傾動州郡，士庶競來瞻謁。能談人未來事，又能已人疾。來者愈益多，樵陽子避而匿安縣之天池。士庶則亦走天池，趾相錯也。其鄉縉紳以迨官長，車蓋相望。而獨石泉有令某，憸墨吏也，問外丹何居。樵陽子笑謂令："廉而仁是官人外丹也。"令疑誚己，嗾某弁以妖人上變告臺司，下成都張丞某逮治。樵陽子朴野，至則箕踞而誶。丞大恚，罵"何物囚敢爾"，榜之，繫囹圄三月，獄成。王觀察某特廉其非辜，白艾中丞得解[二]。久之，譚中丞來[三]，檄所司，即向所築庵建大通觀，迎還山。厥後，凡開府及鎮藩臬至者，率召見樵陽子。樵陽率一再往，不拒也。顧其意忽忽不自得，會常郡參知吳公以捧表過家，謀挾之江南，樵陽子灑然從焉。來則止常之永慶寺，亦數過錫，止龔方伯城南別業。稍一游武林西湖，就而徵未來事若丐已疾者麇集。初不甚應，間露一二語，往往奇中。在山專餌黃精，出山乃火食，食止蔬素。終歲廢便，若

[一]"古"，原作"占"，因襲蔣本而誤，據《宗伯集》改。
[二]艾中丞：據雍正《四川通志》卷三〇，有艾穆，萬曆中任巡撫。乾隆《岳州府志》卷二二有詳傳。
[三]譚中丞：據雍正《四川通志》卷三〇，在艾穆之後，任四川巡撫者有譚希思，當即此人。康熙《茶陵州志》卷一八有詳傳。

良有絕異者。晚自名曰思道，亦書出山後事[一]。相傳其大父孔文，進士也，與内江趙文肅同榜，友善。父鳴春，大足人，爲樵陽子言如此。留未一歲，歸蜀。贊曰：昔東林老古錐[二]，定峨眉樹中七百年。既出求復定，去今青城樹中身托樵陽子。是兩也，玄與禪有異乎[三]？張紫陽因折瓊花事[四]，推明陰陽性命之變，以爲必得金丹乃稱上乘。余不解爲二氏言，幸獲樵陽子。其人冲彝恬穆，不界人我。教人只於心地上領宗旨，雖以通儒者言不謬。嗟乎！余不能極樵陽子所詣矣。"傳爲孫伯潭先生作。

峨山有兩茂真尊者：一是隋時人，日游神水，夜宿呼應；一是宋人，號茂真禪師，豫知舒王有誕仁宗之慶，今中峰寺是其重修。唯云與孫真人弈棋，往來呼應庵者，乃隋之茂真尊者也。

明太祖亦嘗遣僧至西域取經。行至岷峨，見普賢丈六金身，乘白象，現大圓光中，語僧云："西域遠甚，汝安能至？吾有真經一卷，得此可復汝主。"遂手授一經。僧拜謝歸，見祖，述此語。祖以爲欺己，欲殺之。開經，則祖親書求經疏文，宫中獨對佛前焚化者。祖大悦，厚賜此僧。載《金陵梵刹志》[五]。

中峰寺，由明果大師除蟒始改道觀爲寺，今寺僧俱能言之。但《開縣志》亦稱神仙山迎仙觀有異僧除蟒事，唯不載果師名號耳。世間奇事相同者，固不止一二也[六]。

[一] "書"，原脱，與蔣本同，據《宗伯集》補。
[二] "昔東林老古錐"，原作"昔東老云有僧"，與蔣本同，據《宗伯集》改。按，老古錐，佛教中對高僧的比喻。如《圓悟佛果禪師語録》卷二云："師入院，指方丈云：'個是毗耶據坐處，正同摩竭令行時。夾山頂顊通一竅，放出天彭老古錐。'"
[三] "玄與禪有異乎"，因襲蔣本而脱，文義不通，據《宗伯集》補。
[四] 張紫陽因折瓊花事：《玉芝堂談薈》卷一二"陽神陰神"條云："宋張紫陽，名用成，修煉功成，受劉海蟾秘訣。時有一僧，自謂得最上乘禪，能入定出神，數百里間，頃刻即到。一日相遇，紫陽曰：'可與禪師同游遠方乎？'僧曰：'可，願同往揚州觀瓊花。'于是，紫陽與僧同處一静室，瞑目趺坐，皆出神游。紫陽至其地，僧已先到，繞花三匝。紫陽曰：'今日與師各折一花爲記。'少頃，紫陽與僧欠伸而覺。紫陽于手内折出瓊花一枝，問師瓊花何在，僧袖手皆空。後紫陽弟子問：'吾師與禪師同游，何以有折花之異？'紫陽曰：'我金丹大道，性命兼修，故聚則成形，散則成氣。所至之地，真神見形，謂之陽神。彼之所修直修性宗，不復修命，故所至之地，無復形影，謂之陰神，此其異也。'"
[五] 按，此條前半部分叙唐三藏之事，印光等以其不可信而删之。又，萬曆本《金陵梵刹志》并不載此事，蔣超或誤記。
[六] 按，此感慨之語蔣本無，乃印光等所增者。

峨山又有二孫思邈,一是唐則天時人,一是宋人,與張乖崖善[一]。

峨眉山無窮和尚,從師通天,一生苦行,汲水肩糧,忘身爲衆。遷化之後,人皆知其托生嘉定,爲楊氏子,名展,字玉梁,明季丁丑武進士,毛洛鎮副總兵。當甲申、乙酉之時,獻逆鴟張,蹂躪蜀地。展率義勇竭力抵敵,賊鋒屢衄。展收拾殘疆,賑濟飢溺,不論緇白,户給米麥、牛種若干,川南數郡賴以延喘。後誤撫土寇袁、武,待以心腹,反爲所殺,遠近惜之。是年春,入山禮大士,忽作偈云:"四十九年別普賢,今朝又到白雲巔。非我有心辭佛去,只緣身世涅槃間。"寺僧初不解其意,未幾難作,適符詩讖。果是無窮再來,當歡喜領受,償還宿債,不以孫、龐餘耳爲恨也[二]。

峨眉有伏羲、女媧等洞,乍見疑之。久思開闢聖人半起東北[三],且上古無三教之分,聖賢仙佛隨處示現,接物度生,理或有之。如佛經稱伏羲爲寶應聲菩薩,女媧爲寶吉祥菩薩《須彌四域經》[四]。《辯正論》又云太

[一] 按,所謂與張乖崖相善者,名知微,字太古,彭山縣人。蔣超稱其字思邈者,因襲《廣輿記》而誤,其書卷一六"孫知微"條云:"孫知微,字思邈,成都人。張乖崖鎮蜀,雅慕之,終不可致。及還朝,出劍閣,一村童持思邈畫進。問孫所在,則曰去已遠矣。馬知節守成都,造訪,解金帶以贈,即繫之苧袍。人見其標韻蕭散,皆以爲李青蓮也。"《廣輿記》所載恐不可信,此孫知微善畫,應即《德隅齋畫品》中之孫知微也。此人字太古,不字思邈,《宋朝名畫評》卷一、《圖畫見聞志》卷三、《宣和畫譜》卷四、《畫史會要》卷二等皆有傳。《德隅齋畫品》云:"知微,華陽真人,有尊行,寓意於畫,隱者也。筆墨神妙超然,度越衆人。乖崖公詠鎮蜀,雅聞其名,欲一見之,終不可致。張公去,在僧舍飲,亟損車騎,却鳴騶往謁之,即投閣遁去。乖崖公還朝,出劍關,逢一村童,持知微書,負一篋迎道左。書曰:'公所喜者,畫也。今以二圖爲獻。'問知微所在,即曰:'適一山人以書授我信,去已遠矣。'張公益嘆其高。余外曾祖正惠馬公知節守成都,知微日居府中,相從甚善,得畫最多。馬公解所服金帶贈之,即繫於苧袍上。人見其標韻蕭散,白衣金帶,皆以爲孫思邈、李太白也。"這段記載明言人以爲孫知微類孫思邈、李太白,也是目前所見孫氏與張詠有交往之最早記載。《廣輿記》殆因此致誤,以爲此人字思邈也。蔣超失察,遂因襲其誤。其後,王士禎《居易錄》卷二七、彭遵泗《蜀故》卷二一則并因襲蔣超之誤,惜哉! 今詳辨之,而於正文則不便更動。
[二] 孫、龐:孫臏與龐涓也,謂袁韜、武大定二人不甘心居於楊展之下,遂殺楊展也。按,楊展事迹,見《灩澦囊》卷三"李撫軍除暴安民"條、《蜀碧》卷四。稱其爲無窮和尚後身者,或首見於此。
[三] "東北",蔣本作"西北",此處殆因後文所舉孔、孟諸人皆生東方而改者。
[四] 按,稱此説出《須彌四域經》者,見《廣弘明集》卷八、《大智度論疏》卷一五;《廣弘明集》卷一二則云出《須彌圖經》。

昊本應聲大士[一]，老子爲迦葉[二]，仲尼即儒童菩薩，顏回爲光净菩薩[三]。又道家《真誥》稱孔子爲太極上真公，治九嶷，一云廣桑真君。顏回爲明晨侍郎，後爲三大司直；一云與卜商俱修文郎[四]。聖賢分身教化，神變無方，故自不拘一時一地耳。

峨眉爲軒轅問道處。所謂天皇真人，即廣成子，又云即鬼容區。近閲一書，老子在上三皇時爲玄中法師，下三皇時爲金闕帝君，伏羲時爲鬱華子，神農時爲九靈老子，祝融時爲廣壽子，黄帝時爲廣成子，顓頊時爲赤精子，帝嚳時爲禄圖子[五]，堯時爲務成子，舜時爲尹壽子，夏禹時爲真行子，殷湯時爲錫則子，文王時爲文邑先生，一云守藏史。則廣成即老子也。

夫子不語怪，然《論語》中得神仙二人。其一爲楚狂，其托諷夫子語，載《莊子》，約百餘字，固不止"鳳兮鳳兮"數語也。附録《莊子》："鳳兮鳳兮，何德之衰也？來世不可待，往世不可追也。天下有道，聖人成焉；天下無道，聖人生焉。方今之時，僅免刑焉。福輕乎羽，莫之知載；禍重於地，莫之知避。已乎已乎，臨人以德；殆乎殆乎，畫地而趨。迷陽迷陽，無傷吾行；吾行却曲，無傷吾足。山木自寇也，膏火自煎也。桂可食故伐之，漆可用故割之。人皆知有用之用，而莫知無用之用也。"其一爲申棖，即施存。修長生之術，壽百餘歲。後人誤以"申"爲"施"耳。孔門弟子子夏百三十歲，子思亦近百歲，此又大德必壽，不得以神仙例視之。

[一] "辯"，原作"辨"，與蔣本同，今據此經之名改。按，稱太昊爲應聲大士、仲尼爲儒童菩薩者，見《辯正論》卷一："太昊本應聲大士，仲尼即儒童菩薩，先游茲土權行漸化。"

[二] 按，稱老子爲迦葉，見《辯正論》卷五："吾令迦葉在彼爲老子，號無上道，儒童在彼號曰孔丘。"

[三] "光净菩薩"，原作"净光童子"，蔣本作"净光童"，據《辯正論》卷六、《廣弘明集》卷八等改。按，《辯正論》云："迦葉爲老子，儒童爲孔子，光净爲顏回。"《廣弘明集》云："又《清净法行經》云，佛遣三弟子振旦教化，儒童菩薩彼稱孔丘，光净菩薩彼稱顏淵，摩訶迦葉彼稱老子。先生辯異，似若自私。"但這些説法皆因佛道之争而附會，故諸經所言不同，未必可信。如《止觀輔行傳弘決》卷六之三云："《清净法行經》云，月光菩薩彼稱顏回，光净菩薩彼稱仲尼，迦葉菩薩彼稱老子，天竺指此，震旦爲彼。准諸目録，皆推此經以爲疑僞。"

[四] 按，此處引《真誥》之語，見《玉芝堂談薈》卷七"神仙謫墜"條及《弇州四部稿》卷一七二。實則這些説法出自《真靈位業圖》，王士禛在《居易録》卷六已經批駁此書爲僞；《欽定四庫全書總目》卷一四七此書提要亦稱其爲僞，殆不可信也。

[五] "禄圖"，原作"緑圖"，因襲蔣本而誤，據《太平廣記》卷一"老子"條改。

附考

　　施存，春秋時齊人，孔子弟子，自號婉盆子，人稱胡浮先生。師黃盧子，得三皇内文遁變化景之道、役御虎豹之術。先居南嶽石廩峰，每出則乘白豹。時步還山，豹即迎之。或隱或顯，後嘗在中嶽少室，有云壺公者，即其人也。晉永康初，乘白豹升天。宋徽宗重和元年，賜號沖和見素真人[一]。

　　舊志載，鬼谷子、嚴君平、白玉蟾、張三丰俱在峨眉。曾見《神仙》《真誥》云[二]，鬼谷爲太玄師，治青城山。嚴君平尚在峨眉，然未著爲何秩也。考《峨眉志》，亦無君平所住處。三丰在明初，與夔府開元寺僧廣海善，臨別留詩云："深入浮屠斷世情，奢摩他行恰相應。天花隱隱呈微瑞，風葉琅琅詠大乘。密室晝閑雲作蓋，虛亭夜靜月爲燈。魂銷影散無何有，到此誰能見老僧。"留草鞋一雙、沉香三片而去。後海獻與永樂，以一玉環、千佛袈裟答之[三]。蜀惠園爲張像贊云[四]："南游閩楚，東略扶桑。歷諸天之洞府，參化人而翱翔。長緇短褐[五]，至於無邦。吾不知其甲子，但見毛髮蒼蒼。知是久從赤松之徒，類圯上之子房。"[六]味此，則三丰游蜀無疑，知來峨眉耳。一云有扇、硯、竹杖留巴嶽寺。白集遍查無峨眉隻字，傳記止云得道之後過江東，憩龍虎山，游九公，自洪都入浙，被逮放還，臨江躍入江中。有人見於融州老君洞，度桂嶺，逾羅浮。紹定己丑冬，或傳真人解化於盱江。逾年，人又見於隴蜀，莫知所終。今峨眉縣南三十里有玉蟾灣，緣巖躡磴，上有玉蟾洞，可容千人。洞壁石色如

[一] 按，此處所引相關内容見《歷世真仙體道通鑑》卷三三"施存"條，《南嶽總勝集》卷中"洞門觀"條、《嵩書》卷八"施存"條亦有類似記載。
[二] 按，此處稱出《神仙》《真誥》云云者，殆不可信。《廣博物志》卷一四載鬼谷子、嚴君平事，稱出《酉陽雜俎》，但《酉陽雜俎》未見相關記載；《玉芝堂談薈》卷七"神仙謫墜"條、《弇州四部稿》卷一七二則云出《真誥》，但《真誥》並無相關記載。
[三] 按，此事載《益部談資》卷下、《補續全蜀藝文志》卷四六等。《張三丰先生全集》卷五《贈廣海和尚》，與此處所收詩句有異，最末四句作"室密晝閑雲作蓋，庭空夜靜月爲燈。定中萬象無何有，到此誰能見老僧"。
[四] 按，蜀惠王朱申鑿，有《惠園集》。其《張三丰像贊》，載《全蜀藝文志》卷四四、《張三丰先生全集》卷八，此處乃節錄，今以《全蜀藝文志》參校。
[五] "短"，原作"桓"，因襲蔣本而誤，據《全蜀藝文志》改。
[六] "吾不知其甲子，但見毛髮蒼蒼。知是久從赤松之徒，類圯上之子房"，《全蜀藝文志》作"吾不知其甲子之幾何，但見其毛髮之蒼蒼。蓋久從游於赤松之徒，而類夫圯上之子房也"。

雲母，仿佛見肩背衣縫，相傳爲玉蟾尸解處。

《峨眉縣志》載[一]，葛洪爲求丹砂，乞爲勾漏令。入蜀，取雄黃於武都山，色如雞冠，喜曰："吾丹成矣。"至洪雅之花溪，居巖洞，存神養氣[二]，往返峨眉峰頂間。考胡閣老《譯峨籟》及川南道張公所修《峨眉新志》，並無葛名。或因二峨有葛仙洞，内江有大葛、小葛，真珉存焉，遂並及之？但不知舊志亦有葛姓氏否[三]？附錄備考。

宋峨眉令、奉議郎王湘，因觀《太上感應篇》，焚香誓行數十事。臨危，更衣而臥，男女環泣，覺身在半空。少頃，有人曰："王湘欲行《太上感應篇》，真樂善者，宜速放還。"已而遂蘇。出《陰騭錄》[四]。

明弘治間，山東翰林王公諱敕，督學四川。至峨眉縣羅目街，知有異物，掘地，果得呂仙親書"紫芝洞"三字。公之奇跡，非止此也。讀張公鶴鳴傳載[五]，公少有仙骨，爲諸生時，偶見一地夜有燐火。發之，得石匣一函，書二冊。讀之通慧，能知未來休咎，御風出神。如同僧扃門入山采杞，僧歸，公已在屋内。爲河南、四川督學時，諸生見鎖院窗廡各各有一公，危坐監視。一日較士，忽見白雲一片起。公遣騎追至雲落處，得白石如雪，細切爛煮，以遍食諸生，其甘如飴。在輝縣山麓，忽令人掘地，得一大石，玲瓏蒼翠，今尚置之白泉山下。又於道傍古垣開出紫石硯二枚，各有鴛鴦一隻，雌雄相向，其家至今寶之。又采杞僧臨終，公問何欲。僧曰："欲富貴兼之。"公曰："不能。但堪作一藩王耳。"因批其背曰"蜀王"。比王產第二子，背上隱隱有公批筆。公預知死期，怛化時，四城門皆見公羽衣鶴氅而去。又深曉天文曲折，王陽明先生極

[一] 按，此處稱出《峨眉縣志》，或係已經亡佚之天啓《峨眉縣志》？現存最早的《峨眉縣志》爲康熙刻本，成書於蔣超卒後。而此條所引内容，最早見於《輿地紀勝》卷一四六《嘉定府·仙釋》"葛仙翁"條，其後《明一統志》卷七二《嘉定州·仙釋》"葛仙翁"條亦引之，皆不言出《峨眉縣志》，今康熙《峨眉縣志》亦無記載。

[二] "氣"，原作"無"，與蔣本同，殆因與"炁"形近而致誤也，據《輿地紀勝》改。

[三] "葛"，蔣本作"洪"，此處乃印光等有意改之者。

[四] 按，涵芬樓本《説郛》卷九七載此事，云出《勸善錄》；《居家必用事類全集》卷一〇亦載此事。蔣超稱出《陰隲錄》，或別有所據。

[五] 張公鶴鳴：明代河南潁州人，字元平。萬曆十四年（一五八六）舉人，萬曆二十年（一五九二）進士，仕至南京兵部主事、陝西右參政、貴州巡撫等，《明史》卷二五七有傳。此人曾爲王敕作傳，即康熙《四川總志》卷三六《王雲芝先生傳》。《池北偶談》卷二二"王祭酒"條、《居易錄》卷二七等有王敕傳，大致與蔣超所引相同，亦本之張鶴鳴所作傳記也。

信服之。

唐西川節度使嚴武，少時與京師一軍使女有私，因竊以逃。軍使奏聞，乃醉其女子，解琵琶絃殺之，沉於河。明日，捕使至[一]，搜武船，無迹乃已。及武爲節度時，得疾甚。忽有一道士至前，云從峨山來，欲謁武，武異之。及階，呵叱，若與人論難者。道士曰："適在階前，冤死者見某，披訴。某初謂是山精木魅，遂加呵責。彼云被公枉殺，已得請矣。"武叩頭請解。道士乃令灑掃堂中，徹去餘物，焚香。异武於堂門內，令清心，具衫笏，留一小童侍側。東偏閣內亦令灑掃，垂簾，道士坐於堂外，含水噴嘰。又以柳枝蘸水灑地，却坐，瞑目叩齒。須臾，閣中有一女子呼嗟而來，曰："吾訴於帝三十年，今始得報，期以明晚見取！"武與道士許以經功贖冤，不得。道士謝去，明日武卒。

陽平謫仙，不言姓氏。初，九隴人張守珪仙居山有茶園，每歲召采茶人力百餘人，男女傭工者雜處其中。有一少年，自言無親族，賃爲摘茶，甚勤愿了慧。守珪憐之，以爲義男。又一女子，年二十，亦云無親族，願爲義男之妻，孝義端恪，守珪甚喜之。一旦，山水泛溢，市井路隔，鹽酪既闕，守珪甚憂之。新婦曰："此可買耳。"取錢出門十數步，置錢於樹下，以杖叩樹，得鹽酪而歸。後或有所需，但令叩樹取之，無不得者。其術夫亦能之，因與鄰婦十數於埚口市相遇，爲買酒一碗，與婦飲之，皆大醉，而碗中酒不减。遠近傳説，人皆異之。守珪問其術受於何人，少年曰："我陽平洞中仙人耳，因有小過，謫於人間，不久當去。"珪曰："洞府大小與人間城闕相類否？"對曰："二十四化各有一大洞，或方千里、五百里、三百里。其中皆有日月飛精，謂之伏晨之根，下照洞中，與世間無異。其中皆有仙王、仙官、卿相、輔佐，如世之職司。有得道之人及積功遷神返生之士，皆居其中，以爲民庶。每年三元大節，諸天各有上真下游洞天，以觀其所爲善惡。人世生死、興廢、水旱、風雨，預關於洞中焉。龍神祠廟血食之司，皆爲洞府所統。二十四化之外，青城、峨眉、益登、慈母、繁陽、嶓冢皆亦有洞，不在十大洞天、三十六小洞天之數。洞中仙曹如人間郡縣聚落，不可詳記。"旬日之間，忽失其夫婦。

[一]"捕"，蔣本及《太平廣記》卷一三〇"嚴武盜妾"條作"制"。

峨眉山高，自萬年以上，五穀不生。即有瓜、豆、蕎麥等類，多遭山獸竊食，寺僧終夜干揪爲難。居常贍給，止藉桐果、茶葉易米爲糧。然茶苦不多，桐果售遠亦難，所以各寺間有畜養孶生，規圖蠅利。昔綿州净慧寺傍有池，居人争來捕魚爲業。寺僧慧寬勸云："爾輩不當如此，吾能令汝等所得不失於舊。"因指池畔菌蕈，令人采販，得利略與魚同。今山頂茶、笋、蕨、蕈無所不有，若設法烘製，轉售遠近，亦可資生。何爲與俗人一例作屠伯爲也？

　　峨眉自乙酉、丙戌以來，饑饉荐臻，莖蔬粒米如同拱璧。寺僧有尋山中野菜瀹煮延命者，有團黃泥爲丸囫圇咽食者。遷延無術，十死八九。今蒙國家蕩平之賜，佛祖垂慈，法筵重啓。遠近香信往來，既有施贐之及，僧家亦自出己力，刀耕火種，漸有生氣。但屢經樂歲，粒米狼藉。少年僧雖飽食暖衣，不知搏節。余游山頂，見各寺厨下腐渣菜葉委棄滿地。曾幾何時，不思昔年饑荒之苦，身同薜荔，萬死一生。今復暴殄如此，恐菩薩雖慈仁加被，決不肯再度此一種無記性人也。據云，豆渣、菜葉留之無用。余將江南叢林製虀菜及藏渣之法示之，附錄於後。而火種刀耕，傷生害物，實宜免之。

　　一、各樣菜葉洗净，先將水煮滾，後投菜下鍋，一過即收起，以瓦盆盛好，入米湯水養之。放置暖處，或竈邊，或鍋内，釜板蓋好，一宿成虀。如菜少，入竈内温養之。冬月菜多，入大鑊内滾水一過收起，養法如前。候虀冷，以大缸收之，上用石壓，可用至夏月不壞。

　　一、豆渣用熱鍋炒熟，放桶内，臭七日。放時用手輕輕糝下，務令虛鬆，勿致築實。待發過後，以手揉捻成餅，不拘大小。擇晴天大日色内，曬令極乾，用綫穿懸風口。臨食時，入醬油或油鹽少許，飯上蒸熟，屢歲不壞。一云罈收亦佳。

　　附雲棲大師《腐渣嘆》："水溺其體兮磨碎其骨，拔其精華兮剩其滓質。勞人力而成兮人復厭之而不食，暴殄天物兮是誰之責？不如炒作豆豉兮，物不損而人益。"[一]

　　《蜀郡草堂閑話》載，峨眉有松樹，雷威取以製琴，號爲松雪[二]。今

[一]按，此詩載《蓮池大師全集·雲棲大師山房雜錄》卷二。
[二]按，宋人姚寬《西溪叢語》卷上引《蜀郡草堂閑話》，僅稱雷氏斲琴多在峨眉、無爲、霧中三山，不言名之爲松雪之事。稱雷氏名琴作松雪者，見《益部談資》卷上。

峨眉嘉樹鬱若鄧林，唯松獨少。聞乾溪溝高家林間有數株，寺僧珍重若三珠然[一]。余游武當，群木參天，亦不見有松樹。唯金頂數株離立，高不過一丈，而輪囷離奇，酷似獰龍老玃，此爲異耳。

書傳中載地方所出方物，亦有不可盡信者。如峨眉舊志云山出貔貅、雪蛆、放光石，余詢寺僧，皆云無之。據舊志云，貔貅不猛，好誦佛號，見人不驚。今行人往來如織，何無一遇之者？雪蛆，治痰火內熱，今蜀人豈無肺渴如司馬相如者[二]？未見有賈人射利，采此售人。若放光石，山中絕少。寺僧每奉上臺檄取，重價至蠻洞中購以應命。聞什邡縣瑩華山及雅州招討司洞中實產此石[三]，官此地者不可不知此苦耳。相傳瓦屋山出角端[四]，不肯傷人，但食虎豹。寺僧養之以資衛化，恐亦峨眉貔貅之說耳。江淹《彩扇賦》云峨眉出空青[五]，亦屬荒唐，不可信爲實事。雪蛆、放光石、空青等，前《物產》門云珍異，亦已說明不常有。

蜀中饒硯材，新繁有寫經臺石硯[六]，犍州有西門寨硯[七]，邛州有蒲江石硯[八]。《嘉州志》云："東坡遺硯，在尖山蘇稽寺，後爲督學王公敕取去。"[九]《清賞錄》亦云犍爲人得揚子雲草玄硯，如今製，但無

[一] 三珠：三珠樹之省，本作"三株樹"。《山海經》卷六云："三株樹在厭火北，生赤水上。其爲樹如柏，葉皆爲珠。"
[二] 按，司馬相如患消渴，乃糖尿病，非肺渴內熱也。
[三] 按，《補續全蜀藝文志》卷五六所載曹楷《游瑩華山記》中提及山中產此石，至於稱雅州招討司洞中產此石，暫未知何據。
[四] 角端：《爾雅翼》卷一九"角端"條云："角端似猪，或云似牛。角在鼻上，可作弓。《說文》：'角端，獸也，出胡休多國。'《續漢書》鮮卑有角端牛，以角爲弓。《宋符瑞志》曰：'角端日行萬八千里，又曉四夷之語。明聖在位，明達方外幽遠之事，則奉書而至。'此乃異物，非以角爲弓者。"按，嘉慶《洪雅縣志》卷二三有張大用《瓦屋山角端記》，可參看。
[五] 按，《江文通集》卷一《扇上彩畫賦》云："空青出峨眉之陽。"
[六] 寫經臺石硯：《方輿勝覽》卷五一《成都府·樓臺》"寫經臺"條云："在新繁縣。漢末苟居士於臺上援筆書空，曰：'吾爲諸天寫經。'雨降則苔上不沾濕，臺側有石硯。"按，引文中"苔"字當作"臺"，《明一統志》卷六七《成都府·宮室》"寫經臺"條正作"臺"，今整理本《方輿勝覽》失校。
[七] "寨"，原作"塞"，因襲蔣本而誤，據《雲林石譜》卷三"犍石"條改。其文云："犍州舊名通遠軍，西門寨石產深土中，一種色綠而有紋，目爲水波。斫爲研，頗溫潤，發墨宜筆。其穴歲久頹塞，無復可采。先子頃有大圓研，贈東坡，公目之爲天波。"按，據雍正《四川通志》卷二六，犍州在今宜賓珙縣。
[八] 蒲江石硯：《明一統志》卷七二《邛州·土產》"蒲江硯"條云："蒲江縣出，其發墨與端、歙不異。"
[九] 按，此說當本自《補續全蜀藝文志》卷五四"蘇硯"條："嘉州尖山渡，東坡曾稽古於此。成化中，有掘地得其遺硯者，爲督學王敕取去。"

圭角耳[一]。黃山谷《鏡硯銘》云："瀘川之桂林，有石黟黑。瀘人不能有，而富義有之。以爲硯，則宜筆而受墨。唐安任君從簡之硯[二]，面爲鏡，而背三足，形駭天下。若山林不若，而不得訪諸禹也。松煤泛之，若玄雲過魄月而竚也。筆胥疏其上，則月宮中之兔也。握筆之指爬沙[三]，若蛙欲食月[四]，不能而又吐也。"公自注云："任君宗易從簡，寄烏石鏡硯及屛，乞余銘。余没其屛，歸其硯，更求烏石爲屛。烏石硯[五]，萬州之金巖、中正寨之蠻溪，兄弟中白眉也。"[六]按，峨眉即古犍爲郡，中正寨去縣止百十里，峨眉出硯材無疑。但今時無良工爲之鑑别追琢耳。聞近來虎溪、龍門洞石俱細潤，確可爲硯，人無知者。

《山志》脱稿後，偶遇新安汪生光翰者[七]，乃上川南道胡公恒門客。公死獻賊之難，光翰棄家，冒死藏匿孤孫，避榮經山中。事平，控各憲給批，送公孤孫峨生還楚省，事載《四川總志》[八]。其人樸訥，不識文墨，而能行世間意料外事，極可異也。翰言酉、戌之間，親見蜀中官紳士女死難最多，《總志》率多遺漏。其言三僧誓死守戒，尤爲可敬。事在順治甲午年，姚黃至榮經，擄僧數十[九]、婦女數千至蓮華寺，褫衵服，迫令行淫，有不從者盡殺之。内唯三僧誓不肯爲。三僧逸其名，一云是峨山寺僧。賊令衆僧勸之，又驅諸婦女巧言引誘，不從。賊怒，將三僧寸磔，其衆僧、婦女亦盡殺無遺。又有雅州一婦，亡其姓氏，爲袁、武賊目楊某所擄，罵賊不屈。楊愛其姿美，百計勸誘，不從。於州城十字街三天使者廟前裸辱之，婦閉目低首，披髮至地。三日後，賊臠斬之。又開縉紳士民死難姓氏：雙流縣令李公甲，蒲圻人，升任建昌，至黎州。獻賊破省城，公捐資起義，陣亡，馬踹如泥。榮經縣令黃儒，福建福州人，城破

[一] 按，此説出《清賞録》卷三，又見《益部談資》卷中及《補續全蜀藝文志》卷四六。
[二] "之"，原作"有"，與蔣本同，據《黃庭堅全集·正集》卷二一《任從簡鏡硯銘》改。
[三] "爬沙"，原在"若蛙"下，與蔣本同，據《黃庭堅全集》乙正。
[四] "月"，原作"物"，與蔣本同，據《黃庭堅全集》改。
[五] "硯"，原作"視"，據蔣本及《黃庭堅全集》改。按，此處既可能是形近而誤，也可能是印光等有意改之。
[六] 按，此題注乃改寫，與《黃庭堅全集》文字小異。
[七] 按，《王士禛全集·蠶尾續文集》卷七有《汪光翰傳》，可參看。
[八] 按，此事見康熙《四川總志》卷一三《名宦上·死難附》"胡恒"條。
[九] "十"，蔣本作"千"，此處當係印光等有意改之者。然此類數字往往爲虛指，改不改無所謂。

被擒，罵賊不屈，剮於城中開善寺。丁應選，海棠堡指揮使，首倡大義，保守上南，血戰兩年，兵敗死，時年七十五歲。馬京、馬亭，黎州宣慰司土官，倡義守城，與賊相持兩年，兵敗死。楊之明，碉門天全招討使司土官，倡義討賊半載，陣亡。李華宇，黎州富莊義士，年八十，倡義與賊戰雅州對岸，兵敗死[一]。同胡公死難男女姓名：夫人樊氏、成氏、馮氏，子之驊，妾周氏，少僕京兒、弩來，義女二女，俱死。媳朱氏守節，生一子，名峨生，現存，即光翰所撫孤也。同翰撫孤義士鍾之綏，字楷士，景陵伯敬先生猶子。胡公邀同赴蜀，游峨山不歸。至八月，賊陷成都，綏從瓦屋至榮經。亂兵營中遇翰，同撫胡氏孤兒。凡八年，始游滇，至昆陽，死，葬州城山下。有碑紀其事。以上蔣編原有，以下另爲附入。

附：書畫[二]

聖積寺簡板爲范蜀公書："半天開佛閣，平地見人家。"[三]其寺樓舊有"峨峰真境"四大字，乃宋魏鶴山書。縣北二里飛來岡上家慶樓，亦有魏書。樓係唐懿宗敕建，高九丈，寬十二丈。香楠木柱，兩人手不能圍。飾以金碧，覆以琉璃，制度工巧，比西華嶽門尤爲壯麗。樓上四壁皆唐人名畫，一壁繪海棠一株，花葉繁盛，枝幹錯綜雜出，明目者莫能理其端緒。四圍畫飛蟲、羽類最多，人常見花叢中有小青鳥往來，亦仙筆也。樓下西壁有呂純陽題詩云："教化先生特意來，世人有眼不能開。道童只接雲游客，不識終南呂秀才。"明弘治丁酉，督學王公敕游此，以刀剡其數字，俱透壁。今餘字尚存，觀者旁午。魏公楷書，遠近爭來摹勒。嘉靖十二年樓毀，扁存。

西坡寺壁有仙人畫蘆鳧。按，寺僧某與一道者相好有年。偶風日和麗，晨餐訖，邀同游漢嘉之烏尤山。僧以八十餘里跋涉殊勞，道者令閉目，携其左手，俄聞水聲，呼之張睫，已在烏尤對岸矣。取箬籜兩片泛

[一] 按，以上死於張獻忠事諸人事迹，可參《蜀碧》卷三、卷四及《小腆紀傳》卷二八等，乾隆《雅州府志》卷一〇亦有相關記載。
[二] 按，以下所附書畫條目及灾祥事件，皆見蔣本卷八。
[三] 按，此説見《輿地紀勝》卷一四六"凌雲九頂山詩"及《升庵集》卷七六。

水上，令躡渡。僧懼，不敢承。道者遂躡渡，倏望其躋巔。江雖隔數十里，道者遙與僧話，聲最邇。少選，復見其泛箬至，仍携之還西坡寺矣。時方幾午，僧始知其異，乃跪叩之。道者謂："本欲度汝，奈緣淺何？汝欲富貴乎？欲壽乎？當副汝願。"僧曰："得壽足矣，富貴非所願也。"道者於領內出藥與之服，遂曰："余不可復留矣。幼嗜丹青，當作二幅贈汝。"僧出紙撥墨，少頃成蘆鳧各態，妙有生趣。囑以毋置水器畫下，因別去。後沙彌不戒，盥面右壁畫底，即扃户出。逮歸，見數鳧就盤飲，叱之，輒向外飛去。顧視壁畫，止蘆存，而鳧盡亡矣。便異之，不敢復置水器左壁下。後督學王公敕至此寺，見之即訝其左半邊有仙氣。叩所遇，僧告以故，王遂携左壁鳧畫並存蘆去。此僧百歲乃終，其孫徒親述其事。井研胡閣老有詩紀之[一]。

山頂普賢殿簡板爲宋太宗書，"天真皇人論道之地，楚狂接輿隱迹之鄉"[二]，載在《碑目》。又一板云"崑崙伯仲地，震旦第一山"，則劉東皋題也[三]。

龍門洞"龍門"二字，蘇子瞻筆。一云富春孫公雙鈎。

羅目街"紫芝洞"三字，呂純陽仙筆。

牛心寺唐畫羅漢，見范致能《紀》[四]。

《嘉州志》："楚狂接輿像，古繪於三峨館歌鳳臺中。"[五]

《益州畫錄》："李昇山水之妙，每含豪就素[六]，必有新奇。所繪青城、峨眉山圖，好事者得之，爲箱篋珍。"

大聖慈寺羅漢閣上有峨眉、青城、羅浮、霧中四山圖四堵，中和年

[一] 按，胡世安《秀巖集》不載相關詩作，此處所指當即蔣本卷一五之《西坡癡嘆》詩。

[二] "天真皇人"，原作"天皇真人"；"隱迹"，原作"隱逸"，與蔣本同，據《蜀中廣記》卷一一、《全蜀藝文志》卷六四所引《輿地碑記目》改。又，"隱迹"，《輿地紀勝》卷一四六作"隱景"。

[三] "東"，原作"公"，因襲蔣本而誤，據《升庵集》卷三七《過駐節橋讀東皋劉遠夫公碑文愴然有感》改。按，《升庵集》卷七六"峨眉山"條云："余書峨眉山寺簡板，曰'奇勝冠三蜀，震旦第一山'。劉東皋云：'不如以王右軍"崑崙伯仲地"易"奇勝冠三蜀"。'"可知此處亦本自楊慎，亦可推劉遠夫字東皋也。

[四] "致"，原作"至"，據《宋史·范成大傳》改。按，此處所謂范氏《紀》，即本書卷三《峨眉山行紀》。

[五] 按，此説見《蜀中廣記》卷一〇五。《輿地紀勝》卷一四六"歌鳳堂"條亦載此事，但不言出處。

[六] "豪就"，原作"光"，與蔣本同，文義不通，據《益州名畫錄》卷中"李昇"條改。

間畫，不記姓名[一]。

　　黃居寀，蜀人。當淮南通好日，命與父筌同時畫青城山、峨眉山、春山、秋山各圖，用答國信[二]。

　　《畫繼》："眉人程堂，字公明。常登峨眉山，見菩薩竹有結花於節外枝者，茸密如毬，即寫於中峰乾明寺壁，宛有生趣。"[三]

　　《畫評》："蜀人高文進，於相國寺後門裏東西二壁畫五臺、峨眉、文殊、普賢變相，宋太祖嘉其能，官以待詔。"[四]

　　宋元祐四年，峨眉禾異畝同穎。又禾登一百五十三穗[五]。

　　峨眉山志卷八終

[一] 按，此條亦出《益州名畫錄》卷下"有畫無名"。
[二] 按，此文出《益州名畫錄》卷中"黃居寀"條。
[三] 按，此文見《畫繼》卷三。
[四] 按，此文見《宋朝名畫評》卷一"高文進"條。
[五] "三"，原作"二"，與蔣本同，據《文獻通考·物異考五》《宋史·五行志二之下》改。
　　按，此條蔣本歸入"災祥"，印光等脫漏了門類。然所引條目太少，姑仍之不補。

參考文獻[一]

A

（元）黎崱：《安南志略》，文淵閣《四庫全書》第 464 册。
（清）張楷：康熙《安慶府志》，康熙六十年刻本。

B

（晉）張華撰，范寧校證：《博物志校證》，北京：中華書局，1980。
（晉）葛洪撰，王明校釋：《抱朴子内篇校釋》，北京：中華書局，1985。
（唐）李百藥：《北齊書》，北京：中華書局，1972。
（唐）白居易：《白居易集》，北京：中華書局，1999。
（唐）法琳：《辯正論》，《大正新修大藏經》第 52 册。
（宋）釋居簡：《北磵集》，文淵閣《四庫全書》第 1183 册。

[一] 説明：本目録按書名首字字母音序排列，同字母下大致按時間順序排列；源自以下大型叢書者，皆不詳列出版信息，僅言作者、書名及所在叢書之册數。分別爲：
大正一切經刊行會，1934 年《大正新修大藏經》；
上海商務印書館，1935 年《叢書集成》系列；
上海商務印書館，1937 年《四部叢刊》系列；
臺灣商務印書館，1986 年《景印文淵閣四庫全書》；
新文豐出版有限公司，1987 年《嘉興大藏經》；
文物出版社等，1988 年《道藏》；
株式會社國書刊行會，1989 年《卍新纂續藏經》；
新文豐出版有限公司，1991 年《乾隆大藏經》；
巴蜀書社，1992 年《中國地方志集成·四川府縣志輯》；
齊魯書社，1997 年《四庫全書存目叢書》；
北京出版社，1997 年《四庫禁毁書叢刊》；
北京出版社，1998 年《四庫未收書輯刊》；
綫裝書局，2000 年《永樂北藏》；
上海古籍出版社，2002 年《續修四庫全書》。所引單篇文章則隨文附注，此處從略。

（明）過庭訓：《本朝分省人物考》，《續修四庫全書》第 533-536 冊。

（明）杜應芳、胡承詔輯：《補續全蜀藝文志》，《續修四庫全書》第 1677 冊。

（明）釋明河：《補續高僧傳》，《卍新纂續藏經》第 77 冊。

（明）畢自嚴：《度支奏議》，《續修四庫全書》第 483-490 冊。

（明）李時珍：《本草綱目》，北京：華夏出版社，1998。

（清）丁仁：《八千卷樓書目》，《續修四庫全書》第 921 冊。

（清）黎學錦修，史觀纂：道光《保寧府志》，《中國地方志集成·四川府縣志輯》第 56 冊。

（民國）朱之洪修，向楚纂：民國《巴縣志》，《中國地方志集成·四川府縣志輯》第 6 冊。

C

（後秦）佛陀耶舍、竺佛念譯：《長阿含經》，《大正新修大藏經》第 1 冊。

（唐）陳子昂撰，彭慶生注：《陳子昂集注》，合肥：黃山書社，2015。

（唐）張鷟：《朝野僉載》，北京：中華書局，1997。

（唐）岑參著，廖立箋注：《岑嘉州詩箋注》，北京：中華書局，2004。

（唐）賈島著，李嘉言校：《長江集新校》，上海：上海古籍出版社，1983。

（宋）洪興祖：《楚辭補注》，北京：中華書局，1983。

（宋）唐慎微：《重修政和經史證類本草》，《四部叢刊初編》本。

（宋）王欽若等編，周勛初等校：《冊府元龜》，南京：鳳凰出版社，2006。

（宋）程公說：《春秋分記》，文淵閣《四庫全書》第 154 冊。

（宋）法應編，（元）普會續編：《禪宗頌古聯珠通集》，《卍新纂續藏經》第 65 冊。

（宋）袁說友等編：《成都文類》，北京：中華書局，2011。

（明）葉子奇：《草木子》，北京：中華書局，1959。

（明）文震亨：《長物志》，文淵閣《四庫全書》第 872 冊。

（明）葉向高：《蒼霞續草》，《四庫禁毀書叢刊·集部》第 124-125 冊。

（明）釋道忞：《禪燈世譜》，《卍新纂續藏經》第86冊。

（清）臧憲祖：康熙《潮陽縣志》，康熙二十六年刻本。

（清）鄂爾泰、張廷玉等：《詞林典故》，文淵閣《四庫全書》第599冊。

（清）沈繼賢修，高若岐纂：雍正《重修太原縣志》，雍正九年刻本。

（清）崔應階修，姚之琅纂：乾隆《陳州府志》，乾隆十二年刻本。

（清）劉權之修，張士範纂：乾隆《池州府志》，乾隆四十三年刻本。

（清）周碩勛：乾隆《潮州府志》，光緒十九年重刊本。

（清）李玉宣等修：同治《重修成都縣志》，同治十二年刻本。

（清）釋中恂：《重修昭覺寺志》，《中國佛寺史志匯刊》第三輯第5-6冊，臺北：丹青圖書公司，1985。

陳超：《曹學佺研究》，長春：吉林人民出版社，2007。

D

（後秦）鳩摩羅什譯：《大智度論》，《大正新修大藏經》第25冊。

（南北朝）慧影：《大智度論疏》，《卍新纂續藏經》第46冊。

（北涼）曇無讖譯：《大般涅槃經》，《大正新修大藏經》第12冊。

（隋）慧遠：《大乘義章》，《大正新修大藏經》第44冊。

（唐）僧一行：《大毗盧遮那成佛經疏》，《大正新修大藏經》第39冊。

（唐）僧一行：《大日經義釋》，《卍新纂續藏經》第23冊。

（唐）實叉難陀譯：《大方廣佛華嚴經》，《大正新修大藏經》第10冊。

（唐）實叉難陀譯：《大方廣如來不思議境界經》，《大正新修大藏經》第10冊。

（唐）般剌密帝譯：《大佛頂如來密因修證了義諸菩薩萬行首楞嚴經》，《大正新修大藏經》第19冊。

（唐）般若譯：《大乘本生心地觀經》，《大正新修大藏經》第3冊。

（唐）玄奘、辯機撰，季羨林等校注：《大唐西域記校注》，北京：中華書局，1985。

（唐）玄奘譯：《大般若波羅蜜多經》，《大正新修大藏經》第5-7冊。

（唐）澄觀：《大方廣佛華嚴經疏》，《大正新修大藏經》第35冊。

（唐）澄觀：《大方廣佛華嚴經隨疏演義鈔》，《大正新修大藏經》第

36 冊。

（唐）杜甫撰，（清）仇兆鰲注：《杜詩詳注》，北京：中華書局，1979。

（唐）李冗：《獨異志》，《叢書集成初編》第 2837 冊。

（宋）蘊聞編：《大慧普覺禪師語錄》，《大正新修大藏經》第 47 冊。

（宋）李廌：《德隅齋畫品》，文淵閣《四庫全書》第 812 冊。

（明）劉侗、于奕正：《帝京景物略》，《續修四庫全書》第 729 冊。

（明）張欽：正德《大同府志》，正德刻嘉靖增修本。

（明）劉文徵：天啓《滇志》，清抄本。

佚名：《道典論》，《道藏》第 24 冊。

（清）阮元修，陳昌齊纂：道光《廣東通志》，道光二年刻本。

（清）王先謙：《東華錄》，《續修四庫全書》第 369-375 冊。

（清）丁寶楨：《丁文誠公奏稿》，《續修四庫全書》第 509 冊。

（民國）張培爵修，周宗麟纂：民國《大理縣志稿》，民國五年鉛印本。

（民國）陳訓正修：民國《定海縣志》，民國十三年鉛印本。

[日]慧堅：《得依釋序文緣起》，《卍新纂續藏經》第 88 冊。

E

（宋）羅愿：《爾雅翼》，《叢書集成初編》第 1145-1148 冊。

（清）蔣超編，（清）宋肆樟等訂補：《峨眉山志》，上海圖書館藏康熙刻、乾隆增補本。

（清）文署等修：乾隆《峨眉縣志》，《故宮珍本叢刊》第 214 冊，海口：海南出版社，2001。

（清）李錦成修，朱榮邦纂：宣統《峨眉縣續志》，《中國地方志集成·四川府縣志輯》第 41 冊。

田家樂：《峨眉山與名人》，北京：旅游教育出版社，1997。

F

（後秦）鳩摩羅什譯：《佛說莊嚴菩提心經》，《大正新修大藏經》第 10 冊。

（東晉）佛陀跋陀羅譯：《佛説觀佛三昧海經》，《大正新修大藏經》第 15 册。

（南朝宋）曇無蜜多譯：《佛説觀普賢菩薩行法經》，《大正新修大藏經》第 9 册。

（隋）吉藏：《法華義疏》，《大正新修大藏經》第 9 册。

（唐）釋道世著，周叔迦校注：《法苑珠林校注》，北京：中華書局，2003。

（唐）張彥遠：《法書要録》，《津逮秘書》本。

（宋）范成大撰，孔凡禮點校：《范成大筆記六種·吴船録》，北京：中華書局，2002。

（宋）范成大：《范石湖集》，上海：上海古籍出版社，1981。

（宋）志磐：《佛祖統紀》，《續修四庫全書》第 1287 册。

（宋）法雲：《翻譯名義集》，《大正新修大藏經》第 54 册。

（宋）祝穆撰，祝洙增訂：《方輿勝覽》，北京：中華書局，2003。

（元）釋念常：《佛祖歷代通載》，文淵閣《四庫全書》第 1054 册。

（明）朱時恩：《佛祖綱目》，《卍新纂續藏經》第 85 册。

（清）郝玉麟等修：乾隆《福建通志》，文淵閣《四庫全書》第 527-530 册。

（清）熊葵向修，周士誠纂：乾隆《富順縣志》，乾隆二十五年刻本。

（清）段玉裁：乾隆《富順縣志》，光緒八年重刻本。

（清）通理：《法華經指掌疏》，《卍新纂續藏經》第 33 册。

（清）果性：《佛祖正傳古今捷録》，《卍新纂續藏經》第 86 册。

（清）徹綱説，性純等編：《佛冤禪師語録》，《嘉興大藏經》第 37 册。

（清）曾秀翹修，楊德坤纂：光緒《奉節縣志》，《中國地方志集成·四川府縣志輯》第 52 册。

[日] 慧印：《撫州曹山元證禪師語録》，《大正新修大藏經》第 47 册。

丁福保：《佛學大辭典》，上海：上海書店，1991。

G

《國語》，上海：上海古籍出版社，1978。

（漢）劉向：《古列女傳》，文淵閣《四庫全書》第 448 册。

（唐）李淳風：《觀象玩占》，《四庫全書存目叢書·子部》第 59 冊。

（唐）高適著，劉開揚校注：《高適詩集編年箋注》，北京：中華書局，1981。

（唐）道宣：《廣弘明集》，《大正新修大藏經》第 52 冊。

（宋）章樵：《古文苑》，文淵閣《四庫全書》第 1332 冊。

（宋）延一：《廣清涼傳》，《大正新修大藏經》第 51 冊。

（明）邢雲路：《古今律曆考》，文淵閣《四庫全書》第 787 冊。

（明）董斯張：《廣博物志》，文淵閣《四庫全書》第 980-981 冊。

（明）楊縉修纂：正德《歸化縣志》，福建師範大學圖書館藏抄本。

（明）陸應陽：《廣輿記》，《四庫全書存目叢書·史部》第 173 冊。

（明）王可大：《國憲家猷》，《四庫全書存目叢書·子部》第 183-184 冊。

（明）談遷：《國榷》，北京：中華書局，1958。

（清）陳元龍：《格致鏡原》，文淵閣《四庫全書》第 1031-1032 冊。

（清）陳夢雷編：《古今圖書集成》，上海：中華書局，1934。

（清）金鉷等修：雍正《廣西通志》，文淵閣《四庫全書》第 565-568 冊。

（清）鄂爾泰等修：乾隆《貴州通志》，文淵閣《四庫全書》第 571-572 冊。

（清）鍾庚起：乾隆《甘州府志》，乾隆四十四年刻本。

（清）俞學灝：乾隆《廣濟縣志》，乾隆五十四年刻本。

（清）鈕琇：《觚賸續編》，《續修四庫全書》第 1177 冊。

（清）李祖陶：《國朝文錄續編》，《續修四庫全書》第 1671-1672 冊。

（清）陶樑：《國朝畿輔詩傳》，《續修四庫全書》第 1681 冊。

（清）王宏翰：《古今醫史》，《續修四庫全書》第 1030 冊。

（民國）任可澄、楊恩元等修：民國《貴州通志》，民國三十七年鉛印本。

中國第一歷史檔案館編：《光緒宣統兩朝上諭檔》，桂林：廣西師範大學出版社，1996。

H

（漢）韓嬰：《韓詩外傳》，文淵閣《四庫全書》第 89 冊。

（漢）班固：《漢書》，北京：中華書局，1964。

（舊題漢）班固：《漢武帝内傳》，《守山閣叢書》本。

（晉）常璩撰，任乃強校注：《華陽國志校補圖注》，上海：上海古籍出版社，1987。

（南朝宋）范曄：《後漢書》，北京：中華書局，1973。

（隋）杜順：《華嚴五教止觀》，《大正新修大藏經》第 45 册。

（唐）法藏：《華嚴經探玄記》，《大正新修大藏經》第 35 册。

（唐）法藏：《華嚴一乘教義分齊章》，《大正新修大藏經》第 45 册。

（唐）智儼：《華嚴一乘十玄門》，《大正新修大藏經》第 45 册。

（宋）黄庭堅：《黄庭堅全集》，成都：四川大學出版社，2001。

（宋）集成等編：《宏智禪師廣録》，《大正新修大藏經》第 48 册。

（宋）葛長庚編：《海瓊玉蟾先生文集》，國家圖書館藏正統七年刻本。

（宋）洪遵：《翰苑群書》，文淵閣《四庫全書》第 595 册。

（宋）鄧椿：《畫繼》，文淵閣《四庫全書》第 813 册。

（宋）陳思：《海棠譜》，《百川學海》本。

（明）張溥：《漢魏六朝百三家集》，光緒五年信述堂刻本。

（明）朱謀垔：《畫史會要》，文淵閣《四庫全書》第 816 册。

（明）彭簪：《衡嶽志》，《四庫全書存目叢書·史部》第 229 册。

（明）釋德清：《憨山老人夢游集》，《續修四庫全書》第 1377-1378 册。

（清）陳國儒修，李寧仲纂：康熙《漢陽府志》，康熙八年刻本。

（清）張奇勛修，周士儀纂：康熙《衡州府志》，康熙十年刻本。

（清）閔麟嗣：《黄山志定本》，《續修四庫全書》第 723-724 册。

（清）邁柱等修：雍正《湖廣通志》，文淵閣《四庫全書》第 531-534 册。

（清）蔡韶清修，胡紹鼎纂：乾隆《黄岡縣志》，乾隆二十四年刻本。

（清）鄭澐修，邵晉函纂：乾隆《杭州府志》，乾隆刻本。

（清）王好音修，張柱纂：嘉慶《洪雅縣志》，《中國地方志集成·四川府縣志輯》第 38 册。

（清）陸鼎敩修，王寅清纂：同治《霍邱縣志》，同治九年刻本。

（清）周克復：《華嚴經持驗記》，《卍新纂續藏經》第 77 册。

（清）德玉説，光佛等編：《華嚴聖可禪師語録》，《嘉興大藏經》第 35 册。

（清）李瀚章等修，曾國荃等纂：光緒《湖南通志》，光緒十一年刻本。

（清）丁宿章：《湖北詩徵傳略》，《續修四庫全書》第 1707 册。

（民國）陳法駕修，曾鑑纂：民國《華陽縣志》，《中國地方志集成·四川府縣志輯》第 3 册。

劉文典：《淮南鴻烈集解》，北京：中華書局，1989。

J

（南朝梁）江淹撰，（明）胡之驥注：《江文通集彙注》，北京：中華書局，1984。

（唐）房玄齡等：《晉書》，北京：中華書局，1974。

（後晉）劉昫：《舊唐書》，北京：中華書局，1975。

（宋）陳彭年等：《鉅宋廣韻》，上海：上海古籍出版社，1983。

（宋）釋道原：《景德傳燈錄》，《大正新修大藏經》第 51 册。

（宋）惟白：《建中靖國續燈錄》，《卍新纂續藏經》第 78 册。

（宋）周應合：《景定建康志》，文淵閣《四庫全書》第 488-489 册。

（宋）江休復：《嘉祐雜志》，文淵閣《四庫全書》第 1036 册。

（宋）李心傳：《建炎以來繫年要錄》，北京：中華書局，1956。

（宋）李心傳：《建炎以來朝野雜記》，北京：中華書局，2000。

（宋）陳起：《江湖後集》，文淵閣《四庫全書》第 1357 册。

（宋）釋正受編：《嘉泰普燈錄》，《卍新纂續藏經》第 79 册。

（宋）佚名編：《錦繡萬花谷》，嘉靖十五年序錫山秦汴鏽石書堂刊本。

（元）劉因：《靜修集》，文淵閣《四庫全書》第 1198 册。

（元）郭鈺：《靜思集》，文淵閣《四庫全書》第 1219 册。

（元）佚名：《居家必用事類全集》，《續修四庫全書》第 1184 册。

（明）李采等編：萬曆《嘉定州志》，萬曆三十九年所修，民國間抄本。

（明）成時：《净土十要》，《卍新纂續藏經》第 61 册。

（明）李贄：《净土決》，《卍新纂續藏經》第 61 册。

（明）袾宏校正，莊廣還輯：《净土資糧全集》，《卍新纂續藏經》第 61 册。

（明）黎眉等編：《教外別傳》，《卍新纂續藏經》第 81 册。

（明）葛寅亮：《金陵梵刹志》，《續修四庫全書》第 718-719 册。

（清）王士禛：《居易錄》，文淵閣《四庫全書》第 869 册。

（清）趙昕修，蘇淵纂：康熙《嘉定縣志》，康熙十二年刻本。

（清）陳肇奎修，葉淶纂：康熙《建水州志》，康熙刻本。

（清）謝旻等修：雍正《江西通志》，文淵閣《四庫全書》第 513-518 册。

（清）唐執玉等修：雍正《畿輔通志》，文淵閣《四庫全書》第 504-506 册。

（清）丈雪通醉：《錦江禪燈》（與《黔南會燈錄》合刊本），成都：四川大學出版社，1998。

（清）尹繼善等修：乾隆《江南通志》，文淵閣《四庫全書》第 507-512 册。

（清）宋鳴琦修，王佐纂：嘉慶《夾江縣志》，嘉慶十八年刻本。

（清）王贈芳等修，冷烜等纂：道光《濟南府志》，道光二十四年刻本。

（清）褚人穫：《堅瓠集》，杭州：浙江人民出版社，1986。

（清）文良修，陳堯采纂：同治《嘉定府志》，《中國地方志集成·四川府縣志輯》第 37 册。

（清）彭希涑：《净土聖賢錄》，《卍新纂續藏經》第 78 册。

（民國）羅國鈞修，薛志清纂：民國《夾江縣志》，《中國地方志集成·四川府縣志輯》第 38 册。

《江西省宗教志》編纂委員會編：《江西省宗教志》，北京：方志出版社，2003。

K

（五代）王仁裕：《開元天寶遺事》，北京：中華書局，2006。

（明）錢希言：《獪園》，知不足齋重訂本。

L

（南朝梁）蕭統編，（唐）李善等注：《六臣注文選》，北京：中華書局，1987。

（唐）姚思廉：《梁書》，北京：中華書局，1973。

（唐）李白撰，（清）王琦注：《李太白全集》，北京：中華書局，1977。

（唐）李白撰，安旗編：《李白全集編年注釋》，成都：巴蜀書社，1990。

（唐）柳宗元：《柳宗元集》，北京：中華書局，1979。
（唐）張彥遠：《歷代名畫記》，北京：人民美術出版社，1963。
（唐）劉恂：《嶺表錄異》，武英殿聚珍本。
（宋）蘇轍：《欒城集》，上海：上海古籍出版社，1987。
（宋）陳舜俞：《廬山記》，文淵閣《四庫全書》第 585 冊。
（宋）陳祥道：《禮書》，文淵閣《四庫全書》第 130 冊。
（宋）宗曉：《樂邦文類》，《大正新修大藏經》第 47 冊。
（宋）王日休：《龍舒增廣凈土文》，《大正新修大藏經》第 47 冊。
（宋）釋可度：《楞嚴經箋》，《卍新纂續藏經》第 11 冊。
（宋）惠洪：《冷齋夜話》，《津逮秘書》本。
（宋）陸游：《老學庵筆記》，北京：中華書局，1997。
（元）熙仲：《歷朝釋氏資鑑》，《卍新纂續藏經》第 76 冊。
（元）趙道一：《歷世真仙體道通鑑》，《道藏》第 5 冊。
（元）伊世珍：《琅嬛記》，《津逮秘書》本。
（明）袾宏：《蓮池大師全集》，上海：上海古籍出版社，2011。
（明）唐懋德：萬曆《臨洮府志》，萬曆三十三年刻本。
（明）釋真鑑：《楞嚴經正脉疏懸示》，《卍新纂續藏經》第 12 冊。
（清）劉獻廷：《劉繼莊先生廣陽雜記》，《續修四庫全書》第 1176 冊。
（清）文秉：《烈皇小識》，《續修四庫全書》第 439 冊。
（清）錢謙益：《列朝詩集》，《續修四庫全書》第 1622-1624 冊。
（清）王士禛：《隴蜀餘聞》，《四庫全書存目叢書·子部》第 245 冊。
（清）魯廷琰修，田呂葉纂：乾隆《隴西縣志》，乾隆元年刻本。
（清）通理：《楞嚴經指掌疏》，《卍新纂續藏經》第 16 冊。
（清）劉道開：《楞嚴經貫攝》，《卍新纂續藏經》第 15 冊。
（清）古崑：《蓮宗必讀》，《卍新纂續藏經》第 62 冊。
（清）蒲松齡：《聊齋志異》，北京：中華書局，1962。
（民國）唐受藩修，黃鎔纂：民國《樂山縣志》，民國二十三年鉛印本。
楊伯峻：《列子集釋》，北京：中華書局，1985。
朱謙之：《老子校釋》，北京：中華書局，2000。
王叔岷：《列仙傳校箋》，北京：中華書局，2007。

M

（姚秦）鳩摩羅什譯：《妙法蓮華經》,《大正新修大藏經》第 9 冊。

（宋）黃休復：《茅亭客話》,《全宋筆記》第二編第 1 冊，鄭州：大象出版社，2003。

（宋）張邦基：《墨莊漫錄》，北京：中華書局，2002。

（明）張懋等修：《明孝宗實錄》，臺灣"中央研究院"歷史語言研究所校印，1962。

（明）朱純臣等修：《明神宗實錄》，臺灣"中央研究院"歷史語言研究所校印，1962。

（明）李賢等：《明一統志》，文淵閣《四庫全書》第 472-473 冊。

（明）張大復：《梅花草堂集》,《四庫全書存目叢書·史部》第 95 冊。

（明）唐樞：《木鐘臺集》,《四庫全書存目叢書·子部》第 162-163 冊。

（清）張漢：康熙《眉州屬志》,《故宮珍本叢刊》第 213 冊，海口：海南出版社，2001。

（清）陳田：《明詩紀事》,《續修四庫全書》第 1710-1712 冊。

（清）黃宗羲：《明文海》，文淵閣《四庫全書》第 1453-1458 冊。

（清）張廷玉等：《明史》，北京：中華書局，1974。

（清）萬斯同：《明史》,《續修四庫全書》第 324-331 冊。

朱保炯、謝沛霖：《明清進士題名碑錄索引》，上海：上海古籍出版社，1980。

N

（唐）李延壽：《南史》，北京：中華書局，1975。

（宋）陳田夫：《南嶽總勝集》,《續修四庫全書》第 725 冊。

（明）熊過：《南沙先生文集》,《四庫全書存目叢書·集部》第 91 冊。

（清）顧文曜修，羅文黼纂：嘉慶《內江縣志》，復旦大學圖書館藏嘉慶稿本。

（清）自融、性磊：《南宋元明禪林僧寶傳》,《卍新纂續藏經》第 79 冊。

（民國）周震麟修，劉宗向纂：民國《寧鄉縣志》，民國三十年活字本。

P

（明）朱謀㙔：《駢雅》，文淵閣《四庫全書》第 222 冊。
（清）許琰：《普陀山志》，《續修四庫全書》第 723 冊。
（清）海明說，印正等編：《破山禪師語錄》，《嘉興大藏經》第 26 冊。
（清）彭孫貽：《平寇志》，上海：上海古籍出版社，1984。

Q

佚名：《七佛父母姓字經》，《大正新修大藏經》第 1 冊。
（唐）錢起：《錢仲文集》，文淵閣《四庫全書》第 1072 冊。
（元）王惲：《秋澗集》，文淵閣《四庫全書》第 1200-1201 冊。
（明）楊慎等：《全蜀藝文志》，北京：綫裝書局，2003。
（明）包衛、張翼：《清賞錄》，《四庫全書存目叢書·子部》第 143 冊。
（清）黃虞稷撰，瞿鳳起、潘景鄭整理：《千頃堂書目》，上海：上海古籍出版社，2001。
（清）乾隆敕纂：《欽定八旗通志》，文淵閣《四庫全書》第 664-671 冊。
（清）嵇璜、曹仁虎等：《欽定續通志》，文淵閣《四庫全書》第 626-631 冊。
（清）蔣溥等修：《欽定盤山志》，文淵閣《四庫全書》第 586 冊。
（清）不署撰者：《欽定清凉山志》，《續修四庫全書》第 722 冊。
（清）紀昀等撰，四庫全書研究所整理：《欽定四庫全書總目》，北京：中華書局，1997。
（清）彭定求等編：《全唐詩》，北京：中華書局，1960。
（清）鄭方坤：《全閩詩話》，文淵閣《四庫全書》第 1486 冊。
（清）不署撰者：《清實錄》，北京：中華書局，1986。
（清）法式善等：《清秘述聞三種》，北京：中華書局，1982。
（清）楊思聖：《且亭詩》，《四庫全書存目叢書·集部》第 213 冊。
（清）佚名編，王鍾翰點校：《清史列傳》，北京：中華書局，1987。
（民國）吳蘭生修，劉廷鳳纂：民國《潛山縣志》，民國九年鉛印本。
趙爾巽等：《清史稿》，北京：中華書局，1977。

顧廷龍主編：《清代硃卷集成》，臺北：成文出版社，1992。

R

（金）張從正：《儒門事親》，文淵閣《四庫全書》第 745 冊。
（清）劉抃：康熙《饒平縣志》，康熙二十六年鈔本。

S

（漢）司馬遷：《史記》，北京：中華書局，1963。
（漢）許慎撰，（清）段玉裁注：《說文解字注》，上海：上海古籍出版社，1981。
（晉）葛洪撰，胡守為校釋：《神仙傳校釋》，北京：中華書局，2010。
（晉）王嘉：《拾遺記》，北京：中華書局，1981。
（北魏）酈道元著，陳橋驛校證：《水經注校證》，北京：中華書局，2007。
（南朝宋）劉義慶著，徐震堮校箋：《世說新語校箋》，北京：中華書局，1984。
（南朝梁）沈約：《宋書》，北京：中華書局，1974。
（南朝梁）任昉：《述異記》，《漢魏叢書》本。
（唐）沙門懷迪等：《首楞嚴經義海》，《永樂北藏》第 168 冊。
（後唐）景霄：《四分律行事鈔簡正記》，《卍新纂續藏經》第 43 冊。
（宋）蔡沈：《書經集傳》，文淵閣《四庫全書》第 58 冊。
（宋）蘇軾撰，（清）王文誥注：《蘇軾詩集》，北京：中華書局，1982。
（宋）蘇軾撰，鄒同慶等校注：《蘇軾詞編年校注》，北京：中華書局，2002。
（宋）本覺：《釋氏通鑑》，《卍新纂續藏經》第 76 冊。
（宋）道誠：《釋氏要覽》，《大正新修大藏經》第 54 冊。
（宋）僧贊寧：《宋高僧傳》，北京：中華書局，1987。
（宋）邵伯溫：《邵氏聞見錄》，北京：中華書局，1997。
（宋）劉道醇：《宋朝名畫評》，文淵閣《四庫全書》第 812 冊。

（宋）周弼編，（清）高士奇注：《三體唐詩》，文淵閣《四庫全書》第 1358 冊。

（宋）子璿：《首楞嚴義疏注經》，《大正新修大藏經》第 39 冊。

（元）脫脫等：《宋史》，北京：中華書局，1977。

（元）覺岸：《釋氏稽古略》，《大正新修大藏經》第 49 冊。

（明）胡廣等撰：《書經大全》，文淵閣《四庫全書》第 63 冊。

（明）陶宗儀等：《說郛三種》，上海：上海古籍出版社，1988。

（明）楊慎：《升庵集》，文淵閣《四庫全書》第 1270 冊。

（明）羅貫中：《三國志通俗演義》，《續修四庫全書》第 1789-1791 冊。

（明）劉大謨等：嘉靖《四川總志》，北京：書目文獻出版社，1996。

（明）釋幻輪編：《釋鑑稽古略續集》，《大正新修大藏經》第 49 冊。

（明）陸鈛：嘉靖《山東通志》，嘉靖刻本。

（明）虞懷忠、郭棐等修：萬曆九年《四川總志》，《四庫全書存目叢書·史部》第 199-200 冊。

（明）蕭良榦修，張元忭纂：萬曆《紹興府志》，萬曆刻本。

（明）曹學佺：《蜀中廣記》，文淵閣《四庫全書》第 591-592 冊。

（明）曹學佺編：《石倉歷代詩選》，文淵閣《四庫全書》第 1387-1394 冊。

（明）曹学佺：《石倉詩稿》，《四庫禁毀書叢刊·集部》第 143 冊。

（明）彭大翼：《山堂肆考》，文淵閣《四庫全書》第 974-978 冊。

（明）傅梅：《嵩書》，《續修四庫全書》第 725 冊。

（明）梅鼎祚：《書記洞詮》，《四庫全書存目叢書·集部》第 371-372 冊。

（明）李維楨：萬曆《山西通志》，崇禎刻本。

（清）蔡毓榮等修，錢受祺等纂：康熙《四川總志》，康熙刻本。

（清）何源濬：康熙《四川敘州府志》，康熙刻本。

（清）吳偉業：《綏寇紀略》，文淵閣《四庫全書》第 363 冊。

（清）陳大章：《詩傳名物集覽》，文淵閣《四庫全書》第 86 冊。

（清）彭遵泗：《蜀碧》，《叢書集成初編》第 3971 冊。

（清）葉封：《嵩陽石刻集記》，文淵閣《四庫全書》第 684 冊。

（清）黃廷桂等修：雍正《四川通志》，文淵閣《四庫全書》第 559-561 冊。

（清）劉於義等修：雍正《陝西通志》，文淵閣《四庫全書》第 551-556 冊。

（清）阮元校刻：《十三經注疏》，北京：中華書局，1980。

（清）李元：《蜀水經》，《續修四庫全書》第 728 冊。

（清）孫逢奇：《孫徵君日譜錄存》，《續修四庫全書》第 558-559 冊。

（清）劉景伯：《蜀龜鑑》，《四庫未收書輯刊》第三輯第 15 冊。

（清）陳祥裔編，王斌、靳雅婷校注：《蜀都碎事校注》（重印本），成都：西南交通大學出版社，2020。

（清）常明、楊芳燦：嘉慶《四川通志》，成都：巴蜀書社，1984。

（清）紀大奎修，林時春纂：嘉慶《什邡縣志》，嘉慶十八年刻本。

（清）徐元梅修，朱文翰纂：嘉慶《山陰縣志》，民國二十五年鉛印本。

（清）宋如林修，石韞玉纂：道光《蘇州府志》，道光四年刻本。

（民國）文鎰修，范炳勛纂：民國《綏中縣志》，民國十八年鉛印本。

袁珂：《山海經校注》，成都：巴蜀書社，1992。

T

（唐）李肇：《唐國史補》，上海：上海古籍出版社，1957。

（唐）唐求：《唐求詩集》，《中華再造善本唐宋編》影印宋刻本，北京：北京圖書館出版社，2003。

（五代）王定保撰，姜漢椿校注：《唐摭言校注》，上海：上海社會科學院出版社，2003。

（宋）李昉等編：《太平廣記》，北京：中華書局，1961。

（宋）李昉等編：《太平御覽》，北京：中華書局，1960。

（宋）樂史：《太平寰宇記》，北京：中華書局，2007。

（宋）李遵勗：《天聖廣燈錄》，《卍新纂續藏經》第 78 冊。

（宋）計有功：《唐詩紀事》，上海：上海古籍出版社，1987。

（元）辛文房撰，傅璇琮主編：《唐才子傳校箋》，中華書局，1995。

（明）高棅編：《唐詩品彙》，上海：上海古籍出版社，1988。

（明）馮任等修：天啓《新修成都府志》，成都：巴蜀書社，1992。

（清）董叔璥：《臺海使槎錄》，文淵閣《四庫全書》第 592 冊。

（清）朱成阿修，史應貴纂：乾隆《銅陵縣志》，民國十九年鉛印本。

（清）王培荀：《聽雨樓隨筆》，《續修四庫全書》第 1180 冊。

（民國）丁炳埌修，吳承志纂：民國《太和縣志》，民國十四年鉛印本。

W

（姚秦）鳩摩羅什譯：《維摩詰所説經》，《大正新修大藏經》第 14 册。

（唐）韋應物撰，陶敏、王友勝校注：《韋應物集校注》，上海：上海古籍出版社，1998。

（宋）李昉等編：《文苑英華》，北京：中華書局，1966。

（宋）文彦博：《文潞公文集》，《叢書集成初編》第 125 册。

（宋）釋普濟：《五燈會元》，北京：中華書局，1984。

（宋）洪邁編，霍松林主編：《萬首唐人絶句校注集評》，太原：山西人民出版社，1991。

（宋）陸游撰，錢仲聯、馬亞中等校注：《渭南文集校注》，杭州：浙江古籍出版社，2016。

（宋）慈雲遵式：《往生浄土決疑行願二門》，《大正新修大藏經》第 47 册。

（元）馬端臨：《文獻通考》，北京：中華書局，1986。

（清）徐世昌：《晚晴簃詩匯》，《續修四庫全書》第 1629-1633 册。

（清）梁啓讓修，陳春華纂：嘉慶《蕪湖縣志》，嘉慶十二年修，民國二年重印本。

X

（唐）道宣：《續高僧傳》，北京：中華書局，2014。

（南唐）沈汾：《續仙傳》，文淵閣《四庫全書》第 1059 册。

（宋）歐陽修、宋祁：《新唐書》，北京：中華書局，1975。

（宋）李燾：《續資治通鑑長編》，北京：中華書局，1995。

（宋）田錫：《咸平集》，文淵閣《四庫全書》第 1085 册。（同時參考民國李之鼎《宋人集》本）

（宋）李過：《西溪易説》，文淵閣《四庫全書》第 17 册。

（宋）釋文瑩：《湘山野録》，北京：中華書局，1997。

（宋）姚寬：《西溪叢語》，北京：中華書局，1997。

（明）方孝孺：《遜志齋集》，《四部叢刊初編》本。
（明）錢菜：《蕭林初集》，《四庫未收書輯刊》第 6 輯第 28 冊。
（明）戒顯：《現果隨錄》，《卍新纂續藏經》第 88 冊。
（清）趙兆麟：順治《襄陽府志》，順治九年刻本。
（清）張能鱗：《西山集》，《四庫全書存目叢書·集部》第 216 冊。
（清）胡世安：《秀巖集》，《四庫全書存目叢書·集部》第 196 冊。
（清）宋恂修，于大猷纂：乾隆《西華縣志》，乾隆十九年刻本。
（清）徐鼒：《小腆紀傳》，北京：中華書局，1958。
（民國）喻謙等編：《新續高僧傳四集》，民國十二年北洋印書局刻本。
（民國）龍雲、周鍾岳：民國《新纂雲南通志》，民國三十八年鉛印本。
佚名：《續傳燈錄》，《大正新修大藏經》第 51 冊。
徐沁君校點：《新校元刊雜劇三十種》，北京：中華書局，1980。

Y

（南朝宋）劉敬叔：《異苑》，北京：中華書局，1996。
（唐）楊炯：《楊炯集》，北京：中華書局，1980。
（唐）歐陽詢：《藝文類聚》，上海：上海古籍出版社，1985。
（唐）玄奘譯：《瑜伽師地論》，《大正新修大藏經》第 30 冊。
（唐）元稹：《元稹集》，北京：中華書局，1982。
（唐）李吉甫：《元和郡縣圖志》，北京：中華書局，1983。
（唐）段成式：《酉陽雜俎》，北京：中華書局，1981。
（舊題唐）馮贄：《雲仙雜記》，《四部叢刊續編》本。
（宋）紹隆等編：《圓悟佛果禪師語錄》，《大正新修大藏經》第 47 冊。
（宋）宋祁：《益部方物略記》，《津逮秘書》本。
（宋）宋庠：《元憲集》，文淵閣《四庫全書》第 1087 冊。
（宋）黃休復：《益州名畫錄》，文淵閣《四庫全書》第 812 冊。
（宋）張君房：《雲笈七籤》，北京：中華書局，2003。
（宋）杜綰：《雲林石譜》，《知不足齋叢書》本。
（宋）王象之：《輿地紀勝》，揚州：江蘇廣陵古籍刻印社，1991。
（明）李中溪：隆慶《雲南通志》，民國二十三年重印本。

（明）何宇度編，崔凱校注：《益部談資校注》，成都：西南交通大學出版社，2020。

（明）臧懋循：《元曲選》，《續修四庫全書》第 1760-1762 冊。

（明）何三畏：《雲間志略》，《四庫禁毀書叢刊·史部》第 8 冊。

（明）王世貞：《異物彙苑》，《四庫全書存目叢書·子部》第 179 冊。

（明）王世貞：《弇州四部稿》，文淵閣《四庫全書》第 1279-1281 冊。

（明）徐應秋：《玉芝堂談薈》，文淵閣《四庫全書》第 883 冊。

（清）李遇時修，楊柱朝纂：康熙《岳州府志》，康熙二十四年刻本。

（清）范承勛修，吳自肅纂：康熙《雲南通志》，康熙三十年刻本。

（清）陳元龍等：《御定歷代賦彙》，文淵閣《四庫全書》第 1419-1422 冊。

（清）陳廷敬等編：《御選唐詩》，文淵閣《四庫全書》第 1446 冊。

（清）汪灝、張逸少等：《御定佩文齋廣群芳譜》，文淵閣《四庫全書》第 845-847 冊。

（清）高宗御批，傅恒等編：《御批歷代通鑑輯覽》，文淵閣《四庫全書》第 335-339 冊。

（清）曹掄彬修，曹掄翰纂：乾隆《雅州府志》，《中國地方志集成·四川府縣志輯》第 63 冊。

（清）黃凝道修，謝仲坃纂：乾隆《岳州府志》，乾隆四十一年刻本。

（清）杜昌丁修，黃任纂：乾隆《永春州志》，清抄本。

（清）劉元熙修，李世芳纂：嘉慶《宜賓縣志》，《中國地方志集成·四川府縣志輯》第 30 冊。

（清）德富說，圓頂等編：《玉泉其白富禪師語錄》，《嘉興大藏經》第 38 冊。

（清）行喜說，智恒等編：《雲峨喜禪師語錄》，《嘉興大藏經》第 28 冊。

（民國）胡寄塵：《虞初近志》，上海：啟智書局，1934。

Z

（唐）令狐德棻等：《周書》，北京：中華書局，1974。

（唐）湛然：《止觀輔行傳弘決》，《大正新修大藏經》第 46 冊。

（唐）鄭谷著，嚴壽澂等箋注：《鄭谷詩集箋注》，上海：上海古籍出

版社，1991。

（宋）司馬光：《資治通鑑》，北京：中華書局，1956。

（宋）張嵲：《紫微集》，文淵閣《四庫全書》第 1131 册。

（宋）周紫芝：《竹坡詩話》，文淵閣《四庫全書》第 1480 册。

（宋）鄭剛中：《周易窺餘》，文淵閣《四庫全書》第 11 册。

（宋）朱熹：《朱熹集》，成都：四川教育出版社，1996。

（元）李衎：《竹譜》，文淵閣《四庫全書》第 814 册。

（明）謝于教：《準提淨業》，《卍新纂續藏經》第 59 册。

（明）文琇：《增集續傳燈錄》，《卍新纂續藏經》第 83 册。

（明）孫繼皋：《宗伯集》，文淵閣《四庫全書》第 1291 册。

（明）宋詡：《竹嶼山房雜部》，文淵閣《四庫全書》第 871 册。

（明）高濂：《遵生八箋》，文淵閣《四庫全書》第 871 册。

（明）趙貞吉：《趙文肅公文集》，《四庫全書存目叢書·集部》第 100 册。

（明）劉若愚：《酌中志》，《海仙山館叢書》本。

（明）張三丰撰，（清）李西月編：《張三丰先生全集》，《重刊道藏輯要》第 19 册，光緒三十二年二仙庵刻本。

（清）高龍光修，朱霖纂：乾隆《鎮江府志》，乾隆十五年增刻本。

（清）屠英修，胡森纂：道光《肇慶府志》，光緒二年重刊本。

（清）范淶清修，何華元纂：咸豐《資陽縣志》，《中國地方志集成·四川府縣志輯》第 26 册。

（清）慶之金修，趙文濂纂：光緒《正定縣志》，光緒元年刻本。

（清）李藩、元淮等修：光緒《柘城縣志》，光緒二十二年刻本。

（清）郭慶藩撰，王孝魚點校：《莊子集釋》，北京：中華書局，1985。

方詩銘：《中國史曆日和中西曆日對照表》，上海：上海辭書出版社，1987。

余池明：《澤溥群萌——印光大師與四衆弟子的法緣》，北京：團結出版社，2015。

熊廖：《中國古陶瓷研究中若干"懸案"的新證》，上海：上海三聯書店，2008。